Werner Greve (Hrsg.)
Psychologie des Selbst

Werner Greve (Hrsg.)

PSYCHOLOGIE DES SELBST

BELTZ
PsychologieVerlagsUnion

Anschrift des Herausgebers:
PD Dr. Werner Greve
Kriminologisches Forschungsinstitut Niedersachsen
Lützerodestr. 9
30161 Hannover

Lektorat: Gerhard Tinger

Wissenschaftlicher Beirat der Psychologie Verlags Union:
Prof. Dr. Walter Bungard, Lehrstuhl Psychologie I, Wirtschafts- und Organisationspsychologie, Universität Mannheim, Schloß, Ehrenhof Ost, 68131 Mannheim
Prof. Dr. Dieter Frey, Institut für Psychologie, Sozialpsychologie, Ludwig-Maximilians-Universität München, Leopoldstr. 13, 80802 München
Prof. Dr. Ernst-D. Lantermann, Universität Kassel, GH, FB 3, Psychologie, Holländische Straße 56, 34127 Kassel
Prof. Dr. Rainer K. Silbereisen, Friedrich-Schiller-Universität Jena, Institut für Psychologie, Lehrstuhl für Entwicklungspsychologie, Am Steiger 3, 07743 Jena
Prof. Dr. Hans-Ulrich Wittchen, Max-Planck-Institut für Psychiatrie, Kraepelinstraße 10, 80804 München

Besuchen Sie uns im Internet:
http://www.beltz.de

Das Werk einschließlich aller seiner Teile ist urheberrechtlich geschützt. Jede Verwertung außerhalb der engen Grenzen des Urheberrechtsgesetzes ist ohne Zustimmung des Verlags unzulässig und strafbar. Das gilt insbesondere für Vervielfältigungen, Übersetzungen, Mikroverfilmungen und die Einspeicherung und Verarbeitung in elektronischen Systemen.

Umschlaggestaltung: Dieter Vollendorf, München
Herstellung: Jutta Benedum
Satz, Druck und Bindung: Druckhaus Thomas Müntzer GmbH, Bad Langensalza

© 2000 Psychologie Verlags Union, Weinheim

ISBN 3-621-27462-6

Inhalt

Vorwort   Selbstkonzeptforschung in der Retrospektive und Prospektive
Sigrun-Heide Filipp   7

1   Psychologie des Selbst – Konturen eines Forschungsthemas
Werner Greve   15

Inhaltliche Perspektiven auf das Selbst

I Entwicklungsperspektiven: Das Selbst im Lebenslauf

2   Selbstbildentwicklung in Kindheit und Jugend
Urs Fuhrer, Alexandra Marx, Antje Holländer und Janine Möbes   39

3   Identitätsentwicklung bei Zwillingen:
Warum das Selbst nicht geklont werden kann
Werner Deutsch, Petra Sandhagen und Angela Wagner   58

4   Das Selbst im Jugendalter
Martin Pinquart und Rainer K. Silbereisen   75

5   Das erwachsene Selbst
Werner Greve   96

6   Das Selbst im hohen Alter
Alexandra Freund   115

II Differentielle Perspektiven: Selbst und Person

7   Selbst und Persönlichkeit aus der Sicht der Lebensspannen-Psychologie
Ursula M. Staudinger   133

III Soziale Perspektiven: Das Selbst im Kontext

8   Die soziale Kategorisierung des Selbst
Rosemarie Mielke   149

9   Das Selbst und die Nutzung sozialer Ressourcen
Thomas Klauer   167

Prozessuale Perspektiven auf das Selbst

IV Makroprozessuale Perspektiven: Das aktive Selbst

10 Das Selbstwertgefühl als soziales Konstrukt:
Befunde und Wege der Erfassung
Astrid Schütz 189

11 Selbst und Zielstreben
Ute Bayer und Peter M. Gollwitzer 208

V Mikroprozessuale Perspektiven:
Verarbeitung selbstbezogener Informationen

12 Selbstkonsistenz und Selbstwerterhöhung:
der integrative Selbstschemaansatz
*Lars-Eric Petersen, Dagmar Stahlberg
& Dirk Dauenheimer* 227

13 Das kontextabhängige Selbst
Bettina Hannover 239

14 Personale und subpersonale Aspekte des Selbst
Dirk Wentura 255

Externe Perspektiven auf das Selbst

VI „Aussen"-Perspektiven: Psychologische,
soziologische und philosophische Be-Deutungen

15 Identität als psychologisches Deutungskonzept
Jürgen Straub 279

16 Identität aus soziologischer Sicht
Gertrud Nunner-Winkler 302

17 Die Selbstmodell-Theorie der Subjektivität:
Eine Kurzdarstellung in fünf Schritten
Thomas Metzinger 317

VII Zukunftsperspektiven: Aufgaben für Forschung und Praxis

18 Das Wissen über sich selbst und andere im eigenen Handeln nutzen
Dieter Frey, Eva Jonas, Elisabeth Frank & Werner Greve 338

Autorenverzeichnis 360

Autorenregister 362

Sachregister 372

Vorwort

Selbstkonzept-Forschung in der Retrospektive und Prospektive

Sigrun-Heide Filipp

„Es ist höchste Zeit!" habe ich gedacht, als ich von Werner Greves Idee hörte, ein Buch zur „Psychologie des Selbst" zu edieren. (Und um ehrlich zu sein: Hätte nicht in den vergangenen zehn Jahren meine Arbeitswoche regelmäßig mehr als 55 Stunden umfasst und hätten nicht so viele andere Themen meine Aufmerksamkeit auf sich gezogen – wie gerne hätte auch ich mich an ein solches Buch gemacht; es hätte mir sehr viel Spaß bereitet und mich in meine allerersten wissenschaftlichen Fußstapfen zurückgeführt. Doch genug der Konjunktive!)

Seit vor zwanzig Jahren der damalige Stand der „Selbstkonzept-Forschung" umrissen werden sollte (Filipp, 1979) ist vieles gedacht, geforscht und geschrieben worden, und es ist in der Tat an der Zeit, den Ertrag all dieser Bemühungen zu durchleuchten. So ist es ein großes Verdienst Werner Greves und seiner in diesem Band versammelten Autorinnen und Autoren, diesen wichtigen und längst fälligen Schritt getan zu haben. Und zugleich drängt sich natürlich die Frage auf, was in den letzten Dekaden im Einzelnen geforscht wurde, was sich also in der Psychologie des Selbst „getan" hat, worin der Zugewinn an neuen Erkenntnissen im Einzelnen liegen mag und wie er zu bewerten ist.

Ganz zweifellos liegt die entscheidende Wende in der wissenspsychologischen Reformulierung des Selbstkonzepts, die sich bereits Ende der 70er-Jahre abgezeichnet hatte. Gleichermaßen zweifellos gebührt Hazel Markus das Verdienst, diesen Paradigmenwechsel in der Selbstkonzept-Forschung eingeläutet zu haben, auch wenn die bloße Registrierung von Latenzzeiten heute keineswegs mehr als spektakulär gilt. Mit der Reformulierung des Selbstkonzepts als einem Teil des Wissenssystems sind Fragen aufgetaucht, die frühere Fragestellungen ersetzen, zumindest viele in einem neuen konzeptuellen Gewande erscheinen lassen: Wie ist die Menge selbstbezogener Informationen im menschlichen Gedächtnis organisiert und repräsentiert? Wie werden neue Informationen und die vielfältigen (zuweilen gar auf einschlägigen Wochenendseminaren gesammelten) „Selbsterfahrungen" in das vorhandene Wissen integriert? Wie wird das im selbstbezogenen Teilsystem des Gedächtnisses gespeicherte Wissen aktiviert, abgerufen resp. wie wird es deaktiviert oder vergessen? Welchen Einfluss haben emotionale Prozesse auf den Erwerb und Abruf selbstbezogenen Wissens? Wie wird es zur Ableitung neuen Wissens über die eigene Person, zur Generierung von „idealen" und „möglichen" Selbst-Entwürfen eingesetzt? Wie wird es in Entscheidungsprozessen, beim Lösen komplexer (Lebens-)Probleme, in sozialen Interaktionssituationen und im Dialog mit anderen, also z. B. auch beim Sprachverstehen und beim Sprechen (und zwar nicht nur in Form von first person-statements), genutzt? Und was resultiert aus der Tatsache, ob die eigene Person im Fokus unserer Aufmerksamkeit steht oder nicht resp. aus diesbezüglichen Unterschieden in der Aufmerksamkeitsverteilung? Kurzum: Wie manifestiert sich das selbstbezogene Wissen insgesamt in der Informationsverarbeitung, und welche Funktionen kommen ihm für das Handeln des Menschen zu? Selbstredend konturieren diese Fragen bis heute eher ein Forschungsprogramm, als dass sie die bereits vorhandene Befundlandschaft umschreiben könnten. Doch ganz zweifellos ist die traditionelle Selbstkonzept-Forschung eine äußerst fruchtbare Verbindung mit der Kognitiven Psychologie eingegangen, deren Erträgnisse (womöglich auch in Verbindung mit den Neurowissenschaften) heute noch gar nicht voll abzusehen sind.

Wie viele Beiträge in diesem Band zeigen, ist nicht zuletzt mit dieser Rekonzeptualisierung die Dynamik des Selbstkonzepts viel deutlicher als in den früheren Jahren in das Blickfeld gerückt. Denn aus der Tatsache, dass das selbstbezogene Wissenssystem wie kein anderes so zentral im Schnittpunkt von Emotion, Motivation und Kognition liegt, dass es sich um hot cognitions handelt und es vermutlich so vielfältige und engmaschige Verflechtungen mit anderen Wissenssystemen aufweist, folgt seine ungeheure Dynamik. Bis heute werden wir dieser Dynamik mit der Rede u. a. von Prozessen der „Aufrechterhaltung", „Verteidigung" oder „Immunisierung" des Selbstsystems vermutlich nur in allererster Näherung konzeptuell gerecht. Interessanterweise hatte schon zu Beginn der ersten Überlegungen zum Mensch-Maschine-Systemen Steinbuch (1963) darauf verwiesen, dass der wesentliche Unterschied zwischen dem nachrichtenverarbeitendem System „Mensch" und dem nachrichtenverarbeitendem System

„Automat" darin liegt, dass letzterer im Gegensatz zum Menschen nicht permanent seine Existenz im Kampf mit der Außenwelt verteidigen muss. Wie viel elementarer trifft dies mit Blick auf das selbstbezogene Wissensystem zu!

Es ist just diese „Dynamik", die in diesem Buch immer wieder betont und an vielen Stellen im besten Sinne „spürbar" wird. Bedenkt man, wie viele Jahre vergangen sind, da die Forschung sich darauf beschränkte, das (positive vs. negative) Selbstkonzept als situationsinvariantes, zeitlich stabiles und insofern statisch konzipiertes Persönlichkeitsmerkmal ganz im Sinne einer Eigenschaftstheorie zu beleuchten, dann wird hier ein ungeheurer Sprung offensichtlich. Offensichtlich war wie auch in anderen Bereichen der persönlichkeitspsychologischen Forschung und Theoriebildung eine Tendenz zur einseitigen Bevorzugung von dispositionalen gegenüber situationalen Erklärungsansätzen dominierend. Dies änderte sich bekanntlich spätestens mit dem Aufkommen der „Situationismus-Debatte" in den frühen 70er-Jahren.

Wohl bestand von jeher Konsens, dass situative Kontexte Rahmenbedingungen für Prozesse der Personwahrnehmung und der Zuweisung von Eigenschaften zu Personen darstellen. Doch diese Arbeiten bezogen sich in erster Linie auf den Fall, in dem zwischen beobachtender und beobachteter Person unterschieden wurde – also auf den klassischen Fall der person perception, wie sie noch heute in der sozialen Kognitionsforschung – wenngleich mit verfeinerten theoretischen Argumenten und methodischen Arrangements – behandelt wird. Demgegenüber schien die Bedeutung des Faktors „Situation" im Bereich der Selbstwahrnehmung weitgehend unberücksichtigt resp. wurde bei Konstrukten wie Selbstkonzept oder Selbstwertgefühl ein situativer Bezug lange nicht mitgedacht. Eine erste Ausnahme bildete damals der sparsame Theorieentwurf von Bem (1972), wie denn schließlich dann Mitte der 70er-Jahre postuliert wurde, „... dass das generelle interne Modell, das eine Person von sich aufgebaut hat ... aus situationsspezifischen Partialmodellen abgeleitet ist ... und auch die Möglichkeit einer differentiellen Repräsentativität situationsspezifischer Partialmodelle für das generelle Selbstmodell in Betracht zu ziehen" sei (Filipp & Brandtstädter, 1975, p. 407). Auch wenn das hier vermutete Organisationsprinzip im selbstbezogenen Wissenssystem nicht explizit Gegenstand späterer Studien war, so ist doch seither der situative Kontext mit dem Rekurs auf das Arbeitsgedächtnis resp. auf die kontextabhängige Aktivierung von Selbstkonzept-Elementen in der Forschung inzwischen immer wieder hervorgehoben worden und seine Bedeutung darf inzwischen auch hier als unumstritten gelten. Und hier wird die Dynamik wiederum evident: Das Selbst steht im Spannungsfeld zwischen personaler Kontinuität und situationsbezogener Adaptivität; aber auch im Spannungsfeld zwischen dem Bedürfnis nach Einzigartigkeit und sozialer Verortung, im Spannungsfeld zwischen Normativem („Idealselbst") und Faktischem („Realselbst"), im Spannungsfeld zwischen Wissen und Wollen, zwischen Denken und Fühlen – das Selbst im Schnittpunkt nahezu aller teildisziplinären Perspektiven unseres Faches.

Aber nicht nur der situative Kontext in einem eng umschriebenen Sinne hat Einzug in die Selbstkonzept-Forschung gefunden, es ist auch der Verweis auf die zeitliche Erstreckung des Wissens über und um die eigene Existenz, die das Forschungsfeld so ungemein bereichert hat. Natürlich haben schon die frühen Arbeiten aus der Gruppe um Michael Lewis mit ihrer Differenzierung eines (früheren) „existentiellen" und eines (späteren) „kategorialen" Selbst erste Entwicklungslinien im Aufbau des selbstbezogenen Wissenssystems offenkundig gemacht. Es hat auch nicht an Versuchen gefehlt, diesbezügliche Veränderungen forthin aus entwicklungspsychologischer Perspektive nachzuzeichnen, wie denn gerade das Selbstsystem im Jugendalter unter dem Stichwort der Identitätsentwicklung von jeher ein wichtiger Forschungsgegenstand war. Doch mit der Betrachtung der Entwicklungstrajektorien bis in das hohe und höchste Alter hinein hat die Lebensspannen-Perspektive auch Einzug in die Selbstkonzept-Forschung gehalten und die Befundlandschaft ungeheuer angereichert. Darüber hinaus ist es auch die dem selbstbezogenen Wissenssystem inhärente temporale Extension des Selbst, die Interesse verdient hat: Menschen haben nicht nur ein Wissen darüber, welche Attribute sie auszeichnen und auszeichnen sollten, sondern auch darüber, woher sie kommen, wie sie früher waren und wie sie künftig vermutlich sein werden oder sein wollen. Vor diesem Hintergrund ist es kein Zufall, dass die Erforschung des autobiographischen Gedächtnisses und der narrativen Rekonstruktion der eigenen Lebensgeschichte sich in den letzten zehn Jahren der Selbstkonzept-Forschung angenähert haben (Filipp, 1996; Thompson et al., 1998). Und gerade hier wird das Spannungsfeld, das zwischen der Sicherung der personalen Identität und Kontinuität einerseits und der flexiblen Anpassung des Selbstsystems an die sich wandelnden Lebenskontexte liegt, besonders offenkundig: Genauso, wie wir selbst und unser Leben eine einigermaßen kalkulierbare Identitätsstruktur erhalten müssen, bedarf es der lebenslangen Transformation unseres „kategorialen Selbst". Ganz zweifellos stellt eine mikroanalytische Betrachtung der daran beteiligten Prozesse einen wichtigen und notwendigen Schritt dar, der zwar bis heute noch aussteht, den man sich aber im Lichte der vielen kognitionspsychologischen Studien zum Selbstkonzept mittlerweile sehr gut vorstellen kann.

Neben der temporalen Extension besitzt das Selbst zweifellos auch eine räumliche Extension und eine topographische Struktur. Doch wo liegen im Einzelfall die „Grenzen" des Selbst? Wenn jemand über seine Heimat in einer Weise spricht „. . . als wär's ein Stück von mir" (wie dies beispielsweise Carl Zuckmayer in seinem gleichnamigen autobiographischen Roman getan hat) – wo verlaufen dann die Grenzziehungen zwischen Selbst und Nicht-Selbst? Und gibt es jenseits der Heimat nicht andere Menschen und/oder Ausschnitte aus unserer räumlich-dinglichen Umwelt, die wir als Teil unseres Selbst erleben? Sicher würde dies jeder bejahen, doch auch diese Frage wird sich künftig in die klarere Diktion der Wissenspsychologie übersetzen lassen müssen (beispielhaft siehe Andersen, Glassmann & Gold, 1998). Erst weitere Studien sollten die mentalen Verknüpfungen offenbaren, die uns mehr über die „Topographie des Selbst" einer Person aussagen. Diese Frage ist schon deshalb von grundsätzlicherer Bedeutung, weil ja die Rede von der Verarbeitung selbstbezogener Informationen und der mentalen Repräsentation des Selbst u. a. die Kodierung von Informationen in selbst- vs. nicht-selbstbezogen voraussetzt. Denn über das klassische „Cocktailparty-Phänomen" hinaus, das uns auf die herausragende Bedeutung unseres Eigennamens als „Teil unseres Selbst" verwiesen hat, möchten wir doch künftig auch gerne wissen, wie wir es als Selbstkonzept-Forscher u. a. mit Carl Zuckmayers Prosa halten wollen.

Ein letzter Punkt sei hier angesprochen: Zweifellos verdient das Wiederaufleben einer bestimmten Begrifflichkeit besonderes Interesse, die auch den Titel des vorliegenden Buches ausmacht: Die Rede ist vom „Selbst" im substantivischen Modus. Hat das Selbst als Homunculus, als metaphysische Instanz, als substantialisiertes Selbst nunmehr in der Forschung eine endgültige Verortung gefunden? Denn andererseits sprechen nicht wenige Autoren davon, dass es sich bei dieser Konzeption um eine mentalistische Scheinerklärung handle und das Selbst „als Verdoppelung der Welt durch Worte" (Ewert, 1978) aufzufassen sei. Und nicht immer scheint es leicht zu fallen, Allports (1955) Behauptung mit guten Argumenten zu widerlegen, wonach alles, was mit Bezug auf ein „Selbst" erklärt werde, genauso gut auch ohne diesen Begriff dargestellt werden könne. Bekanntlich geht es auch hier wieder um die Subjekt-Objekt-Relation als die grundlegende Relation in jeglichen Erkenntnisprozessen. Da aber nun im Falle des Selbst Subjekt und Objekt der Erkenntnis identisch sind, sollten sich das erkennende Subjekt und das erkannte Objekt analytisch und funktional trennen lassen. Denn der zentrale Aspekt in der Phylogenese menschlicher Fähigkeiten liegt ja bekanntlich in der Fähigkeit zur Selbstobjektivierung, d. h. im Rückbezug vom Akt zum Akteur und darin, dass der Mensch sich selbst als einen aktiv Handelnden erkennen kann, der von anderen Menschen unterschieden und unterscheidbar ist und der nicht zuletzt über sich selbst Behauptungen aufstellen und Aussagen formulieren kann. Selbstredend gilt auch hier, dass der Draht des selbstbezogenen Wissens zum sprachlichen Ausdruck – als dem Grundpfeiler des Bewusstseins – keineswegs direkt ist, wie ja bekanntlich Prozesse der Selbst-Kategorisierung in sozialen Situationen und die entsprechende Aktivierung von Selbstkonzept-Elementen automatisch und unreflektiert verlaufen. Vieles fällt also in den Bereich der „subpersonalen" Psychologie (sensu Wentura in diesem Band).

Dessen ungeachtet ist das Selbstkonzept auch durch die Selbstzuweisung von Attributen (insbesondere von Eigenschaftsbegriffen) zu explizieren, wie denn auch viele Phänomene, die in der Selbstkonzept-Forschung diskutiert werden, nur unter Rekurs auf die sprachliche Symbolisierung des Selbst denkbar sind. Nicht zuletzt der adjektivische Modus in selbstbezogenen Aussagen mag als einer von mehreren Hinweisen darauf gedeutet werden, dass die eigene Person wohl im Wesentlichen trait based repräsentiert ist (hierzu u. a. Klein & Loftus, 1993). Es ist das Selbst als der „sich seiner selbst bewusste Geist", der lebenslang Informationen aus den unterschiedlichsten Quellen über sich verarbeitet (z. B. aus der Selbstbeobachtung des Verhaltens, aus den direkten Rückmeldungen anderer, über Inferenzbildungen und vielem mehr) und der die diesbezügliche Produkte stolz oder beschämt, mit Zufriedenheit oder bedrückt betrachten kann: Natürlich wissen wir auch, was wir über uns wissen! Dass jener „sich selbst bewusste Geist" sich aber zugleich der motivationalen Prinzipien bewusst sein muss, denen die Verarbeitung selbstbezogener Informationen unterliegt (und über die dieses Buch in aller Ausführlichkeit und Differenziertheit berichtet), wird wohl niemand behaupten wollen. Es sieht so aus, als sei zum Verständnis vieler emotionaler und motivationaler Phänomene die Annahme eines Selbst, wie es im substantivischen Modus als Subjekt und agency in Prozessen der Selbstregulation aufscheint, keineswegs zwingend. Doch auch wer daraus folgert, dass die Rede vom „Selbst" überflüssig sei, wird wohl darin zustimmen, dass alle Konstrukte mit „Selbst" als Präfix die Herzstücke unserer Wissenschaft ausmachen – und gerade auch deswegen brauchen wir so dringend Werner Greves Sammelwerk. Mit dem Selbst kommt vielleicht durch die Hintertür auch wieder die Person (jenseits der Betonung interindividueller Differenzen im Sinne der „großen Fünf") in die Psychologie zurück.

Welch weiter Weg war es von den ersten Forschungsansätzen, in denen nach den Korrelaten eines hohen resp. niedrigen Selbstwertgefühls gesucht wurde, um sich nicht selten in dem dabei entstandenen „Datenschleppnetz" zu verlieren! Denn wie es vor Jahrzehnten schien, lag das Resultat der Selbstkonzept-Forschung darin, dass die Höhe des Selbstwertgefühls „mit allem und jedem" korreliert war (Wylie, 1961). So mögen denn heute viele in der (scheinbar) einseitigen Betonung der evaluativen Aspekte des selbstbezogenen Wissenssystems eine unzulässige thematische Einschränkung sehen. Die Selbstkonzept-Forschung hat in den letzten zwei Dekaden eine Blütezeit erfahren, die noch lange nicht zu Ende ist, und sie hat faszinierendes und „feinkörniges" Datenmaterial produziert, und niemand wird jemals wieder hinter diesen Stand der Differenziertheit zurückgehen wollen. Und dennoch: Mit wie vielen Versuchen der (strategischen) Selbstpräsentation und mit wie vielen kognitiven Manövern trachten wir selbst und andere nicht tagtäglich danach, uns und anderen zu bewiesen, was wir für „Kerle" sind? Und werden nicht ganze Forschungsprogramme durch jene „positiven Illusionen" und „Attribuierungsasymmetrien" konstituiert, die offenkundig alle im Dienste eines positiven Bildes von der eigenen Person stehen? So scheint denn von den frühesten Ansätzen einer Humanistischen Psychologie eines Carl Rogers über Ruth Wylie bis zu Astrid Schütz (in diesem Band) und nicht zuletzt hin bis zu Wilhelm Busch eines auch gewiss: Es ist kein Zufall, dass sich die Forschung damit so lange beschäftigt hat und es ist kein unzulässiger Reduktionismus, wenn wir vermuten, dass ein positiv getöntes Bild von der eigenen Person zu den Grundtatsachen der menschlichen Existenz gehört:

Selbstkritik
Die Selbstkritik hat viel für sich.
Gesetzt den Fall, ich tadle mich,
so hab' ich erstens den Gewinn,
dass ich so hübsch bescheiden bin;
zum Zweiten denken sich die Leut',
der Mann ist lauter Redlichkeit;
auch schnapp' ich drittens diesen Bissen
vorweg den andern Kritiküssen;
und viertens hoff' ich außerdem
auf Widerspruch, der mir genehm.
So kommt es dann zuletzt heraus,
dass ich ein ganz famoses Haus.
Wilhelm Busch

Literatur

Allport, G. W. (1955). Becoming. Newhaven: University Press.

Andersen, S., Glassman, N. & Gold, D. (1998). Mental representations of the self, significant others, and nonsignificant others: Structure and processing of private and public aspects. *Journal of Personality and Social Psychology, 75* (4), 845–861.

Bem, D. J. (1972). Self-perception theory. *Advances in Experimental Social Psychology, 6*, 2–62.

Ewert, O. (1978). Selbstkonzept und Erklärung von Verhalten. In R. Oerter (Hrsg.). Entwicklung als lebenslanger Prozess (S. 136–146). Hamburg: Hoffmann & Campe.

Filipp, S.-H. & Brandtstädter, J. (1975). Beziehungen zwischen situationsspezifischer Selbstwahrnehmung und generellem Selbstbild. *Psychologische Beiträge, 17*, 460–471.

Filipp, S.-H. (1979). Selbstkonzept-Forschung: Probleme, Befunde, Perspektiven. Stuttgart: Klett-Cotta. (3. unveränderte Auflage 1994).

Filipp, S.-H. (1996). „Wie schön war doch die Jugendzeit!" – Lebensrückschau im Alter. In R. Schumann-Hengsteler & H. M. Trautner (Hrsg.) Entwicklung im Jugendalter (S. 217–238). Göttingen: Hogrefe.

James, W. (1890). Principles of psychology. New York: Holt.

Steinbuch, K. (1963). Automat und Mensch. Berlin, Göttingen, Heidelberg: Springer.

Thompson, C. P., Herrmann, D. J., Bruce, D., Read, J. D., Payne, D. G. & Toglia, M. P. (Eds.) (1998). Autobiographical memory. Mahwah, N. J.: Erlbaum.

Wylie, R. (1961). The self concept. Lincoln: University of Nebraska Press.

1

Die Psychologie des Selbst
– Konturen eines Forschungsthemas

Werner Greve

Auch wenn es in der wechselvollen Geschichte der *Psychologie des Selbst* Phasen des Mißtrauens und Konjunkturen des Widerstandes gegen eine systematische Untersuchung gab, hat das Thema ‚Selbst' seit den fundamentalen Untersuchungen von William James (1890) seine zentrale Bedeutung für die Psychologie der Sache nach nie verloren. Eine unüberschaubare Zahl von Einzelbeiträgen, die sich in einer ihrerseits schon unübersichtlichen Vielzahl von Überblicksarbeiten, Editionen und Monographien vor allem in der englischsprachigen Literatur niederschlägt, dokumentiert die ungebrochene, ja stetig wachsende Lebhaftigkeit der Diskussion zu diesem Themengebiet (z. B. Ashmore & Jussim, 1997; Baumeister, 1993, 1995, 1998; Bracken, 1996; Brinthaupt & Lipka, 1992; Hattie, 1992; Kernis, 1995; Markus & Wurf, 1987; Brown, 1991). Eine erste Absicht des vorliegenden Bandes ist es, den Überblick über den Stand der Diskussion zu erleichtern, und dabei im Anschluss an die Edition von Filipp (1979a/1994) insbesondere die Beiträge zu berücksichtigen, die in den letzten zwei Dekaden auch in der national differenziert und produktiv geführten Debatte entstanden sind.

Die Unverbundenheit der verschiedenen Theorien und Methoden in diesem Feld, die Rustemeyer schon 1986 beklagt hat, ist freilich in diesen Jahren nicht geringer geworden (Staudinger & Greve, 1997). Vor dem Hintergrund einer begrüßenswert steigenden Anzahl von Forschungsarbeiten zum Selbst sind Zuspitzungen und Spezialisierungen nötig geworden, die die Suche nach integrativen Perspektiven leicht aus dem Blick verlieren lassen. Der vorliegende Band soll daher auch dazu beitragen, die Vernetzung der verschiedenen Forschungsparadigmata und Perspektiven zu erhöhen. Sicher kann auch hier nicht der Versuch unternommen werden, die vielen Beiträge und Ansätze der Selbst-Forschung in einem umfassenden theoretischen Ansatz integrieren. Die Kapitel dieses Buches demonstrieren ihre Vielseitigkeit und Facettiertheit. Was aber deutlich werden soll ist dies, dass sie alle ungeachtet ihrer Heterogenität ein gemeinsames Thema haben. Der folgende Versuch, einen integrativen Ordnungsrahmen zu entwerfen, könnte daher immerhin eine Verständigungsgrundlage bilden.

Denn der Verdacht drängt sich auf, dass für die Unverbundenheit der verschiedenen, methodisch und inhaltlich oft divergenten Ansätze nicht nur Absatz- und Abgrenzungsbewegungen zwischen (Teil-)Disziplinen verantwortlich sind. Vielmehr dürften konzeptuelle und theoretische Unklarheiten die wechselseitige Rezeption und Assimilation behindert haben. Oft ist nicht einmal ohne weiteres auszumachen, wo der Akzent im Einzelfall liegt, wenn Begriffe wie ‚Selbst', ‚Selbstkonzept', ‚Selbstwert', ‚Identität' und andere Varianten synonym, unerläutert oder zwanghaft operational definiert gebraucht werden. In verschiedenen Punkten hat der heuristische Bezugsrahmen, den Filipp (1979b) entworfen hat, hier Klarheit geschaffen; insbesondere das Forschungsparadigma der Informationsverarbeitung, d. h. ein kognitionspsychologischer Zugang, hat sich ohne Zweifel bewährt. An diese Überlegungen partiell anknüpfend soll in diesem Abschnitt versucht werden, die thematische Verständigung und inhaltliche Ordnung des Themas voranzutreiben, von dem alle hier versammelten Beiträge handeln. Dies soll zugleich auch die Struktur des vorliegenden Bandes erläutern.

„Mich" und „Ich": Inhalte und Prozesse des Selbst

Dabei ist trotz der hier auch weiterhin gebrauchten Rede von „dem" Selbst zunächst nochmals vor einem essentialistischen Verständnis zu warnen: ‚Das Selbst' ist kein Homunkulus, keine Person in der Person, sondern nur ein Sammelbegriff für eine Vielzahl, freilich thematisch konvergenter Fragen und Probleme. Worum geht es dabei? Es geht zunächst darum, wie wir selbst uns sehen, beschreiben, bewerten und verstehen, wie – und inwieweit – wir etwas über uns wissen oder herausfinden können, wie wir uns in die Zukunft projizieren, welche Möglichkeiten wir uns für selbst wahrnehmen und wie wir uns retrospektiv erleben, aus der Vergangenheit heraus rekonstruieren. Auf der Suche nach Erklärungen dieser komplexen und variablen Struktur geht es zweitens um die Mechanismen und Prozesse, die es uns erlauben, unser Selbstbild, Selbstverständnis und unser Selbstwertempfinden zu entwickeln, womöglich zu verbessern, gegen Veränderungen aufrechtzuerhalten oder auch ihnen anzupassen.

Diese Überlegung markiert den kleinsten gemeinsamen Nenner, auf den sich die aktuelle Psychologie des Selbst verständigen kann: Das Selbst ist ein dynamisches System (Markus & Wurf, 1987), das einerseits auf die jeweilige Person bezogene Überzeugungs- und Erinnerungsinhalte in hochstrukturierter Form und andererseits die mit diesen Inhalten und Strukturen operierenden Prozesse und Mechanismen umfasst. Diese fundamentale Unterscheidung zwischen „self as process" und „self as product" (z. B. Filipp & Klauer, 1986) ist in leichten Variationen seit den bahnbrechenden Untersuchungen von James (1890) und Mead (1934; „self as knower" versus „self as known"; „I" versus „Me") vielfach vorgeschlagen worden. Indessen ist eine schroffe Gegenüberstellung hier sicher unangemessen. Insbesondere spricht viel dafür, dass es irreführend wäre, das „I" als *eine* Instanz aufzufassen, das (wie metaphorisch auch immer) als das agens psychischer Prozesse fungiert. Es erscheint aussichtsreicher, das, was sich der bewusst handelnden Person als das phänomenale Ich präsentiert (jenes „ich denke", das „alle meine Vorstellungen begleiten können" muss; Kant, 1968/1781, B 132), aus empirisch-wissenschaftlicher Perspektive als Geflecht von Prozessen, Dynamiken und Interaktionen zu rekonstruieren, die mit den vielfältigen Inhalten des „Me" operieren. Im Sinne der vor allem im Rahmen des Informationsverarbeitungsparadigmas häufig genutzten Computermetapher (z. B. Greenwald & Pratkanis, 1984) würde man von Algorithmen und Datenstrukturen sprechen.

Konzeptuelle Klarheit ist dabei auch eine notwendige Voraussetzung für eine adäquate methodische Umsetzung. Während es relativ unstrittig sein dürfte, dass die *Prozesse* des Selbst introspektiv in aller Regel nicht zugänglich sind („wie mache ich das nur, belastende Erinnerungen effizient zu verdrängen?"), ist die Frage nach der Validität von Selbstauskünften auf der inhaltlichen Ebene („bin ich zufrieden?") weniger einfach zu klären. Zwar arbeitet Selbstkonzeptforschung seit jeher nolens-volens auch mit Selbstauskünften und hat dazu in Bezug auf viele Fragen wohl auch keine Alternative (Greve, 1996), dies schließt aber natürlich die Ergänzung durch indirektere und subpersonale Erfassungswege keineswegs aus (Wentura, in diesem Band). Gerade das Phänomen der Selbst-Täuschung macht deutlich, dass die Unterstellung *eines* Ich, das sich selbst täuscht, in unlösbare Paradoxien führen würde, die sich erst mit der Annahme verschiedener, partiell unabhängig arbeitender Teilsysteme auflösen.

Zugleich erlaubt die systematische Berücksichtigung der Prozesse des Selbst die Überwindung deskriptiver oder nur korrelativer Befundzusammenstellungen. Diese Perspektive fokussiert den dynamischen Charakter (Brandtstädter &

Greve, 1992; Markus & Wurf, 1987) nicht nur des Aufbaus, sondern auch der Stabilisierung und Verteidigung der persönlichen Identität sowohl in konkreten Situationen (Hannover, in diesem Band) als auch über die Lebensspanne hinweg (Staudinger, in diesem Band). Der James'schen Differenzierung in kognitive Bestandteile, affektive Aspekte und Handlungskonsequenzen des Selbst kann vor diesem Hintergrund dann durchaus gefolgt werden (vgl. etwa auch Bengtson, Reedy & Gordon, 1985). Inhalte *und* Prozesse des Selbst können aus kognitiver, affektiver und motivationaler Sicht betrachtet werden und haben auch auf allen drei Ebenen Auswirkungen (Staudinger & Greve, 1997).

Die Inhalte des Selbst: Das Selbstkonzept

Die Menge der Überzeugungen, die man aktuell oder potentiell in Bezug auf sich selbst hegt, ist unübersehbar. Wichtiges und Unwichtiges, Aktuelles und Überholtes, Zentrales und Peripheres, aktuell Verfügbares und personal Unzugängliches bilden ein entmutigend komplexes System von selbst-bezogenen Inhalten. Zudem ändert sich das Bild oft, nicht nur im Laufe des Lebens, sondern manchmal wie in einem Kaleidoskop von Situation zu Situation, je nach Anforderung oder Anregung. Eine erste Schwierigkeit liegt demnach darin, die Vielzahl aktuell und potentiell verfügbaren Wissens, Meinens, Glaubens und Hoffens einer Person über sich selbst systematisch zu ordnen. Für einen ersten Zugriff bietet sich eine dreidimensionale Taxonomie an (Greve, 1997b; Staudinger & Greve, 1997; vgl. zum folgenden Abb. 1).

Naheliegend ist zunächst die zeitliche Perspektive. Das Selbstbild umfasst nicht nur die aktuelle Person, sondern auch ihre Biographie und ihre Identitätsaussichten: So bin ich, so war ich, so werde ich sein. Wer über sich nachdenkt, beschreibt sich nicht nur aufgrund gegenwärtiger Eigenarten oder Kompetenzen, sondern typischerweise anhand seiner persönlichen Biographie. Die eigene Geschichte bestimmt die persönliche Identität mehr noch als viele aktuelle Attribute, Rollen oder Eigenschaften. Die Aussichten auf die eigene Zukunft sind freilich gemischter: mehr Optionen als Erwartungen, mehr Unsicherheit als Gewissheiten – alles im prospektiven Selbst scheint mit einem „Wer weiß?"-Vermerk kontaminiert.

Dies leitet zur zweiten Dimension über: die Unterscheidung zwischen realem und möglichem Selbst (Markus & Nurius, 1986). In Bezug auf jede Facette des Selbst gibt es denkbare Alternativen, nicht nur in der Prospektive, sondern auch in Bezug auf die Vergangenheit: es hätte ganz anders kommen können. Ein Studienplatz in einer anderen Stadt, ein verpasster Zug: große und kleine Zufälligkeiten haben oft entscheidend dazu beigetragen, dass die eigene Biographie eben *diese* Biographie geworden ist. Einige dieser verpassten Chancen und vermiedenen Gefahren des „kontrafaktischen" Selbst (Brandtstädter & Greve, 1992) mögen durchaus identitätskonstitutive Bedeutung haben („Wäre ich damals in Wuppertal geblieben, wäre ich heute Chirurg"). Aber auch in Bezug auf die eigene Zukunft gibt es einen Unterschied zwischen sicherer Erwartung und bloß denkbaren Alternativen. Man ist *sicher*, dass man sich nächstes Jahr immer noch für die geliebte Münzsammlung oder für römische Geschichte interessiert, um Anständigkeit bemüht sein wird und manches mehr. Demgegenüber *könnte* man nächstes Jahr immer noch in derselben, möglicherweise aber auch in einer anderen Wohnung leben. Zwar ist der potentielle Umfang des möglichen Selbst wesentlich größer als das reale Selbst (meiner faktischen Biographie steht eine Unzahl möglicher Alternativen gegenüber), aber die Person wird nur einen Teil davon tatsächlich für möglich halten bzw. überhaupt je erwogen haben. Welche Aspekte davon dann jeweils psychologisch relevant, identitätsbestimmend oder aktuell bedeutsam sind oder werden, ist ebenso wie die sich hieraus ergebenden dynamischen Spannungen und Entwicklungsverläufe eine empirische Frage. Vielleicht ist man rückblickend ganz froh, die erste Schülerliebe nicht geheiratet zu haben (und das unabhängig davon, dass man dies hoffentlich nicht denken würde, wenn man sie geheiratet hätte).

Diese Überlegung führt zur dritten Dimension. Der beschreibenden, der deskriptiven Ebene steht immer eine evaluative Ebene gegenüber, die das, was an Inhalten über die eigene Person gesammelt wird, jeweils bewertet. Auch hier lassen sich nicht nur die drei temporalen, sondern auch die beiden modalen Perspektiven unterscheiden, denn natürlich lassen sich alle Zellen der unteren Ebene bewerten. Die Bewertungsperspektiven können dabei durchaus sehr heterogen sein, affektiv oder normativ, sozial oder volitional. Man ist nicht so attraktiv, wie man sein *möchte* („ideal self"; Rogers, 1951), nicht so ehrlich, wie man sein *sollte* („ought self"; z. B. Higgins, Klein & Straumann, 1987), nicht so fleißig, wie man sein *will*, nicht so mutig, wie andere es *erwarten* oder *fordern*, ein paar Dinge aus der Vergangenheit *bedauert* man, mit anderen ist man *zufrieden* und so weiter.

In diesen taxonomischen Rahmen lassen sich klassische Konzepte der Psychologie des Selbst einordnen. Dies gilt nicht zuletzt für das Selbstwertempfinden, seit James (1890) und Rogers (1951) konzeptualisierbar aus der Diskrepanz

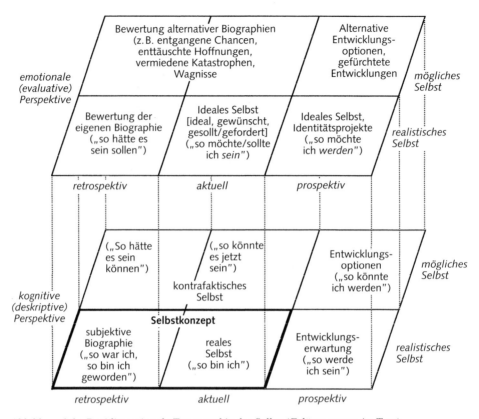

Abbildung 1.1: Dreidimensionale Topographie des Selbst (Erläuterungen im Text)

zwischen realem und idealem (aktuellem) Selbst (ausführlicher dazu Schütz, in diesem Band). Jedoch ist damit noch nichts darüber gesagt, wie sich die verschiedenen Zellen dieses Würfels jeweils intern strukturieren; offenkundig werden in ihnen nicht einfach Listen von Sätzen archiviert, die das Wort „ich" enthalten. Eine Bestimmung von ‚Selbstkonzept' als der Gesamtheit der Sätze, die sich auf die sie äußernde Person beziehen („A man's self is the sum total of all that he can call his"; James, 1890, S. 291ff.), die in verschiedenen Formulierungsvarianten immer wieder als Standardexplikation angeführt wurde (vgl. beispielsweise Gecas, 1982; Rosenberg, 1979) wäre offenbar zu weit, denn sie schließt Fälle mit ein, die das Konzept überstrapazieren oder uninteressant werden lassen („Ich trage heute graue Socken"). Es ist offensichtlich nötig, diese Menge von Sätzen zu ordnen und in eine Hierarchie zu bringen, die eben ihre Relevanz oder Zentralität (Thomas, 1989) für die Person, für ihr Selbst abbildet (Brandtstädter & Greve, 1992). Zudem bilden die vielfältigen Inhalte des Selbst eine weit verzweigte und vernetzte Struktur (vgl. dazu auch Hannover, in diesem Band) durch eine Vielzahl konzeptueller, implikativer oder empirischer Beziehungen zwischen den verschiedenen Konzepten. Diese Struktur muss sich in einer adäquaten theoretischen Fassung des Selbstkonzeptes wiederfinden; mehrfach vorgeschlagen wurde hierzu die Analogie des Selbstkonzeptes zu einer wissenschaftlichen Theorie (vgl. etwa Epstein, 1973, 1979; Greve, 1990; Harter, 1983; Schlenker, 1980). Interessanterweise haben schon die Strukturen des Selbst Implikationen für die in ihnen wirksamen Prozesse. Beispielsweise argumentiert Linville (1987), dass der Grad der Vernetzung der inhaltlichen Selbstkonzeptstruktur unmittelbare Konsequenzen für die Verletzlichkeit bzw. Widerstandsfähigkeit der Person gegen bedrohliche Erfahrungen hat. Mitunter sind selbstrelevante Informationen nicht nur inkonsistent, sondern geradezu inkommensurabel mit aktuellen Selbstkonzeptstrukturen, und können schon von daher nicht an die vorliegenden Schemata assimiliert werden (ausführlicher hierzu Hannover, in diesem Band; Petersen, Stahlberg & Dauenheimer, in diesem Band; Wentura, in diesem Band). Bis hierhin ist jedoch völlig offen, wie sich diese Strukturen verändern und entwickeln. Zur Beantwortung dieser Frage müssen über die inhaltlichen Strukturen hinaus die *Prozesse* des Selbst untersucht werden, die auf diesen Inhalten operieren.

Die Prozesse des Selbst: Aktivation und Funktion

Denn die subjektiv erlebte Kontinuität und Konsistenz des Selbst über die Lebensspanne hinweg, das Phänomen einer personalen und sozialen *Identität* (zu den Schwierigkeiten dieses Begriffes Nunner-Winkler, in diesem Band; Straub, in diesem Band), ist angesichts lebenslanger Entwicklung und permanenter eigener Veränderungen und wechselnder sozialer Kontexte und Lebensumstände erklärungsbedürftig und alles andere als trivial. Wenn es derzeit überhaupt einen Konsens unter Selbst-Psychologen gibt, dann besteht er in der Überzeugung, dass selbst-relevante Informationen nicht einfach übernommen und integriert, sondern systematisch *verarbeitet* werden (Banaji & Prentice, 1994; Baumeister, 1995, 1996; Breakwell, 1986; Brown, 1991; Cantor, Markus, Niedenthal & Nurius, 1990; Higgins, 1996; Linville & Carlston, 1994; Markus & Wurf, 1987; Vaillant, 1993). Freilich bildet auch hier die ungeheure Menge von selbst-stabilisierenden und -verteidigenden Mechanismen, die klinische und Sozialpsychologen seit Anna Freud (1936) untersucht haben, einen unübersichtlichen und heterogenen „Zoo" von Selbstverteidigungsformen (Tesser, Martin

& Cornell, 1996). Der Versuch, hier taxonomisch ordnen zu wollen, führt zunächst zu einer Gruppierung dieser Prozesse anhand der Radikalität der Abwehr. Dabei lassen sich grob drei „Verteidigungslinien" (Baumeister, 1996) des bedrohten Selbstkonzeptaspektes unterscheiden (ausführlicher hierzu Greve, in diesem Band):
1) Prozesse der Wahrnehmungsvermeidung (z. B. Leugnung; Breznitz, 1981),
2) Dynamiken der Umdeutung und kognitiven „Neutralisierung" (Sykes & Matza, 1957; z. B. Ausreden) und
3) Prozesse der „Immunisierung" (Greve, 1990; Greve & Wentura, 1999; z. B. selbstwertdienliche Vergleiche).

Jedoch reicht diese Ordnung für die hier verfolgten Zwecke in mehrerer Hinsicht nicht aus. Zum Ersten ist eine Reihe von selbst-stabilisierenden Prozessen hier überhaupt nicht eingeschlossen, wenn die Rede von Verteidigungsmechanismen nicht artifiziell werden soll (Greve, 1997a); dies betrifft insbesondere präventive Verhaltensweisen der Person, die zur Stabilisierung des Selbst beitragen, ohne dass es dazu einer bedrohlichen Information erst bedurft hätte (z. B. „impression management"; Schlenker, 1980). Zum Zweiten ist die „Verteidigungsmotivation" (Chaiken, Giner-Sorolla & Chen, 1996) selbst der defensiven Prozesse bei genauerem Hinsehen völlig offen; dies betrifft beispielsweise den alten Streit darüber, ob das Motiv der Selbstwerterhöhung oder das Bestreben nach Selbstbildkonsistenz die dominante Regulationsmaxime darstellt (siehe bereits Filipp, 1979b; vgl. hierzu Petersen, Stahlberg & Dauenheimer, in diesem Band).

Im Folgenden soll daher in erster Näherung eine zweidimensionale Taxonomie vorgeschlagen werden, anhand derer sich die Prozesse des Selbst einerseits nach ihrer *Aktivation* und andererseits nach ihrer *Funktion* unterscheiden lassen (Tab. 1). In Bezug auf die Aktivation sind reaktive Prozesse („Defensive") von proaktiven Verhaltensweisen („Offensive") zu unterscheiden, die, wie angesprochen, das Selbst gewissermaßen präventiv stabilisieren (vgl. auch Aspinwall & Taylor, 1997). Gleichzeitig dienen alle Prozesse, die die Verarbeitung selbst-relevanter Information steuern, zwei prinzipiellen Funktionen. Einerseits muss das Bild, das eine Person von sich selbst hat, zwar nicht so genau wie möglich, sicher aber so realistisch wie nötig sein (Filipp, 1979b), wenn das Selbst seinen handlungsregulativen Sinn (Gollwitzer & Bargh, 1996; vgl. auch Bayer & Gollwitzer, in diesem Band) nicht verlieren soll. Ein unrealistisches Selbst führt zu einer Zunahme von Entscheidungen unter falschen Voraussetzungen und damit von Fehlern (Taylor & Gollwitzer, 1995; vgl. auch Ryan, 1991, 1993). Eine Vielzahl von Befunden spricht dafür, dass die Informationsverarbeitung des Selbst mindestens auch der Abbildung – und Prüfung – von Realitäten dient (Filipp & Klauer, 1986; Sedikides, 1993; Trope, 1980, 1990). Andererseits ist die eindeutige Lehre aus den Befunden eines knappen Jahrhunderts der Psychologie des Selbst ungeachtet aller Differenzen im Detail, dass die Informationsverarbeitung durch das Selbst immer auch im Dienste des Selbst operiert. Unabhängig davon, ob die Konsistenz des Selbstbildes oder die Erhöhung des Selbstwertes im Zweifelsfall die Verarbeitung dominieren, ist in jedem Fall über die bloße Abbildung der Realität hinaus ein weiteres Kriterium prozessbestimmend. Zahlreiche Arbeiten der letzten zwei Dekaden deuten überdies darauf hin, dass eine differenziertere Analyse zur Auflösung einer vereinfachenden Gegenüberstellung einzelner Motive führt (Morling & Epstein, 1997; Shrauger, 1975; Petersen, Stahlberg & Dauenheimer, in diesem Band). Alle Verarbeitungsprozesse dienen, um es unter Entwendung zweier klassischer Termini auszudrücken, demnach entweder dem „Realitätsprinzip" oder dem „Lustprinzip" (Greve & Wentura, 1999). Während das „Realitätsprinzip" die Handlungsfähigkeit des Individuums verbessern oder wenigstens erhalten soll, sichert das „Lustprinzip" ein konsistentes, integriertes, differenziertes und dabei möglichst positives Selbstbild. Dies Letztere könnte man, wäre der Begriff nicht schon so vielfältig verwendet, die „Identität" nennen.

Die Zellen in Tabelle 1.1 sind zur Illustration dieses Ordnungsgedankens mit exemplarischen Prozessen gefüllt. Aktivitäten des „self-assessment" (Sedikides, 1993) sind proaktive Versuche, die Realität selbst-bezogener Überzeugungen zu testen, Strategien des impression management (Schlenker, 1980) und der symbolischen Selbst-Ergänzung (Bayer & Gollwitzer, in diesem Band) sind offensive Versuche, ein erwünschtes Selbstbild durch (aktiv provozierte) bestäti-

Tabelle 1.1: Selbst als Prozess: Funktion und Aktivation

AKTIVATION	FUNKTION	
	Handlungsfähigkeit („Realitätsprinzip")	*Integrität und Positivität des Selbstbildes* („Lustprinzip")
pro-aktiv („offensiv")	z. B. self-assessment (accuracy)	z. B. impression management, symbolic self-completion
re-aktiv („defensiv")	z. B. self-immunization	z. B. denial, self-serving bias

gende Evidenz abzusichern, selbstwertdienliche Attributionen (self-serving bias; Krahé, 1984) sind ebenso wie Leugnungstendenzen (Breznitz, 1981) ein Beispiel für defensive Reaktionen auf potentiell selbst-bedrohliche Informationen, und Prozesse der Selbst-Immunisierung (Greve, in diesem Band; Wentura, in diesem Band) sind dadurch gekennzeichnet, dass bedrohliche Informationen zwar möglichst konsistent, aber im Grundsatz realitätsakzeptierend in das Selbstkonzept integriert werden. Dies letzte Beispiel weist zugleich darauf hin, dass wenigstens einige Prozesse der Selbst-Regulation *beiden* Funktionen dienen können.

Die Psychologie des Selbst: Der Aufbau des Buches

Im vorliegenden Band sind wesentliche Perspektiven und Argumentations- und Forschungslinien für das durch diese Skizze konturierte Forschungsprogamm einer Psychologie des Selbst zusammengetragen. Seine Gliederung schließt dementsprechend an die vorgetragenen Überlegungen an: Es ist zunächst grob in Ansätze aus *inhaltlicher* und aus *prozessualer* Perspektive unterteilt. Die *Inhalte* des Selbst zu erklären – was denken wir wann und warum über uns? – ist lange der naheliegende Ansatzpunkt der Psychologie des Selbst gewesen. In erster Näherung kann man hier die ontogenetische Perspektive von einer differentiellen und einer aktualgenetischen unterscheiden. Die Entwicklung des Selbst über die Lebensspanne (Abschnitt I) wird in fünf Beiträgen diskutiert. Die Entwicklung des Selbst hat naheliegenderweise vor allem in den ersten Lebensabschnitten Aufmerksamkeit auf sich gezogen; in der frühen Kindheit ist sie buchstäblich mit Händen zu greifen.

Urs Fuhrer, Alexandra Marx, Antje Holländer und *Janine Möbes* stellen die Forschungsliteratur zusammen und diskutieren sie auch vor dem Hintergrund eigener Überlegungen kritisch. Dies ist, wie ihr Beitrag zeigt, auch methodisch eine schwierige Herausforderung, weil die ersten Entwicklungsschritte offenbar schon vor der sprachlichen Repräsentation getan werden (müssen).

Werner Deutsch, Petra Sandhagen und *Angela Wagner* greifen hierzu ergänzend einen scheinbar ganz speziellen, aber sehr instruktiven Aspekt heraus: die Identität von Zwillingen, die damit leben, dass es sie „doppelt gibt". An ihrer Diskussion wird freilich auch deutlich, wo Schwierigkeiten auch für uns andere „Singles" liegen könnten, wenn wir vor der Aufgabe stehen, unsere eigene Identität im Spannungsfeld zwischen Individuation und Integration zu entwickeln und zu verteidigen. Dies gilt offenbar in besonderem Maße für das Jugendalter.

Martin Pinquart und *Rainer K. Silbereisen* fassen den Forschungsstand zu diesem Entwicklungsabschnitt zusammen, in dem sich in einer kritischen und oft dramatischen Dynamik das erst formt, was wir meinen, wenn wir von Selbst und Identität in einem voll entfalteten Sinne sprechen. Ihr Beitrag macht auch deutlich, dass eben deswegen hier auch gravierende Probleme auftreten können. Freilich sollten deviante Verhaltensweisen ihrerseits funktional gesehen werden: Problemverhalten ist unter Umständen konstruktiv für die Entwicklung des Selbst (Greve, 1999).

Das Selbst im Erwachsenenalter ist, so argumentiert *Werner Greve* in seinem Beitrag, demgegenüber lange kaum untersucht worden, vermutlich auch deshalb, weil Entwicklung hier wenig *sichtbar* wird; diachrone Konsistenz ist typischerweise unspektakulär. Jedoch ist gerade dies eine explanatorische Herausforderung für die Psychologie des Selbst: wie ist phänotypische Stabilität entwicklungspsychologisch zu erklären?

Das Selbst im hohen Alter, so zeigt *Alexandra Freund* in ihrem Beitrag, ist ein spannendes Forschungsthema aus diesem, aber auch noch einem weiteren Grund, denn hier zeigen sich Entwicklungsdynamiken in einer neuen Qualität. Die Bewahrung einer personalen Identität ist gerade im höheren Alter nur vor dem Hintergrund komplexer Bewältigungsdynamiken angesichts in vieler Hinsicht unerfreulicher und verlustreicher Veränderungen der Person zu verstehen.

Persönlichkeitpsychologische Untersuchungen des Selbst (Abschnitt II), ein zweiter traditioneller Ausgangspunkt der Forschung, lösen sich bei genauerer Betrachtung oft genug entweder in begriffliche Ungenauigkeiten oder in die Thematisierung von Entwicklungs(zwischen-)ergebnissen auf.

Folgerichtig untersucht *Ursula M. Staudinger* bei der Betrachtung der Konzepte ‚Selbst' und ‚Persönlichkeit' das Thema aus der Perspektive der Lebensspannen-Psychologie. In der Gegenüberstellung von „Lebensmechanik" und „Lebenspragmatik" entwickelt sie einen Bezugsrahmen, der die lebenslange Entwicklung des Selbst auch aus einer aktionalen Perspektive sinnvoll betrachtbar erscheinen lässt (siehe auch Brandtstädter, 1998; Brandtstädter, Wentura & Greve, 1993). Dies führt gleichzeitig auch die in den vorangegangenen Kapiteln diskutierten Aspekte unter dieser Perspektive nochmals vereinheitlichend zusammen.

Indessen ist eine entwicklungspsychologische ebenso wie eine differentielle Perspektive oft in der Gefahr, die bereits in den frühen Arbeiten zum Selbst (Mead, 1934) herausgearbeitete soziale Seite des Selbst (Abschnitt III) zu unterschätzen. Zwar hat etwa die sozialkonstruktivistische Position (Gergen, z. B. 1979, 1981, 1987; Markova, 1987), die sich auch in der Tradition des symbolischen Interaktionismus sieht, die substantielle Differenz zwischen dem, was jemand ist, und dem, was sie oder er vorstellt, d. h. was er oder sie in den Augen und Vorstellungen der anderen ist (Marquard, 1979), vielfach unterschätzt. Unbestreitbar bleibt dennoch ein erheblicher Einfluss sozialer Interaktionen und Institutionen, nicht zuletzt sozialer Gruppen auf das Selbst (Mummendey & Simon, 1997).

Rosemarie Mielke fasst die hierfür zentralen Theorien der sozialen Identität und der Selbstkategorisierung zusammen, und damit eben der Dynamiken, aufgrund derer wir uns eher individualistisch von anderen abgrenzen oder kollektivistisch gerade durch Gemeinsamkeiten mit (bestimmten) anderen definieren. Dabei fällt auch auf, dass die Prozesse und Strategien, mit denen Gruppenvergleichsprozesse so beeinflusst werden, dass sie für die eigene Gruppe möglichst positiv ausfallen, den Selbstbildverteidigungs- und -stabilisierungsprozessen auf individueller Ebene funktional vielfach äquivalent sind. Derartige strukturelle oder funktionale Äquivalenzen zu identifizieren und theoretisch zu integrieren erscheint ebenso nötig wie lohnend, und das zeigt nochmals, wie unnötig und bedauerlich die separate Forschungsarbeit der verschiedenen Perspektiven ist.

Thomas Klauer diskutiert, den mehrfach berührten Aspekt der Bewältigung belastender Herausforderungen aufgreifend, die Nutzung sozialer Ressourcen durch und für das Selbst. Seine klare Zusammenfassung der kognitiven Wende der Forschung zur sozialen Unterstützung belegt nicht nur, dass die Psychologie des Selbst Anknüpfungspunkte in Bereichen findet, die bislang weniger unter diesem Gesichtspunkt diskutiert wurden (social support), sondern auch, dass der soziale und der personale Blick auf Inhalte und Prozesse des Selbst bei genauerem Besehen weniger weit auseinander liegt, als es auf den ersten Blick scheint, und dass überdies beide Sichtweisen offen für subpersonale Analysen sind.

Alle acht Beiträge, die hier einer inhaltlichen Perspektive zugeordnet wurden, machen aber zugleich sehr deutlich, dass die Unterscheidung zwischen Inhalt und Prozess analytisch konsistent und hilfreich sein mag, bei genauerem Besehen aber artifiziell ist. Alle Kapitel sprechen unvermeidlich die Prozesse der Entwicklung, der Stabilisierung, der Identifikation an. Die prozessuale Perspektive, der die folgenden fünf Beiträge zugeordnet sind, kann insofern nur eine Akzentverschiebung, bestenfalls ein anderer Ausgangspunkt sein, nicht aber ein wirklicher Themenwechsel.

Dies gilt insbesondere für Makroprozesse und das „aktive" Selbst (Abschnitt IV), die der Sache nach nicht erst in den nächsten beiden Kapiteln, sondern auch in allen vorherigen thematisiert worden sind.

Dementsprechend sind die von *Astrid Schütz* zusammengestellten Befunde zum Selbstwertgefühl für beinahe jedes der vorangegangenen Kapitel einschlägig (und umgekehrt). Ein eigenes Kapitel für dieses Thema ist hier freilich nicht nur der Reichhaltigkeit und langen Tradition der einschlägigen Forschung wegen gerechtfertigt, sondern auch dadurch, dass die Frage der Erfassung von Aspekten des Selbst (vgl. generell dazu Byrne, 1996; Hormuth & Otto, 1996) an diesem Thema ebenso exemplarisch wie anschaulich diskutiert werden kann.

Der Beitrag von *Ute Bayer* und *Peter M. Gollwitzer* verdeutlicht die Verbindung von selbst-stabilisierenden Prozessen einerseits und der handlungsregulativen Rolle des Selbst andererseits. Mit dem Konzept der symbolischen Selbstergänzung etwa wird exemplarisch deutlich, dass das Selbst durchaus auch auf personaler (d. h. intentionaler) Ebene stabilisiert und verteidigt werden kann; hier ist die Rede von Stabilisierungsstrategien tatsächlich gerechtfertigt. Dies schließt auch den Kreis zum Beginn der Diskussion, denn menschliche Entwicklung – auch die Entwicklung des Selbst – ist wesentlich ein wenigstens teilweise geplantes Resultat unserer eigenen Handlungen und der Handlungen anderer (Brandtstädter, 1998).

Beide Arbeiten machen zugleich sichtbar, dass die prozessuale Perspektive sich oft eher methodisch als theoretisch äußert; Arbeiten aus entwicklungs- und persönlichkeitspsychologischer Perspektive setzen traditionell eher korrelativ, sozialpsychologische Untersuchungen eher experimentell an. Dies wird in den drei Abschnitten, die verschiedene Facetten einer mikroprozessualen Sichtweise (Abschnitt V) vorführen sollen, unmittelbar augenfällig.

Das Kapitel von *Lars-Eric Petersen, Dagmar Stahlberg* und *Dirk Dauenheimer* demonstriert diese experimentelle Herangehensweise an der bereits angesprochenen Streitfrage, ob die Verarbeitung selbst-relevanter Informationen von einem Selbstwerterhöhungs- oder einem Konsistenzmotiv dominiert wird. Diese Frage (die mit einem klaren „kommt-drauf-an" beantwortet wird) ist offenbar für die im ersten Abschnitt verschiedentlich berührte Stabilität des erwachsenen und alternden Selbst von erheblicher Bedeutung: Stabilität ist hier in der Tat das Ausgangsproblem der Forschungsbemühung gewesen.

Auf den ersten Blick mit entgegengesetzter Fragerichtung – der starken Variabilität des Selbst – diskutiert *Bettina Hannover* die Kontextabhängigkeit des dynamischen Selbst (Markus & Wurf, 1987). Sie zeigt, dass dieser Gesichtspunkt sowohl für die sozialen Prozesse der Integration und Individuation als auch für die entwicklungspsychologischen Fragen der Dynamiken von Stabilität und Anpassung gleichermaßen bedeutsam sind.

Die in allen Arbeiten der prozessualen Perspektive berührte Verschränkung mikro- und makroprozessualer Fragen und Antworten wird im Beitrag von *Dirk Wentura* demonstriert, in dem experimentelle Methoden und kognitive Paradigmata explizit für Fragestellungen und Theorien genutzt werden, die in entwicklungs-, bewältigungs- und sozialpsychologischen Kontexten diskutiert werden. Sein Beitrag steht zugleich exemplarisch für eine Entwicklung, die eine *personale* Perspektive auf das Selbst auf das Forschungsprogramm einer *subpersonalen* Erklärung und Analyse der Inhaltsstrukturen und Verarbeitungsprozesse zugespitzt (aus anderer Sicht: reduziert) hat.

Alle Kapitel – sowohl der inhaltlichen wie der prozessualen Perspektive – zeigen damit in wachsender und eindringlicher Klarheit, dass erstens die inhaltliche und die prozessuale Perspektive immer gemeinsam diskutiert werden müssen, und dass zweitens ontogenetische und aktualgenetische – und damit auch: differentielle – Perspektiven jederzeit mitberücksichtigt werden müssen, wenn ein substantieller Fortschritt oder gar eine theoretische Integration erreicht werden sollen. Dabei können dann auch die unterschiedlichen methodischen Ansätze wechselseitig nutzbar gemacht werden.

Indessen liegen hinderliche Gräben nicht nur zwischen verschiedenen Subdisziplinen oder methodischen Ansätzen, sondern häufig auch zwischen Denktraditionen und -perspektiven. Der Versuch erscheint auch von daher lohnend, die hier skizzierte Forschungsdynamik der empirischen Psychologie des Selbst mit externen Perspektiven zu kontrastieren (Abschnitt VII). Die Psychologie hat allzu oft – und oft zu ihrem Schaden – ignoriert, dass das Thema Selbst und Identität nicht nur in der gesamten Geistesgeschichte einen Thema mit stabiler Konjunktur geblieben ist, sondern auch aktuell in benachbarten Disziplinen und Diskussionskontexten zentraler und prominenter Gegenstand wissenschaftlicher Bemühungen ist. Dies gilt nicht zuletzt für jene Nachbarn, die aus der Sicht entfernterer Betrachter eher als Familienmitglieder angesehen werden dürften. Die drei Kapitel, die solche Außen-Perspektiven repräsentieren, mögen in vielem provokativ sein und psychologischen Widerspruch auf sich ziehen; sie zeigen aber alle Mal, dass die Psychologie des Selbst sich früher oder später auch anderen Fragen zu stellen haben wird als den empirischen und theoretischen Problemen, die sie sich selbst stellt.

Der Beitrag von *Jürgen Straub* über Identität als psychologisches Deutungskonzept macht deutlich, welche konzeptuellen Brücken zu hermeneutischen Argumentationstraditionen möglich, aber eben auch nötig wären, wenn die Psychologie des Selbst nicht *nur* ein subpersonales Unternehmen bleiben oder werden soll. Dabei werden terminologische und andere sprachliche Divergenzen nicht das größte Problem sein, auch wenn sie auf den ersten Blick besonders ins Auge fallen. Nicht zuletzt wird es dabei auch um die Frage gehen, was empirische Wissenschaft denn genau heißen soll. Die schlichte Gegenüberstellung von „Erklären" und „Verstehen" hilft hier wie andernorts nicht weiter; Psychologie in ihrer Stellung zwischen Natur- und Kulturwissenschaft wird vielmehr generell einen Weg aus starren Frontstellungen heraus suchen müssen (Brandtstädter, 1998; Brandtstädter & Greve, 1994; Straub, 1999). Das wird noch deutlicher, wenn man gewissermaßen nochmals einen Schritt zurücktritt. *Gertrud Nunner-Winkler* fasst in ihrem Beitrag wesentliche Aspekte der soziologischen Diskussion des Identitätsbegriffes zusammen. Ihr Beitrag verdeutlicht, dass die individuelle (personale) Perspektive, die der Psychologie gewissermaßen aufgegeben ist, nicht nur nach unten (sub-personal), sondern auch nach oben, sozusagen trans-personal (Brandtstädter, 1991) offen und anschlussfähig bleiben muss, und zeigt dadurch auch, wie gut die Psychologie beraten wäre, hier mehr auch außerhalb der je eigenen Zitationskartelle zu lernen.

Ohne begriffliche Klarheit gibt es hierbei indessen keine Aussicht auf Verständigung. Gerade angesichts der sprachlichen und konzeptuellen Unterschiede zwischen den verschiedenen Perspektiven einer Psychologie des Selbst – und ihrer Nachbarperspektiven – zeigt sich die Notwendigkeit auch begrifflicher Untersuchungen sehr deutlich. Welches sind aber Fragen, die empirisch zu klären sind, und welche konzeptuellen Probleme müssen dazu zunächst gelöst werden? So kann man sich aus entwicklungspsychologischer Sicht auch sehr grundsätzlich die Frage stellen, wie ein Selbst – buchstäblich aus dem Nichts heraus – *überhaupt entstehen* kann, wie sich insbesondere der *Begriff* „Ich" entwickeln kann, ohne dass man das Konzept schon hat. *Andere* können einem die *Pointe* an der Tatsache, dass von allen Menschen auf der Welt dieser da *ich* ist, sicher nicht ohne weiteres erklären. Denn diese Tatsache, so scheint es, ist eine Tatsache anderer Art als alle anderen Tatsachen in der Welt, die ja immer *meine* Welt ist. Vor allem in Hinsicht auf derartige Schwierigkeiten könnte und sollte die gegenwärtige empirische Psychologie auch die „Ressource Philosophie" (Greve, 1994) mehr nutzen.

Den möglichen Gewinn diesbezüglicher begrifflicher Bemühungen illustriert beispielhaft *Thomas Metzingers* Einführung in die aktuelle philosophische Diskussion von Selbst und Subjektivität. Was *heißt* es überhaupt, ein Selbst zu haben, ein Selbst zu *sein*? Was meinen wir, wenn wir so reden? Wer – oder was – hat da wovon ein Bild, ein Modell?

Der Beitrag von *Dieter Frey, Eva Jonas, Elisabeth Frank und Werner Greve* schließlich diskutiert einen Gesichtspunkt, den die Psychologie des Selbst lange sträflich ignoriert hat, der aber – auch im Kontext wachsender Konkurrenz um knapper werdende Ressourcen an Forschungsmitteln und um Aufmerksamkeit des wissenschaftlichen und außerwissenschaftlichen Publikums – an Bedeutung gewinnen wird: der Anwendungsnutzen psychologischer Forschung zum Selbst, insbesondere in Bezug auf wirtschaftliche und politische Handlungszusammenhänge (Abschnitt VIII). Damit soll gewiss nicht einer Position das Wort geredet werden, die jede Forschungsidee in das Prokrustesbett der Forderung nach unmittelbarer Anwendbarkeit legen will. Vielmehr soll daran erinnert werden, dass Ergebnisse und Methoden der Grundlagenforschung zum Selbst oft genug ganz zwanglos auch in Anwendungskontexten genutzt werden können, und zwar zum beiderseitigen Gewinn von Theorie und Praxis (Greve & Greve, 1998).

Wo steht die „Psychologie des Selbst" zu Beginn des 21. Jahrhunderts? Ein Fazit fällt nicht leicht, aber einige Aktiva hat die Zwischenbilanz zweifellos auszuweisen. Zunächst: Wir wissen heute sehr viel mehr und sehr viel genauer, wie sich das Selbst im Lebenslauf entwickelt, welche Stabilisierungs- und Veränderungsdynamiken sich dabei entfalten und welche Funktionen dies erfüllt. Dass dabei auch ältere Vorstellungen, die lange im Verdacht metaphorischer Verdichtungen ohne empirischen Gehalt standen („Das Ich und die Abwehrmechanismen"), zunehmend mit neuem theoretischen und empirischen Leben erfüllt werden, rehabilitiert überholte Theorien nicht automatisch und *in toto*, aber es warnt die zukünftige Psychologie des Selbst vor vorschnellen Entrümpelungsaktionen und Bilderstürmen. Ein wichtiger Punkt in diesem Zusammenhang, den man leicht übersehen könnte, ist dieser, dass die Diskussion an Klarheit gewonnen hat. Vor zwanzig Jahren waren nach der Einschätzung von Marquard (1979) schon die „Konturen des Identitätsproblems unscharf; es entwickelt sich zur Problemwolke mit Nebelwirkung: Identitätsdiskussionen werden – mit erhöhtem Kollisionsrisiko – zum Blindflug" (S. 347). Das hat sich, sieht man von Ausnahmen ab, gewandelt, auch wenn von einem Konsens noch keine Rede sein kann. Das Bemühen um theoretische Stringenz und Klarheit ist überall zu spüren, gewiss auch dort, wo die Perspektive keine naturwissenschaftliche ist. Offenbar haben sich nicht alle Fraktionen einer empirischen Perspektive verschrieben, und mehrere Beiträge dieses Bandes zeigen auch, dass eine „Entführung aus dem Detail" (Marquard, 1979, S. 352) in einigen Punkten nützlich, gelegentlich auch notwendig sein könnte.

Gleichwohl fällt ins Auge, dass die durch *Thomas Metzingers* Beitrag repräsentierte aktuelle philosophische Debatte nicht nur außerordentlich offen für empirische Aspekte des Themas ist, sondern insbesondere eine ähnliche Entwicklung genommen hat wie die psychologische Diskussion. Diese Entwicklung könnte man die „Naturalisierung" des Selbst nennen.

Die Beiträge etwa von *Klauer, Hannover* und *Wentura* (alle in diesem Band) zeigen exemplarisch ganz analog zu *Metzingers* Plädoyer die starke Tendenz zu einer immer feinkörnigeren naturalistischen Auflösung des molaren introspektiven Selbstbildes und seiner Veränderungen in – Algorithmen und Datenstrukturen. Materialisten verschiedenster Schattierung zweifeln heute vielleicht mehr denn je daran, dass sich hinter dem „Selbst" mehr verbirgt als eine „superveniente" oder emergente Folge relativ banaler physischer Vorgänge. Die Jagd nach den neuronalen Korrelaten des Selbst-Bewusstseins ist heute, am Ende der „Dekade des Gehirns", gerade erst richtig eröffnet. Es bleiben freilich Zweifel, ob sich der delphische Imperativ des „Erkenne dich selbst!" auf diese Weise ganz erfüllen lassen wird, und zwar gar nicht einmal deswegen, weil die Suche unergiebig bleiben könnte. Eher im Gegenteil: David Chalmers (1996) hat jenen physiologischen Headhuntern erst kürzlich den süffisanten Tipp gegeben, sie sollten mit *ziemlich vielen* neuronalen Korrelaten rechnen. Was vielmehr erst noch zu leisten sein wird, ist die *theoretische* Einordnung dieser Feinarbeit in den Rahmen der Fragen, die einst am Beginn der Forschungsanstrengung lagen und einer befriedigenden Beantwortung weiterhin harren: „Wer bin ich?". Die Computermetapher aufgreifend könnte man sagen, dass einem zum Verständnis einer auf dem Bildschirm sichtbaren Firmenbilanz oder eines wissenschaftlichen Textes wenig damit geholfen ist zu wissen, dass sich dieses Phänomen auf eine lange Kette von ‚0' und ‚1' bzw. auf einfache Schaltkreise reduzieren lässt. Die personale Perspektive ist für die Psychologie in gewissem Sinne unausweichlich, selbst dann, wenn man sie in erklärender Perspektive teilweise überwinden kann. Vielleicht steckt dahinter sogar mehr als nur ein konzeptuelles Problem. An vielen Stellen hält sich der Verdacht hartnäckig, man berühre doch auch existentielle Gräben. Gewiss bedeutet „Erklären" immer auch „Reduzieren", aber ebenso gewiss geht dabei oft auch etwas verloren, wie immer beim Reduzieren. Natürlich hat sich seinerzeit nach einer gründlichen Untersuchung herausgestellt, dass mein erster Spielgefährte, der Stoffhund „Bruno", in Wahrheit aus Stoff, Draht und Stroh bestand; und am Ende der Untersuchung war von *Bruno* ansonsten nichts mehr zu sehen. Dennoch aber gehörte *Brunos* Existenz und *seine Bedeutung* damals ganz zweifellos zu den irreduziblen *Tatsachen* der Welt.

Literatur

Ashmore, R. D. & Jussim, L. (Eds.) (1997). *Self and Identity. Fundamental issues.* New York: Oxford University Press.

Aspinwall, L. G. & Taylor, S. E. (1997). A stitch in time: Self-regulation and proactive coping. *Psychological Bulletin, 121,* 417–436.

Banaji, M. R. & Prentice, D. A. (1994). The self in social contexts. *Annual Review of Psychology, 45,* 297–332.

Baumeister, R. F. (Ed.) (1993). *Self-esteem. The puzzle of low self-regard.* New York: Plenum Press.

Baumeister, R. F. (1995). Self and identity: An introduction. In A. Tesser (Ed.), *Advanced social psychology* (pp. 50–98). New York: McGraw-Hill.

Baumeister, R. F. (1996). Self-regulation and ego threat: Motivated cognition, self deception, and destructive goal setting. In: P. M. Gollwitzer & J. A. Bargh (Eds.), *The psychology of action. Linking cognition to behavior* (pp. 27–47). New York: Guilford.

Baumeister, R. (1998). The self. In: Eagly, A.H. & Chaiken, S. (1998). Attitude structure and function. In: D. T. Gilbert, S. T. Fiske & G. Lindzey (Eds.), *The handbook of social psychology* (4th Ed.; Vol. 1, pp. 269–322). Boston, MA: McGraw-Hill.

Bengtson, V. L., Reedy, M. N. & Gordon, C. (1985). Aging and self-conceptions: Personality processing and social contexts. In: J. E. Birren & K. W. Schaie (Eds.), *Handbook of psychology of aging* (pp. 544–593). New York: Van Nostrand.

Bracken, B. A. (Ed.) (1996). *Handbook of self-concept.* New York: Wiley.

Brandtstädter, J. (1991). Psychologie zwischen Leib und Seele: Einige Aspekte des Bewusstseinsproblems. *Psychologische Rundschau, 42,* 66–75.

Brandtstädter, J. (1998). Action perspectives on human development. In: R. M. Lerner (Ed.), *Theoretical models of human development* (Handbook of child psychology, Vol. 1, 5th ed., pp. 807–863). New York: Wiley.

Brandtstädter, J. & Greve, W. (1992). Das Selbst im Alter: Adaptive und protektive Mechanismen. *Zeitschrift für Entwicklungspsychologie und Pädagogische Psychologie, 23,* 269–297.

Brandtstädter, J. & Greve, W. (1994). Entwicklung im Lebenslauf als Kulturprodukt und Handlungsergebnis: Aspekte der Konstruktion und Kritik. In: K. A. Schneewind (Hrsg.), *Psychologie der Erziehung und Sozialisation. Pädagogische Psychologie* (Enzyklopädie der Psychologie, Bd. 1, S. 41–71). Göttingen: Hogrefe.

Brandtstädter, J., Wentura, D. & Greve, W. (1993). Adaptive ressources of the aging self: Outlines of an emergent perspective. *International Journal of Behavioral Development, 16,* 323–349.

Breakwell, G. M. (1986). *Coping with threatened identities.* London: Methuen.

Breznitz, S. (Ed.) (1981). *The denial of stress.* New York: International Universities Press.

Brinthaupt, T. M. & Lipka, L. (Eds.) (1992). *The self.* New York: SUNY Press.

Brown, J. D. (1991). Accuracy and bias in self-knowledge. In: C. R. Snyder & D. R. Forsyth (Eds.), *Handbook of social and clinical psychology* (pp. 158–196). New York: Pergamon.

Byrne, B. M. (1996). *Measuring the self-concept across the life-span.* Washington, DC: APA.

Cantor, N., Markus, H., Niedenthal, P. & Nurius, P. (1990). On motivation and the self-concept. In: E.T. Higgins (Ed.), *Handbook of motivation and cognition: Foundations of social behavior* (pp. 96–121). New York: Guilford.

Chaiken, S., Giner-Sorolla, R. & Chen, S. (1996). Beyond accuracy. Defense and impression motives in heuristic and systematic information processing. In: P. M. Gollwitzer & J. A. Bargh (Eds.), *The psychology of action. Linking cognition and motivation to behavior* (pp. 553–578). New York: Guilford.

Epstein, S. (1973). The self-concept revisited or: A theory of a theory. *American Psychologist, 28,* 405–415.

Epstein, S. (1979). Entwurf einer integrativen Persönlichkeitstheorie. In S.-H. Filipp (Ed.), *Selbstkonzeptforschung* (S. 15–46). Stuttgart, Germany: Klett-Cotta.

Filipp, S.-H. (Hrsg.) (1979a). *Selbstkonzeptforschung* (3. Aufl. 1994). Stuttgart: Klett-Cotta.

Filipp, S.-H. (1979b). Entwurf eines heuristischen Bezugsrahmens für Selbstkonzeptforschung. In: S.-H. Filipp (Hrsg.), *Selbstkonzeptforschung* (S. 129–152). Stuttgart: Klett-Cotta.

Filipp, S.-H. & Klauer, T. (1985). Conceptions of self over the life-span: Reflections on the dialectics of change. In: M. M. Baltes & P. B. Baltes (Eds.), *The psychology of aging and control* (pp. 167–205). Hillsdale, NJ: Erlbaum.

Freud, A. (1980; orig. 1936). *Das Ich und die Abwehrmechanismen.* München: Kindler.

Gecas, V. (1982). The self concept. *Annual Review of Sociology, 8,* 1–34.

Gergen, K. J. (1979). Selbsterkenntnis und die wissenschaftliche Erkenntnis des sozialen Handelns. In: S.-H. Filipp (Hrsg.), *Selbstkonzeptforschung* (S. 75–96). Stuttgart: Klett-Cotta.

Gergen, K. J. (1981). The functions and foibles of negotiating self-concepts. In: M. D. Lynch, A. A. Norem-Hebeisen & K. J. Gergen (Eds.), *Self-concept: Advances in theory and research* (pp. 59–73). Cambridge, MA: Ballinger.

Gergen, K. J. (1987). Toward self as relationship. In: K. Yardley & T. Honess (Eds.), *Self and identity: Psychosocial perspectives* (pp. 53–63). New York: Wiley.

Gollwitzer, P. M. & Bargh, J. A. (Eds.) (1996). *The psychology of action. Linking cognition and motivation to behavior.* New York: Guilford.

Greenwald, A. G. & Pratkanis, A. R. (1984). The self. In: R. S. Wyer & T. K. Scrull (Eds.), *Handbook of social cognition.* (pp. 129–178). Hillsdale, NJ: Erlbaum.

Greve, G. & Greve, W. (1998). Evaluation von Selbsterfahrung in der Verhaltenstherapieausbildung – theoretische Begründung und exemplarische Anwendung eines Selbstkonzept-Ansatzes. *Verhaltenstherapie, 8,* 188–198.

Greve, W. (1990). Stabilisierung und Modifikation des Selbstkonzeptes im Erwachsenenalter. *Sprache & Kognition, 9,* 218–230.

Greve, W. (1994). Philosophie als Ressource. Argumente für die Bedeutung philosophischer Argumente in einer wissenschaftlichen Psychologie. *Psychologische Rundschau, 45,* 24–36.

Greve, W. (1996). Erkenne dich selbst? Argumente zur Bedeutung der „Perspektive der ersten Person". *Sprache & Kognition, 15,* 104–119.

Greve, W. (1997a). Sparsame Bewältigung. Perspektiven für eine ökonomische Taxonomie von Bewältigungsformen. In: C. Tesch-Römer, C. Salewski & G. Schwarz (Hrsg.), *Psychologie der Bewältigung* (S. 18–41). Weinheim: PVU.

Greve, W. (1997b). Selbst-Verteidigung. Selbstkonzeptentwicklung zwischen Stabilität und Veränderung. KFN-Forschungsberichte, Nr. 63. Hannover: Kriminologisches Forschungsinstitut Niedersachsen.

Greve, W. (1999). Imprisonment of juveniles and adolescents: Deficits and demands for developmental research. (manuscript under review).

Greve, W. & Wentura, D. (1999). Self-Concept Immunization: Maintaining the Self without Ignoring Realities. (unpublished manuscript).

Harter, S. (1983). Developmental perspectives on the self-system. In: E. M. Hetherington (Ed.), *Handbook of child development: Vol. IV. Socialization, personality, and social development.* (pp. 275–385). New York: Wiley.

Hattie, J. (1992). *Self-concept.* Hillsdale, NJ: Erlbaum.

Higgins, E. T. (1996). The „self digest": Self-knowledge serving self-regulatory functions. *Journal of Personality and Social Psychology, 71,* 1062–1083.

Higgins, E. T. (1997). Beyond pleasure and pain. *American Psychologist, 52,* 1280–1300.

Higgins, E. T., Klein, R. L. & Straumann, T. J. (1987). Self-discrepancies: Distinguishing among self-states, self-state conflicts, and emotional vulnerabilities. In: K. Yardley & T. Honess (Eds.), *Self and identity: Psychosocial perspectives* (pp. 173–186). New York: Wiley.

Hormuth, S. E. & Otto, S. (1996). Das Selbstkonzept: Konzeptualisierung und Messung. In: M. Amelang (Hrsg.), *Temperaments- und Persönlichkeitsunterschiede* (S. 257–300). Göttingen: Hogrefe.

James, W. (1890/1950). *The principles of psychology* (authorized edition). New York: Dover.

Kant, I. (1968/1787[B]/1781[A]). *Kritik der reinen Vernunft* (Unveränderter photomechanischer Abdruck der von der preußischen Akademie der Wissenschaften 1902 begonnenen Ausgabe von Kants gesammelten Schriften, Bd. III). Berlin: de Gruyter.

Kernis, M. H. (Ed.) (1995). *Efficacy, agency, and self-esteem.* New York: Plenum.

Krahé, B. (1984). Der „self-serving bias" in der Attributionsforschung: Theoretische Grundlagen und empirische Befunde. *Psychologische Rundschau, 35,* 79–97.

Linville, P. W. (1987). Self-complexity as a cognitive buffer against stress-related illness and depression. *Journal of Personality and Social Psychology, 52,* 663–676.

Linville, P. W. & Carlston, D. E. (1994). Social cognition of the self. In: P. G. Devine, D. L. Hamilton & T. M. Ostrom (Eds.), *Social cognition: Its impact on social psychology* (pp. 143–193). New York: Academic Press.

Lipka, L. & Brinthaupt, T. M. (Eds.) (1993). *Self-perspectives across the life-span.* New York: SUNY Press.

Markova, I. (1987). Knowledge of the self through interaction. In: K. Yardley & T. Honess (Eds.), *Self and identity*: Psychosocial perspectives (pp. 65–80). New York: Wiley.

Markus, H. & Nurius, P. (1986). Possible selves. *American Psychologist, 41,* 954–969.

Markus, H. & Wurf, E. (1987). The dynamic self: A social psychological perspective. *Annual Review of Psychology, 38,* 299–337.

Marquard, O. (1979). Identität: Schwundtelos und Mini-essenz. Bemerkungen zur Genealogie einer aktuellen Diskussion (S. 347–369). In: O. Marquard & K. Stierle (Hrsg.), *Identität.* München: Fink.

Mead, G. H. (1934). *Mind, self, and society.* Chicago: University Press (deutsch: 1973. Frankfurt a. M.: Suhrkamp).

Morling, B. & Epstein, S. (1997). Compromises produced by the dialectic between self-verification and self-enhancement. *Journal of Personality and Social Psychology, 73,* 1268–1283.

Mummendey, A. & Simon, B. (Hrsg.) (1997). *Identität und Verschiedenheit. Zur Sozialpsychologie der Identität in komplexen Gesellschaften.* Bern: Huber.

Rogers, C. R. (1973/1951). *Die klient-bezogene Gesprächstherapie.* München: Kindler.

Rosenberg, M. (1979). *Conceiving the self.* New York: Basic Books.

Rustemeyer, R. (1986). Neue Aktualität eines (neuen?) Konzeptes: das Selbst. *Psychologische-Rundschau, 37,* 209–215.

Ryan, R. M. (1991). The nature of the self in autonomy and relatedness. In: J. Strauss & G. R. Goethals (Eds.), *The self: Interdisciplinary approaches* (pp. 208–238). New York: Springer.

Ryan, R. M. (1993). Agency and organization: Intrinsic motivation, autonomy, and the self in psychological development. In: J. E. Jacobs (Ed.), *Nebraska Symposion on Motivation* (Vol. 40; pp. 1–56). Lincoln, NE: University of Nebraska Press.

Schlenker, B. R. (1980). *Impression management.* Monterey, CA: Brooks.

Sedikides, C. (1993). Assessment, enhancement, and verification determinants of the self-evaluation process. *Journal of Personality and Social Psychology, 65,* 317–338.

Shrauger, J. S. (1975). Responses to evaluation as a function of initial self-perceptions. *Psychological Bulletin, 82,* 581–596.

Staudinger, U. M. & Greve, W. (1997). Das Selbst im Lebenslauf: Brückenschläge und Perspektivenwechsel zwischen entwicklungs- und sozialpsychologischen Ansätzen. *Zeitschrift für Sozialpsychologie, 28,* 3–18.

Straub, J. (1999). *Handlung, Interpretation, Kritik.* Grundzüge einer textwissenschaftlichen Handlungs- und Kulturpsychologie. Berlin: de Gruyter.

Swann, W. B. (1983). Self-verification: Bringing the social reality in harmony with the self. In: J. Suls & A. G. Greewald (Eds.), *Psychological perspectives on the self* (Vol. 2, pp. 33–66). Hillsdale, NJ: Erlbaum.

Swann, W. B. (1985). The self as architect of social reality. In: B. R. Schlenker (Ed.), *The self and social life* (pp. 100–125). New York: McGraw-Hill.

Swann, W. B. (1987). Identity negotiation: Where two roads meet. *Journal of Personality, 53,* 1038–1051.

Sykes, G. & Matza, D. (1957). Techniques of neutralization: A theory of delinquency. *American Sociological Review, 22,* 664–670.

Taylor, S. E. & Gollwitzer, P. M. (1995). The effects of mindset on positive illusions. *Journal of Personality and Social Psychology, 69,* 213–226.

Tesser, A., Martin, L. L. & Cornell, D. P. (1996). On the substitutability of self-protective mechanisms. In P. M. Gollwitzer & J. A. Bargh (Eds.), *The psychology of action. Linking cognition and motivation to behavior* (pp. 48–68). New York: Guilford.

Thomas, M. (1989). *Zentralität und Selbstkonzept*. Bern: Huber.

Trope, Y. (1980). Self-assessment, self-enhancement, and task preference. *Journal of Experimental Social Psychology, 16*, 116–129.

Trope, Y. (1990). Self-enhancement and self-assessment in achievment behavior. In: E. T. Higgins (Ed.), *Handbook of motivation and cognition: Foundations of social behavior* (pp. 350–378). New York: Guilford.

Vaillant, G. E. (1993). *The wisdom of the ego*. Cambridge, MA: Harvard University Press.

Inhaltliche Perspektiven auf das Selbst

I   Entwicklungsperspektiven: Das Selbst im Lebenslauf
II Differentielle Perspektiven: Selbst und Person
III Soziale Perspektiven: Das Selbst im Kontext

I Entwicklungsperspektiven: Das Selbst im Lebenslauf

2

Selbstbildentwicklung in Kindheit und Jugend

Urs Fuhrer, Alexandra Marx, Antje Holländer und Janine Möbes

„What are you like? What kind of person are you? What are you not like?" Mit diesen Fragen leiten Damon und Hart (1988) ihr Interview zur Erfassung des kindlichen Selbstverständnisses ein. Zweifellos sind Fragen dieser Art, die zur Reflexion über das eigene Selbst auffordern, durchaus richtig gestellt. Nur die Antworten sind nicht so einfach zu finden, wie es diese Fragen vermuten lassen. So haben in der Entwicklungspsychologie entsprechende Forschungsaktivitäten eine lange Tradition, ausgehend von James Mark Baldwin, G. Stanley Hall, William Stern über Erik H. Erikson hin zu den neueren Debatten über die Entwicklung des Selbstkonzepts in Kindheit und Jugend (vgl. Damon & Hart, 1992; Harter, 1998; siehe auch Pinquart & Silbereisen, in diesem Band; Straub, in diesem Band). Kindliche und jugendliche Selbstkonzepte wurden dabei theoretisch in unterschiedliche Modellannahmen eingebettet. So basiert die Forschung zur Selbstentwicklung im Kleinkindalter auf der Annahme, dass bereits Neugeborene aufgrund biologischer Prädisposition in der Lage sind, mit Bezugspersonen sozial zu interagieren, was wiederum Voraussetzung ist, um ein Selbst zu entwickeln. Außerdem vertreten Kleinkindforscher heute die Meinung, dass bei Säuglingen bereits in den ersten Lebensmonaten zwischen der Entwicklung eines „Ich-Selbst" und eines „Mich-Selbst" unterschieden werden kann. Auch entdeckt schon ein neun Monate altes Kind, dass es eine eigene Gedankenwelt besitzt und diese Gedankenwelt mit anderen teilen kann. Die Gedächtnis- und Sprachentwicklung sowie die Fähigkeit, soziale Vergleichsinformation zu nutzen, schaffen dann im frühen Kindesalter die Voraussetzungen, das eigene „Mich-Selbst" zu reflektieren. Gleichzeitig wird das ältere Kind fähig, soziale Standards und Meinungen signifikanter Anderer zu internalisieren, was wiederum dem „Ich-Selbst" erlaubt, das „Mich-Selbst" zu bewerten. Beim Übergang vom Kindes- ins Jugendalter ist es die Intensivierung der Bewusstwerdung des „Ich-Selbst", das die Integration multipler Selbstbilder und die Bewältigung von Diskrepanzen zwischen realen und idealen Selbstbildern vorantreibt (Fend, 1994). Im Folgenden soll diese Entwicklungslinie kindlicher und jugendlicher Selbstbildung nachgezeichnet werden.

Ontogenese der Selbstentwicklung im Kleinkindalter

In der an Baldwin und Mead anschließenden soziogenetischen Theorietradition (Baldwin, 1897; Mead, 1934) findet sich in den Arbeiten zur kleinkindlichen Selbstentwicklung die zentrale Annahme, dass sich das Selbst in den ersten intimen Sozialbeziehungen herausbildet und Ergebnis frühester Interaktionserfahrungen ist (Case, 1991; Stern, 1992). Sullivan (1953) vertritt sogar die Auffassung, dass die Entwicklung des Selbst die ontogenetische Entwicklungsgeschichte interpersonaler Beziehungen widerspiegelt. Da sich auch soziale Beziehungen entwickeln und verändern, werden sie als Mittel zur Selbstbildung betrachtet. Konsequenterweise postulieren Kleinkindforscher, dass der Schlüssel zum Verständnis kindlicher Selbstentwicklung in den Interaktionsmustern zwischen Kleinkind und Pflegeperson liegt.

Die ersten Lebensmonate: 0 bis 4 Monate
Das auftauchende Selbstempfinden. Bereits von Geburt an, möglicherweise schon früher, verfügen, wie Daniel Stern (1992) vermutet, Menschen über ein subjektives Empfinden ihres Selbst, weil sie bereits nach der Geburt fähig sind, sich als zumindest rudimentär „organisiert" zu erleben. Das „Selbstempfinden" ist das organisierende Prinzip, aus dem heraus der Säugling sich selbst und die Welt erfährt und ordnet. Es entwickelt sich in der wechselseitigen Beeinflussung von Kind und Erwachsenem. Dabei wendet sich Stern in seiner Entwicklungstheorie gegen Vorstellungen, wonach jeweils eine Reifestufe die andere mehr oder weniger ablöst. Die von ihm beschriebenen Niveaus des Selbstempfindens sieht er folglich nicht als sukzessive Phasen, sondern als weiterbestehende simultane Bereiche der Selbsterfahrung, die das ganze Leben aktiv bleiben. So vertritt er die Ansicht, dass zu jeder Zeit alle Selbstempfindungsbereiche simultan im Selbsterleben latent mitschwingen, auch wenn sie situationsabhängig unterschiedlich aktiviert werden. Dabei basiert das *Kernselbstempfinden* auf den folgenden vier zentralen Empfindungsfähigkeiten:
1) *Urheberschaft:* Es handelt sich um das Empfinden, Urheber eigener Handlungen und gleichzeitig Nicht-Urheber der Handlungen anderer zu sein.
2) *Selbstkohärenz:* Dies bedeutet das Empfinden, ein körperliches Ganzes zu sein.
3) *Selbstaffektivität:* Hier handelt es sich um einen Prozess der Differenzierung diskreter Affekte wie Wut, Trauer, Angst, Freude oder Scham.
4) *Selbstgeschichtlichkeit:* Das ist die Empfindung, dass eine Person bei aller Veränderung und Weiterentwicklung immer ein und dieselbe bleibt.

Interessant ist die Frage, wie der Säugling diese vier Komponenten zum „Kern-Selbst-Empfinden" integriert. Sterns (1992) Annahme ist, dass sich durch Handlungs-Wiederholungen ein Gedächtnis ausbildet, „insofern es ein System oder einen Prozess zur Integration unterschiedlicher Aspekte einer subjektiv erlebten Erfahrung darstellt" (S. 138). Das Kind erkennt, dass es durch eigenes Tun in regelhafter Weise Handlungseffekte erzeugen kann. Diese Erfahrung trägt zum Aufbau eines globalen „Ich-Schemas" bei. Dabei bildet die „Episode" jene Grundeinheit dieses Gedächtnisses, in der Empfindungen, Wahrnehmungen, Handlungen, Gedanken und Affekte in einem zeitlichen, räumlichen und kausalen Verhältnis derart organisiert sind, dass die Episode eine szenisch organisierte Gedächtniseinheit bildet. Diese Episoden umfassen also auch interpersonales Geschehen unterschiedlichster Art, für die präverbale Repräsentationen entwickelt werden. Mittels solcher Interaktionsrepräsentationen organisiert der Säugling seine Selbsterfahrungen (vgl. dazu das Konzept des „internalen Arbeitsmodells" aus der Bindungsforschung; Bretherton, 1993).

Aufbauend auf diesen Erkenntnissen postuliert Stern für das Kleinkindalter vier bzw. fünf Stufen der Entwicklung des Selbstempfindens: In den ersten beiden Lebensmonaten entwickelt sich *das auftauchende Selbstempfinden*. Säuglinge stellen Verbindungen zwischen verschiedenen Ereignissen her, zum Teil mittels angeborener Fähigkeiten, teils durch Lernen. Dabei werden die Wahrnehmungen aus verschiedenen Sinnesorganen miteinander verglichen und integriert, was dem Kleinkind erlaubt, sich selbst und andere als invariant wahrzunehmen. Dabei spielen auch Affekte eine wichtige Rolle, die das Neugeborene als sog. „Vitalitätseffekte" (Stern, 1992) erfährt. Säuglinge erleben aufgrund ihrer Fähigkeit zur intermodalen Repräsentation ein Gefühl sensorisch-affektiver Regelmäßigkeit und Geordnetheit (Case, 1991; Stern, 1992).

Meltzoff (1990), Neisser (1991) oder Butterworth (1992) wiederum sind der Frage nachgegangen, ob Säuglinge bereits über ein Selbst-Bewusstsein, ähnlich dem Sternschen Selbstempfinden verfügen. Butterworth unterscheidet drei Aspekte des Selbst-Bewusstseins:
1) die Differenzierung von Selbst vs. Nicht-Selbst, d. h. die Fähigkeit zwischen sich selbst und anderen sowie der externalen Welt zu unterscheiden;
2) einem Gefühl für das Wollen, d. h. ein Verständnis dafür, dass bestimmte Ereignisse kontrolliert, andere nicht kontrolliert werden können; und
3) der wahrgenommenen Kontinuität des Selbst über die Zeit.

Diese drei Merkmale korrespondieren mit den Kennzeichen des Jamesschen „I". Butterworth glaubt, dass bereits Neugeborene über die Fähigkeit verfügen, diese drei Diskriminationen zu leisten. Die empirischen Befunde, die er zur Unterstützung seiner Hypothese anführt, belegen, dass
- Neugeborene sich in ihrer Umwelt orientieren können, was dafür spricht, dass Selbst-Welt-Differenzierungen bereits nach der Geburt möglich sind;
- Neugeborene lauter schreien, wenn sie einen Schrei eines anderen Babys hören, als wenn sie ihren eigenen Schrei vernehmen. Damit ist belegt, dass bereits Neugeborene zur Unterscheidung zwischen Selbst und Anderen fähig sind.
- Sie lernen im Umgang mit Objekten rasch, diese zu kontrollieren, was zeigt, dass sie über ein frühes Bewusstsein verfügen, um gewünschte Effekte in ihrer Umwelt auszulösen.
- Schließlich ist bei ihnen zu beobachten, dass der Mund die Bewegung der Hand zum Kopf antizipieren kann, was für das Vorhandensein eines Körperschemas spricht.

Es waren Meltzoff und Moore (1994), welche die Gesichtsimitation von 12 bis 21 Tage alten Säuglingen weiter intensiv studierten. Dabei fanden sie klare Belege dafür, dass schon zwei bis drei Tage alte Babys zu derartigen Imitationen fähig sind, was dafür spricht, dass sowohl die Kapazität zur Imitation als auch ein Selbst-Bewusstsein zur humanbiologischen Grundausstattung gehören.

Die Altersperiode vom 4. bis 10. Monat
Kernempfindungsselbst. In dieser Periode erleben sich Kleinkinder zunehmend als von ihren Pflegepersonen unterschiedlich, was wiederum, wie in der Bindungsforschung ausführlich dokumentiert ist (vgl. Bretherton, 1993), neue soziale Beziehungsbildungen erlaubt. Folgt man an dieser Stelle weiter der Sternschen Entwicklungstheorie des Selbstempfindens, so bildet sich zwischen dem 2. bis 9. Lebensmonat das *Kernempfindungsselbst* heraus. Kleinkinder dieses Alters machen die Erfahrung, dass sie und andere physisch getrennte Gebilde sind, zwei Körper, die miteinander in Beziehung treten können, ohne miteinander zu verschmelzen.

Entwicklungspsychologen, die sich mit Kleinkindern dieses Alters des visuellen Selbsterkennens als Untersuchungsmethode bedienen, beobachteten, dass Kinder in der Lage sind, Ursache-Wirkungs-Beziehungen zwischen eigenen Körperbewegungen und einem sich bewegenden visuellen Bild im Spiegel festzustellen und sich als Verursacher dieser Bewegungen im Spiegel wahrzunehmen (Lewis & Brooks-Gunn, 1979). Stern (1992) beschreibt dieses Gefühl eigener Wirksamkeit (eine rudimentäre Form des Jamesschen „Ich-Selbst") als ein Gefühl für das eigene Wollen selbst-erzeugter Handlungen. Ausführlich hat Bandura (1990) die Genese dieser Fähigkeit zur Selbstwirksamkeitserfahrung nachgezeichnet.

Kleinkinder interagieren nun auch intensiver mit ihren Pflegepersonen: Sie beginnen den Anderen zu „entdecken". Sie fangen im Alter von ca. 7 Monaten damit an, aktiv ihre Interaktionen selbst auszuwählen und zu initiieren, um auf diese Weise den reziproken Austausch mit ihren Pflegepersonen zu fördern (Sroufe, 1990). Dabei erweisen sich Emotionen als Grundlage für das Erleben von Kontinuität und Kohärenz im Umgang mit anderen Personen. Allerdings funktioniert dies nur, wenn die Pflegeperson ein sensitiver „selbst-regulierender Anderer" ist, der in der Lage ist, die reziproken Interaktion mit dem Kleinkind aktiv zu gestalten (Case, 1991).

Die Altersperiode vom 10. bis 15. Monat
Phase des subjektiven Selbstempfindens. In diesem Alter findet sowohl eine weitere Differenzierung des eigenen Selbst von der Pflegeperson statt als auch ein Anwachsen des Gefühls der eigenen Wirksamkeit. Stern (1992) kennzeichnet dieses Alter als *Phase des subjektiven Selbstempfindens*. Kinder entwickeln rudimentäre Formen einer „theory of mind". Sie bemerken gleichzeitig, dass es andere „minds" gibt als die eigenen. Das heißt, Kinder entwickeln das Bewusstsein dafür, dass zwischen der eigenen Person und den Sozialpartnern verschiedene oder gemeinsame Gefühle und Interessen bestehen können. Stern nennt diese Vermutung des Kindes eine „theory of interfaceable separate minds". Sie markiert den Beginn von Intersubjektivität im psychologischen Sinn.

Dieses Empfinden eines subjektiven Selbst und eines subjektiven Anderen beruht auf neuen Fähigkeiten, die für das Empfinden des Kern-Selbst noch nicht nötig waren. Dazu gehört die Fähigkeit, einen gemeinsamen Fokus der Aufmerksamkeit zu entwickeln, anderen Personen Absichten und Motive zuzuschreiben und diese richtig zu erkennen oder ihnen Gefühlszustände zuzuschreiben und zu spüren, ob diese mit dem eigenen Gefühlszustand übereinstimmen oder nicht (Sroufe, 1990). Dabei kommt der Fähigkeit, Erwachsene zu imitieren, eine eminent wichtige Funktion bei der Selbstentwicklung zu (vgl. Meltzoff, 1990). Für die experimentelle Analyse der Existenz eines ersten globalen „Ich-Selbst" wird meist das visuelle Selbsterkennen verwendet. Pioniere der Entwicklungspsychologie wie Darwin, Preyer, Baldwin, später Piaget oder

Wallon beschäftigten sich schon mit dem Selbsterkennen von Kleinkindern im Spiegelbild. Dabei war Zazzo (1948) der Erste, der bei einem Säugling das Selbsterkennen mittels Bildern und Amateurfilmen systematisch untersuchte. Ein erstes Experiment zur Erforschung der Spiegelreaktion bei Kleinkindern wurde dann von Dixon (1957) verwendet. Entlang dieser Forschungen basieren seit den siebziger Jahren die meisten Untersuchungen zum Selbsterkennen im Kleinkindalter auf der „spot-on-the-nose"-Technik und dem „mirror-and-rouge"-Paradigma (vgl. Berthental & Fischer, 1978; Lewis & Brooks-Gunn, 1979). Bei diesen Methoden wird unbemerkt ein Rougefleck auf Nase oder Wange des Säuglings getupft, um dann den Grad der Überraschungsreaktion auf diese Veränderung beim Betrachten des Spiegelbildes zu beobachtete. Bertenthal und Fischer vertreten die Hypothese, dass das Selbsterkennen nicht plötzlich mit einem bestimmten Verhalten auftritt, sondern sich allmählich in einer Folge von Verhaltensformen etabliert, die ihren Ursprung in den kognitiven Entwicklungsschritten der sensumotorischen Entwicklung *à la* Piaget haben. Sie entwickelten für jede angenommene Phase eine besondere Aufgabe des Selbsterkennens.

In der ersten Phase gegen Ende des ersten Lebensjahres erkunden Kinder ihr Spiegelbild durch Berühren. Ein paar Monate später sind die Kinder in der Lage, eine „Hut-Aufgabe" zu lösen, bei der sie einen Hut lokalisieren sollen, der sich über ihrem Kopf befindet, nachdem sie ihn im Spiegel gesehen haben. Im Gegensatz zur Hut-Aufgabe, bei der die Bewegung des Hutes kontingent mit der Bewegung des Kindes war, lösen Kinder, die ein paar Monate älter sind eine „Spielzeug-Aufgabe", indem sie einen im Spiegel sichtbaren Gegenstand lokalisieren sollen, dessen Bewegung nicht kontingent mit den eigenen Bewegungen ist. Gegen Ende der Säuglingszeit berichten die Kinder verbal, dass sie ihr Spiegelbild als ihr eigenes erkennen. Bertenthal und Fischer (1978) setzen voraus, dass Kinder nur dann den gespiegelten Gegenstand lokalisieren können, wenn sie ihr eigenes Bild im Spiegel erkennen und es als Bezugsgröße zum Bestimmen des Gegenstandes verwenden. Trotz widersprüchliche Ergebnisse (Robinson, Connell & McKenzie, 1990) gilt die Abfolge der Phasen von Bertenthal und Fischer bis heute als normativ für die Entwicklung des Selbsterkennens (vgl. Harter, 1990).

Die Altersperiode vom 15. bis 18. Monat
Mich-Selbst.   Kennzeichnend für diese Altersperiode ist das Auftauchen eines „Mich-Selbst", eines Selbstbildes: Das Selbst wird zum Objekt eigenen Wis-

sens. Gleichzeitig entwickelt sich das verbale Selbstempfinden (Stern, 1992). Kinder entdecken, dass sie persönliches Erfahrungswissen haben, das sie mit Hilfe von Symbolen mitteilen können. Es gibt jetzt nicht mehr nur Gefühle und gemeinsame subjektive Zustände, sondern symbolisch kommuniziertes Wissen um dieselben. Weiterhin zeigen Lewis und Brooks-Gunn (1979), dass Kinder ab dem 15. Monat markierungsbezogenes Verhalten zeigen, welches das Wiedererkennen der eigenen Person indiziert.

Selbsterkennen wurde erfasst, erstens durch selbstgerichtetes Verhalten (Berühren einer Markierung an der eigenen Nase während man in den Spiegel guckt), zweitens durch verbale Bezeichnung (Verweis auf einen selber in Form eines Personalpromens), und drittens durch selbst-bewusste Emotionen (Scham bei der Selbst-Betrachtung, nicht aber bei der Betrachtung anderer Personen). Lewis und Brooks-Gunn nehmen an, dass Spiegelbilder zwei Quellen selbstrelevanter Informationen enthalten: Kontinuitätshinweise (Wenn „Ich" mich bewege, dann bewegt sich die Person im Spiegel auch) und Merkmalshinweise (Die Person im Spiegel sieht aus wie „Ich").

Spätestens im Alter von 22 Monaten deuten die meisten Kinder auf ihre eigene Nase. Daraus leiten Lewis und Brooks-Gunn ab, dass Kinder gegen Ende des 2. Lebensjahres ihr Spiegelbild als Abbild ihrer eigenen Person erkennen und somit ein fundamentales Selbstschema, ein existentielles Selbst, aufgebaut haben dürften. Abbildung 1 zeigt die Ergebnisse für auf Farbtupfer gerichtetes Verhalten, wonach markierungsbezogenes Verhalten in Abhängigkeit vom Anbringen des Farbtupfers ab dem 15. Altersmonat zunimmt. Allerdings deuten Befunde von Pipp (1993) daraufhin, dass Kinder Gesichtsmerkmale von Pflegepersonen früher erkennen als sich selbst.

Aufbau erster spezifischer Selbstschematisierungen. Neben dem Aufbau eines existentiellen Selbst vollzieht sich Mitte des 2. Lebensjahrs der Aufbau erster spezifischer Selbstschematisierungen, was Lewin und Brooks-Gunn als kategoriales Selbst bezeichnen. Um das Bestehen solcher Selbstschematisierungen zu analysieren, wurde die Fixationsdauer der Kinder beim Betrachten von Fotografien verschiedener Personen einschließlich ihres eigenen Bildes gemessen. Dabei zeigte sich, dass Kinder bereits gegen Ende des 1. Lebensjahres ihr eigenes Bild und Bilder gleichaltriger und gleichgeschlechtlicher Kinder deutlich länger betrachten als Bilder älterer und/oder andersgeschlechtlicher Personen. Sie folgerten aus diesen Beobachtungen, dass Kinder in diesem Alter über die Dimensionen „Alter", „Geschlecht" und „Vertrautheit" verfügen. Somit besteht die kognitive Ausdifferenzierung des Ich-Außenwelt-Bezuges nicht nur im globalen Sinne, sondern diese wird auch in Form erster Selbstzuschreibungen spezifischer Merkmale vollzogen.

Mittels dieser Versuchsbedingungen fanden Lewis und Brooks-Gunn Belege für das folgende Entwicklungsmuster: Vor dem 9. Lebensmonat sind bei Kindern noch keine differentiellen Reaktionen gegenüber einem Spiegelbild zu erkennen. Erst vom 9. bis zum 12. Lebensmonat wird Selbsterkennen über Kontinuitätsmerkmale möglich. Kinder lächeln, wenn sie sich im Spiegel sehen oder berühren ihren Körper. Merkmale der Kontinuität bilden eine notwendige Bedingung für das Selbsterkennen in diesem Alter. So erfüllen die meisten Kinder zwischen dem 15. und 18. Lebensmonat die visuelle Markierungsaufgabe. Wenn sie sich im Spiegel sehen, berühren sie das markierte Rot in ihrem Gesicht. Viele der Kinder in diesem Alter sind auch in der Lage, sich auf Fotografien von anderen Personen zu unterscheiden. Diese Ergebnisse belegen, dass Kontinuitätsmerkmale nicht mehr länger für das Selbsterkennen notwendig sind.

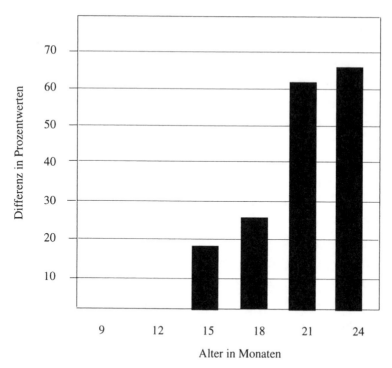

Abbildung 2.1: Nase-Berühren. Differenz in Prozentwerten zwischen den Versuchsbedingungen mit und ohne Farbtupfer aufgeschlüsselt nach Altersgruppen (nach Lewis & Brooks-Gunn, 1979, S. 41)

Fähigkeit zum Selbsterkennen. Diese Fähigkeiten entwickeln sich zwischen dem 18. und 21. Lebensmonat weiter. Nahezu alle Kinder sind nun fähig, sich über Merkmale der Kontinuität selbst zu erkennen. Etwa drei Viertel der Kinder lassen Fähigkeiten des Selbsterkennens aufgrund nicht-kontingenter Informationen erkennen. Bereits zwei Drittel der Kinder beginnen bei Betrachtung von Fotografien ihrer selbst mit der Verwendung von Personalpronomina. Das bedeutet, dass mit 21 Monaten die Fähigkeit zum Selbsterkennen gut ausgebildet ist.

Obwohl das visuelle Selbsterkennen als Standard-Paradigma in der entwicklungspsychologischen Experimentalforschung in der vorsprachlichen Zeit gilt, muss auf die Gefahr einer groben Vereinfachung der Selbstkonzeptentwicklung hingewiesen werden. Die Entwicklung des Selbstkonzepts ist ein komplexer Prozess, sodass die Interpretation der emotionalen Reaktionen der Kinder dem Spiegelbild gegenüber problematisch ist. Emotionen können ein Selbsterkennen zwar anzeigen, doch genauso gut zeigen Kinder dem Spiegelbild gegenüber affektive Reaktionen, ohne dass sie sich selbst erkennen. Auch im Rahmen der Untersuchungen, die die Methode des mit Rot markierten Selbstbildes verwenden, gibt es Interpretationsunsicherheiten. Die affektive Reaktion des Säuglings kann durch die Anwesenheit des „Rot" an sich und muss nicht unbedingt durch Selbsterkennen ausgelöst werden (Schneider-Rosen & Cicchetti, 1991). Dixon (1957) interpretierte die komplexen Gefühle wie Verlegenheit und Schüchternheit als eine Art Wissen von sich selbst. Solche Ausdrucksformen lassen auf eine Differenzierung zwischen „ich" und den „anderen" schließen, und eine Bloßstellung des Selbst gegenüber anderen wird erkannt (Lewis, Sullivan, Stanger & Weiß, 1989). Kritiker könnten jedoch einwenden, dass generell im 2. Lebensjahr bei einer Begegnung mit einem anderen Kind Scheu und Verlegenheit gezeigt werden, sodass das Verhalten vor dem Spiegel auch als entstehende Selbstbewusstheit gegenüber einem anderen Kind statt als visuelles Selbsterkennen interpretiert werden könnte.

Die Altersperiode vom 18. bis 30. Monat
In dieser Altersperiode stellt die Sprachentwicklung ein mächtiges Instrument zur weiteren Entwicklung des Selbst dar. Die Sprache erlaubt dem Kind, sein „Mich-Selbst" zu beschreiben. Es beginnt sowohl mit der Verwendung von Personalpronomina als auch mit dem Aussprechen seines eigenen Namens (Bates, 1990). Damit konkretisiert sich die Idee eines „Mich-Selbst" (Lewis, 1994). Mit der Entwicklung der Sprache wird auch die Fähigkeit symbolischer

Aktivität zwecks Repräsentation elterlicher Regeln und moralischer Standards möglich. Dies macht Kleinkinder fähig, die Angemessenheit ihres Verhaltens gegenüber ihren Pflegepersonen zu prüfen.

„Ich-Selbst". Mit dem Aufkommen der Sprache entwickelt sich auch die Fähigkeit, die eigene Lebensgeschichte zu konstruieren und vermehrt das „Ich-Selbst" in seiner Kontinuität zu erfahren. Stern (1992) nennt diese Fähigkeit *narratives Selbstempfinden*. Er bezeichnet damit die Fähigkeit, persönliche Erlebnisse in einer kohärenten Geschichte zu organisieren. Nelson (1993) schreibt diesem autobiographischen Gedächtnis die Funktion zu, sowohl die persönliche Lebensgeschichte als auch sozial geteilte Erlebnisse mit Bezugspersonen zu speichern. Dadurch wird ein autobiographischer Zugang zum Selbst möglich, das „Mich-Selbst" kann sich weiter differenzieren, auch hin zum gewünschten Selbstbild (Stern, 1992).

Selbstbildentwicklung in der Kindheit

Vom Kleinkind zur frühen Kindheit
Empirische Studien zeigen, dass Kinder bereits sehr früh konkrete kognitive Informationen über selbstbeobachtete Merkmale des Selbst machen können („Ich kann schnell laufen"), wobei allerdings bei der Erfassung des kindlichen Selbstkonzepts mit besonderen methodischen Schwierigkeiten zu rechnen ist (Asendorpf & Van Aken, 1993). Damon und Hart (1988) beschreiben diese „kategoriale Identifikation" als Attribute, die physisch („Ich habe blaue Augen"), aktiv („Ich spiele Ball"), sozial („Ich habe keine Freunde") oder psychologisch („Ich bin glücklich") sein können.

Case (1992) beschreibt diese Entwicklungsstufe, in der Kinder rudimentäre Verbindungen in Form diskreter Ereignis-Sequenz-Strukturen betrachten, als inter-relational. Defizite bestehen in der Hinsicht, dass Kinder im voroperatorischen Stadium kognitiv noch nicht in der Lage sind, mehrere Dimensionen miteinander zu koordinieren (Griffin, 1992), weshalb noch kein kohärentes Selbstbild gebildet werden kann. Dadurch erscheint es Kindern unmöglich, dass jemand entgegengesetzte Attribute wie gut und schlecht gemeinsam verstehen kann. Auch verneinen Kinder, dass sie zwei Emotionen mit der gleichen (z. B. böse und schlecht) oder entgegengesetzter Wirkung (z. B. böse und gut) gleichzeitig erfahren (Harte & Buddin, 1987). Zudem sind Selbstbewertungen unrealistisch positiv, da Kinder nicht zwischen erwünschter und aktueller Kompetenz unterscheiden können (Piaget, 1936). Neuere Untersuchungen stellen fest, dass dieses Defizit daraus resultiert, dass Kinder in diesem Alter noch nicht in der Lage sind, soziale Vergleichsinformationen bedeutungsvoll in die eigenen Kompetenzen zu integrieren (Higgins, 1991). Das „Mich-Selbst" kann jedoch noch nicht bewertet werden.

Von der frühen zur mittleren Kindheit
Erst in der weiteren Entwicklung besitzen Kinder die Fähigkeit, Kategorien über Eigenschaften oder Emotionen zu formen sowie Gegensätze zu erkennen (groß-klein). In dieser Phase des „representational mapping" (Fischer, 1980) und des „uni-dimensional thinking" (Griffin, 1992) ist die Verarbeitungsweise unidirektional, nicht reversibel und funktioniert nach dem Alles-oder-Nichts Prinzip, da noch keine höheren, abstrakten Generalisierungen gebildet werden können, die die einfachen verhaltensbezogenen Merkmale integrieren. Auch können noch keine „inneren" Dispositionen verstanden werden (Ruble & Dweck, 1995).

Da allerdings bereits eine aktive Bewertung anderer Personen erfolgt, fungieren diese als eine Art „self-guide" (Higgins 1991). Bandura (1991) beschreibt diesen Prozess als Genese der Selbst-Regulation. Während in der frühen Kindheit das Verhalten in Form von positiver oder negativer Verstärkung, direkter Instruktion und Modellernen external kontrolliert wird, sind Kinder im mittleren Alter bereits in der Lage, Reaktionen anderer zu antizipieren und die Rollen ihres eigenen Verhaltens und die anderer zu internalisieren. Daraus entwickeln sich persönliche Standards als erste Form der bewertenden Selbstregulation und damit können Kinder Verhaltensweisen ausführen, die eine positive Selbstbewertung fördern. Noch sind Kinder allerdings nicht in der Lage, ihre eigene Psyche zu bewerten.

Von der mittleren zur späten Kindheit
Der größte Fortschritt in dieser Altersperiode besteht in der Fähigkeit, Selbstbilder miteinander zu koordinieren (Case, 1992). Das Kind ist in der Lage, spezifischere Merkmale seines Selbst in hierarchische Strukturen zu integrieren. Widersprechende Merkmale vermag nun das Kind zu synthetisieren, was ihm erlaubt, sowohl positive als auch negative Selbst-Bewertungen vorzunehmen. Damit entfernt sich das Kind vom Alles-oder-Nichts-Prinzip und es wird eine balanciertere Sicht der eigenen Person möglich. Gleichzeitig nutzt das Kind im

mittleren Kindesalter zunehmend den sozialen Vergleich mit anderen, um sein eigenes Selbst zu evaluieren (Damon & Hart, 1988).

Dabei wird das eigene Selbstbild verletzlich gegenüber all jenen Handlungsbereichen, die gesellschaftlich bedeutsam sind (z. B. Schulkompetenz, Peerakzeptanz, Sportkompetenz). Schließlich ist das Kind in der Lage, Meinungen bedeutsamer Anderer zu internalisieren, was ihm wiederum ermöglicht, mittels des „Ich-Selbst" das „Mich-Selbst" direkt zu bewerten (Selman, 1980).

Selbstbildentwicklung in der Jugend

Das Selbstbild in seiner Entwicklung vom frühen zum späten Jugendalter
Im *frühen Jugendalter* entwickelt sich das abstrakte Denken. Diese kognitive Fähigkeit kann auf unbelebte Objekte, auf das eigene Selbst, aber ebenso auf andere Personen angewendet werden. Damit wird der Jugendliche fähig, unterschiedliche abstrakte Merkmale seiner Selbst wie z. B. intelligent, kreativ oder gewitzt miteinander zu integrieren. Allerdings erschweren zunehmende Differenzierungen im Selbstbild eine angemessene Integration, was im frühen Jugendalter im Sinne einer „kognitiven Schranke" wirken kann, wodurch negative Aspekte nicht auf Merkmale anderer Bereiche abfärben können (Higgins, 1990). Ungeachtet dessen beginnen Jugendliche stärker zu differenzieren, was sie innerlich sind und wie sie nach außen hin erscheinen, und sie können aufgrund ihres abstrakten Denkens klarer zwischen dem, was sie sind und dem, was sie sein möchten, unterscheiden (Fend, 1994).

Im *mittleren Jugendalter* wächst das Bewußtsein um die Gegensätzlichkeit unterschiedlicher Merkmale im Selbstbild, so daß intrapsychische Konflikte, Verwirrungen und Distress resultieren können (Harter & Monsour, 1992). Jugendliche in dieser Altersperiode zeichnen sich deshalb durch instabile Selbstbilder aus und schwanken von einem Extrem ins andere. Dabei wird diese Instabilität gefördert, wenn sie aufgrund von Sozialisationsnormen unterschiedliche Selbstbilder in verschiedenen Rollen oder unterschiedlichen Beziehungsstrukturen entwickeln (Erikson, 1950). Folglich nimmt die Diversifikation der Selbstkonzepte nach sozialen Kontexten zu. Die „multiplen Selbste" (mit Eltern, Freunden, Liebespartnern) differenzieren sich aus und müssen gleichzeitig wieder integriert werden. Dies gelingt jedoch – und hier werden interindividuelle Unterschiede sichtbar – nicht in allen Abschnitten der Adoleszenz und nicht allen Personen gleich gut (Fend, 1994). Folglich entstehen Konflikte zwischen den verschiedenen „Mich-Selbsts". Schwierig zu bewältigen sind derartige Diskrepanzen, wenn sich z. B. die Erwartungen von Eltern und Gleichaltrigen widersprechen, weshalb Jugendliche zunehmend dazu tendieren, sich selbst zu reflektieren (vgl. Fend, 1994). Dabei reflektieren Mädchen sehr viel intensiver über sich selber und konzentrieren sich insgesamt stärker auf ihr Innenleben als Jungen; letztere zeigen lediglich vom 15. zum 16. Lebensjahr einen markanten Anstieg größerer Selbstreflexion.

Im *späten Jugendalter* schaffen Jugendliche es, eine kohärente „Theorie" ihres Selbst zu entwickeln (Case, 1992). Gleichzeitig zeigen sich nun flexibel in der Definition ihres Selbst zwischen unterschiedlichen sozialen Situationen. Inkonsistenzen zwischen verschiedenen Selbstbildern können ausgeglichen werden (Harter & Monsour, 1992).

Ökologie des jugendlichen Selbstbildes

James' (1890) These lautete, daß das Bewußtsein seiner selbst aus Erfahrungen hervorgehe, die man mit sich selbst im Umgang mit sozialen und materiellen Gegenständen macht. Ähnlich erkannte Mead (1934), daß physische Objekte der Umwelt, durch ihre soziale Bedeutung ebenso wie andere Personen ein „signifikantes Symbol" bilden und somit für die Selbstbildung wichtig werden. In dieser James-Meadschen Theorietradition hat Hormuth (1990) mit seiner Ökologie des Selbst einen Theorieansatz vorgelegt, der räumliche, dingliche und soziale Konstituenten berücksichtigt, aber bislang entwicklungspsychologisch noch kaum geprüft wurde (Fuhrer, Kaiser & Hangartner, 1995). Die Annahme ist, daß Personen, Dinge und Orte selbstrelevante Bedeutungen über Handlungserfahrungen vermitteln. Entsprechend reagiert die Person nie auf ein Objekt oder einen Ort an sich, sondern allein auf die Bedeutungen dieses Objekts oder dieses Ortes, die sie im Zuge der Transaktion mit Dingen und Orten „erwerben". Das bedeutet, daß Symbole immer auf Dimensionen des Selbst verweisen können, die in einer Situation subjektiv relevant sein können.

In einer Studie von Fuhrer und Laser (1997) hatten 10-, 14- und 18jährige Jugendliche die Aufgabe, mit einer Polaroid-Kamera bis zu 15 Fotografien von selbstkonzeptrelevanten Umweltausschnitten anzufertigen. Die Instruktion bestand darin, Dinge, Orte und Personen zu fotografieren, von denen die Probanden meinten, daß sie das „Bild", das sie selbst von sich haben, am Besten repräsentieren. Die Polaroid-Kamera wurde als fotografisches Instrument gewählt, da hier die Probanden sofort die Möglichkeit hatten, das zu betrachten, was sie zuvor mit der Kamera festgehalten hatten. Der Einsatz der Fotografie hatte den weiteren Vorteil, daß sich die Jugendlichen mit der Kamera genau durch jenen Kontext bewegen konnten, aus dem sie die Umweltausschnitte festhalten sollten. Zu jedem Foto hatten sie anschließend auf 5-stufigen Likert-Skalen sechs Items einzuschätzen, über die die Bedeutungen des Fotografierten für das eigene Selbst erfaßt wurden. Die für das sich entwickelnde Selbstkonzept bedeutsamen Dimensionen von Personen, Dingen und Orten, wie sie z. B. aus den Studien von Damon und Hart (1988) gewonnen wurden, waren soziale Integration, Einzigartigkeit, Selbstreflexion, Konsistenz, Kontinuität und Selbstwirksamkeit.

In diesem Abschnitt soll nur auf die empirischen Befunde zu den selbstbildrelevanten Bedeutungen von Dingen eingegangen werden. Die vollständigen Ergebnisse zu den selbstbezogenen Bedeutungen von Personen, Dingen und Orten finden sich bei Fuhrer und Laser (1997) sowie bei Laser, Josephs und Fuhrer (1999).

Hinsichtlich der selbstkonzeptrelevanten Bedeutung von Dingen (vgl. Abbildung 2.2) zeigt sich ein Alterseffekt der Selbstreflexion, wonach 10-jährige

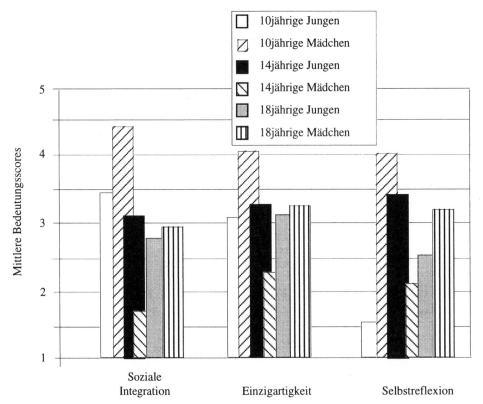

Abbildung 2.2: Bedeutung von Integration, Einzigartigkeit und Selbstreflexion der Dingfotos in Abhängigkeit von Alter und Geschlecht

die von ihnen fotografierten Dinge höher einschätzen als alle anderen Altersgruppen. Ein weiterer Alterseffekt sowie eine Interaktion ergaben sich bezüglich sozialer Integration. So schätzen 10-jährige Dinge in ihrer Bedeutung diesbezüglich höher ein als 14- und 18-jährige. Die Interaktion wiederum weist darauf hin, daß 14-jährige Mädchen Objekte für ihre soziale Integration sehr viel niedriger einschätzen als gleichaltrige Jungen, wogegen sich bei den 10-jährigen der Effekt umgekehrt darstellt. Ebenso zeigt die Interaktion hinsichtlich der Einzigartigkeit, daß 14-jährige Mädchen Dinge auf dieser Dimension sehr viel niedriger beurteilen als gleichaltrige Jungen, wogegen 10-jährige Mädchen gegenüber den altersgleichen Jungen die Einzigartigkeit von Dingen höher einschätzen.

Die Bedeutung von Dingen in ihrer Vermittlung sozialer Integration durch 10-jährige hingegen kann im Sinne der Winnicottschen (1971) „Übergangsobjekte" gedeutet werden. Das bedeutet, dass Objekte (und Orte; vgl. Fuhrer & Laser, 1997) für 10-jährige in einem Raum zwischen Phantasie und Realität, zwischen eigener Person und Anderen situiert sind. Ihnen kommt die Funktion des Sich-In-Beziehung-Setzen-Wollens zu; eine Funktion, die dann im mittleren und späteren Jugendalter Gleichaltrige übernehmen. Herauszufinden, was man selber sein möchte, gelingt also im Übergang zum mittleren Jugendalter eher, wenn man sich erst auf die dinglichen Konstituenten seiner Umwelt einlassen kann, damit diese einen Zugang zu Sozialpartnern eröffnen. Hier fügt sich auch der Befund ein, wonach 14-jährige Mädchen Dinge zwecks sozialer Integration für ihr Selbstkonzept geringer einschätzen als gleichaltrige Jungen, wogegen die Richtung des Geschlechtseffekts bei den 10-jährigen umgekehrt ist. Aus der intensiveren Nutzung von Dingen als Übergangsobjekte durch 10-jährige Mädchen können diese als 14-jährige mehr als gleichaltrige Jungen profitieren. Das höhere Ausmaß, das 14- und 18-jährige gegenüber 10-jährigen der Bedeutung von Dingen für ihre Selbstreflexion beimessen, stimmt mit der zunehmend intensiveren Selbstbeobachtung zwecks Konstituierung des eigenen Selbstkonzepts im mittleren Jugendalter überein (Fend, 1994).

Diese Befunde legen nahe, dass Unterschiede in der Selbstdefinition Jugendlicher mit den Transformationen der subjektiv-funktionalen Bedeutungen von Dingen korrespondieren, die diese in ihrer Wechselwirkung mit jugendlichem Handeln annehmen. Dabei zeigt sich der bedeutsamste Altersunterschied im Übergang vom frühen zum mittleren Jugendalter. Es ist unübersehbar, dass sich das Person-Umweltverhältnis zwischen dem 10. und 14. Lebensjahr unterscheidet: Es baut sich ein neues Selbstbild auf (vgl. Fend, 1994). So zeigt sich, dass die Selbstdefinition im frühen Jugendalter gegenüber dem mittleren und späten

Jugendalter stärker mit den Möglichkeiten korrespondiert, die Dinge in ihrer Übergangsfunktion für das Eingehen intimer Beziehungen erlauben, wovon Mädchen stärker zu profitieren scheinen als Jungen. Dingen kommt hier eine Art Überbrückungsfunktion zu, was, so vermuten wir, die Erprobung intimer Freundschaftsbeziehungen zu Gleichaltrigen erleichtern könnte (vgl. Silbereisen & Noack, 1990).

Selbstentwicklung: Differenzierung der Subjekt-Objekt-Beziehungen

Bei der Herausbildung eines Selbst spielt die Erfahrung, daß sich das Kleinkind als von der Außenwelt abgehobene Entität erkennt, eine wichtige Voraussetzung zur Herausbildung eines Selbstbildes. Erst diese kognitive Differenzierung zwischen „Ich" und „Welt" macht es für das Kleinkind möglich, dass es Erfahrungen als „selbst-" oder als „umweltbezogen" verarbeiten kann. Da aus dieser Sicht die entscheidende Bedingung der Selbstbildung im sozialen Erfahrungsbereich vermutet wird, sind folglich soziale Prozesse der Differenzierung und Integration selbstbildend (Kegan 1982). Eine Balance zwischen Differenzierung und Integration wird erreicht, indem sich das Selbst immer stärker von der Umwelt löst und immer mehr Konstituenten aus der Umwelt integriert. Aus einer undifferenzierten Welt wird mit der Zeit eine immer differenziertere und, folgt man William Stern (1918), können im Sinne eines sich entwickelnden viel-einheitlichen Selbst (unitas multiplex) wiederum neue Beziehungen mit ihm eingegangen werden. Damit wird die Beziehung zur Welt immer wieder integrierend differenziert.

So steht in der frühesten Kindheit der eigene Körper als materielles Substrat des „Ich" im Zentrum, dessen räumliche Abgrenzung zur Außenwelt durch propriozeptive und kinästhetische Rückmeldungen oder durch jene Art von Selbstempfindungsfähigkeiten vermittelt wird, wie sie Stern (1992) annimmt. Gegenläufig zur Differenzierung zwischen „Ich" und „Welt" vollzieht sich ein Prozess der „sekundären Subjektivierung" der Umwelt (Filipp, 1980). Damit ist gemeint, dass Ausschnitte der Umwelt zu konstituierenden Elementen des Selbst werden. Was „als Teil des Selbst" kogniziert wird, ist also keineswegs durch die räumlich-materielle Begrenztheit des eigenen Körpers bestimmt, sondern leitet sich aus der Person-Umwelt-Beziehung ab. Auf diese Weise können nicht nur Personen, sondern auch Objekte und Orte verschiedene Funktionen für die Selbstentwicklung annehmen (vgl. Fuhrer & Josephs, 1999). Das heißt, dass im Laufe der Selbstentwicklung das Verhältnis von Subjekt und Objekt immer wieder neu organisiert wird. Es ist eine Entwicklung, in der sich das Kind allmählich aus seiner undifferenzierten Welt löst, um gleichzeitig Beziehungen mit ihr einzugehen. So gesehen spielen sich Subjekt-Objekt-Beziehungen nicht in einem Raum zwischen einem Menschen ohne Welt und einer Welt ohne Menschen ab, vielmehr machen sie die Unterscheidung zwischen Mensch und Welt erst möglich. Es ist ein Prozess qualitativer Differenzierung, in dem sich das entwickelnde Selbst immer wieder von der Welt löst und die Umwelt, mit der Beziehungen eingegangen werden, ständig größer wird. Es ist ein aktiver Prozess der Auseinandersetzung zwischen Selbst und Umwelt, der zu einem immer wieder anders organisierten Verhältnis von Ich und Welt wird. Selbstentwicklung wird damit als ein lebenslanger Prozess verstehbar, in dessen Verlauf diese Grenze zwischen Innen und Aussen immer wieder neu gezogen, d. h. (re-)organisiert wird.

Literatur

Asendorpf, J. B. & van Aken, M. A. G. (1993). Deutsche Version der Selbstkonzeptskalen von Harter. *Zeitschrift für Entwicklungspsychologie und Pädagogische Psychologie, 1,* 64–86.

Baldwin, J. M. (1897). *Social and ethical interpretations in mental development.* New York: Macmillan.

Bates, E. (1990). Language about me and you: Pronominal reference and the emrging concept of self. In D. Cichetti & M. Beeghly (Eds.), *The self in transition: Infancy to childhood (pp. 1–15).* Chicago: University of Chicago Press.

Bertenthal, B. I. & Fischer, K. W. (1978). Development of self-recognition in the infant. *Developmental Psychology, 14,* 44–50.

Bretherton, I. (1993). From dialogue to internal working models: The co-construction of self in relationships. In R. Nelson (Ed.), *Memory and effect development: The Minnesota Symposium on Child Development (Vol. 26, pp. 71–97).* Hillsdale, NJ: Erlbaum.

Butterworth, G. (1992). Origins of self-perception in infancy. *Psychological Inquiry, 3,* 103–111.

Case, R. (1991). Stages in the development of the young child's first sense of self. *Developmental Review, 11,* 210–230.

Cooley, C. H. (1902). *Human nature and the social order.* New York: Charles Scribner's Sons.

Damon, W. & Hart, D. (1988). *Self-understanding in childhood and adolescence.* Cambridge: Cambridge University Press.

Damon, W. & Hart, D. (1992). Self-understanding and ist role in social and moral development. In H. M. Bornstein & M. E. Lamb (Eds.), *Developmental psychology: An advanced textbook (S. 27–47).* San Francisco: Jossey-Bass.

Dixon, J. C. (1957). Development of self-recognition. *Journal of Genetic Psychology, 91,* 251–256.

Erikson, E. H. (1950). *Childhood and society.* New York: Norton.

Fend, H. (1994). *Die Entdeckung des Selbst und die Verarbeitung der Pubertät.* Bern: Huber.

Filipp, S.-H. (1980). Entwicklung von Selbstkonzepten. *Zeitschrift für Entwicklungspsychologie und Pädagogische Psychologie, 2,* 105–125.

Fuhrer, U., Kaiser, F. G. & Hangartner, U. (1995). Wie Kinder und Jugendliche ihr Selbstkonzept kultivieren. *Psychologie in Erziehung und Unterricht, 42,* 57–64.

Fuhrer, U. & Laser, S. (1997). Wie Jugendliche sich über ihre soziale und materielle Umwelt definieren: eine Analyse von Selbstphotografien. *Zeitschrift für Entwicklungspsychologie und Pädagogische Psychologie, 14,* 183–196.

Fuhrer, U. & Josephs, I. E. (Hrsg.) (1999). *Persönliche Objekte, Identität und Entwicklung.* Göttingen: Vandenhoeck & Ruprecht.

James, W, (1890). *Principles of psychology (Vol. 1).* New York: Holt.

Harter, S. (1990). Self and identity development. In S. S. Feldman & G. R. Elliot (Eds.), *At the threshold: The developing adolescent (pp. 205–239).* Newbury Park: Sage.

Harter, S. (1998). The development of self-representations. In W. Damon (Ed.), *Handbook of child psychology (Vol. 3, pp. 553–617).* New York: Wiley & Sons.

Harter, S. & Monsour, A. (1992). Developmental analysis of conflict caused by opposing attributes in the adolescent self-portrait. *Developmental Psychology, 28(2),* 251–260.

Hormuth, S. (1990). *The ecology of the self.* New York: Cambridge University Press.

Laser, S., Josephs, I. E. & Fuhrer, U. (1999). Die Bedeutung von Dingen für die Identität Jugendlicher. In U. Fuhrer & I. E. Josephs (Hrsg.), *Persönliche Objekte, Identität und Entwicklung (S. 134–147).* Göttingen: Vandenhoeck & Ruprecht.

Lewis, M. (1994). Myself and me. In S. T. Parker, R. W. Mitchell & M. L. Boccia (Eds.), *Self-awareness in animals and humans: Developmental perspectives (pp. 20–34).* New York: Cambridge University Press.

Lewis, M. & Brooks-Gunn, J. (1979). *Social cognition and the acquisition of self.* New York: Plenum Press.

Lewis, M., Sullivan, M. W., Stanger, C. & Weiß, M. (1989). Self-development and self-conscious emotions. *Child Development, 59,* 146–156.

Mead, G. H. (1934). *Mind, self and society.* Chicago: University Press.

Meltzoff, A. N. (1990). Foundations for developing a concept of self: The role of imitation in relating self to other and the value of social mirroring, social modeling, and self practice in infancy. In D. Cichetti & M. Beeghly (Eds.), *The self in transition: Infancy to childhood (pp. 139–164).* Chicago: The University of Chicago Press.

Meltzoff, A.N. & Moore, M.K. (1994). Imitation, memory, and the representation of persons. *Infant Behavior and Development, 17,* 83–99.

Neisser, U. (1991). Two perceptually given aspects of the self and their development. *Developmental Review, 11,* 197–209.

Nelson, K. (1993). Events, narratives, memory: What develops? In C. A. Nelson (Ed.), *Memory and affect. Minnesota Symposium on Child Psychology (Vol. 26, pp. 1–24)*. Hillsdale, NJ: Erlbaum.

Piaget, J. (1936). *The origins of intelligence in children*. New York: Norton.

Pipp, S. (1993). Infant's knowledge of self, other, and relationship. In U. Neisser (Ed.), *The perceived self (pp. 41–62)*. Cambridge, MA: Cambridge University Press.

Robinson, J. A., Connell, S., McKenzie, B. E. & Day, R. H. (1990). Do infants use their own images to locate objects reflected in a mirror? *Child Development, 61*, 1558–1568.

Schneider-Rosen, K., Cicchetti, D. (1984). The relationship between affect and cognition in maltreated infants: Quality of attachment and the development of visual self-recognition. *Child Development, 55*, 648–658.

Selman, R. (1980). *The growth of personal understanding*. New York: Academic Press.

Silbereisen, R. K. & Noack, P. (1990). Adolescents' orientations for development. In S. Jackson & H. Bosma (Eds.), *Coping and self-concept in adolescence (pp. 11–127)*. Berlin: Springer.

Sroufe, L. A. (1990). An organizational perspective on the self. In D. Cichetti & M. Beegly (Eds.), *The self in transition: Infancy to childhood (pp. 281–308)*. Chicago: University of Chicago Press.

Stern, D. (1992). *Die Lebenserfahrung des Säuglings*. Stuttgart: Klett-Cotta.

Stern, W. (1918). *Die menschliche Persönlichkeit*. Leipzig: J. A. Barth.

Sullivan, H. S. (1953). *The interpersonal theory of psychiatry*. New York: Wiley.

Winnicott, D. W. (1971). *Playing and reality*. London: Penguin.

Zazzo, R. (1948). Images du corps et conscience de soi: Materiaux pour l'étude expérimentale de la conscience. *Enfance, 1*, 29–43.

3

Identitätsentwicklung von Zwillingen: Warum das Selbst nicht geklont werden kann

Werner Deutsch, Petra Sandhagen und Angela Wagner

Von der Identität zu den Identitäten

Welche Identität besitzt Herr K.?
Das Wiedersehen
Ein Mann, der Herrn K. lange nicht gesehen hatte, begrüßte ihn mit den Worten:
„Sie haben sich gar nicht verändert."
„Oh!" sagte Herr K. und erbleichte.

Die Geschichte, die Bert Brecht (1963) erzählt, enthält ein Paradox. Wiedererkennen beim Wiedersehen setzt voraus, dass Herr K. nicht mit Herrn L. oder Herrn M. verwechselt wird. Für sein Gegenüber ist der Herr K. von vorgestern der Herr K. von heute. Herr K. selbst glaubt jedoch, ein anderer geworden zu sein. Das Selbstbild entspricht nicht dem Fremdbild, und das bringt Herrn K. aus der Fassung. Was kann die Identitätsforschung aus Brechts Geschichte von Herrn K. lernen? Hüten wir uns, von *der* Identität eines Menschen zu sprechen.

Was gibt es schon, das bei einem einzelnen Menschen von seiner Zeugung bis zu seinem Tod tatsächlich identisch bleibt? Äußeres Zeichen für die Identität eines Menschen ist sein Name. Unseren Namen haben wir uns genauso wenig ausgesucht wie unsere Eltern. Er ist uns gegeben worden und nicht so leicht abzulegen wie eine Jacke oder ein Paar Socken. Aber es geht. Namensänderungen sind möglich und manchmal sogar unvermeidbar. Auch das Bewusstsein, eine eigenständige Person zu sein, die trotz äußerer und innerer Veränderungen eben diese Person bleibt, ist Menschen nicht von Natur aus mitgegeben. Es entsteht erst im Verlauf der individuellen Entwicklung unter anderem durch aktives Handeln (vergl. Bayer u. Gollwitzer in diesem Band), das von Intentionen gesteuert ist und zu einem Bewusstsein der eigenen Existenz führt. Diese Form der Identität bleibt lebenslänglich erhalten. Auch Personen, die von der Alzheimer Erkrankung betroffen sind und die Orientierung in Raum und Zeit verloren haben, sind sich im Allgemeinen darüber klar, dass sie ein von anderen Menschen verschiedenes Individuum sind (vgl. Sabat, in press).

Das Paradox der persönlichen Identität liegt also darin, dass wir von einem bestimmten Punkt unserer Entwicklung an glauben, dieselbe Person zu bleiben. Gleichzeitig wissen wir aber, dass wir nicht mehr so sind, wie wir einmal waren, und nicht so bleiben werden, wie wir jetzt sind. Konstanz und Variabilität fallen im psychologischen Identitätsbegriff zusammen. Wie ist das überhaupt möglich? Identität ist gleichzeitig ein Zustand und ein Prozess, weil unsere eigene Entwicklungsgeschichte uns über das autobiographische Gedächtnis zumindest in Teilen zugänglich ist und wir unseren Zeithorizont über Gegenwart und Vergangenheit hinaus ausdehnen können (Greve, in diesem Band). Wie stark Rückblick und Voraussehen unsere persönliche Identität prägen, hängt davon ab, in welchem Lebensabschnitt wir stehen, wie viel noch vor uns liegt und wie viel wir schon hinter uns gebracht haben. Wenn Konstanz *und* Variabilität die entwicklungsspezifischen Kennzeichen unserer persönlichen Identität sind, wie verträgt sich das mit der Tatsache, dass die genetische Identität eines Menschen – von ganz seltenen Ausnahmen abgesehen – vom Moment der Zeugung bis zum letzten Atemzug und auch noch danach konstant ist?

Die genetische Information ist ein Programm, das Möglichkeiten eröffnet, ausschließt, begünstigt, einschränkt, begrenzt, sichert. Welche Möglichkeiten wann zum Zuge kommen, läuft nicht im Sinne eines strengen genetischen Determinismus ab (vgl. Neumann-Heldt, 1998). Das Programm funktioniert nur im Zusammenspiel mit Rahmenbedingungen, die sich im Laufe der Entwicklung eines Menschen ändern. Aus einem Mädchen wird eine Frau, aus einem Sohn ein Vater, aus einem Kind ein Greis. Entwicklungsspezifische Identitätszustände sind nicht Teil des genetischen Programms. Sie entstehen erst aus dem Zusammenwirken zwischen Programm und Rahmenbedingungen.

Das Besondere an der individuellen menschlichen Entwicklung ist nun, dass Menschen sich ihrer eigenen Existenz *und* Entwicklung bewusst werden und – in bestimmten Grenzen – die Gestaltung ihrer Entwicklung in die Hand nehmen können. Das Beispiel von Herrn K., dem wir am Anfang begegnet sind, belegt eine bittere Erfahrung, die Herr K. mit vielen anderen Menschen teilt, wenn Außenstehende den Unterschied zwischen neuer und alter Identität nicht bemerken.

Das Verhältnis zwischen genetischer und persönlicher Identität

Die Evolution der Spezies ‚Mensch' hat die Entwicklung einer persönlichen Identität dadurch begünstigt, dass (fast) jeder Mensch ein genetisches Unikat ist. Jahrhundertelang sind die Einzigartigkeit und Unverwechselbarkeit eines Menschen metaphysisch postuliert worden (vgl. Stern, 1918). Nach der Entschlüsselung des genetischen Kodes können wir sie auch biologisch fundieren. Die biparentale Fortpflanzung sorgt dafür, dass bei der Zeugung eines Menschen sein Chromosomensatz aus der Hälfte des mütterlichen und der Hälfte des väterlichen Chromosomensatzes immer wieder neu zusammengesetzt wird. So können unendlich viele unterschiedliche Phänotypen von Menschen entstehen. Wir können sie als Männer und Frauen, Alte und Junge, Farbige und Weiße klassifizieren, wir können in ihnen individuelle Personen wie unseren einzigen Bruder, die Mitstudentin von nebenan und das Gesicht, dem wir zum allerersten Male im Leben begegnet sind, erfassen. Schließlich können wir auch die Person erkennen, die uns höchst vertraut und zugleich höchst fremd ist, uns selbst. Das Gesicht ist der wichtigste Körperteil für das Erkennen von Personen. Im Gegensatz zu den Gesichtern anderer Personen können wir das eigene Gesicht niemals direkt, sondern nur über Medien wahrnehmen, die es uns widerspiegeln. Unter solchen Umständen verwundert es nicht, wenn Kinder ihr eigenes Abbild zunächst für eine Person halten, die ihnen ähnlich, aber nicht sie selbst ist. Erst an der Wende vom zweiten zum dritten Lebensjahr gelingt das visuelle Selbsterkennen (Bischof-Köhler, 1989). In der frühen Identitätsentwicklung ist es das Tüpfelchen auf dem i. Das Bewusstsein der eigenen Existenz wird von da an nicht mehr nur im Handeln erlebt, sondern besitzt ein Bild im Kopf, das im Spiegel und auf Abbildungen als der, der ich bin, erkannt wird. In sprachlicher Hinsicht löst die Begegnung mit dem eigenen Spiegelbild bei Kindern zu Beginn nie das Wort „Ich" im Deutschen oder „Me" im Englischen aus, sondern wird mit dem Namen verbunden (Deutsch, Wagner, Burchardt, Schulz & Nakath, in press).

In der frühen Kindersprache differenzieren Kinder beim Gebrauch von Selbstbezeichnungen danach, ob entweder der aktive oder der passive Teil ihrer Person im Vordergrund stehen. Beim Blick in den Spiegel erleben sie sich nicht als Handelnde, die etwas bewirken, sondern als Personen, mit denen etwas geschieht. Die Besonderheiten der frühen Kindersprache gehen später in den Konventionen der Zielsprache auf.

Wird die biparentale Fortpflanzung auch in Zukunft der Hauptweg bleiben, auf dem neues menschliches Leben entsteht? Die technischen Fortschritte bei der künstlichen Reproduktion von Menschen sind gewaltig. Keine 50 Jahre trennen die Befruchtung menschlicher Eizellen im Jahre 1944 durch Rock und Menkin und das erfolgreiche Klonen von menschlichen Zellklumpen, die sich wenige Stunden zuvor aus einer Eizelle und einem Spermium gebildet hatten, durch die Amerikaner Hall und Stillman im Jahre 1993. Wird es technisch möglich, rechtlich erlaubt und ethisch gerechtfertigt sein, dass genetisch identische Menschen durch Embryosplitting zu unseren Mitmenschen werden? Könnten solche Menschen, die – genetisch betrachtet – monozygoten Zwillingen entsprechen, eine persönliche Identität entwickeln? Durch die Debatte um das Kloning erhält die Zwillingsforschung neuen Auftrieb und gerät auch in ein bis jetzt noch recht unbekanntes Fahrwasser.

In der Zwillingsforschung ist die Identitätsentwicklung bis heute nur ein Thema am Rande gewesen – beispielsweise bei Zazzo (1986), der den Begriff der Paaridentität eingeführt hat, und bei Burlingham (1952), die das Konzept der Symbiose und des Teams auf die Beziehung zwischen Zwillingen angewandt hat. Zazzo und Burlingham sind Außenseiter geblieben, weil die verhaltensgenetische Ausrichtung der Zwillingsforschung seit ihren Anfängen bei Sir Francis Galton den Ton angibt. Innerhalb eines Forschungsprogramms, bei dem es vornehmlich um die Quantifizierung der Erblichkeit (Heritabilität) von Merkmalsunterschieden zwischen Individuen geht, spielt die Frage, wann und wie Zwillinge eine individuelle Identität oder eine Paaridentität entwickeln, keine Rolle. Ist die Identitätsentwicklung von Zwillingen ein Forschungsthema mit Zukunft? Jerry Hall, der mit Robert Stillman als erster menschliche Embryonen geklont hat, ist in einem Fernsehfilm von Gero von Boehm (1994) auch zum Thema Zwillingsforschung befragt worden. Hall scheint mit ihr nicht sehr vertraut zu sein, denn er behauptet beispielsweise, dass viele Eltern sich Zwillinge als Kinder wünschen würden. Nach einer Untersuchung von Goshen-Gottstein 1980 in Israel stehen Zwillingseltern unter einer viel stärkeren physischen und emotionalen Belastung als Eltern von einzeln aufwachsenden Kindern. Da Zwillinge auf natürlichem Wege nur selten entstehen, will Hall durch Klonen (Embryosplitting) die Vorkommenshäufigkeit steigern. Er ist sich allerdings unsicher, ob Zwillinge gleichzeitig oder in zeitlichem Abstand aufwachsen sollten. Technisch ist das für ihn kein Problem, da geklonte Embryonen beliebig lange eingefroren und je nach Bedarf aufgetaut werden können. Sollte nicht, bevor Embryo-splitting praktiziert und legalisiert wird, ermittelt werden, welche Probleme (monozygote) Zwillinge, die auf natürlichem Wege entstanden sind, in ihrer Identitätsentwicklung zu meistern haben?

Die Identitätsentwicklung von Zwillingen

Das Braunschweiger Zwillingsprojekt
Was kann man über die Identitätsentwicklung von Zwillingen herausfinden, wenn man ihnen Fotos von sich selbst und ihrem Zwillingsgeschwister zeigt und benennen lässt? In einem von der Deutschen Forschungsgemeinschaft geförderten Projekt haben wir diese Frage aufgegriffen und bei 23 Zwillingspaaren gleichen Geschlechts, die gemeinsam aufwachsen, im Alter von 24 bis 50 Monaten untersucht. Jedes Zwillingspaar besteht also aus – mehr oder weniger ähnlichen – Doppelgängern oder Doppelgängerinnen, die Außenstehende, manchmal auch die Eltern und Geschwister, leicht verwechseln. Und die Zwillingspaare selbst? Wie lösen sie das „Who is who" Problem, wenn sie in randomisierter Reihenfolge einzelne Porträtfotos von sich und ihrem Zwillingsgeschwister gezeigt bekommen? Wie lange hinken sie einzeln aufwachsenden Kindern, die nicht mit einem Doppelgänger oder einer Doppelgängerin aufwachsen, in der Entwicklung hinterher? Welche Besonderheiten treten während der Entwicklung auf, die für Zwillinge spezifisch sind? Die Tabelle 3.1 gibt Auskunft über die Zusammensetzung unserer Untersuchungsstichprobe.

Das Untersuchungsteam hat die 23 Familien regelmäßig besucht, um erstens ein Elternteil mit der Durchführung der Untersuchungsaufgaben vertraut zu machen, um zweitens zu vier, etwa drei Monate auseinander liegenden, Untersuchungszeitpunkten die Interaktion zwischen einem Elternteil (meistens der Mutter) und einem Zwillingskind beim Benennen von Porträtfotografien zu dokumentieren und um drittens über einen Abstrich des Mundschleims Zellmaterial für eine genetische Bestimmung der Zygosität mittels des genetischen Fingerabdrucks zu erfassen. Das Braunschweiger Zwillingsprojekt unterscheidet sich von vielen anderen Zwillingsprojekten dadurch, dass weder Eltern noch das Projektteam vor Untersuchungsende bekannt war, ob die – gleichgeschlechtlichen – Zwillingspaare genetisch identisch oder genetisch verschieden sind. Erst durch die Analyse des genetischen Fingerabdruckes war nach Untersuchungsende eine objektive Einschätzung der Zygosität möglich. Diese Diagnose stimmt bei 5 von den 12 monozygoten Zwillingspaaren nicht mit dem

Tabelle 3.1: Zusammensetzung der Zwillingsstichprobe

		MONOZYGOTE ZWILLINGE			DIZYGOTE ZWILLINGE		
		gesamt	männlich	weiblich	gesamt	männlich	weiblich
N		$N_M = 12$	$N_{Mm} = 5$	$N_{Mw} = 7$	$N_D = 11$	$N_{Dm} = 6$	$N_{Dw} = 5$
U1	Durchschnittsalter	2;00.23	1;11.24	2;01.13	1;11.26	1;11.06	2;00.20
	Range		1;09.12–2;01.22	1;10.20–2;02.21		1;09.14–2;00.19	1;11.09–2;02.05
U2	Durchschnittsalter	2;03.27	2;03.04	2;04.14	2;03.11	2;03.00	2;03.25
	Range		2;02.06–2;06.00	2;04.05–2;07.00		2;01.30–2;03.23	2;02.13–2;05.11
U3	Durchschnittsalter	2;07.17	2;06.24	2;08.03	2;06.21	2;06.07	2;07.07
	Range		2;05.21–2;08.22	2;06.08–2;09.19		2;05.12–2;07.27	2;05.14–2;08.27
U4	Durchschnittsalter	4;03.02	4;02.11	4;04.15	4;02.06	4;01.04	4;03.07
	Range		3;10.01–4;04.20	4;00.17–4;07.05		3;11.19–4;03.15	4;01.01–4;05.01

subjektiven Eindruck der Eltern überein. Solche Abweichungen kamen bei dizygoten Zwillingspaaren überhaupt nicht vor. Fehleinschätzungen der Eltern hängen sicherlich damit zusammen, dass sie auf die jeweiligen Besonderheiten eines Zwillingskindes achten müssen, um Verwechslungen mit dem Zwillingsgeschwister zu vermeiden. Die Suche nach Unterschieden verzerrt also die Elternurteile in die Richtung, dass monozygote Zwillinge für dizygot gehalten werden, aber nicht umgekehrt, dizygote Zwillinge für monozygot. Die Benennungen des Selbstporträts des Zwillingsbruders oder der Zwillingsschwester haben wir nach verschiedenen Kriterien bewertet, besonders nach ihrer semantischen Korrektheit (korrekte oder falsche Identifikation der abgebildeten Person) und ihrer sprachlichen Form (nominale oder pronominale Benennung, Gebrauch eines Duals). So konnten wir verfolgen, wie sich während der Entwicklung die Identifikation und die Benennung der Porträtfotos verändert. Für die ersten drei Untersuchungszeitpunkte liegen auch Daten von Kindern vor, die ohne bzw. mit einem älteren Geschwister gleichen Geschlechts aufwachsen. Deshalb können verschiedene Geschwisterkonstellationen in Bezug auf das Entwicklungstempo und den Entwicklungsverlauf beim visuellen Erkennen der eigenen Person miteinander verglichen werden. Die Ergebnisse fassen wir hier in drei Abbildungen zusammen, die genau gleich aufgebaut sind. Auf der Abzisse ist das Lebensalter der Zwillinge in Monaten abgetragen; die Ordinate zeigt den Prozentsatz semantisch korrekter (nominaler und pronominaler) Personbenennungen an, der als ein konservativer Indikator für das Personerkennen auf Abbildungen gelten kann.

In der Abbildung 3.1 ist zu sehen, dass die Entwicklungsverläufe für das korrekte Erkennen der eigenen Person und des Zwillingsgeschwisters einander ähneln. Innerhalb eines halben Jahres steigt beim Selbsterkennen der Prozentsatz richtiger Identifikationen von etwas über 30% auf 80% an, beim Erkennen des Zwillingsgeschwisters von etwas über 40% auf fast 100% an. Mit Hilfe einer log-linearen Analyse haben wir geprüft, ob der Unterschied zwischen dem eigenen Fotoporträt und dem des Zwillingsgeschwisters statistisch signifikant ist. Das ist auf dem 1% Niveau der Fall (LR = 30.46, df = 2).

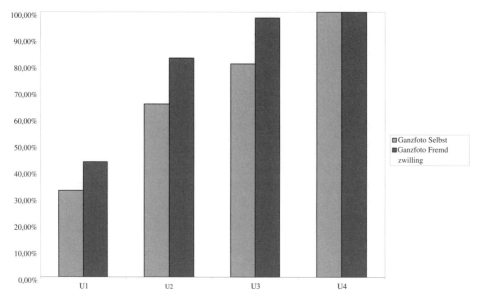

Abbildung 3.1: Die durchschnittliche Häufigkeit (in Prozent) semantisch korrekter Benennungen für das Porträtfoto der eigenen Person (weiße Säulen) und des Zwillingsgeschwisters (graue Säulen) zu vier Messzeitpunkten (U1, U2, U3, U4).

Bei Zwillingspaaren gilt, dass das Zwillingsgeschwister auf Fotografien früher richtig erkannt wird als die eigene Person. In welcher sozialen Konstellation Kinder auch immer aufwachsen, die eigene Person ist das schwierigste Kapitel des visuellen Erkennens von Personen. Angela Wagner hat in ihrer Dissertation (Wagner, 1996) zeigen können, dass nur bei einem einzigen der 23 Zwillingspaare zu keinem der vier Messzeitpunkte die eigene Person für das Zwillingsgeschwister gehalten wurde. Zwillingskinder können ihrem Zwillingsgeschwister in ihrer äußeren Erscheinung so ähnlich sein „wie ein Ei dem Anderen" oder so wie zwei Geschwister. Bei monozygoten Zwillingen ist eine größere Ähnlichkeit zu erwarten als bei dizygoten Zwillingen. Trotzdem gibt es immer wieder überraschende Ausnahmen, bei denen monozygote Zwillinge nicht dem gängigen Stereotyp der perfekten Gleichheit entsprechen. Im Mittel ist jedoch mit klaren Unterschieden zu rechnen, da für physische Merkmale etwa des Gesichts hohe Erblichkeitskoeffizienten ermittelt worden sind (vgl. Burchardt, 1999). In den Abbildungen 3.2 und 3.3 stellen wir die Prozentsätze der richtigen Porträtidentifikationen für die eigene Person und das Zwillingsgeschwister von 12 monozygoten und 11 dizygoten Zwillingspaaren einander gegenüber.

Die dizygoten Zwillingskinder schreiten beim korrekten Erkennen und Benennen beider Arten von Porträtfotos – den Porträts der eigenen Person und des Zwillingsgeschwisters – schneller voran als die monozygoten Zwillingskinder. Mit Hilfe von log-linearen Analysen lässt sich das unterschiedliche Entwicklungstempo auch als statistisch signifikanter Haupteffekt (Zygosität LR = 14.68, df = 2) auf dem 1%-Niveau nachweisen. Die in den Abbildungen 3.1 bis 3.3 dargestellten Befunde sind keine Überraschungen. Erstaunlich ist vielmehr, wie Zwillingspaare es schaffen, sich eindeutig auf Fotografien auseinander zu halten. Der im Vergleich zu einzeln aufwachsenden Kindern lange Weg zum

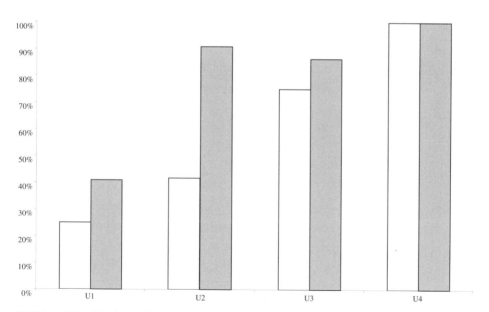

Abbildung 3.2: Die durchschnittliche Häufigkeit (in Prozent) semantisch korrekter Benennungen für das Porträtfoto der eigenen Person von 24 monozygoten (weiße Säulen) und 22 dizygoten (graue Säulen) Zwillingskindern zu vier Messzeitpunkten (U1, U2, U3, U4).

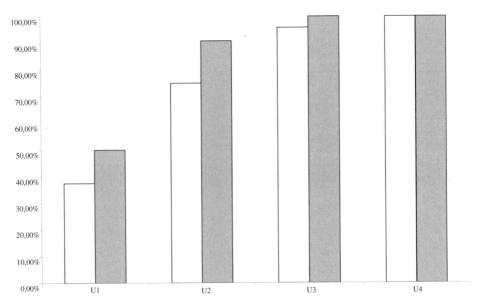

Abbildung 3.3: Die durchschnittliche Häufigkeit (in Prozent) semantisch korrekter Benennungen für das Foto des Zwillingsgeschwisters von 24 monozygoten (weiße Säulen) und 22 dizygoten (graue Säulen) Zwillingskindern zu vier Messzeitpunkten (U1, U2, U3, U4).

Selbsterkennen ist mit Hindernissen gespickt, von denen durchschnittliche Entwicklungsverläufe kein rechtes Bild geben können. Jedes Zwillingspaar findet eigene Wege, um von der Verwechslung und Gleichsetzung des eigenen Porträts mit dem des Zwillingsgeschwisters die *differentia spezifica* zu entdecken, die Zwillingsgeschwister „optisch" voneinander unterscheiden. Hierbei wird gerade Zwillingspaaren, die von ihrer äußeren Erscheinung her einander sehr ähnlich sind, das Erkennen der phänotypischen Identität sehr schwer gemacht, indem Eltern ihre Zwillingskinder wie doppelte Lottchen anziehen (vgl. Deutsch, Schäfer, Wagner 1999). Wie groß die Hindernisse auch sein mögen, das Entwicklungsziel einer eigenen phänotypischen Identität wird auch bei genetischer Identität erreicht. Die sprachliche Kennzeichnung dieser Identität geht bei Zwillingen besondere Wege, indem manche Zwillingskinder für sich und das Zwillingsgeschwister eine zeitlang denselben Namen, teilweise auch neu erfundene benutzen, bevor die jeweilige phänotypische Identität mit den konventionellen Eigennamen ausgedrückt wird. Der Übergang von den Namen zu Pronomen verläuft dann allerdings genauso normal wie bei Nichtzwillingen. Das gilt sogar für das Zeitfenster, in dem dieser Übergang stattfindet. Beim Gebrauch von pronominalen Selbstbezeichnungen liegen die Kinder unserer Zwillingsstichprobe genau zwischen Kindern, die ohne älteres

Geschwister und mit einem älteren Geschwister aufwachsen. Auch für Zwillinge mit einer sehr ähnlichen phänotypischen Identität bleibt das „Ich" kein Fremdwort.

Welche Identitäten entwickeln Zwillingspaare?

Die Entwicklung einer phänotypischen Identität ist ein Meilenstein in der Entwicklung eines jeden Menschen. Zwillinge haben dabei Klippen zu überwinden, die Nicht-Zwillingen erspart bleiben. Wenn es Zwillingen (spätestens) im vierten Lebensjahr gelingt, sich selbst nicht mehr mit ihrem Zwillingsgeschwister zu verwechseln, heißt das noch lange nicht, dass auch außenstehende Personen ihre phänotypische Identität eindeutig erkennen können. Manche Zwillinge werden ihr ganzes weiteres Leben lang mehr oder weniger oft verwechselt. Das hat Vor- und Nachteile. Zwillinge können ihre Identität strategisch einsetzen. Erich Kästner (1949) hat diesem Spiel mit der Identität in seinem Buch „Das doppelte Lottchen" ein Denkmal gesetzt. Nachteile stellen sich dann ein, wenn ein Zwillingsgeschwister für etwas büßen muss, das sein Doppelgänger ausgefressen hat. Es kommt auch vor, dass Zwillingspaare trotz unterschiedlicher individueller Leistungen in der Schule gleich benotet werden, weil Lehrer sich nicht die Mühe machen oder die Fähigkeit haben, das Paar auseinander zu halten.

Wie leben Zwillinge mit ihrer Paaridentität? Wird diese Paaridentität ihnen von außen aufgezwungen oder entspringt sie (auch) ihren eigenen Wünschen? In welchem Verhältnis stehen Paaridentität und die persönliche Identität? Diese Frage scheint ein ergiebiges Thema für Romane und Filme zu sein, aber in der Zwillingsforschung ist sie noch nicht richtig angekommen. Es gibt zwei Ausnahmen. Zazzo (1986) und Friedrich (1983) haben jugendliche und erwachsene Zwillinge in Interviews befragt, wie sie mit ihrem Dasein als Doppelgänger oder Doppelgängerinnen leben können und in welchen Situationen für sie die Paaridentität oder die persönliche Identität im Vordergrund steht. Solche Befragungen sind kein Ersatz für umfassende Längsschnittstudien, die das „Identitätsmanagement" von Zwillingen als einen entwicklungspsychologischen Prozess erfassen. Wie kommen Zwillinge damit klar, wenn beide sich in dieselbe Person verlieben? Welche Gefühle erlebt ein Zwillingsgeschwister, wenn der bislang engste Lebenspartner sich durch Heirat von ihm trennt? Bleiben Zwillinge öfter als Nicht-Zwillinge unverheiratet? Wie häufig scheitern Ehen daran, dass Zwillingsgeschwister sich untereinander auch nach der Eheschließung enger verbunden fühlen als mit ihrem Ehepartner oder ihrer Ehepartnerin? Hier können wir die für die Identitätsentwicklung zentralen Fragen nur antippen und auf ihre künftige Bedeutung in der Zwillingsforschung anhand eines Interviews mit einem erwachsenen Zwillingspaar hinweisen. Das Interview wurde ausgelöst durch einen Zeitungsartikel über zwei Ärztinnen, die als Zwillinge eine gemeinsame Praxis führen. Beide, die eine etwas zögerlich, die andere ganz spontan, waren bereit, sich unseren Fragen zu ihrer Identitätsentwicklung zu stellen. Im Folgenden geben wir einige Ausschnitte aus dem Interview wider, wobei die Interviewpartnerinnen mit den anonymisierten Vornamen Lotte und Luise und ihrem anonymisierten Titel Dr. Lang bezeichnet werden. Die Ausschnitte sind thematisch geordnet.

Lotte und Luise wurden 1963 geboren; Luise ist genau fünf Minuten älter als ihre Schwester Lotte. Sie haben einen um drei Jahre älteren Bruder. Beide sind als Hausärztinnen in einer Gemeinschaftspraxis tätig und bewohnen in einem Doppelhaus auf einem Dorf jeweils eine eigene Haushälfte. Zwischen den Haushälften gibt es keine Verbindung.

Wie unterscheiden sich Lotte und Luise heute voneinander?
Lotte: „Charakterlich vollkommen – wie normale Geschwister. Durch die Kindheit aber mehr zusammengeschweißt – beruflich jetzt mal ausgeklammert – als mit dem Bruder. Das ist einfach so. Das ist so gegeben. Meistens bin ich etwas lebhafter, meine Schwester ist zurückhaltender, taut dann aber auf, wenn man jetzt neue Leute kennen lernt zum Beispiel."

Was würden Lotte und Luise niemals miteinander teilen?
Luise: „Ja. Den Freund oder Ehemann."
Lotte lacht.
Luise: „Ja. Das ist das Einzige, was sonst?"
Luise: „Irgendwas Materielles, das wäre egal. Gib mal dein Auto oder so, das ist okay."
Lotte: „Oder auch wenn einer nicht flüssig ist, kannst du mir mal 1000 Mark leihen, kein Problem. Jeder hat sein eigenes Bankkonto, da kommt der andere nicht dran, aber das ist normal. Aber ich hätte ansonsten, Materielles, kein Problem, wüsste ich nicht."

Wie ist es zu dem Doppelhaus mit den beiden Hälften gekommen, und wie sieht es darin aus?
Luise: „Was sollen wir ewig Miete zahlen? Irgendwann ist die Zeit gekommen."

Lotte: „Es ist ein Grundstück. Man hätte es auch teilen können."
Luise: „Ja man hätte es teilen können und zwei Eigenheime – aber so ist es doch witziger."
Lotte: „Weiß ich nicht, aber einfach stand es im Raum. Ich hatte nichts dagegen. Und dann haben wir gesagt, ist egal, dann machen wir eben ein Doppelhaus, jeder eine Hälfte."
Luise: „Es ist gleich aufgeteilt."
Lotte: „Einfach nur gespiegelt wie so ein kleiner Schmetterling. Und die Küche haben wir exakt gleich, weil die uns so gut gefallen hat, aber ansonsten Farben und Fliesen sind unterschiedlich."
Luise: „Türen haben wir die gleichen, Fenster haben wir die gleichen. Die Farbe ist anders."
Lotte: „So vom Stil ist es komplett unterschiedlich. Ich mag es lieber schlicht und glatt und meine Schwester schnörkelig und verziert und mit Rüschen und Blümchen."
Luise: „Bunt."

Werden Lotte und Luise im Beruf verwechselt und wie kommen sie damit klar?
Lotte: „Da wir von Null angefangen haben, kennen wir jeden Patienten. Ich gucke immer vorher in den Computer. Und dann sehe ich schon, war meine Schwester da. Ich weiß auch, glaubt der, ich bin meine Schwester. Dann tue ich so, frage, na wie war es denn, wie geht es denn seit letztem Mal. Und manche, wenige, können uns gut auseinander halten. Das finde ich sehr erstaunlich, die lobe ich dann auch. Die wollen dann nur zu meiner Schwester oder nur zu mir. Viele interessiert das gar nicht. Das ist Frau Doktor Lang und dann ist gut."
Luise: „Die kommen mit einem Anliegen hierher und wollen das nur geklärt haben und los werden."
Lotte: „Manche denken mit Sicherheit, die andere Ärztin ist die Mutter. Die denken seit sechs Jahren, die sind immer bei einer Ärztin."
Luise: „Ihre Schwester kenne ich ja gar nicht."
Lotte: „Jawoll."
Luise: „Dabei weiß man genau, dass es gemischt ist."
Lotte: „Jeder hat seine Hausbesuchstouren. Wir können uns das sehr gut einteilen. Wir gehen nicht zusammen in den Urlaub, sondern wir schichten dann. Manchen sagen wir, ich bin jetzt die Schwester."
Luise: „Nein, ich gehe jetzt in den Urlaub, aber wenn etwas ist, rufen sie an, meine Schwester kommt dann."

Lotte: „Und bei Altersheimen, die wissen es gar nicht. Da komme ich dann hin, sage, was ist los, hier sind die Rezepte, was für ein Problem und auf Wiedersehen. Und die Patienten an sich kriegen es nicht mit. Wie gesagt, man müsste dann noch jemanden haben, der den ganzen Tag nur erklärt. Der Einfachheit halber: Frau Doktor Lang war da und dann ist gut."
Luise: „Ich wunder mich, denn man hat doch so eine eigene Masche drauf."
Lotte: „Ich habe viel kürzere Haare. Doch manche kriegen das nicht mit. Jemand war mit einer Erkältung da, war bei meiner Schwester, kommt morgen und ich gehe rein mit kurzen Haaren, der merkt es nicht."
Luise: „Oft sogar am gleichen Tag. Wenn ich durch Zufall durchgehe – ach ich wollte noch was, da habe ich eben was vergessen. Ich habe andere Sachen an, andere Frisur. Entweder wissen sie es nicht, oder sie können es sich nicht merken, oder es interessiert nicht."
Lotte: „Für uns ist es dann einfacher. Es gibt Leute, die wollen immer mit Luise Lang zu tun haben."
Luise: „Meinen aber dich."
Lotte: „Und ich weiß, die meinen mich. Die fragen auch, sind sie Luise Lang? Ja. Dann sind die so zufrieden. Wir sind dann Schauspieler."

Seit wann ist es für Lotte und Luise wichtig geworden, nicht mit dem Zwillingsgeschwister verwechselt zu werden und als Individuum anerkannt zu werden?
Lotte: „So mit 14, 15 Jahren hat das angefangen. Da hat es mich gestört. Man war dann kein Individuum, sondern ein Duo. Die Leute haben sich nicht Mühe gegeben, aus unserer Sicht heraus, einen auseinander zu halten. Denn wir fanden uns nun charakterlich und und und völlig unterschiedlich. Ist ja klar, dass man sich ähnlich sieht, aber der Klassenlehrer, der gesagt hat, ich guck gar nicht hin, ihr seid ja eh gleich, das hat einen gestört. Aber das hat sich ja verwachsen."
Lotte: „In der Pubertät hat es einen genervt. Man wurde gar nicht mit eigenem Vornamen angesprochen. Entweder haben die Leute den falschen getroffen."
Luise: „Oder auch tatsächlich, das war auch in der Schule so im Mündlichen, manche Lehrer, ja euch kann ich eh nicht auseinander halten und geben automatisch die gleiche Zensur. Einer hat sich gemeldet und hat was gesagt, dann konnten sie es aber nicht auseinander halten, wer ist nun besser mündlich, ja zack, irgendwie hingemauschelt die gleiche Zensur."

Wie haben Lotte und Luise das Zwillingsdasein in ihrer Kindheit erlebt?
Luise: „Das war Normalität."
Lotte: „Ja, haben wir nicht drüber nachgedacht. Keine Bedeutung. Als Kind denkt man nicht darüber nach."
Lotte: „Also, wir hatten auch ein Zimmer zusammen, immer. Schule zusammen, Ferien zusammen, alles."
Luise: „Kindergarten."
Lotte: „Also, quasi ohne, fast also, außer auf Toilette gehen."

Was bedeutet das Zwillingsdasein für Lotte und Luise heute?
Lotte: „es ist nicht so . . ."
Luise: „Doch, es ist schon was besonderes."
Lotte: „Was ist für dich das Besondere?"
Luise: „Ja das ist einfach so, dass man da einen hat, der einem sehr ähnlich sieht und der am gleichen Tag Geburtstag hat. Und mit dem man dich verwechseln kann."
Lotte: „Genau. Ja. Aber das ist nichts Besonderes."
Luise: „Es ist normal, ja, weil man hat es nie anderes kennen gelernt. Man hatte nie eine Alternative. Es ist eine Laune der Natur."

Welchen Identitätszustand haben Lotte und Luise heute erreicht? In ihrem Fall können wir nicht von einem Identitätszustand sprechen, sondern müssen mindestens zwei Identitätszustände auseinanderhalten. Lotte und Luise besitzen eine Paaridentität, die so weit geht, dass sie von ihren Patientinnen und Patienten mit dem Dual Dr. Lang bezeichnet werden. Dieser Dual ist eine sprachliche Form, deren Bedeutung sowohl die beiden Ärztinnen als Paar als auch jeweils eine von beiden umschließt. Im beruflichen Leben wird die Paaridentität beiden nicht nur von außen angetragen und als etwas Lästiges und Unangenehmes erlebt. Im Gegenteil, Lotte und Luise haben sich mit der Paaridentität identifiziert und ziehen Nutzen daraus, indem sie ihre beruflichen Aufgaben so aufteilen, dass für beide das Beste dabei herausspringt. Ist diese Paaridentität eine symbiotische Beziehung? Ja und nein! Symbiotisch insofern, als Lotte und Luise in beruflicher Hinsicht geradezu ideal aufeinander eingespielt sind. Doch die Symbiose hat ihre Grenzen, wenn der private Bereich beginnt. Dann betonen Lotte und Luise ihre unterschiedliche phänotypische Identität. Im Aussehen und in ihrem Geschmack legen sie Wert darauf, eine eigene individuelle Person zu sein. In ihrem Fall schließen Paaridentität und persönliche Identität einander nicht aus. Sie sind bereichsspezifische Facetten der Identität eines Zwillingspaares. Ihren Erinnerungen nach sind Lotte und Luise als „doppelte Lottchen" aufgewachsen. Als Kinder haben sie die Paaridentität übernommen. Während der Pubertät haben sie begonnen, sich voneinander abzugrenzen und damit den Weg für die Entwicklung einer persönlichen Identität gebahnt. Bei der persönlichen Identität spielt das individuelle Aussehen – die phänotypische Identität eine nicht zu unterschätzende Rolle. Solange die phänotypische Identität zum Verwechseln einlädt, wird für Außenstehende die Paaridentität vorherrschend sein. Lotte und Luise haben seit der Pubertät gelernt, Paaridentität und individuelle Identität zu verbinden. Die harmonische Verbindung zwischen ihnen könnte ins Wanken geraten, wenn eine andere Paaridentität – das Zusammenleben mit einem Partner – die Paaridentität der Zwillinge in Frage stellen würde. Doch davon war im Interview keine Rede.

Ausblick

Bis jetzt sind Zwillinge ein seltenes Experiment der Natur, das zwei Ausgänge hat: erstens, Zwillinge, die genetisch identisch sind, und zweitens Zwillinge, die „nur" die Hälfte ihrer Gene gemeinsam haben und in genetischer Hinsicht deshalb wie Geschwister sind. Denkbar ist noch ein dritter Ausgang, der bisher jedoch nicht sicher nachgewiesen werden konnte. Das Ei teilt sich bei dieser dritten Kategorie vor der Befruchtung. Die Zwillinge besitzen identisches mütterliches Erbgut, aber unterschiedliches von väterlicher Seite. Zwillinge sind gesuchte Raritäten, um in der Forschung die relativen Anteile des Einflusses von Genen einerseits und von Umweltfaktoren andererseits auf interindividuelle Unterschiede zu berechnen. Innerhalb dieser Richtung der Zwillingsforschung hat das Thema Identität keinen Platz gefunden. Identität ist das Ergebnis von Entwicklungsprozessen, bei denen es um das Zusammenwirken von Erbe und Umwelt in einzelnen Individuen geht und nicht um die Erklärung der Variabilität von Merkmalsunterschieden. Erst durch die Debatte um das Klonen von Menschen ist die Identitätsentwicklung von Zwillingen zu einem Thema geworden, das große öffentliche Beachtung gefunden hat. Das Interesse für die Identitätsentwicklung von Zwillingen steht allerdings in einem krassen Missverhältnis zum empirischen Ertrag der bisherigen Forschung, die auf ganz wenige Projekte beschränkt ist.

Wir haben hier die Identitätsentwicklung von Zwillingen von zwei Seiten aus beleuchtet. Die eine Seite war prospektiv ausgerichtet, indem wir die Entwicklung der phänotypischen Identität von genetisch identischen und genetisch nicht-identischen Zwillingen gleichen Geschlechts verfolgt haben. Im Vergleich zu einzeln aufwachsenden Kindern haben Zwillinge hierbei erhebliche Schwierigkeiten zu überwinden, bis sie zunächst ihr Zwillingsgeschwister und dann sich selbst auf Fotografien eindeutig erkennen können. Die Schwierigkeiten hängen nicht nur mit Ähnlichkeiten von Körpermerkmalen zusammen, sondern sind teilweise auch „hausgemacht". Eltern neigen dazu, die Paaridentität bei Zwillingen, die schon physisch sehr ähnlich sind, noch durch gleichartige Kleidung zu verstärken. Hierdurch wird die Entwicklung des visuellen Selbsterkennens erheblich verzögert. Welche Identitätsprobleme werden die Zwillinge aus unserem Braunschweiger Projekt in ihrer weiteren Entwicklung zu meistern haben? Gelingt es den Zwillingen, deren individuelle Identität bereits früh unterstützt worden ist, leichter, aus der Paarbeziehung auszusteigen und neue, andere Paarbeziehungen einzugehen? Wir wissen es (noch) nicht. Retrospektive Untersuchungen wie das in diesem Beitrag vorgestellte Interview eines erwachsenen weiblichen Zwillingspaars, sind kein richtiger Ersatz. Trotzdem ist das Interview aufschlussreich. Paaridentität und individuelle Identität müssen einander nicht widersprechen, und die Entwicklung einer individuellen Identität ist selbst dann möglich, wenn in der Kindheit die Paaridentität im Vordergrund gestanden hat. Persönliche Identitäten können nicht geklont werden, weil jeder Mensch in seiner Entwicklung viele Chancen hat, individuelle Identitäten zu bilden, selbst dann, wenn es einen genetischen Doppelgänger gibt.

Danksagung

Wir danken der Deutschen Forschungsgemeinschaft für die finanzielle Unterstützung unseres Zwillingsprojekts (De 338/4-2, De 338/4-3), den Zwillingen, den Familien, Prof. Dr. Schmidtke und seinem Team vom Institut für Humangenetik an der Medizinischen Hochschule Hannover, Dr. Renate Burchardt, den Hilfskräften, den Praktikantinnen und Praktikanten für ihre Mitwirkung an unserem Projekt.

Literatur

Bischof-Köhler, D. (1989). *Spiegelbild und Empathie*. Bern: Huber.

Boehm, G. v. (1994). *Faust III. Auf dem Weg zum künstlichen Leben*. Heidelberg: Interscience film.

Brecht, B. (1963). *Geschichten*. Frankfurt: Suhrkamp.

Burchardt, R. (1999). Monozygot oder Dizygot? Ein Vergleich zwischen genetischer und phänotypischer Zygositätsbestimmung bei Zwillingskindern im dritten Lebensjahr. Technische Universität Braunschweig: Unveröffentlichte Dissertation.

Burlingham, D. (1952) *Twins: A Study of three Pairs of Identical Twins*. New York: International Universities Press.

Deutsch, W., Schäfer, H. & Wagner, A. (1999) Mich gibt's nur im Plural. Über die Entwicklung der phänotypischen Identität von mono- und dizygoten Zwillingspaaren. In U. Fuhrer & I. E. Josephs (Hrsg.), *Persönliche Objekte, Identität und Entwicklung*. Göttingen: Vandenhoeck & Ruprecht.

Deutsch, W., Wagner, A., Burchardt, R., Schulz, N. & Nakath, J. (in press). Person the Language of Singletons, Siblings and Twins. In S. Levinson & M. Bowerman (Eds), *Language Acquisition and Conceptual Development*. Cambridge: Cambridge University Press.

Friedrich, W. (1983). *Zwillinge*. Berlin: VEB Deutscher Verlag der Wissenschaften.

Goshen-Gottstein, E. R. (1980). The mothering of twins, triplets, and quadruplets. *Psychiatry, 43*, 189–204.

Kästner, E. (1949). *Das doppelte Lottchen*. Hamburg: Cecilie Dressler und Zürich: Artium.

Neumann-Held, E. M. (1998). „The gene is dead – Long live the gene: Conceptualizing genes the constructionist way". In P. Koslowski (Hrsg.), *Sociobiology and Bioeconomics. The Theory of Evolution in Biological and Economic Thinking* (105 – 137). Berlin: Springer.

Sabat, S. (in press). Time Past, Time Present, Time Future: The Alzheimer's Disease Sufferer as Stern's „Unitas Multiplex". *Theory and Psychology*.

Stern, W. (1918). *Person und Sache: System der philosophischen Weltanschauung, Band II: Die menschliche Persönlichkeit*. Leipzig: Barth.

Wagner, A. (1996). Die Entwicklung der Personreferenz. Wie ein- und zweieiige Zwillinge sich während des dritten Lebensjahres auf Photographien erkennen und benennen – eine experimentelle Längsschnittuntersuchung mit 23 deutschen Zwillingspaaren. Technische Universität Braunschweig: Unveröffentlichte Dissertation.

Zazzo, R. (1986). Paare und Paareffekte. Die dritte Zwillingsmethode. Zwillingsforschung in Frankreich. In W. Friedrich & O. Kabat vel Job (Hrsg.), *Zwillingsforschung international* (19 – 42). Berlin: VEB Deutscher Verlag der Wissenschaften.

4

Das Selbst im Jugendalter

Martin Pinquart und Rainer K. Silbereisen

Die Entwicklung des Selbst ist ein lebenslanger Prozess. Hierbei wird das Jugendalter als besonders wichtige Periode angesehen. In der Adoleszenz treffen viele körperliche, soziale und kognitive Veränderungen zusammen, welche die bisherigen Selbstdefinitionen in Frage stellen (Collins, Gleason, & Sesma, 1997). Im Laufe der Adoleszenz müssen die Jugendlichen wichtige Festlegungen treffen, die bis weit in das Erwachsenenalter wirken (z. B. die Berufswahl). Dies erfordert Wissen über sich selbst, welche Stärken und Schwächen man hat und in welche Richtung man sich entwickeln möchte. Das Selbst im Jugendalter ist aber auch deshalb von Interesse, weil – bedingt durch die Entwicklung des formal-operatorischen Denkens – sich die Fähigkeit erweitert, selbstbezogene Informationen in formale Kategorien zu integrieren und systematisch über hypothetische sowie zukünftige Ereignisse nachzudenken. Dies geht damit einher, differenzierter über sich nachzudenken, Gedanken über das Selbst zu reorganisieren und die Veränderungen des Selbstkonzepts zu bewerten. Die Notwendigkeit, bisherige Selbstdefinitionen drastisch zu verändern und die durch kognitive Entwicklungsprozesse gewonnene Fähigkeit zur Selbstreflexion und zur Reorganisation des Selbstkonzepts machen die Besonderheit der Selbstkonzeptentwicklung im Jugendalter aus.

Die Entwicklung des Selbst im Jugendalter wurde vor allem unter zwei Perspektiven untersucht, der Entwicklung des Selbstkonzepts und der Identität. Rosenberg (1979), der das Selbstkonzept als Einstellung zu sich selbst betrachtet, unterscheidet drei Komponenten:

a) eine kognitive Komponente, also gewissermaßen die Antwort auf die Frage „Wer bin ich",

b) eine affektive Komponente (die positive versus negative Bewertung der eigenen Person, die so genannte Selbstachtung) und

c) eine handlungsausrichtende Komponente (Erwartungen über die eigene Leistungsfähigkeit, Selbstwirksamkeitserwartungen).

Von diesen drei Selbstkonzept-Aspekten wurde am häufigsten die Selbstachtung erforscht. Die zweite Forschungsperspektive untersucht die Entwicklung des Selbst im Jugendalter unter dem Stichwort „Identität" (Marcia, 1980, vgl. hierzu auch Straub, in diesem Band). Hierbei interessierte die Forscher, ob und auf welche Ziele sich Jugendliche festgelegt haben (das so genannte „Commitment"), als auch, *wie* diese Zielfestlegung erfolgte.

Bei der Untersuchung von Veränderungen des Selbst sind gemäß Mortimer, Finch und Kumka (1982) vier verschiedene Facetten zu unterscheiden:
- die strukturelle Invarianz (die Stabilität der Selbstkonzeptstruktur über die Zeit),
- die Niveaustabilität (die Stabilität der mittleren Ausprägung von Selbstkonzept-Aspekten),
- die korrelative Stabilität (bezogen auf die Invarianz interindividueller Unterschiede) und
- die ipsative Stabilität (bezogen auf die intraindividuelle Rangreihe von sich zugeschriebenen Merkmalen).

Da sich jedoch fast alle vorliegenden Studien auf die Niveaustabilität und die korrelative Stabilität (respektive Veränderungen) beziehen, wird im Folgenden der Schwerpunkt auf diese beiden Aspekte gelegt.

Der Beitrag ist in drei Teile gegliedert: Im ersten Abschnitt werden quantitative und qualitative Veränderungen des Selbst im Jugendalter diskutiert. Hierbei werden in Anlehnung an Rosenberg (1979) Veränderungen im kognitiven Aspekt des Selbstkonzepts, den Selbstbewertungen und Selbstwirksamkeitserwartungen sowie zusätzlich Entwicklungen der Identität diskutiert. Im zweiten Teil werden alterstypische Einflüsse auf Unterschiede und den Verlauf der Selbstkonzeptentwicklung thematisiert. Im dritten Abschnitt schließlich möchten wir Zusammenhänge der Entwicklung des Selbst mit der Entstehung jugendlichen Problemverhaltens behandeln.

Veränderungen des Selbst im Jugendalter

Veränderungen des kognitiven Aspekts des Selbstkonzepts
Wie unterscheiden sich Selbstbeschreibungen der Jugendlichen, also die kognitive Komponente des Selbst, inhaltlich von denen im Kindesalter und welche qualitativen Veränderungen treten im Verlaufe der Adoleszenz auf? Insgesamt fünf Veränderungen können unterschieden werden.

Zunahme der Selbstbeschreibung mit psychischen Begriffen. Im Jugendalter nimmt die private Selbstaufmerksamkeit zu (die Aufmerksamkeit für Gedanken und Überzeugungen, Rosenberg, 1979). Sich mehr zu beobachten und über sich nachzudenken, geht mit einer Zunahme von Selbstbeschreibungen mittels intrapsychischer Kategorien einher. So fanden verschiedene Studien mit Satzergänzungsverfahren („Ich bin ...") bei Jugendlichen einen stärkeren Bezug auf Überzeugungen, Wünsche, und Gedanken (z. B. Montemayor & Eisen, 1977), während Kinder mehr Selbstbeschreibung über Situationen (z. B. den Wohnort), Besitz, oder über das Verhalten vornahmen. Dieser Trend heißt aber nicht, dass körperliche Merkmale für Jugendliche unwichtig seien. So zeigte Harter (1990), dass die positive Bewertung des eigenen Körpers im Jugendalter die wichtigste Quelle der globalen Selbstwertschätzung ist.

Zunahme der Begründetheit der Selbstbeschreibungen Während Kinder ihre Selbstbeschreibung oft sehr willkürlich begründen, tun dies Jugendliche zunehmend auf systematische und logische Art. Hierbei vertrauen die Jugendlichen immer mehr der eigenen Urteilsfähigkeit. So wurde z. B. folgende Frage vorgelegt: „Wenn man dich und deine Mutter fragt, wie klug du bist und ihr beide gebt unterschiedliche Antworten – wer hat dann Recht?" Während bis zu drei Viertel der 8–11-jährigen meinten, dass ihre Mutter Recht habe, vertrauten etwa zwei Drittel der 15-jährigen mehr ihrem eigenen Urteil (Rosenberg, 1986).

Zunahme der Differenziertheit der Selbstbeschreibung. Sowohl die kognitive Entwicklung als auch das Agieren in verschiedenartigen sozialen Rollen (die oftmals zueinander in Widerspruch stehende Anforderungen stellen und mit widersprüchlichen sozialen Rückmeldungen verbunden sind), führen im Jugendalter zu differenzierteren Selbstbeschreibungen (Harter, Bresnick, Bouchey, & Whitesell, 1997). Dies erfolgt durch

- die Konstruktion kontextspezifischer Selbsts, etwa gegenüber gleichgeschlechtlichen Freunden „selbstsicher", jedoch gegenüber Vertreterinnen des anderen Geschlechts „zurückhaltend" zu sein. Während in einer Studie von Harter und Monsour (1992) sich z. B. am Beginn des Jugendalters 25–30% der Selbstbeschreibungen auf mehr als eine soziale Rolle bezogen, sank der Anteil rollenübergreifender Selbstattribute bei älteren Jugendlichen auf etwa 10%.
- die Differenzierung zwischen dem Realbild, wie man ist und dem Idealbild, wie man gern sein möchte (wobei im Jugendalter die stärkste Real-Ideal Diskrepanzen hinsichtlich des Körperbildes auftreten, Harter, 1990).

- die Unterscheidung des authentischen und unauthentischen Selbst. Mit der Frage, welche Eigenschaften und Verhaltensweisen zum „wahren Selbst" oder aber zum „falschen Selbst" gehören, können z. B. viele Sechstklässler noch nichts anfangen, weil sie meinen, sich immer authentisch zu verhalten. Mit wachsenden Alter können die Jugendlichen dagegen immer klarer benennen, wann sie sich authentisch verhalten (Harter et al., 1997).
- die Unterscheidung des Selbstbildes und des Bildes, das andere Personen vom Jugendlichen haben (die Jugendlichen lernen, sich aus der Sicht anderer Menschen zu sehen, Livesley & Bromley, 1973).
- die Einbeziehung der zeitlichen Dimension in die Selbstbeschreibung. Während sich Kinder zumeist nur gegenwartsbezogen beschreiben, nehmen Jugendliche darauf Bezug, wie sie früher waren und zukünftig sein mögen (Secord & Peevers, 1974).

Zunahme der Organisiertheit der Selbstbeschreibungen. Die zunehmende Differenziertheit der Selbstbeschreibung ist damit verbunden, dass Selbstdeskriptionen oft im Widerspruch zueinander stehen. Jugendliche können sich z. B. zugleich als „scheu" und „aufgeschlossen" beschreiben, ohne weiter über diesen Widerspruch nachzudenken. Gemäß der kognitiven Entwicklungstheorie von Fischer und Lamborn (1989) können am Beginn des Jugendalters die Adoleszenten zwar einzelne Abstraktionen bilden, es fehlt jedoch noch die Fähigkeit, diese simultan zu vergleichen. Deshalb werden wenig Widersprüche zwischen Selbstbeschreibungen erkannt, vor allem dann, wenn sie in verschiedenen Kontexten auftreten. Im mittleren Jugendalter erlangen nach Fischer und Lamborn die Jugendliche die kognitive Fähigkeit, Vergleiche zwischen den Attributen herzustellen und zu erkennen, dass diese im Widerspruch stehen. Gegen Ende des Jugendalters schließlich entsteht die Fähigkeit, die zuvor scheinbar widersprüchlichen Attribute zu integrieren. Befunde von Harter und Monsour (1992) unterstützen diese Annahme. Sie forderten Schüler der 7.–11. Klassen auf, sich in verschiedenen sozialen Rollen zu beschreiben und Widersprüche zwischen den Selbstbeschreibungen anzugeben. Sie zeigten, dass Neuntklässler deutlich mehr Konflikte zwischen verschiedenen Selbstattributen als Siebtklässler erkannten, die Menge wahrgenommener Konflikte jedoch bei den Elftklässlern wieder absank. Dass scheinbar im Widerspruch stehende Selbstattribute nicht länger in Konflikt geraten, wurde erreicht, indem diese zu einem übergeordneten Attribut integriert wurden (z. B. dass manchmal „fröhlich" und „traurig" zu sein bedeutet, dass man „launisch" ist), oder indem es als normal und sogar nützlich angesehen wurde, dass Eigenschaften im Widerspruch stehen (weil man dann z. B. anpassungsfähig sei). Jugendliche erkennen zunehmend, dass ihr Selbstkonzept hierarchisch organisiert ist, etwa „Ich bin klug" (Merkmal höherer Ordnung), weil ich in der Schule gut in Mathematik und Sprachen bin (Rosenberg, 1986).

Zunahme der Abstraktheit der Selbstbeschreibung. Aus der Integration von zur Selbstbeschreibung herangezogenen Attributen erwächst eine höhere Abstraktheit der Selbstbilder. Während die Selbstbeschreibungen der Kinder zumeist situationskonkret sind, beginnt im frühen Jugendalter die Selbstbeschreibung mit allgemeineren und abstrakteren Merkmalen. Die Entwicklung des formal-operatorischen Denkens ermöglicht den Jugendlichen, „unsichtbare", nur erschließbare innere Merkmale zu konstruieren, die nun zur Beschreibung des Selbst herangezogen werden (Harter, 1990).

Veränderungen der Selbstachtung

Rosenberg (1986) kennzeichnet als Problem der Entwicklung des Selbst im Jugendalter eine erhöhte Unsicherheit. Tatsächlich gibt es Hinweise, dass am Beginn des Jugendalters situative Fluktuationen des Niveaus der Selbstachtung, also der affektiven Komponente des Selbst, zunehmen. So fragten Simmons, Rosenberg und Rosenberg (1973) Jugendliche, ob sie sich von Tag zu Tag anders bewerten oder jeweils genauso über sich dächten. Hierbei beschrieben 12 bis 13-jährige eine größere Instabilität ihrer Selbstachtung als jüngere und ältere Studienteilnehmer. Alasker und Olweus (1992) fanden eine Zunahme der korrelativen Stabilität der Selbstachtung zwischen dem 11. und 14. Lebensjahr. Zur höheren Instabilität der Selbstachtung am Anfang des Jugendalters tragen – wie wir noch zeigen werden – die Pubertät und ein häufig in diesem Altersbereich erfolgender Wechsel der Schulform bei.

Zumindest vier Faktoren sind als Einflussfaktoren auf Schwankungen in der situativen Selbstbewertung zu diskutieren:

a) Bedingt durch die Pubertät können hormonelle Schwankungen zu emotionaler Unausgeglichenheit und damit zu Fluktuationen im Selbstwert führen (Petersen, 1985).

b) Im Jugendalter gewinnen Gleichaltrige an Bedeutung (Steinberg, 1999). Oftmals stehen die Erwartungen und sozialen Bewertungen durch Eltern und Peers jedoch im drastischen Widerspruch (etwa mehr Zeit für das Lernen zu investieren oder aber mit den Freunden „herumzuhängen"). Da in der

Adoleszenz die Aufmerksamkeit dafür wächst, was andere Menschen über die Jugendlichen denken (Rosenberg, 1979), führen sich widersprechende Bewertungen der Sozialpartner zur vermehrten Selbstunsicherheit und zu Schwankungen im Selbstwert.

c) Im Jugendalter nehmen die Freiräume für die Lebensgestaltung zu. Die Jugendlichen treffen zunehmend selbst Entscheidungen, woraus die Unsicherheit erwächst, wie gut man entschieden hat. Das Jugendalter ist eine Zeit des Ausprobierens, wobei sich oft Erfolge und Misserfolge abwechseln, was zu Fluktuationen in der situativen Selbstachtung führt.

d) Da im Jugendalter die Fähigkeit zum Erkennen von Widersprüchen im Selbstsystem wächst, jedoch anfangs widersprüchliche Informationen noch nicht ausreichend in das Selbstkonzept integriert werden können (Harter & Monsour, 1992), kommt es zu vorübergehenden Beeinträchtigungen des Selbstwerts.

Schwankungen im Niveau des Selbstwerts sagen erst einmal wenig darüber aus, wie hoch die korrelative Stabilität der Selbstachtung über einen längeren Zeitraum ist. Im Längsschnitt über ein Jahr wurde allgemein eine hohe korrelative Stabilität der Selbstachtung der Jugendlichen gefunden (r = .50–.80; Roeser & Eccles, 1998; Zimmerman, Copeland, Shope, & Dielman, 1997). Allerdings fanden Zimmerman et al. (1997) über einen Vierjahreszeitraum nur noch Stabilitätswerte von r = .29. Während 48 % eine konsistent hohe und 13 % eine konsistent niedrige Selbstachtung aufwiesen, nahm bei 20 % die Selbstachtung im Vierjahreszeitraum deutlich ab und bei 18 % zu. Weibliche Jugendliche waren häufiger in der Gruppe mit sinkender Selbstachtung. Eine Meta-Analyse von Kling et al. (1999) zeigt, dass Geschlechtsunterschiede im Selbstwert am Ende des Jugendalters am größten sind. Dies wird u. a. damit erklärt, dass in der Pubertät bei Mädchen die Abweichung des Körpers vom schlanken Idealtyp zunimmt, während bei Jungen das Muskelwachstum zur zunehmenden Ähnlichkeit mit ihrem Körperideal führt.

Veränderungen in der Höhe des Selbstwerts sind über die Gesamtgruppe gemittelt eher gering. Häufig wurde ein Anstieg berichtet (z. B. Silbereisen & Zank, 1984). Da diese Längsschnittsbefunde oft jedoch nicht im Querschnitt repliziert wurden, kann die Zunahme zumindest teilweise auf Messwiederholungseffekten beruhen. Andere Studien fanden zudem nahezu unveränderte Mittelwerte (Block & Robins, 1993) bzw. sogar eine sinkende Selbstwertschätzung (Zimmerman et al., 1997).

Veränderungen der Selbstwirksamkeitserwartungen

Im Jugendalter wächst das Ausmaß von Handlungsspielräumen, indem z. B. Entscheidungen über die Alltagsgestaltung immer mehr selbstständig, das heißt unabhängig vom elterlichen Einfluss getroffen werden (Collins et al., 1997). Daraus lässt sich schlussfolgern, dass sich die Jugendlichen auch zunehmend selbst als Gestalter ihres Lebens sehen und ihre Selbstwirksamkeitserwartungen sowie internalen Kontrollüberzeugungen im Verlauf des Jugendalters zunehmen. So zeigten z. B. Albrecht (1994) und Krampen (1989), dass die Einschätzung der eigenen Kontrolle im Längsschnitt zunahm, während die Bedeutung, die der Macht anderer und dem Schicksal zugeschrieben wird, sank. Albrecht (1994) berichtete aber gleichzeitig über eine hohe korrelative Stabilität dieser Merkmale. Dies deutet darauf hin, dass sich die Kontrollüberzeugungen bei den Jugendlichen überwiegend gleichgerichtet veränderten. Allerdings berichten andere Studien auch nichtlineare Veränderungen der Kontrollüberzeugungen im Längsschnitt (Kulas, 1996), was auf einen diskontinuierlichen Zuwachs an Autonomie und Verhaltenskontrolle im Jugendalter hindeuten könnte, etwa durch Übergänge im Schulsystem mit ihren Neuverteilungen von Rollen und des Leistungsgefüges der Klassen.

Entwicklung der Identität

Im Jugendalter exploriert die Mehrzahl der Jugendlichen ihre Identität (denkt über zukünftige Lebensentwürfe nach und probiert Optionen aus) und es werden erste Festlegungen für die weitere Perspektive in Erwachsenenrollen eingegangen. Konzepte der Identitätsentwicklung (Marcia, 1980) gehen davon aus, dass mit zunehmendem Alter des Jugendlichen ein Übergang zu einem höheren Identitätsstatus erfolgt (von der Identitätsdiffusion zur übernommenen Identität oder zum Moratorium, von der übernommenen Identität zum Moratorium, vom Moratorium zur erreichten Identität). Meeus (1996) zeigte anhand einer Literaturanalyse, dass zwar im Mittel diese Höherentwicklung überwiegt, es aber auch regressive Verläufe und Stagnation gibt. Die meisten Studien zeigten zudem, dass sich erst im späten Jugendalter und beim Übergang zum Erwachsenenalter die stärksten Veränderungen im Identitätsstatus vollziehen (Steinberg, 1999). Für Jugendliche geben provisorische Identitäten, die den Charakter eines „Patchwork" aus verschiedenen Versatzstücken haben können, zumindest Halt. Sich nicht wirklich festzulegen kann in einer Zeit sozialen Wandels auch adaptiv sein, um auf dem Markt der Möglichkeiten gut abzuschneiden (Keupp, 1997).

Einflüsse auf die Entwicklung des Selbst im Jugendalter

Im folgenden werden Einflüsse auf die Entwicklung des Selbst im Jugendalter diskutiert. In der Einleitung wurde betont, dass sowohl körperliche Veränderungen in der Pubertät als auch soziale Veränderungen die bisherigen Selbstdefinitionen in Frage stellen und damit Entwicklungen des Selbst anregen.

Einflüsse der Pubertät auf die Entwicklung des Selbst
Auswirkungen der Pubertät auf die Entwicklung des Selbst können sowohl positiv als auch negativ sein. Zum einen bedeutet die körperliche Reifung, die Kinderrolle zu verlassen, von Mitmenschen als Erwachsener angesehen zu werden und neue Freiräume zu gewinnen (Stattin & Magnusson, 1990). Dies sollte Quelle einer positiven Selbstbewertung sein. Andererseits können körperliche Veränderungen jedoch auch verunsichern, vor allem, wenn Jugendliche nur ungenügend auf die Pubertät vorbereitet wurden. Dies trifft auf Frühpubertierende zu, für die weniger Gleichaltrige in ähnlicher Situation für soziale Vergleiche und als Quelle sozialer Rückmeldung verfügbar sind.

Einflüsse des pubertären Status auf die Entwicklung des Selbst sind gering. So fanden Simmons, Blyth, Van Cleve, und Bush (1979), dass bei manchen weiblichen im Gegensatz zu männlichen Jugendlichen der Selbstwert im Verlaufe der Pubertät zwar in geringem Maße abnahm. Dies war aber vor allem dann der Fall, wenn zugleich weitere Veränderungen (wie z. B. ein Schulwechsel) zu bewältigen waren. Mit zunehmendem zeitlichen Abstand zur Menarche nahm zudem der Selbstwert wieder zu (Lackovic, Dekovic, & Opacic, 1994).

Studien zur Auswirkung des Tempos der pubertären Entwicklung auf das Selbstkonzept zeigten, dass ein frühes Einsetzen der Pubertät erst einmal eher ungünstige Wirkungen auf das Selbst hat, sich dieser Effekt aber mit zunehmendem Alter umzukehren scheint. So fanden Simmons, Blyth und McKinney (1983) sowie Stattin und Magnusson (1990) bei frühpubertierenden Mädchen (Menarche z. B. vor dem Alter von 11 Jahren) ein negativeres Körperbild, jedoch keine Unterschiede in der Selbstachtung. Fend (1994) fand bei schweizer Schülerinnen, dass Frühpubertierende eine geringere Selbstachtung als Jugendliche mit durchschnittlichem pubertären Timing hatten. Silbereisen, Petersen, Albrecht und Kracke (1989) ermittelten bei deutschen Jugendlichen zwar am Beginn des Jugendalters keinen Unterschied in der Selbstbewertung frühpubertierender versus anderer Mädchen, jedoch im mittleren Jugendalter, dass Frühpubertierende sogar die positivste Selbstbewertung hatten. Letzteres bestätigte

Wichstrøm (1998) für das mittlere und späte Jugendalter. Wir vermuten, dass zumindest vier Bedingungen mitbestimmen, wie sich eine frühe körperliche Reifungsgeschwindigkeit auf das Selbstkonzept auswirkt.

- Zum einen, wieweit Jugendliche auf die Pubertät vorbereitet wurden und somit die Verunsicherung gering ausfällt.
- Zum zweiten ist zu vermuten, dass körperliche Veränderungen dann besser verarbeitet werden, wenn eine positive Beziehung zu den Bezugspersonen besteht (die Jugendlichen z. B. einen Ansprechpartner haben und Verständnis finden; Lackovic, et al., 1994).
- Drittens sollte der Effekt des pubertären Timings auf das Selbstkonzept davon abhängen, wie diese Veränderungen durch das soziale Umfeld bewertet werden. Am Anfang der Pubertät könnte ein frühes Timing eher nachteilig für das Selbstkonzept sein, wenn die körperliche Reife noch keine bedeutsame Dimension für die Anerkennung durch Peers, sondern eher ein Kriterium der Andersartigkeit ist. Später mag dagegen eine fortgeschrittenere körperliche Reifung zum Statusgewinn in der Peergruppe beitragen, etwa wenn andere Jugendliche zur Bewältigung der eigenen Pubertät auf Erfahrungen der Frühpubertierenden zurückgreifen wollen.
- Viertens schließlich gibt es nicht nur direkte, sondern auch indirekte Auswirkungen des pubertären Timings auf das Selbstkonzept, die über das Verhalten der Jugendlichen vermittelt werden. So fanden z. B. Simmons, Carlton-Ford und Blyth (1987), dass frühpubertierende Mädchen häufiger als andere schulisches Problemverhalten zeigten und dies wiederum mit geringer Selbstachtung einherging.

Familienbeziehungen
In den folgenden Abschnitten werden soziale Einflüsse auf die Entwicklung des Selbst diskutiert (zu generellen Überlegungen vergleiche auch Mielke, in diesem Band; Hannover, in diesem Band). Die Umgestaltung der Eltern-Kind-Beziehung im Jugendalter wird in der Entwicklungspsychologie unter dem Begriff der Individuation beschrieben (Youniss & Smollar, 1985). Individuation meint, dass Jugendliche nach zunehmender Unabhängigkeit von ihren Eltern streben und von ihren Bezugspersonen als Individuen behandelt werden möchten. Ein wichtiger Aspekt ist hierbei die Veränderung der Selbstdefinition der Jugendlichen: Während diese in der Kindheit noch sehr stark durch die Eltern-Kind-Beziehung geprägt war, streben Jugendliche an, eigenständige Selbstdefinitionen zu entwickeln (White, Speisman, & Costos, 1983). Neue Selbst-

definitionen zu entwickeln, gelingt allerdings dann leichter, wenn die emotionale Verbundenheit zu den Eltern bestehen bleibt (z. B. Nutzung der Eltern als Ratgeber).

Das Elternverhalten kann die Identitätsentwicklung der Jugendlichen fördern: Die Exploration der Identität wird angeregt durch ein offenes Austragen von Meinungsunterschieden, wenn die Eltern also zulassen, dass die Jugendlichen ihre Meinungen offen äußern und begründen und wenn auch die Eltern die Anlässe ihrer Auffassungen aufzeigen und den Jugendlichen damit ermöglichen, sich mit der Elternmeinung auseinander zu setzen (Campbell, Adams, & Dobson, 1984). Belege hierfür finden wir in Beobachtungsstudien zur Familieninteraktionen. So wiesen in der Studie von Grotevant und Cooper (1985) jene männlichen Jugendlichen eine geringere Identitätsexploration auf, deren Väter im Gespräch oft widersprachen und durch eine hohe Zahl eigener Beiträge die Äußerungen ihrer Söhne zu hemmen schienen. Väter von Töchtern mit geringer Identitätsexploration gingen kaum auf divergierende Standpunkte der Tochter ein. Eine kühle, einschränkende und wenig unterstützende Beziehung zwischen Eltern und Jugendlichen war zudem damit verbunden, dass die Jugendlichen seltener in ihrer Identitätsentwicklung Verpflichtungen auf Lebensziele eingingen (Grotevant & Cooper, 1986). Da die zitierten Studien nur korrelativ angelegt waren, bleibt allerdings die Richtung der Beziehung offen.

Einflüsse von Familienvariablen wurden nicht nur auf die Identitätsentwicklung untersucht, sondern auch auf globale Selbstbewertungen. Allen, Hauser, Bell und O'Connor (1994) zeigten im Längsschnitt, dass ein hohes Maß an zweiseitiger Kommunikation und elterlicher Akzeptanz in der frühen Jugend mit einer höheren Selbstachtung in der späten Jugend einherging. Wichtige Elternvariablen waren hierbei die Ermutigung, Meinungsunterschiede zu äußern, die Erklärung der eigenen Position, die Aufmerksamkeit für die Position des anderen und die Validierung der Position der Jugendlichen. Owens, Mortimer und Finch (1996) analysierten Einflüsse der erlebten Autonomie in der Familienbeziehung auf den Selbstwert von Jugendlichen. Jene Jugendlichen hatten im Follow-up einen geringeren Selbstwert, die zum ersten Messzeitpunkt angaben, wenig Einfluss auf familiäre Entscheidungen nehmen zu können. In verschiedenen Studien wurde zudem gezeigt, dass eine emotional positiv getönte Beziehung zu den Eltern und ein unterstützendes Elternverhalten mit einer höheren Selbstachtung von Jugendlichen einhergeht (z. B. Dekovic & Meeus, 1997).

Um hohe Selbstwirksamkeitserwartungen aufzubauen, ist vermutlich ein optimales Verhältnis von elterlicher Unterstützung und Eigenaktivität der Jugendlichen nötig. So zeigten Silbereisen und Wiesner (im Druck), dass Jugendliche mit einer stabil hohen schulischen Selbstwirksamkeit eine höhere elterliche Sensitivität als andere Jugendliche berichteten. Die Gruppe mit wachsender Selbstwirksamkeit benannte dagegen eine geringere elterliche Involviertheit in ihren schulischen Aktivitäten. Hier schien eine hohe Involviertheit der Eltern der Erfahrung abträglich zu sein, sich selbst für die schulischen Erfolge verantwortlich zu fühlen.

Beziehungen zu Gleichaltrigen
Werden Jugendliche gefragt, welche Menschen ihnen am wichtigsten sind, so beziehen sich etwa 50% der Nennungen auf Gleichaltrige (Steinberg, 1999). Die Erfahrungen der Peers im Umgang mit Entwicklungsaufgaben des Jugendalters liefern zudem wichtige Anregungen für die eigene Bewältigung. Aus beidem lässt sich schlussfolgern, dass die Anerkennung durch Peers eine wichtige Quelle der Selbstbewertung ist, denn als gleich oder ähnlich erachtete Dritte sind nach Festinger (1954) bevorzugte Orientierungen. So zeigten Silbereisen und Zank (1984), dass Jugendliche der 9.–10. Klasse Bewertungen durch Freunde als bedeutsamer für ihr Selbstkonzept ansahen als Schüler der 5.–6. Klasse. Bewertungen durch die Eltern verloren dagegen an Bedeutung.

Der Ausschluss von Peerbeziehungen und negative Bewertungen durch Gleichaltrige sind ein wichtiger Risikofaktor für einen geringen Selbstwert im Jugendalter. Quellen der Zurückweisung durch Gleichaltrige können in körperlichen Merkmalen, sozialen Merkmalen (z. B. dem Status als Minderheit) und in Persönlichkeitsmerkmalen der Jugendlichen (z. B. hoher Ängstlichkeit) liegen. Konsistent mit diesen Überlegungen zeigten Savin-Williams und Berndt (1990), dass Jugendliche mit engen Freundschaften eine höhere Selbstachtung aufwiesen als Jugendliche ohne intime Freundschaft und solche, die von Gleichaltrigen zurückgewiesen wurden. Hierbei ist es weniger die Häufigkeit des Zusammenseins mit Gleichaltrigen als die Qualität der Peerbeziehung, die eine hohe Selbstwertschätzung vorhersagt (d. h. Verständnis und Anerkennung zu finden; Dekovic & Meeus, 1997). Der negative Zusammenhang zwischen der Ablehnung durch Gleichaltrige und dem Selbstwert kann allerdings auch in umgekehrter Richtung zustande kommen: Jugendliche mit geringer Selbstachtung hatten ein höheres Risiko, in Follow-up von ihren Peers zurückgewiesen zu werden (Albrecht & Silbereisen, 1993).

Die Beziehung zu Gleichaltrigen ist nicht nur mit der Entwicklung der Selbstachtung und Selbstwirksamkeit, sondern auch mit der Identitätsentwicklung verbunden. Marcia (1980) zeigte, dass Jugendliche mit einer erarbeiteten Identität eher als andere eine emotional nahe Beziehung zu Gleichaltrigen hatten. Jugendliche mit diffuser Identität wiesen dagegen am seltensten nahe Beziehungen zu Gleichaltrigen auf. Dies deutet darauf hin, dass auch die Peergruppe eine gute Möglichkeit zur Identitätsexploration bietet und die zustimmende Haltung der Gleichaltrigen es erleichtert, sich im Rahmen der Identitätsentwicklung auf Ziele in der eigenen Entwicklung festzulegen.

Schule und Entwicklung des Selbst
Die Schule ist deshalb ein wichtiger Einflussfaktor auf die Entwicklung des Selbst, weil die Heranwachsenden mit zahlreichen selbstbezogenen Informationen konfrontiert werden. Rückmeldungen erfolgen in Form der Schulnoten, der Bewertungen durch Lehrer und Peers, aber auch durch soziale Vergleiche mit den Leistungen der Mitschüler. Es ist erst einmal nicht verwunderlich, dass Jugendliche mit besseren Zensuren eine höhere Selbstwertschätzung (Roeser & Eccles, 1998; Zimmerman et al., 1997) und ein positiveres Selbstbild der eigenen schulischen Leistungsfähigkeit aufweisen (Roeser & Eccles, 1998). Diese korrelativen Befunde können bedeuten, dass gute Schulleistungen das Selbstkonzept verbessern, aber auch, dass ein positives Selbstkonzept die Leistung fördert (etwa weil man motivierter an die Aufgaben herangeht). Während die erste Erklärung einen direkten Zusammenhang postuliert (Schulnoten liefern Informationen über das Selbst), wird bei der umgekehrten Wirkrichtung von einem indirekten Zusammenhang ausgegangen (z. B. vermittelt über die Anstrengungsbereitschaft). Somit ist zu vermuten, dass der erstere Effekt größer ausfallen sollte. Dies wird durch Längsschnittstudien gestützt: Die Schulleistung klärte z. B. mit etwa 2,5 % rund 3,5 bis 4 mal so viel Varianz der Selbstachtung auf als umgekehrt (Roeser & Eccles, 1998; Rosenberg, Schooler & Schonbach, 1989).

Die Entwicklung des Selbst wird allerdings nicht nur durch Schulnoten, sondern auch durch andere Aspekte der schulischen Umwelt beeinflusst. So zeigten Roeser und Eccles (1998), dass bei statistischer Kontrolle der Schulleistungen jene Jugendlichen ihre Selbstwertschätzung und das Selbstkonzept ihrer schulischen Leistungsfähigkeit im Längsschnitt verbesserten, die von ihren Lehrern Wertschätzung erlebten.

Veränderungen des Selbstkonzepts und der Identität werden im Jugendalter dann gehäuft beobachtet, wenn ein Wechsel der Schulform bevorsteht bzw. erfolgt ist. Besonders der Bereich anspruchsvoller Züge der Sekundarstufe geht oft damit einher, dass neue und höhere Anforderungen an die Jugendlichen gestellt werden, das bisherige Selbstkonzept der eigenen Leistungsfähigkeit durch neue Mitschüler in Frage gestellt wird und alte Peerkontakte abbrechen sowie neue aufgebaut werden müssen. Simmons et al. (1973) und Wigfield et al. (1991) zeigten, dass ein Schulwechsel mit einem vorübergehenden Absinken der Selbstachtung und des Leistungsselbstbilds verbunden ist. Weniger eindeutig ist dagegen die Wirkung eines Schulwechsels auf die Identitätsentwicklung. Zum einen werden Entscheidungen über die weitere schulische und ggf. auch berufliche Entwicklung getroffen, sodass die Identitätsexploration und auch die Festlegung auf eine schulische und berufliche Identität angeregt werden kann. Andererseits konfrontiert der Schulwechsel mit einer neuen Umwelt, die auch die bisherige Identität in Frage stellen kann. Befunde liegen für beide Annahmen vor. So zeigten z. B. Kalakoski und Nurmi (1998), dass vor dem Übergang in eine andere Schulform die Identitätsexploration und auch das Commitment in Bezug auf die Themen Schule und Beruf zunahmen. Montemayor, Brown und Adams (1985) fanden dagegen, dass nach dem Übergang zum College frühere Festlegungen der Identität oft aufgegeben wurden, ohne dass schnell wieder neue Verpflichtungen eingegangen wurden. Diese Befunde zeigen, dass der Übergang zu einer anderen Schulform ein sensibler Bereich für die Entwicklung des Selbst im Jugendalter ist. Gleiches trifft für den Übergang in eine Berufsausbildung bzw. in den Beruf selbst zu (vgl. Banks et al., 1992).

Entwicklung des Selbst und Delinquenz im Jugendalter

Für die meisten Jugendlichen sind Probleme in der Entwicklung des Selbst (wie eine instabile oder anfangs geringe Selbstachtung) vorübergehender Natur. Bei einer Minderheit entstehen jedoch ernsthafte psychische und Verhaltensprobleme, wie Depressionen, Essstörungen oder Delinquenz. An dieser Stelle wird exemplarisch nur auf Delinquenz eingegangen. Hierbei wird zum einen analysiert, welche Effekte die Delinquenz auf die Entwicklung des Selbst hat und zum anderen, ob bestimmte Aspekte des Selbst auch das Risiko erhöhen, dass Jugendliche delinquentes Verhalten zeigen.

Statusdelikte, also Verstöße gegen Altersnormen, aber auch Problemverhalten wie Drogengebrauch, haben im Jugendalter oft eine konstruktive Funktion, das heißt, sie können zur Erreichung von Entwicklungszielen dienen (Silbereisen & Kastner, 1985). Die Jugendlichen sind mit dem Widerspruch konfrontiert, dass zwischen dem biologischen Erwachsenwerden und der gesellschaftlichen Anerkennung als Erwachsene eine große Zeitspanne liegt. Hier kann Jugenddelinquenz, so keine weiteren Belastungen und Störungen aus der Kindheit vorliegen, als ein Zugang zu den Privilegien des Erwachsenenalters angesehen werden (Moffitt, 1993) und auch ein Mittel sein, um die Selbstachtung zu erhöhen. So mögen Jugendliche für ihr (Problem-)Verhalten Anerkennung durch Gleichaltrige erhalten, was wiederum die Selbstachtung erhöht.

Tatsächlich zeigten z. B. Rosenberg et al. (1989) im Längsschnitt, dass jene Jugendliche, die zum ersten Messzeitpunkt delinquentes Verhalten berichtet hatten, nach anderthalb Jahren eine tendenziell höhere Selbstachtung als die Vergleichsgruppe ohne Delinquenz aufwiesen. Hierbei variierte der Zusammenhang allerdings in Abhängigkeit vom sozioökonomischen Status (SES) der Jugendlichen: Der Zusammenhang war in der Teilgruppe mit niedrigem SES signifikant, nicht jedoch bei mittlerem und höherem SES. Die Autoren begründeten dies damit, dass Jugendliche aus einer höheren Sozialschicht stärker dazu erzogen wurden, dass delinquentes Verhalten falsch sei, sodass dieses Verhalten eher auf soziale Ablehnung stoßen wird, was wiederum einer Steigerung der Selbstachtung entgegenwirkt. Bynner, O'Malley und Bachman (1981) zeigten ebenfalls im Längsschnitt, dass die Wirkung der Devianz auf das Selbstkonzept von der Höhe der anfänglichen Selbstachtung abhängt: Jugendliche mit anfangs niedriger Selbstachtung steigerten ihren Selbstwert, sofern sie später in deviantes Verhalten involviert wurden. Bei Jugendlichen mit anfangs hoher Selbstachtung hatte dagegen das deviante Verhalten keine Auswirkungen auf den Selbstwert. Die Befunde unterstützen die Auffassung, dass Delinquenz vor allem bei solchen Jugendlichen selbstwertsteigernd wirkt, die ansonsten über wenig Quellen für einen positiven Selbstwert verfügen.

Eine zweite Gruppe von Studien verfolgte die Frage, ob bestimmte Aspekte des Selbst (etwa eine geringe Selbstachtung) das Risiko für delinquentes Verhalten erhöhen. Eine Vermutung ist hierbei, dass Jugendliche mit geringem Selbstwert dann zum Problemverhalten greifen, wenn ein positiveres Selbstbild daran scheiterte, dass sie erstrebenswerte Ziele nicht erreichten, wofür sie wiederum normative Sozialisationsinstanzen, wie Eltern oder Lehrer, verantwortlich sehen. Wenn Jugendliche z. B. wenig soziale Anerkennung aus ihrem bisherigen angepassten sozialen Umfeld erhalten, mag der Kontakt zu delinquenten Peers eine neue Referenzgruppe schaffen, die positive soziale Vergleiche und soziale Anerkennung ermöglicht. Übereinstimmend mit diesen Überlegungen zeigten Kaplan (1980) und Rosenberg et al. (1989), dass unter nichtdelinquenten Jugendlichen jene mit geringer Selbstachtung im Folgejahr mit größerer Wahrscheinlichkeit delinquent wurde als eine Vergleichsgruppe mit hoher Selbstwertschätzung. Dieser Zusammenhang war in der Studie von Rosenberg bei Jugendlichen mit höherem SES etwas stärker als bei den übrigen Jugendlichen ausgeprägt. Die Autoren folgerten daraus, dass in unteren sozialen Schichten die Delinquenz eher normativen Einflüssen unterliegt, während sie in höheren Schichten eher von Persönlichkeitsvariablen – wie einer geringen Selbstachtung – beeinflusst wird.

Neben Einflüssen der Sozialschicht gibt es auch Effekte des Bewältigungsverhaltens. So fanden Kaplan und Peck (1992) im Längsschnitt nicht nur einen direkten positiven Effekt der negativen Selbsteinstellung auf den Gebrauch illegaler Drogen, Gewalt gegen Personen und Eigentumsdelikte Jugendlicher. Ein indirekter Effekt wurde über den dominierenden Copingstil vermittelt. Bei Jugendlichen, die zum Verdrängen negativer Informationen neigten, förderte ein geringer Selbstwert eher den Drogengebrauch, bei Adoleszenten, die in Belastungssituationen aggressiv reagierten, dagegen eher die anderen beiden Delinquenzformen. Andererseits gibt es aber auch Argumente dafür, dass ein hohes Selbstwertempfinden ein Risikofaktor für eine Form von Problemverhalten, – aggressives Verhalten – sein mag, sofern Jugendliche Zurückweisung erfahren (Baumeister, Smart & Boden, 1996).

Neben der Höhe der Selbstwertschätzung sind auch andere Aspekte des Selbst mit Problemverhalten verbunden. So untersuchten Oyserman und Markus (1990), ob sich delinquente und nichtdelinquente Jugendliche in ihren Selbstidealen unterscheiden. Sie nahmen an, dass es für die Selbstkonzeptentwicklung wichtig ist, ein ausgewogenes Verhältnis von erhofften und befürchteten Vorstellungen über das zukünftige Selbst zu haben, da dies motiviert, die erwünschten Zustände zu erreichen und die unerwünschten zu vermeiden. Sie fanden, dass delinquente Jugendliche seltener eine balancierte Sicht auf das zukünftige Selbst hatten, etwa weil erhoffte positive Selbstideale fehlten. Die Delinquenz wird auch hier wiederum als ein Ausdruck fehlender Alternativen der Selbstentwicklung gesehen.

Zusammenfassung und Perspektiven

Im vorliegenden Beitrag wurde aufgezeigt, dass sich im Jugendalter bedeutsame Veränderungen des Selbst vollziehen. Vor allem in der ersten Hälfte des Jugendalters finden wir eine erhöhte Unsicherheit über die eigenen Werte, Ziele und

Prioritäten und eine vorübergehende Fluktuation in der Höhe des Selbstwerts. Für die Mehrzahl der Adoleszenten bleibt ab dem mittleren Jugendalter die Höhe des Selbstwerts im Längsschnitt stabil und der Anteil der Jugendlichen, die sich eine Identität erarbeitet haben, steigt am Ende des Jugendalters an (ohne dass dies allerdings bedeuten würde, dass die Identitätsentwicklung dann abgeschlossen ist). Allerdings wurden Risikofaktoren – wie das Fehlen elterlicher Unterstützung oder die Ablehnung durch Gleichaltrige – identifiziert, die zu ungünstigen Entwicklungen des Selbst führen. Ein geringer Selbstwert und das Fehlen erhoffter positiver Selbstideale erhöhen das Risiko für deviantes Verhalten.

Gibt es Langzeiteffekte einer positiven bzw. ungünstigen Entwicklung des Selbst im Jugendalter? Zum einen könnte man vermuten, dass viele Probleme bei der Entwicklung des Selbst im Jugendalter zeitbegrenzt sind, denn Entwicklungsaufgaben, die anfangs Probleme bereiteten, werden zunehmend gelöst (Steinberg, 1999). So fanden z. B. Silbereisen und Noack (1990) bei Jugendlichen, die sich ihren Partnerschaftswunsch erfüllten, eine stärkere Zunahme der Selbstachtung als bei jenen, die bei der Erreichung dieser Entwicklungsaufgabe im Untersuchungszeitraum keinen Erfolg hatten. Zudem ist bis zum Ende des Jugendalters ausreichend Zeit, um sich an die oben beschriebenen körperlichen, kognitiven und sozialen Veränderungen anzupassen. Da allerdings z. B. ein negatives Selbstkonzept im Jugendalter mit einer geringen Erwartung einhergeht, seine Zukunftspläne erfolgreich realisieren können (Adamson & Lyxell, 1996) sowie mit dem Rückzug aus Problemsituationen und der Abnahme aktiver Problembewältigung (Seiffge-Krenke, 1990), ist zu vermuten, dass Jugendliche mit geringem Selbstwert Probleme bei der Bewältigung künftiger Entwicklungsaufgaben des Erwachsenenalters haben werden. Dies wiederum kann z. B. zur Stabilisierung des geringen Selbstwerts bzw. zur weiteren Verschlechterung führen. Eine Längsschnittstudie von Block und Robins (1993) fand zwischen dem 14. und 23. Lebensjahr eine hohe korrelative Stabilität von $r = .44$. Das heißt, dass etwa 19% der Varianz des Selbstwerts im jungen Erwachsenenalter durch den Selbstwert der Jugendlichen aufgeklärt wurden. Das Niveau der Selbstachtung zeigte allerdings eine beträchtliche Variabilität: Bei 61% der Teilnehmer veränderte sich der Selbstwert um mehr als eine halbe Standardabweichung (34% Abnahme und 27% Zunahme). Die korrelative Stabilität der Identität ist noch weitaus geringer. Van Manen und Whitbourne (1997) fanden z. B. keinen signifikanten Zusammenhang zwischen dem Identitätsstatus am Ende des Jugendalters und nach 11 Jahren.

Obwohl dem Jugendalter eine besondere Bedeutung bei der Entwicklung des Selbst zugemessen wird, finden wir somit beträchtliche Veränderungen auch nach Abschluss des Jugendalters und viele Menschen überwinden offenbar erfolgreich jene Probleme der Entwicklung des Selbst, die im Jugendalter auftraten. Dies zeigt, dass sich die Entwicklung des Selbstkonzepts und der Identität über die Lebensspanne hinweg vollzieht, auch wenn dem Jugendalter zweifelsohne eine besondere Bedeutung beizumessen ist. Mehr Untersuchungen sind nötig zur Identifikation von Risikofaktoren, die zu lang anhaltenden Problemen bei der Entwicklung des Selbst führen, wobei hier sowohl Prädiktoren aus dem Kindesalter als auch aus der Adoleszenz zu betrachten sind.

Literatur

Adamson, L. & Lyxell, B. (1996). Self-concept and questions of life: identity development during late adolescence. *Journal of Adolescence, 19*, 569–582.

Alasker, F. D. & Olweus, D. (1992). Stability of global self-evaluations in early adolescence: A cohort longitudinal study. *Journal of Research on Adolescence, 2*, 123–145.

Albrecht, H. T. (1994). Über den Zusammenhang von Kontrollüberzeugungen und psychosozialer Anpassung im Jugendalter. Frankfurt: Lang.

Albrecht, H. T. & Silbereisen, R. K. (1993). Risikofaktoren für Peerablehnung im Jugendalter: Chronische Belastungen und akute Beeinträchtigungen. *Zeitschrift für Entwicklungspsychologie und Pädagogische Psychologie, 25*, 1–28.

Allen, J. P., Hauser, S. T., Bell, K. L., & O'Connor, T. G. (1994). Longitudinal assessment of autonomy and relatedness in adolescent-family interactions as predictors of adolescent ego development and self-esteem. *Child Development, 65*, 179–194.

Banks, M., Bates, I., Breakwell, G., Bynner, J., Emler, N., Jamieson, L., & Roberts, K. (1992). *Careers and identities.* Bristol: Open University Press.

Baumeister, R. F., Smart, L., & Boden, J. M. (1996). Relation of threated egotism to violence and aggression: The dark side of high self-esteem. *Psychological Review, 103*, 5–33.

Block, J. & Robins, R. W. (1993). A longitudinal study of consistency and change in self-esteem from early adolescence to early adulthood. *Child Development, 64*, 909–923.

Bynner, J., O'Malley, P., & Bachman, J. (1981). Self-esteem and delinquency revisited. *Journal of Youth and Adolescence, 10*, 407–441.

Campbell, E., Adams, G., & Dobson, W. (1984). Familial correlates of identity formation in late adolescence: A study of the predictive utility of connectedness and individuality in family relations. *Journal of Youth and Adolescence, 13*, 509-526.

Collins, W. A., Gleason, T., & Sesma, A. (1997). Internalization, autonomy, and relationships: Development during adolescence. In J. E. Grusec & L. Kuczynski (Eds.), *Parenting and childrens' internalization of values* (pp. 78–99). New York: Wiley.

Dekovic, M. & Meeus, W. (1997). Peer relations in adolescence: effects of parenting and adolescents' self concept. *Journal of Adolescence, 20*, 163–176.

Fend, H. (1994). *Die Entdeckung des Selbst und die Verarbeitung der Pubertät*. Bern: Huber.

Festinger, I. (1954). A theory of social comparison processes. *Human Relations, 7*, 117–140.

Fischer, K. A. & Lamborn, R. (1989). Mechanisms of variation in developmental levels: Cognitive and emotional transitions during adolescence. In A. de Ribaupierre (Ed.), *Transition mechanisms in child development* (pp. 37–61). Cambridge: University Press.

Grotevant, H. D. & Cooper, C. R. (1985). Patterns of interaction in family relationships and the development of identity exploration in adolescence. *Child Development, 56*, 415–428.

Grotevant, H. D. & Cooper, C. R. (1986). Individuation in family relationships: A perspective on individual differences in the development of identity and role-taking skills in adolescence. *Human Development, 29*, 82–100.

Harter, S. (1990). Processes underlying adolescent self-concept formation. In R. Montemayor, G. Adams, & T. Gullotta (Eds.), *From childhood to adolescence: A transitional period*. (pp. 205–239). Newbury Park: Sage.

Harter, S. & Monsour, A. (1992). Developmental analysis of conflict caused by opposing attributes in the adolescent self-portrait. *Developmental Psychology, 28*, 251–260.

Harter, S., Bresnick, S., Bouchey, H. A., & Whitesell, N. R. (1997). The development of multiple role-related selves during adolescence. *Development and Psychopathology, 9*, 835–853.

Kalakoski, V. & Nurmi, J.-E. (1998). Identity and educational transition: Age differences in adolescent exploration and commitment related to education, occupation, and family. *Journal of Research on Adolescence, 8*, 29–47.

Kaplan, H. B. (1980). *Deviant behavior in defense of the self*. New York: Academic Press.

Kaplan, H. B. & Peck, B. M. (1992). Self-rejection, coping style, and mode of deviant response. *Social Science Quarterly, 73*, 903–919.

Keupp, H. (1997). Von der (Un-)Möglichkeit erwachsen zu werden. Jugend zwischen Multioptionalität und Identitätsdiffusion. In M. Beck, S. Chow, & I. Köster-Goorkotte (Hrsg.), Kinder in Deutschland: Realitäten und Perspektiven (S. 145–168). Tübingen: DGVT.

Kling, K. C., Hyde, J. S., Showers, C. J., & Buswell, B. N. (1999). Gender differences in self-esteem: A meta-analysis. *Psychological Bulletin, 125*, 470–500.

Krampen, G. (1989). Perceived child-rearing practices and the development of locus of control in early adolescence. *International Journal of Behavioral Development, 12*, 177–193.

Kulas, H. (1996). Locus of control in adolescence: A longitudinal study. *Adolescence, 31*, 721–729.

Lackovic, G., Dekovic, M., & Opacic, G. (1994). Pubertal status, interaction with significant others, and self-esteem of adolescent girls. *Adolescence, 29*, 691–700.

Livesley, W. & Bromley, D. (1973). *Person perception in childhood and adolescence*. New York: Wiley.

Marcia, J. (1980). Identity in adolescence. In J. Adelson (Ed.), *Handbook of adolescent psychology* (pp. 159–187). New York: Wiley.

Meeus, W. (1996). Studies on identity development in adolescence: An overview of research and some new data. *Journal of Youth and Adolescence, 25*, 569–598.

Moffitt, T. E. (1993). Taxonomy of antisocial behavior. *Psychological Review, 100*, 674–701.

Montemayor, R. & Eisen, M. (1977). The development of self-conceptions from childhood to adolescence. *Developmental Psychology, 13*, 314–319.

Montemayor, R. Brown, B., & Adams, G. (1985). *Changes in identity status and psychological adjustment after leaving home and entering college.* Paper presented at the Biennial Meetings of the SRCD in Toronto.

Mortimer, J. T., Finch, M. D., & Kumka, D. (1982). Persistence and change in development: The multidimensional self-concept. In P. B. Baltes & O. Brim (Eds.), *Life-span development and behavior* (Vol. 4, pp. 263–313). New York: Academic Press.

Oysermann, D. & Markus, H. (1990). Possible selves in balance: Implications for delinquency. *Journal of Social Issues, 46*, 141–157.

Owens, T. J., Mortimer, J. T., & Finch, M. D. (1996). Self-determination as a source of self-esteem in adolescence. *Social Forces, 74*, 1377–1404.

Petersen, A. (1985). Pubertal development as a cause of disturbance: Myths, realities, and unanswered questions. *Genetic, Social, and General Psychology Monographs, 111*, 205–232.

Roeser, R. W. & Eccles, J. S. (1998). Adolescents' perceptions of middle school: Relation to longitudinal changes in academic and psychological adjustment. *Journal of Research on Adolescence, 8*, 123–158.

Rosenberg, M. (1979). *Conceiving the self.* New York: Basic Books.

Rosenberg, M. (1986). Self-concept from middle childhood through adolescence. In J. Suls & A. G. Greenwald (Eds.), *Psychological perspectives on the self* (Vol. 3, pp. 107–136). Orlando: Academic Press.

Rosenberg, M., Schooler, C., & Schoenbach, C. (1989). Self-esteem and adolescent problems: Modeling reciprocal effects. *American Sociological Review, 54*, 1004–1018.

Savin-Williams, R. C. & Berndt, T. J. (1990). Friendship and peer relations during adolescence. In S. S. Feldman & G. R. Elliot (Eds.): *At the threshold: The developing adolescent* (pp. 277–307). Cambridge: Harvard University Press.

Secord, P. F. & Peevers, B. H. (1974). The development and attribution of personal concepts. In T. Mischel (Ed.), *Understanding other persons* (pp. 117–142). Oxford: Blackwell.

Seiffge-Krenke, I. (1990). Developmental processes in self-concept and coping behavior. In H. Bosma & S. Jackson (Eds.), *Coping and self-concept in adolescence* (pp. 51–68). Berlin: Springer.

Silbereisen, R. K. & Zank, S. (1984). Development of self-related cognition in adolescence. In R. Schwarzer (Ed.), *The self in anxiety, stress and depression* (pp. 49–60). North-Holland: Elsevier.

Silbereisen, R. K. & Kastner, P. (1985). Jugend und Drogen: Entwicklung von Drogengebrauch – Drogengebrauch als Entwicklung? In R. Oerter (Hrsg.), *Lebensbewältigung im Jugendalter* (S. 192–219). Weinheim: Edition Psychologie.

Silbereisen, R. K., Petersen, A. C., Albrecht, H. T., & Kracke, B. (1989). Maturational timing and the development of problem behavior: Longitudinal studies in adolescence. *Journal of Early Adolescence, 9*, 247–268.

Silbereisen, R. K. & Noack, P. (1990). Adolescents' orientations for development. In H. Bosma & S. Jackson (Eds.), *Coping and self-concept in adolescence* (pp. 112–127). Berlin: Springer.

Silbereisen, R. K. & Wiesner, M. (im Druck). School-related self-efficacy among adolescents from former East and West Germany: Age trends, associations with school performance, and family correlates. In A. Grob & W. Perrig (Eds.), *Control of human Behavior, mental processes and consciousness. Essays in honor of the 60th birthday of August Flammer.* Hillsdale: Erlbaum.

Simmons, R. G., Rosenberg, F., & Rosenberg, M. (1973). Disturbance in the self-image at adolescence. *American Sociological Review, 38*, 553–568.

Simmons, R., Blyth, D., Van Cleave, E., & Bush, D. (1979). Entry into early adolescence: The impact of school structure, puberty, and early dating on self-esteem. *American Sociological Review, 44*, 948–967.

Simmons, R. G., Blyth, D. A., & McKinney, K. L. (1983). The social and psychological effects of puberty on white females. In J. Brooks-Gunn & A. C. Petersen (Eds.), *Girls at puberty: Biological and psychosocial perspectives* (pp. 229–272). New York: Plenum.

Simmons, R. G., Carlton-Ford, S. L., & Blyth, D. A. (1987). Predicting how a child will cope with the transition to junior high school. In R. M. Lerner & T. T. Foch (Eds.), *Biological-psychological interaction in early adolescence*. Hillsdale: Erlbaum.

Seiffge-Krenke, I. (1990). Developmental processes in self-concept and coping behavior. In H. Bosma & S. Jackson (Eds.), *Coping and self-concept in adolescence* (pp. 51–68). Berlin: Springer.

Stattin, H. & Magnusson, D. (1990). *Pubertal maturation in female development*. Hillsdale: Erlbaum.

Steinberg, L. (1999). *Adolescence* (5th edition). New York: McGraw-Hill.

Van Manen, K.-J. & Whitbourne, S. K. (1997). Psychological development and life experiences in adulthood: A 22-year sequential study. *Psychology and Aging, 12*, 239–246.

White, K. M., Speisman, J. C., & Costos, D. (1983). Young adults and their parents: Individuation to mutuality. In H. D. Grotevant & C. R. Cooper (Eds.), *Adolescent development in the family* (pp. 93–109). San Francisco: Jossey Bass.

Wichstrøm, L. (1998). Self-concept development during adolescence: Do American truths hold for Norwegians? In E. Skoe & A. von der Lippe (Eds.), *Personality development in adolescence.* (pp. 98–122). London: Routledge.

Wigfield, A., Eccles, J. S., MacIver, D., Reuman, D. A, & Midgley, C. (1991). Transition during early adolescence: Changes in childrens' domain-specific self-perceptions and general self-esteem acrosss the transition to Junior High School. *Developmental Psychology, 27*, 552–565.

Youniss, J. & Smollar, J. (1985). *Adolescent relations with mothers, fathers, and friends.* Chicago: University of Chicago Press.

Zimmerman, M. A., Copeland, L. A., Shope, J. T., & Dielman, T. E. (1997). A longitudinal study of self-esteem: Implications for adolescent development. *Journal of Youth and Adolescence, 26*, 117–141.

5

Das erwachsene Selbst

Werner Greve

Theoretische und empirische Untersuchungen zur Entwicklung des Selbst im Erwachsenenalter sind, abgesehen von einigen wenigen Ausnahmen, überraschend jung und dementsprechend wenig ausdifferenziert. Das erwachsene Selbst hat in der Entwicklungspsychologie bis in die jüngste Vergangenheit ein Schattendasein gefristet, und zwar aus mehreren Gründen. Vor allem war, obwohl schon Bühler (1933) und Erikson (1959) die lebensspannenübergreifende Dynamik der Identitätsentwicklung betont hatten, die entwicklungspsychologische Forschung zum Selbstkonzept vorrangig auf jene Abschnitte der Entwicklung des Selbst konzentriert, in denen Entwicklungs- und Veränderungsprozesse prominent oder dominant sind oder jedenfalls gut sichtbar auftreten: das Kindes- und Jugendalter. Im Kindesalter ist die Entwicklung des basalen Elemente des Selbst buchstäblich mit Händen zu greifen (ausführlicher dazu Fuhrer et al., in diesem Band), und für das Jugendalter ist die Entwicklungsaufgabe der Identitätsbildung oder – aus anderer Perspektive – Identitätsfindung geradezu konstitutiv (Harter, 1990; Waterman, 1993; Pinquart & Silbereisen, in diesem Band; Straub, in diesem Band). Pointiert kann man sagen, dass man das Ende der Adoleszenz – das Erwachsensein – eben daran erkennt, dass man weiß, wer man ist, wer man sein will. Denn jetzt sind andere Entwicklungsaufgaben zu lösen, etwa die Familiengründung und die berufliche Etablierung. Das Selbst aber, so scheint es, kann nur dann als Fundament dieser Entwicklungen und Entscheidungen fungieren, wenn es nicht seinerseits dauernd Turbulenzen verursacht.

Das erwachsene Selbst: Stabilität statt Wandel?

Dem entspricht, dass wir als Erwachsene normalerweise ein recht sicheres Gefühl persönlicher Identität über unsere Entwicklung hinweg haben: Wir sind heute dieselben Personen, die wir voriges Jahr waren. Das, was sich allenfalls da oder dort verändert haben mag, war nicht eigentlich kennzeichnend für mich als Person und Individuum: „Ich bin noch ganz der Alte!". Dieser Eindruck wiederholt sich, wenn man über die Beschreibung der Person hinaus ihre Bewertung betrachtet: Auch hier findet sich immer wieder, dass der Selbstwert der Person mit dem Alter nicht bemerkenswert variiert (Brandtstädter, Wentura & Greve, 1993; Pinquart, 1998). So kommt es, dass in Bezug auf das Selbst der Entwicklungsabschnitt des Erwachsenenalters auf den ersten Blick gar keiner zu sein scheint. Und wenn man die vorliegenden Befunde überblickt, findet sich ganz überwiegend auch empirisch eine recht hohe Stabilität des Bildes, das der erwachsene, auch der ältere Mensch von sich selbst hat (Filipp & Klauer, 1986; zum Überblick Bengtson et al., 1985; Gecas, 1982; vgl. auch Brandtstädter & Greve, 1992).

Die Erklärung dafür ist so alt wie die Psychologie des Selbst. Personen haben, wie bereits Filipp (1979a) argumentiert hatte, offenbar eine deutliche Tendenz, womöglich das starke Bedürfnis, die eigene Identität gegen allzu heftige Schwankungen oder dramatische Revisionen zu schützen, und das auf einem möglichst hohen Niveau (siehe auch Petersen, Stahlberg & Dauenheimer, in diesem Band). Wir sehen und glauben oft vor allem das, was wir glauben wollen, gerade in Bezug auf uns selbst. Am Prüfungsmisserfolg war der Prüfer schuld, die Eins aber war natürlich meine Leistung; der Kollege, der mich krankhaft ehrgeizig nennt, ist offenbar nur neidisch, und so weiter. Dies alles ist seit dem Buch von Anna Freud über „Das Ich und die Abwehrmechanismen" (1936) oft diskutiert und mittlerweile nicht nur vielfach empirisch belegt, sondern auch theoretisch besser fundiert (Banaji & Prentice, 1994; Baumeister, 1995; Brown, 1991; Cantor, Markus, Niedenthal & Nurius, 1990; Linville & Carlston, 1994; Markus & Wurf, 1987; vgl. hierzu auch Greve & Wentura, 1999).

Schon auf den zweiten Blick jedoch ist diese Antwort nicht mehr ausreichend. Denn die Entwicklungspsychologie der Lebensspanne (Baltes, Lindenberger & Staudinger, 1998) hat deutlich gemacht, dass von einer Entwicklung der Person und ihrer Eigenschaften und Fähigkeiten über die gesamte Lebensspanne hinweg die Rede sein muss, und dass es insbesondere ab dem mittleren Erwachsenenalter zu einer zunehmenden Verschiebung der Gewinn/Verlust-Bilanz in negativer Richtung kommt (Baltes, 1997), die vom Individuum in der Regel auch registriert wird (Heckhausen, Dixon & Baltes, 1989). Wir selbst, unsere Eigenschaften und Fähigkeiten, unsere Neigungen und Motive, aber auch unsere Lebensumstände, unsere physikalischen und sozialen Umwelten unterliegen deutlichen Änderungen über die Spanne unseres Lebens hinweg. Diese Entwicklungen sollten im individuellen Selbstkonzept seinen Niederschlag finden. Andernfalls würde es zunehmend weniger veridikal, und das heißt: zunehmend dysfunktional werden, und damit zwar nicht seine handlungsregulative *Bedeutung*, aber immer mehr seinen handlungsregulativen *Nutzen* verlieren, u. U. sogar zum Hindernis für erfolgreiches Handeln werden. Denn das Selbstkonzept ist zweifellos ein wichtiges Handlungsregulativ (Filipp, 1979a; Gollwitzer & Bargh, 1996) und muss daher vielleicht nicht so genau wie möglich, sicher aber so realistisch wie nötig sein (Baumeister, 1989). Wer aufgrund falscher Voraussetzungen handelt, wird meistens scheitern (Taylor & Gollwitzer, 1995; vgl. auch Ryan, 1991). Also ist man, wenn man sich verändert, doch irgendwie gezwungen, die zur Kenntnis zu nehmen und damit auch selbstbezogene Tatsachen zu assimilieren, die mit dem aktuellen und alle Mal dem gewünschten Selbstkonzept im Widerspruch stehen.

Und tatsächlich gibt es für die hohe Anpassungs- und Wandlungsfähigkeit des Selbstbildes empirische Belege. Eine Reihe sozialpsychologischer einfallsreicher Experimente hat zeigen können, dass das Selbstbild im Einzelfall durchaus variabel und flexibel ist. So hat etwa Gergen (1979) schon vor zwanzig Jahren vorgeführt, dass man Personen bei geschicktem Arrangement der Umstände sogar dazu bringen kann, an ihrer heterosexuellen Orientierung zu zweifeln. Auch wenn die Stabilität solcher Zweifel nicht hoch wäre, belegen sie, dass das Selbst gewiss keine realitätsferne monolithische Einheit bildet. Neuere Studien, etwa von Hannover (1996; in diesem Band), zeigen, dass sich das aktuelle Selbstbild in mitunter verblüffender Weise an den aktuellen Handlungskontext anpaßt. Und es macht unter Funktionalitätsgesichtspunkten Sinn, wenn unser Selbstbild kurz- und längerfristig verändernden Realitäts- und Kontextveränderungen Rechnung trägt.

Wie paßt das nun aber zu dem introspektiven Eindruck und dem empirischen Befund der enormen Stabilität und Kontinuität des erwachsenen Selbst und zu der so plausiblen Theorie über jene zahlreichen Abwehrmechanismen? Man muss nicht gleich ein Paradox proklamieren um zu sehen, dass hier ein theoretisches Problem liegt (Cantor et al., 1990; Greve & Wentura, 1999; Swann & Hill, 1982). Damit wird der scheinbar langweilige Befund der Selbstkonzeptstabilität im Erwachsenenalter bei näherer Betrachtung durchaus erklärungsbedürftig. Eben weil die Prozesse des Selbst im Grundsatz *zwei* Funktionen (Greve, in diesem Band) dienen, entsteht ein theoretisches Problem immer dann, wenn das „Realitätsprinzip" die Akzeptanz von Defiziten und Verlusten, das

„Lustprinzip" aber die Vermeidung dieser Akzeptanz fordert. So *schön* es wäre, immer derselbe zu bleiben oder gar immer besser zu werden, so *wichtig* ist es, die sich wandelnde Realität auch im weniger erfreulichen Falle zur Kenntnis zu nehmen, wenigstens soweit, dass man nicht ernstlich mit ihr kollidiert. Dies ist das Dilemma, das das erwachsene Selbst lösen muss.

Daraus folgt, daß Selbstkonzeptentwicklung und insbesondere die Stabilisierung des erwachsenen Selbst nicht ausschließlich in Prozessen bestehen kann, die bedrohliche Daten zum Schutze des bedrohten Konzeptes ignorieren oder modifizieren. Es muss daneben eine Art geschmeidiger, realitätsakzeptierender Entwicklungsdynamik des Selbst geben, die eine Stabilität des Selbst und damit die personale Identität über die Lebensspanne hinweg sichert, *ohne* dabei die Wirklichkeit völlig zu missachten. Was wir brauchen ist, kurz gesagt, die Fähigkeit zum *flexiblen Widerstand*.

Flexibler Widerstand: Prozesse der Selbst-Immunisierung

Wie könnte das konkret aussehen? Betrachten wir ein Beispiel (vgl. zum Folgenden auch Abb. 5.1). Nehmen wir an, ich sei der Überzeugung, ich hätte ein gutes Gedächtnis, und wäre darauf auch stolz. In letzter Zeit kommt es nun aber immer häufiger vor, dass ich zum Beispiel Dinge nicht vom Einkaufen mitbringe, die ich eigentlich benötige. Wenn man die umfangreiche Literatur zum „Zoo" (Tesser, Martin & Cornell, 1996) der Selbst-Verteidigungs-Mechanismen überblickt, kann man die zahlreichen möglichen Reaktionen auf einen solchen potentiell selbstbild-bedrohlichen Sachverhalt grob zwei „Verteidigungslinien" (Baumeister, 1996; Greve, 1990) zuordnen.

Die erste Linie ist durch die Zurückweisung des bedrohlichen Ereignisses oder der bedrohlichen Information gekennzeichnet. Dies umfasst Mechanismen der Wahrnehmungsabwehr, der Leugnung oder der Verdrängung, neben vielen weiteren (vgl. z. B. Baumeister & Cairns, 1992; Breznitz, 1981; Erdelyi, 1974; Greenwald, 1980; Markus & Wurf, 1987). Ich nehme – im weitesten Sinne – einfach nicht zur Kenntnis, was da bedrohliches geschieht: „Ich *wollte* ja gar keine Milch mehr trinken, *deswegen* habe ich keine gekauft!". Nun wird diese Zurückweisung unerwünschter oder bedrohlicher Evidenz nicht immer gelingen. Zum Beispiel wird Leugnen schwierig, wenn man vorher ausdrücklich verkündet hat, man wolle Milch kaufen, und sie dann nicht mitbringt.

Die zweite Verteidigungslinie besteht in der „Neutralisierung" (Sykes & Matza, 1957) *der Bedrohlichkeit* einer als bestehend und inkonsistent mit dem aktuellen Selbstbild wahrgenommenen Tatsache oder Episode. Man akzeptiert das – wahrgenommene – Ereignis nicht als das, was es auf den ersten Blick zu sein schien: ein selbstbildbedrohliches Ereignis (vgl. z. B. Baumeister, 1995; Brown, 1991; Markus & Wurf, 1987; Schlenker, 1987; Swann, 1983; Tesser et al., 1996). Man war unkonzentriert oder abgelenkt (und hat *deswegen* keine Milch mitgebracht), aber nicht wirklich vergesslich. Mehr als drei Jahrzehnte sozialpsychologischer Forschung haben gezeigt, dass es in diesem Sinne tatsächlich einen beträchtlichen Spielraum für „Realitätsverhandlungen" gibt (Snyder & Higgins, 1988; Snyder, Irving, Sigmon, & Holleran, 1992; Swann, 1987). Die untersuchten Mechanismen umfassen den so genannten „self-serving bias", Prozesse der Neubewertung („reappraisal"), Zweifel an der Quelle der bedrohlichen Information, Dynamiken der „Rationalisierung", wiederum unter vielen anderen (vgl. z. B. Bandura, 1982; Lazarus, 1991; Nisbett & Ross, 1980; Swann & Hill, 1982; Wagner, Wicklund & Shaigan, 1990; zum Überblick z.B. Markus & Wurf, 1987; Brown, 1991). Und oft genug ist das durchaus nicht nur Illusion. Vielleicht habe ich wirklich nur einen schlechten Tag oder eine schlimme Grippe ist im Anzug. Warum sollte ich mein lange vertrautes und bewährtes Selbstbild, dass ich ein gutes Gedächtnis habe, wegen einer Flüchtigkeit verwerfen?

Allen diesen Selbstverteidigungsprozessen jedoch ist gemeinsam, dass sie auf die Dauer in das eingangs skizzierte Dilemma führen. Solange es sich um Einzelfälle oder Ausnahmen handelt, mögen Realitätsverhandlungen das Problem lösen. Immer dann aber, wenn diesen Ereignissen tatsächlich eine Entwicklung (im Beispiel: des Gedächtnisses) zugrundeliegt, wird das auf die Dauer nicht genügen: Wenn ich erfolgreich einkaufen will, brauche ich offenbar mittlerweile doch eine Einkaufsliste. Bedeutet dieses Zugeständnis nun aber, dass ich mich von der lieb gewonnenen Überzeugung verabschieden muss, ich hätte ein gutes Gedächtnis? Ist, anders gefragt, das Zugeständnis, dass ich ohne Liste Dinge beim Einkaufen vergesse, unweigerlich eine ernstliche Bedrohung meines Selbstkonzeptes?

Dieses Dilemma des erwachsenen Selbst, so lautet das Argument dieses Kapitels, kann durch eine weitere Gruppe von selbstbildstabilisierenden Mechanismen gelöst werden, die in der vorliegenden Literatur bislang weniger Beachtung gefunden haben. Denn ein bedrohtes Konzept kann auch bei *Akzeptanz* einer bedrohlichen Datenlage dann im Kern verteidigt werden, wenn es gewissermaßen an der Peripherie modifiziert wird. Bezogen auf das diskutierte Beispiel heißt das, dass man einräumt, dass man die Milch in der Tat *vergessen* habe, aber man bestreitet, dass das viel über das Gedächtnis aussage. Es sei vielmehr nach wie vor ausgezeichnet, was man z. B. daran erkennen könne, dass man den Anfang der „Odyssee", das Datum der Thronbesteigung von Alexander oder Karl oder Friedrich dem jeweils Großen und die Geburtstage aller wichtigen Verwandten noch immer auswendig wisse. Man müsse doch sein Gedächtnis nicht mit banalen Lebensmitteln belasten – wozu gibt es schließlich Zettel?

Dieses Manöver hat zwei Vorteile. Es macht einerseits das Eingeständnis der Notwendigkeit von Einkaufslisten möglich, aber es rettet andererseits bis auf weiteres die Überzeugung, man habe ein gutes Gedächtnis. Unter Rückgriff auf einen Begriff der Wissenschaftstheorie (Popper, 1934/1968) kann dieser strategische Rückzug als Selbstkonzept-*Immunisierung* bezeichnet werden (Greve, 1990; Greve & Wentura, 1999). Der Begriff bezeichnet im wissenschaftstheoretischen Kontext die Modifikation des „Schutzgürtels" einer Theorie, um ihren „harten Kern" gegen falsifkatorische Evidenz zu schützen (Lakatos, 1974). Diese analogiehafte Anwendung wissenschaftstheoretischer Konzepte auf Prozesse des Selbst (vgl. dazu auch Brandtstädter, 1985; Berzonsky, 1988) offenbart daneben eine unerwartete Fruchtbarkeit der vielfach benutzten metaphorischen Beschreibung des Selbstkonzeptes als „Theorie einer Person über sich selbst" (z. B. Brim, 1976; Epstein, 1973, 1979; Harter, 1983; Schlenker, 1980).

Selbstkonzeptimmunisierung schützt nach dieser Vorstellung einen Kern des Selbstkonzeptes („Ich habe ein gutes Gedächtnis") im Sinne des Lustprinzips und paßt den Schutzgürtel der Operationalisierungen dieses Kernes gleichzeitig im Sinne des Realitätsprinzips den tatsächlichen Verhältnissen an („Ich habe die Milch vergessen, aber ich kann die ‚Glocke' noch immer auswendig aufsagen, was *zeigt, dass* ich ein gutes Gedächtnis habe"). Offenbar löst diese Immunisierung das skizzierte Dilemma des erwachsenen Selbst. Zudem ist diese Stabilisierungsform relativ sparsam, denn das Selbst ist nun gegen zukünftiges Vergessen von Milch dauerhaft gesichert (während eine Entschuldigung oder eine Verleugnung in jedem Einzelfall vorgenommen werden muss).

Wie kann diese Überlegung empirisch geprüft werden? Selbst-Immunisierung sollte sich empirisch unter anderem darin zeigen, dass man genau die Fähigkeiten für besonders aussagekräftig hält, die man aktuell gut zu beherrschen meint, und eben die Eigenschaften als weniger diagnostisch einstuft, in denen man sich aktuell weniger zutraut. In einer Fragebogenuntersuchung (Greve, 1990) wurden dementsprechend zum Beispiel in Bezug auf den Bereich Gedächtnis eine Liste von konkreten einzelnen Fähigkeiten vorgegeben (Telefonnummern behalten können, Geburttstage erinnern, Einkauflisten behalten können, etc.). Gefragt wurde dann erstens, inwieweit man glaube, dass die jeweilige Fertigkeit etwas über ein gutes Gedächtnis aussagt, und zweitens, ob man glaube, diese Fertigkeiten jeweils zu beherrschen. Es zeigte sich wie erwartet ein bedeutsamer Zusammenhang zwischen subjektiver Kompetenz und zugeschriebener Diagnostizität von Einzelfertigkeiten. In Bezug auf eine Reihe von Selbstkonzeptbereichen ließ sich mittlerweile eine solche *Profilähnlichkeit* zwischen subjektiver Kompetenz und zugeschriebener Diagnostizität einer Reihe von einzelnen Fertigkeiten nachweisen (Greve & Wentura, 1999). Dieser Effekt tritt dabei umso deutlicher auf, je mehr der entsprechende Bereich eine bedeutsame Position im Selbstkonzept der jeweiligen Person einnimmt, je mehr der Bereich „schematisch" (Markus, 1977) für das Selbstkonzept ist.

Allerdings zeigt dies gewissermaßen nur das *Sediment* der Selbst-Immunisierung, die Spuren, die sie in der aktuellen Struktur des Selbstkonzeptes hinterlassen hat. Im zweiten Schritt muss daher gezeigt werden, dass sich dann, wenn sich die subjektive Kompetenz in Bezug auf eine konkrete Fertigkeit *ändert*, deren Diagnostizität *daraufhin* ebenfalls ändert. In einer quasi-experimentellen Studie (Greve & Wentura, 1999, Studie 2) wurden Studierende, die an einer Übung zu Gesprächsmethoden teilnahmen, vor Beginn der Übung nach ihren subjektiven Fähigkeiten in Bezug auf eine Reihe konkreter Kompetenzen befragt (zuhören können, grammatisch korrekte Sätze sprechen, sich verständlich ausdrücken können, etc.). Anschließend sollten sie wiederum die Aussagekraft jeder dieser Fertigkeiten in Bezug auf „kommunikative Kompetenz" einschätzen. Im Rahmen der Übung selbst wurde die Durchführung einer Exploration praktiziert, die auf Video aufgezeichnet wurde. Dabei machen alle Teilnehmer typischerweise zahlreiche kleinere und größere Fehler, die ihnen entweder unmittelbar selbst auffallen, oder auf die sie beim Betrachten der Aufzeichnung aufmerksam werden (oder vom Übungsleiter hingewiesen werden). Unmittelbar danach wurden alle Teilnehmer erneut um eine Selbsteinschätzung und anschließend um die Diagnostizitätseinschätzung in Bezug auf dieselbe Liste von Kompetenzen gebeten, um dann die *Veränderung* der subjektiven Kompetenz in einzelnen Fähigkeiten mit der Veränderung der *Diagnostizität* dieser Fähigkeiten zu korrelieren. Das wichtigste Ergebnis dieses Quasiexperimentes ist, dass nicht nur die jeweiligen beiden synchronen, sondern insbesondere auch die *diachronen* Immunisierungskennwerte signifikant sind: Die Veränderung der subjektiven Fähigkeiten sagt tatsächlich die *Veränderung* ihrer jeweiligen Diagnostizitäten vorher.

Der Vorteil dieser Untersuchung ist ihre externe Validität: erfasst wurde eine echte Veränderung des Selbstbildprofiles. Das Design hat aber auch einen Nachteil. Weil eine Kontrollgruppe fehlt – die Übung war für alle Studierenden des Semesters obligatorisch – ist so nicht sicher gezeigt, dass die Diagnostizitätsanpassungen *wegen* der bedrohlichen Einzelrückmeldungen erfolgten. Jedoch ließ sich in mittlerweile mehreren Experimentalstudien nachweisen, dass sich auch bei systematischer Selbstkonzeptbedrohung Diagnostizitätsschätzung ändern. Kern eines Experimentes (Wentura & Greve, 1996) waren etwa systematisch variierte Rückmeldungen in einem fiktiven Intelligenztest, der vorgeblich aus mehreren Komponenten bestand. Die ersten Komponenten waren ebenso wie die Rückmeldungen fiktiv, um Selbstbedrohung herzustellen, die vermeintlich letzte Komponente sollte die Immunisierungsreaktion erfassen. Sie bestand in einem speziellen Verfahren der kognitiven Psychologie, einer so genannten „Priming"-Anordnung, die zusätzlich Ergebnisverzerrungen durch strategisches Antwortverhalten der Probanden vermeiden sollte (vgl. dazu auch Wentura, in diesem Band). Der Befund war, dass genau die Testbereiche, in denen man angeblich schlechter als erwartet abgeschnitten hatte, auch weniger mit dem Begriff von Intelligenz assoziiert waren als die, in denen man besser abgeschnitten hatte. Eine Reihe weiterer Studien mit ähnlichen Resultaten (Greve & Wentura, 1999, Studie 3;[1] Wentura, in diesem Band) erlaubt mittlerweile, den Prozesscharakter und die kausale Wirksamkeit der Selbst-Immunisierung als gut belegt zu bezeichnen.

Dabei ist es wichtig darauf hinzuweisen, dass die hier untersuchten Immunisierungsprozesse durch periphere Konzeptkorrektur nur *eine* Form der Selbst-Immunisierung sind. Man kann die Theorie über sich selbst auch anders immunisieren, zum Beispiel dadurch, dass man ihre Reichweite einschränkt. Die Überzeugung „Ich habe ein gutes Gedächtnis" wird dann zurückgenommen auf „Ich habe ein besseres Gedächtnis als andere *in meinem Alter*" oder – erforderlichenfalls – bis zu „besser als alle anderen *in meinem Altersheim*". Auch das ist eine periphere Konzeptanpassung, die den Kern des Selbstbildes zunächst intakt lässt („Ich habe – nach wie vor – ein gutes Gedächtnis"), *ohne* die Realität zu bestreiten, dass Jüngere mittlerweile ein besseres Gedächtnis haben als ich.

---

[1] Dieses Experiment wurde mit Unterstützung der Deutschen Forschungsgemeinschaft (WE 2284/2-1) durchgeführt.

Auch diese Prozesse der systematischen Selektion sebstwertdienlicher Vergleichsgruppen sind vielfach belegt (Wills, 1987).

Durch Selbst-Immunisierung können also identitätskonstitutive Selbstkonzeptaspekte trotz des *Eingeständnisses* von einzelnen negativen Veränderungen und Verlusten grundsätzlich weiterhin aufrecht erhalten werden. Dies erklärt, wieso wir über die lange Spanne des Erwachsenenalters offenbar gleichzeitig sehr realistisch und realitätsorientiert und meist erfolgreich handeln können, obwohl sich in und um uns über die Jahre manches verändert, aber wir trotzdem gerade hier so ein starkes Gefühl dafür bewahren können, dieselbe Person geblieben zu sein.

Konservative Anpassung: Die Regulation des alternden Selbst

Nun hat jedoch Selbst-Immunisierung Grenzen, und zwar in zweierlei Hinsicht. Zum einen ist sie mitunter dysfunktional: Auch wenn es *möglich* ist, ein bestimmtes, subjektiv bedeutsames Konzept zu immunisieren, ist es nicht immer *sinnvoll*. Beispielsweise ist die hartnäckige Verteidigung der Überzeugung, gesund zu sein, im Falle von Krankheit unter Umständen ernsthaft gefährlich, wenn dadurch eine notwendige Intervention unterbleibt. Beispielsweise immunisieren Alkoholiker ihr Selbstbild, *kein* Alkoholiker zu sein, auch gegen hartnäckige Evidenz, und nicht zuletzt die Überwindung dieser Verteidigungslinie ist eine zentrale Voraussetzung für erfolgreiche Intervention (Greve, Wentura & Zisterer, 1999).

Aus entwicklungspsychologischer Sicht bedeutsamer ist zweitens, dass Selbstimmunisierung nicht unbegrenzt fortgesetzt werden kann. Wenn das Gedächtnis wirklich auf breiter Front schwächer wird, wird man eben nicht nur Einkaufslisten und Telefonnummern, sondern auch Adressen, Spielregeln oder sogar Hochzeitstage vergessen und darum irgendwann nicht umhin können, zuzugeben, dass sich in der Tat *das Gedächtnis* verschlechtert habe – und nicht nur dieser oder jener seiner Aspekte. Zahlreiche Befunde der Lebensspannen-Entwicklungspsychologie belegen, dass sich im höheren Alter die Gewinn/Verlust-Bilanz zunehmend negativ entwickelt. Sowohl in Bezug auf die kognitive Entwicklung (Baltes, Lindenberger & Staudinger, 1998), die Veränderung der sensorischen Funktionen (Tesch-Römer & Wahl, 1996) als auch in Bezug auf Morbidität (z. B. Steinhagen-Thiessen & Borchelt, 1996) ist Alter durch eine Zunahme von faktischen Verlusten und Einbußen gekennzeichnet (zusammenfassend Baltes, Mittelstraß & Staudinger, 1994; Bond, Cutler & Grams, 1995). Interessant ist die Frage, wie sich das „alternde Selbst" (Brandtstädter & Greve, 1992) dagegen schützen kann. Denn eine Vielzahl von nationalen und internationalen Studien belegt andererseits auch, dass die Funktionsfähigkeit und der insgesamt positive Status des Selbst auch im höheren Erwachsenenalter generell wenig oder gar nicht beeinträchtigt sind (z. B. Brandtstädter, Wentura & Greve, 1993; Staudinger et al., 1996). Befindlichkeitsindikatoren wie das Selbstwertempfinden, das allgemeine Wohlbefinden oder die Zufriedenheit mit dem eigenen Alter kovariieren mit dem Alter insgesamt nur wenig (Bengtson, Reedy & Gordon, 1985; Brandstädter Wentura & Greve, 1993; Staudinger et al., 1996).

Brandtstädter (z. B. 1998, 1999; Brandtstädter & Greve, 1992; Brandtstädter & Renner, 1990; Brandtstädter, Wentura & Greve, 1993) hat ein Modell der Entwicklungsregulation vorgeschlagen, in dessen Rahmen sich dieses erstaunliche und auf den ersten Blick fast widersprüchlich anmutende Befundbild integrierend erklären lässt (vgl. dazu auch Abbildung 5.1). Im Grundsatz lassen sich dabei zwei Reaktionsmodalitäten unterscheiden.

Assimilative Regulation. Drohenden oder tatsächlich eingetretenen Verlusten und Defiziten kann zunächst in vielfältiger Weise aktiv oder „assimilativ" begegnet werden. Beispielsweise kann nachlassende Fitness durch Training wiederhergestellt, beginnendes Übergewicht durch eine Diät bekämpft werden. Gerade in Bezug auf uns selbst verfolgen wir „Identitätsziele" oft hartnäckig (Bayer & Gollwitzer, in diesem Band). Kennzeichnend für diese aktiven Bewältigungsformen ist das Festhalten an den bedrohten Standards, Wert- und Zielorientierungen. Jedoch ist offenkundig nicht jedes Problem durch handelndes Problemlösen unmittelbar zu lösen; es gibt Fälle endgültigen Scheiterns oder irreversibler Verluste, gerade auch im Kontext der Entwicklung im höheren und hohen Erwachsenenalter. Dies schließt aktive Reaktionen freilich noch nicht völlig aus. Strategische Antworten auf drohende und eingetretene Verluste werden beispielsweise im Modell der selektiven Optimierung mit Kompensation untersucht (Baltes & Baltes, 1990; vgl. auch Freund, in diesem Band; Staudinger, in diesem Band). Vielzitiertes Beispiel für diese Prozesse ist der Pianist Rubinstein, der, nach eigenem Bekunden, seine nachlassende manuelle Geschwindigkeit erstens durch gezielte Selektion der noch aufführbaren Stücke und darin vor allem dadurch ausglich, dass er vor den schnelleren Passagen besonders langsam spielte, damit sie im Kontrast schneller wirken. Jedoch implizieren alle *strategischen* Reaktionen vor dem Hintergrund des skizzierten Dilemmas ein vertracktes Problem. Man muss nämlich, um überhaupt selektiv optimieren und kompensieren zu können, das Problem selbst zunächst akzeptieren. Selbst wenn man das Publikum davon ablenken kann, dass man mit den Fingern nicht mehr so beweglich ist wie ehedem: *man selbst* hat es ja leider nur zu genau bemerkt. Dies gilt auch für den wichtigen Aspekt der aktiven „Delegation" von Kontrolle an andere (M. Baltes, 1995).

Akkommodative Regulation. Der zweite, „akkommodative" Regulationsmodus verringert demgegenüber die aktuelle psychische Belastung dadurch, dass die bedrohten Lebens- und Funktionsbereiche in Relation zu anderen neu bewertet werden. Anpassungen des persönlichen Werte- und Präferenzsystems, Umdeutungen belastender Problemlagen und Perspektivenveränderungen sind typische Beispiele für Prozesse, die gewissermaßen zu einer „Auflösung" der belastenden Problemlage beitragen und dadurch deren abträgliche Wirkung auf Wohlbefinden und Lebenszufriedenheit mindern. In zahlreichen Studien ließ sich nachweisen, dass solche adaptiven Präferenzanpassungen im höheren Erwachsenenalter die Folgen von Verlusten mildern, indem sinnstiftende Um- und Neubewertungen das Verlorene ab- und das Verbliebene aufwerten (Brandtstädter & Renner, 1990). Diese Anpassungsdynamiken finden sich gerade auch in Bezug auf das Selbst: tatsächlich paßt sich das Idealselbst dem Realselbst im Erwachsenen- und höheren Alter in geradezu eklatanter Weise an, wobei bemerkenswerterweise eine gewisse „dosierte" Diskrepanz immer aufrechterhalten wird (Brandtstädter & Greve, 1992; Brandtstädter, Wentura & Greve, 1993; Kling, Ryff & Essex, 1997). Auch durch akkommodative Prozesse ist das Problem tatsächlich und dauerhaft (auf-)gelöst, ohne die Realitäten zu ignorieren. Der unwiderbringliche Verlust, die chronische Erkrankung wird nicht bestritten, sondern durch akkommodative Anpassung erträglicher.

Assimilative und akkommodative Bewältigungsformen sind dabei zu einem gewissen Grade als gegenläufig anzusehen. Akkommodative Anpassung wird vor allem dann einsetzen, wenn assimilative Bewältigungsbemühungen aussichtslos erscheinen. Umgekehrt können frühzeitige Anpassungen persönlicher Ziele aktive Problemlösungsversuche unnötig behindern. Jedoch sind subjektive Sollsetzungen immer eingebunden in eine komplexe Struktur von Wert- und Zielhierarchien. Das bedeutet zweierlei: Zum einen ist eine Sollsetzung auf einer unteren Ebene zugleich ein Mittel für hierarchisch übergeordnete Ziele und Werte. So dient etwa die Uneingeschränktheit der körperlichen Mobilität in der Regel einerseits Zielen, deren Erfüllung bzw. Erfüllbarkeit wichtig für die

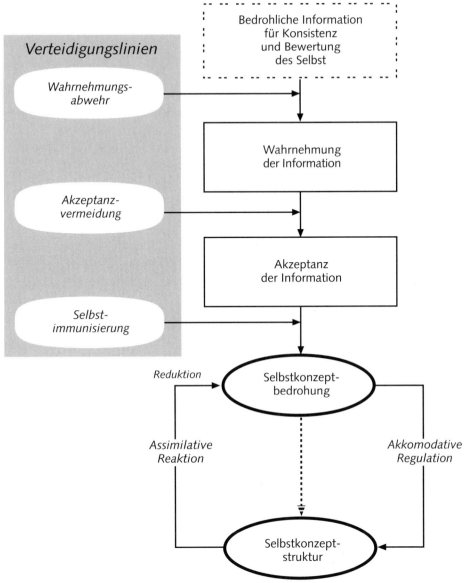

Abbildung 5.1: Defensive, assimilative und akkommodative Stabilisierung des Selbst im Erwachsenenalter

persönliche Definition eines guten, lebenswerten Lebens sein mag: zu reisen, zu wandern, Freunde zu treffen, Haushalt und Garten zu pflegen etc. Auch mag die körperliche Mobilität (zumindest implizit) eingebunden sein in ein positiv bewertetes Selbstbild, zu dem etwa als zentrale Komponente gehört, nicht auf die Hilfe anderer angewiesen zu sein. Zum anderen sind verschiedene Sollsetzungen mindestens dadurch häufig inkompatibel, dass beschränkte Ressourcen die gleichzeitige Verwirklichung oder Aufrechterhaltung verhindern (Brandtstädter & Wentura, 1995). Insofern sind akkommodative Regulationen gleichzeitig auch komplementär zu assimilativen Reaktionen und bedingen sie in gewisser Hinsicht: man strebt sinnvollerweise nur nach subjektiv hoch bewerteten Zielen. Es ist eine wichtige Funktion akkommodativer Apassungsprozesse, Ziele in den Aufmerksamkeitsfokus zu rücken, die noch erreichbar erscheinen, und dadurch auch die Möglichkeiten zu aktiven Handlungen, einschließlich assimilativer Reaktionsformen, wieder zu erweitern (Rothermund & Brandtstädter, 1997).

Tatsächlich werden akkommodative Reaktionen mit zunehmendem Alter angesichts irreversibler Einbußen und Verluste (z. B. Tod des Partners, chronische Erkrankungen oder progrediente Abbauprozesse) Erfolg versprechender und wahrscheinlicher, während die Funktionalität assimilativer Strategien zunehmend an Dominanz verliert (Brandtstädter & Renner, 1990; Staudinger & Fleeson, 1996). Das alternde Selbst, so lässt sich resümierend zusammenfassen, stabilisiert das Gefühl von personaler Identität durch adaptive Präferenzanpassung, damit die verbliebenen eben möglichst gerade die *wertvollen* Aspekte des Selbst sind. Diese Anpassungen könnte man konservativ nennen, weil sie in der Tat die Überzeugung bewahren, dass ich immer noch ich bin, und ein so wertvoller Mensch wie ehedem.

Das erwachsene Selbst: Stabilität durch Wandel

Erwachsen zu sein heißt, auf Unvermeidliches und Unabänderliches einsichtig zu reagieren und nicht defensiv, aber dabei gleichzeitig den Kern des Selbstbildes in der Substanz zu bewahren. Das erwachsene Selbst erreicht das durch flexiblen Widerstand, so lange er vernünftig ist, und erforderlichenfalles durch eine Anpassung, die im Kern konservativ bleibt, indem sie zentrale Annahmen nicht zur Disposition stellt.

Dabei ist es wichtig, einen in der Einleitung (Greve, in diesem Band) bereits hervorgehobenen Aspekt nochmals zu betonen. Vielfach ist – gerade im Erwachsenenalter – die Stabilität des Selbst durch gewissermaßen präventiv-aktive Aktionen sicherbar. Beispielsweise suchen wir unsere Freunde gewiss nicht unter den Menschen, die uns verachten oder hassen. Und wir tun oft Dinge, von denen wir hoffen können, dass die Reaktion positiv ist. Wir kleiden uns besonders sorgfältig, wir legen den männlichsten – oder weiblichsten – Duft an, den wir kennen, wir decken den Tisch besonders festlich, wir kaufen eine

Rose, wir suchen unsere Lieblingsmusik heraus und zünden Kerzen an – dies alles gewiss nicht in der Erwartung, eine selbstwertbedrohliche Rückmeldung zu bekommen. Dies unterstreicht noch einmal den grundsätzlichen Punkt, dass das Selbst nicht nur Ergebnis, sondern auch Motor unserer Entwicklung ist (Brandtstädter, 1998). Das erwachsene Selbst hat eben wegen seiner Fähigkeiten zur flexiblen Anpassung die Potenz, uns als Handlungsregulativ wirklich zu nützen und uns dabei zugleich jenes Gefühl von Identität und Kontinuität zu sichern, das wir offenbar sehr dringend benötigen, um nicht nur handeln zu können, sondern auch handeln zu *wollen*.

Dies erklärt, warum der Entwicklungsabschnitt des Erwachsenenalters auf den ersten Blick keiner zu sein scheint, jedenfalls nicht in Bezug auf das Selbst. Die vorgetragenen Überlegungen und Befunde sollten zeigen, dass sich hinter dieser scheinbaren Statik eine höchst dynamische Vielfalt von Entwicklungsprozessen verbirgt. Beim Seiltänzer ist ja in Wahrheit auch nicht der spektakuläre Sturz rätselhaft, sondern das ruhige, fast bewegungslos erscheinende Obenbleiben.

Resilienz. In der aktuellen Entwicklungspsychologie des höheren Erwachsenenalters wird dieses Phänomen neuerdings unter das Konzept der „Resilienz" subsumiert (Garmazy, 1993; Ryff et al., 1998; Staudinger & Fleeson, 1996; Staudinger, Marsiske & Baltes, 1996). Gemeint ist damit eben das Aufrechterhalten oder die effiziente Wiederherstellung bedrohter Ressourcen, Kapazitäten und Funktionen angesichts faktischer Belastungen. Es ist kein Zufall, dass auch das Resilienzkonzept im Kontext der Bewältigungsforschung wenig thematisiert worden ist. Individuelle Reaktionen auf Belastungen und Krisen werden zunächst vor allem dann Thema für Forschung, wenn sie *sichtbar* werden, oder doch zumindestens ein prominenter Anlass entsprechende Reaktionen erwarten ließe. Des stabilisierenden Effektes der hier diskutierten Prozesse wegen (Brandtstädter, 1999) ist lange übersehen worden, dass die Bewältigung von Belastungen nicht immer phänomenal beobachtbar sein muss; der Umstand, dass nichts zu sehen ist, heißt nicht, dass nichts geschieht. Die theoretisch wie empirisch interessante und weiterführende Frage richtet sich dabei auf die Mechanismen und Prozesse, die die negativen oder regressiven Reaktionen einer Person auf eine belastende Situation oder eine dauerhafte Belastung mildern oder auffangen. Resilienz *zeigt* sich bei dieser Konzeption eben in adaptiven Bewältigungsreaktionen und eine *prozessuale* Konzeptualisierung vermeidet sowohl die Konfundierung von Prozess und Resultat wie auch die Vermischung von Prozessen und Randbedingungen. Dabei zeigt sich Resilienz im Alter nicht zuletzt darin, dass Reaktions- und Bewältigungsformen, die im jüngeren und mittleren Erwachsenenalter funktional sind, im höheren und hohen Alter im Sinne einer „Veränderung zweiter Ordnung" (Brandtstädter, 1990) zugunsten adaptiver Prozesse aufgegeben werden, die zwar phänotypisch andere Reaktionen und Verhaltensweisen begünstigen, dabei aber im Hinblick auf die Stabilität des Selbst und das subjektive Wohlbefinden funktional äquivalent sind.

Die Resilienz des Selbst im Erwachsenenalter, die Ausgangspunkt der Überlegungen in diesem Kapitel war, erscheint nach diesen Überlegungen nun keineswegs paradox, sondern vielmehr theoretisch wie empirisch schlüssig. Immunisierende und akkommodative Prozesse erklären, wieso Menschen über die lange Spanne des Erwachsenenalters offenbar gleichzeitig sehr realistisch und realitätsorientiert und meist erfolgreich handeln können, obwohl sie sich teilweise erheblich verändern und entwickeln, und trotzdem gerade hier ein starkes Gefühl dafür bewahren können, dieselbe Person geblieben zu sein. Ryff (Ryff et al., 1998) verweist in ähnlichem Zusammenhang auf das Konzept der (optimalen) „Allostatis", eben einer „Stabilität durch Wandel" (vgl. Sterling & Eyer, 1988), das urspünglich in Bezug auf physiologische Stabilität (etwa in Bezug auf kardiovasculäre Belastungen bzw. Veränderungen) konzeptualisiert wurde. Die Entwicklung des Selbst besteht nicht nur in phänomenalen Veränderungsdynamiken, sondern schlägt sich oft gerade in sichtbarer Stabilität nieder, deren *Erklärung* freilich in hochflexiblen und dynamischen Anpassungsprozessen liegt.

Literatur

Baltes, M. M. (1995). Verlust der Selbständigkeit im Alter: Theoretische Überlegungen und empirische Befunde. *Psychologische Rundschau, 46*, 159–170.

Baltes, P. B. & Baltes, M. M. (1990). Psychological perspectives on succesful aging: The model of selective optimization with compensation. In P. B. Baltes & M. M. Baltes (Eds.), *Succesful aging. Perspectives from the behavioral sciences* (pp. 1–34). Cambridge: Cambridge University Press.

Banaji, M. R. & Prentice, D. A. (1994). The self in social contexts. *Annual Review of Psychology, 45*, 297–332.

Bandura, A. (1982). The self and mechanisms of agency. In J. Suls (Ed.) *Psychological perspectives on the self* (Vol. 1, pp. 3–39). Hillsdale, NJ: Erlbaum.

Baumeister, R. F. (1989). The optimal margin of illusion. *Journal of Social and Clinical Psychology, 8*, 176–189.

Baumeister, R. F. (1995). Self and identity: An introduction. In A. Tesser (Ed.), *Advanced social psychology* (pp. 50.98). New York: McGraw-Hill.

Baumeister, R. F. (1996). Self-regulation and ego threat: Motivated cognition, self deception, and destructive goal setting. In P. M. Gollwitzer & J. A. Bargh (Eds.), *The psychology of action. Linking cognition to behavior* (pp. 27–47). New York: Guilford.

Baumeister, R. F. & Cairns, K. J. (1992). Repression and self-deception: When audiences interfere with self-deception. *Journal of Personality and Social Psychology, 62,* 851–862.

Bengtson, V. L., Reedy, M. N. & Gordon, C. (1985). Aging and self-conceptions: Personality processing and social contexts. In J. E. Birren & K. W. Schaie (Eds.), *Handbook of psychology of aging* (pp. 544–593). New York: Van Nostrand.

Berzonsky, M. (1988). Self-theorists, identity status, and social cognition. In D. K. Lapsley & F. C. Power (Eds.), *Self, ego, and identity* (pp. 243–262). New York: Springer.

Brandtstädter, J. (1985). Entwicklungsprobleme des Jugendalters als Probleme des Aufbaus von Handlungsorientierungen. In D. Liepmann & A. Stiksrud (Hrsg.), *Entwicklungsaufgaben und Bewältigungsprobleme der Adoleszenz* (S. 5–12). Göttingen: Hogrefe.

Brandtstädter, J. (1990). Entwicklung im Lebensablauf. Ansätze und Probleme einer Lebensspannen-Enwticklungspsychologie. In K.-U. Mayer (Hrsg.), Lebensläufe und sozialer Wandel. *Kölner Zeitschrift für Soziologie und Sozialpsychologie, 31* (Sonderheft), 351–373.

Brandtstädter, J. (1998). Action perspectives on human development. In R. M. Lerner (Ed.) *Theoretical models of human development* (W. Damon (Ed. in chief), *Handbook of child psychology,* Vol. I; pp. 807–863). New York: Wiley.

Brandtstädter, J. (1999). Sources of resilience in the aging self: Toward integrating perspectives. In T. M. Hess & F. Blanchard-Fields (Eds.), *Social cognition and aging* (pp. 123–141). San Diego, CA: Academic Press.

Brandtstädter, J. & Greve, W. (1992). Das Selbst im Alter: Adaptive und protektive Mechanismen. *Zeitschrift für Entwicklungspsychologie und Pädagogische Psychologie, 23,* 269–297.

Brandtstädter, J. & Renner, G. (1990). Tenacious goal pursuit and flexible goal adjustment: Explication and age-related analysis of assimilative and accommodative strategies of coping. *Psychology and Aging, 5,* 58–67.

Brandtstädter, J., Wentura, D. & Greve, W. (1993). Adaptive ressources of the aging self: Outlines of an emergent perspective. *International Journal of Behavioral Development, 16,* 323–349

Breznitz, S. (Ed.). (1981). *The denial of stress.* New York: International Universities Press.

Brim, O. G. (1976). Life-span development of the theory of oneself: Implications for child development. In H. W. Reese (Ed.), *Advances in child development and behavior* (Vol. 11, pp. 241–251). New York: Academic Press.

Brown, J. D. (1991). Accuracy and bias in self-knowledge. In C. R. Snyder & D. R. Forsyth (Eds.), *Handbook of social and clinical psychology* (pp. 158–196). New York: Pergamon.

Bühler, C. (1933). *Der menschliche Lebenslauf als psychologisches Problem.* Leipzig: Hirzel.

Cantor, N., Markus, H., Niedenthal, P. & Nurius, P. (1990). On motivation and the self-concept. In E. T. Higgins (Ed.), *Handbook of motivation and cognition: Foundations of social behavior* (pp. 96–121). New York: Guilford.

Epstein, S. (1973). The self-concept revisited. Or a theory of a theory. *American Psychologist, 28,* 405–415.

Epstein, S. (1979). Entwurf einer integrativen Persönlichkeitstheorie. In S.-H. Filipp (Hrsg.), *Selbstkonzeptforschung* (S. 15–46). Stuttgart: Klett-Cotta.

Erdelyi, M. H. (1974). A new look at the „new look": Perceptual defense and vigilance. *Psychological Review, 81*, 1–25.

Erikson, E. H. (1959/1966). *Identität und Lebenszyklus*. Frankfurt, a. M.: Suhrkamp.

Filipp, S.-H. (1979). Entwurf eines heuristischen Bezugsrahmens für Selbstkonzeptforschung. In S.-H. Filipp (Hrsg.), *Selbstkonzeptforschung* (S. 129–152). Stuttgart: Klett.

Filipp, S.-H. & Klauer, T. (1986). Conceptions of self over the life-span: Reflections on the dialectics of change. In M. M. Baltes & P. B. Baltes (Eds.), *The psychology of aging and control* (pp. 167–205). Hillsdale: Erlbaum.

Freud, A. (1936). *Das Ich und die Abwehrmechanismen*. München. Kindler.

Garmezy, N. (1993). Vulnerability and resilience. In Funder, D. C. & Parke, R. D. (Eds.), *Studying lives through time*. Washington: APA.

Gecas, V. (1982). The self-concept. *Annual Review of Sociology, 8*, 1–34.

Gergen, K. J. (1979). Selbsterkenntnis und die wissenschaftliche Erkenntnis des sozialen Handelns. In S.-H. Filipp (Hrsg.), *Selbstkonzeptforschung* (S. 75–96). Stuttgart: Klett.

Gollwitzer, P. M., & Bargh, J. A. (Eds.) (1996). The psychology of action. Linking cognition and motivation to behavior. New York: Guilford.

Greenwald, A. G. (1980). The totalitarian ego. *American Psychologist, 35*, 603–618.

Greve, W. (1990). Stabilisierung und Modifikation des Selbstkonzeptes im Erwachsenenalter: Strategien der Immunisierung. *Sprache & Kognition, 9*, 218–230.

Greve, W. & Wentura, D. (1999). Self-concept immuniziation. Maintaining the self without ignoring rerality. (manuscript submitted for publication)

Greve, W., Wentura, D. & Zisterer, M. (1999). Dynamiken der Selbst-Stabilisierung im Alter. Zeitschrift für Medizinische Psychologie (im Druck).

Hannover, B. (1996). *Das dynamische Selbst*. Bern: Huber.

Hannover, B. (1997). Zur Entwicklung des geschlechtsrollenbezogenen Selbstkonzepts: Der Einfluss „maskuliner" und „femininer Tätigkeiten" auf die Selbstbeschreibung mit instrumentellen und expressiven Tätigkeiten. *Zeitschrift für Sozialpsychologie, 28*, 60–75.

Harter, S. (1983). Developmental perspectives on the self-system. In E. M. Hetherington (Ed.), *Handbook of child development: Vol. IV. Socialization, personality, and social development*. (pp. 275–385). New York: Wiley.

Harter, S. (1990). Self and identity development. In S. S. Feldman & G. R. Elliot (Eds.), *At the threshold. The developing adolescent* (pp. 352–387). Cambridge, MA: Harvard University Press.

Heckhausen, J.; Dixon, R. A. & Baltes, P. B. (1989). Gains and losses in development throughout adulthood as perceived by different adult age groups. *Developmental Psychology, 25*, 109–121.

Kling, K. C., Ryff, C. D. & Essex, M. J. (1997). Adaptive changes in the self-concept during a life transition. *Personality and Social Psychology Bulletin, 23*, 981–990.

Lakatos, I. (1974). Falsifikation und die Methodologie wissenschaftlicher Forschungsprogramme. In I. Lakatos & A. Musgrave (Eds.), *Kritik und Erkenntnisfortschritt* (S. 89–190). Braunschweig: Vieweg.

Lazarus, R. S. (1991). *Emotion and adaptation.* New York: Oxford University Press.

Linville, P. W. & Carlston, D. E. (1994). Social cognition of the self. In P. G. Devine, D. L. Hamilton, & T. M. Ostrom (Eds.), *Social cognition: Its impact on social psychology* (pp. 143–193). New York: Academic Press.

Markus, H. (1977). Self-schemata and processing information about the self. *Journal of Personality and Social Psychology, 35,* 63–78.

Markus, H., & Wurf, E. (1987). The dynamic self: A social psychological perspective. *Annual Review of Psychology, 38,* 299–337.

Nisbett, R. & Ross, L. (1980). *Human inference: Strategies and shortcomings of social judgement.* Englewood: Prentice-Hall.

Pinquart, M. (1998). *Das Selbstkonzept im Seniorenalter.* Weinheim: PVU.

Popper, K. R. (1934/1968). *Die Logik der Forschung.* Tübingen: Mohr.

Rothermund, K. & Brandtstädter, J. (1997). Entwicklung und Bewältigung: Festhalten und Preisgeben von Zielen als Formen der Bewältigung von Entwicklungsproblemen. In C. Tesch-Römer, C. Salewski & G. Schwarz (Hrsg.), *Psychologie der Bewältigung* (S. 120–133). Weinheim: PVU.

Ryan, R. M. (1991). The nature of the self in autonomy and relatedness. In J. Strauss & G. R. Goethals (Eds.), *The self: Interdisciplinary approaches* (pp. 208–238). New York: Springer.

Ryff, C. D. (1995). Psychological well-being in adult life. *Current Directions in Psychological Science, 4,* 99–104.

Ryff, C. D., Singer, B., Love, G. D., & Essex, M. J. (1998). Resilience in adulthood and later life. Defining features and dynamic processes. In J. Lomranz (Ed.), *Handbook of aging and mental health: An integrative approach* (pp. 69–96). New York: Plenum.

Schlenker, B. R. (1980). *Impression management.* Monterey, CA: Brooks.

Schlenker, B. R. (1987). Threats to identity. In C. R. Snyder & C. E. Ford. (Eds.), *Coping with negative life events* (pp. 273–321). New York: Plenum.

Snyder, C. R. & Higgins, R. L. (1988). Excuses: Their Role in the negotiation of reality. *Psychological Bulletin, 104,* 23–35.

Snyder, C. R., Irving, L. M., Sigmon, S. T. & Holleran, S. (1992). Reality negotiation and valence/linkage of self-theories: Psychic showdown at the „I'm OK" Corral and beyond. In L. Montada, S.-H. Filipp & M. J. Lerner (Eds.), *Life crises and experience of loss in adulthood* (pp. 275–297). Hillsdale, NJ: Erlbaum.

Staudinger, U. M., & Fleeson, W. (1996). Self and personality in old and very old age: A sample case of resilience? *Development and Psychopathology, 8,* 867–885.

Staudinger, U. M., Marsiske, M. & Baltes, P. B. (1996). Resilience and reserve capacity in later adulthood: Potentials and limits of development across the life span. In D. Cicchetti & D. Cohen (Eds.), *Developmental psychopathology* (Vol. 2, pp. 801–847). New York: Wiley.

Steinhagen-Thiessen, E. & Borchelt, M. (1996). Körperliche Gesundheit und medizinische Versorgung im Alter. In K. U. Mayer & P. B. Baltes (Eds.), *Die Berliner Altersstudie*. Berlin: Akademie Verlag.

Swann, W. B. (1983). Self-verification: Bringing the social reality in harmony with the self. In J. Suls & A. G. Greewald (Eds.), *Psychological perspectives on the self* (Vol. 2, pp. 33–66). Hillsdale, NJ: Erlbaum.

Swann, W. B. (1987). Identity negotiation: Where two roads meet. *Journal of Personality, 53*, 1038–1051.

Swann, W. B. & Hill, C. A. (1982). When our identities are mistaken. *Journal of Personality and Social Psychology, 43*, 59–66.

Sykes, G. & Matza, D. (1957). Techniques of neutralization: A theory of delinquency. *American Sociological Review, 22*, 664–670.

Taylor, S. E., & Gollwitzer, P. M. (1995). Effects of mindset on positive illusions. *Journal of Personality and Social Psychology, 69*, 213–226.

Tesser, A., Martin, L. L. & Cornell, D. P. (1996). On the substitutability of self-protective mechanisms. In P. M. Gollwitzer & J. A. Bargh (Eds.), *The psychology of action. Linking cognition and motivation to behavior* (pp. 48–68). New York: Guilford.

Tesch-Römer, C. & Wahl, H.-W. (Hrsg.) (1996). *Seh- und Höreinbußen älterer Menschen*. Darmstadt: Steinkopff.

Wagner, U., Wicklund, R. A. & Shaigan, S. (1990). Open devaluation and rejection of a fellow student: The impact of threat to a self-definition. *Basic and Applied Social Psychology, 11*, 61–76.

Waterman, A. S. (1993). Developmental perspectives on identity formation: From adolescence to adulthood. In J. E. Marcia, A. S. Waterman, D. R. Matteson, S. L. Archer & J. L. Orlowsky (Eds.), *Ego identity* (pp. 42–68). New York: Springer.

Wentura, D. & Greve, W. (1996). Selbstkonzept-Immunisierung: Evidenz für automatische selbstbildstabilisierende Begriffsanpassungen. *Zeitschrift für Sozialpsychologie, 27*, 207–223.

Wills, T. A. (1987). Downward comparison as a coping mechanism. In C. R. Snyder & C. E. Ford (Eds.), *Coping with negative life events* (pp. 243–268). New York: Plenum.

6

Das Selbst im hohen Alter

Alexandra M. Freund

Warum ist das Selbst im hohen Alter überhaupt von psychologischem Interesse? Um diese Frage zu beantworten, scheint es sinnvoll, zwei Aspekte des Selbst zu unterscheiden (vgl. Kihlstrom & Cantor, 1984; Markus, 1983):

1) Der Inhalt des Selbst (nach James, 1890, das „self as known" oder „Me"), also das Selbst als System von selbstbezogenen Überzeugungen (Selbstdefinition) und
2) Das Selbst als eine Instanz, die Handlungen, Emotionen und Kognitionen reguliert (Selbstregulation).[1]

Beide Aspekte unterliegen während der gesamten Lebensspanne systematischen altersbezogenen Veränderungen. Zum einen verändert sich der Inhalt selbstbezogener Überzeugungen (Selbstdefinition) in Abhängigkeit des sich verändernden Lebenskontextes (z. B. Kling, Ryff & Essex, 1997). Von besonderem Interesse ist in diesem Zusammenhang die Dynamik von Stabilität und Veränderung der Selbstdefinition. Während Stabilität wichtige Funktionen für das persönliche Gefühl von Kontinuität und Identität erfüllt (Swann, 1990), ist eine dem jeweiligen Kontext angemessene handlungsleitende Funktion der Selbstdefinition nur dann gewährleistet, wenn sie zumindest ein gewisses Maß an Realitätsbezug und damit Veränderbarkeit hat. Im hohen Alter, einer Zeit der Übergänge und Transformationen (z. B. Berentung, Konfrontation mit zunehmenden körperlichen Einschränkungen), ist diese Dynamik von Stabilität und

---

[1] Der Begriff der Selbstregulation hat zwei verschiedene Bedeutungsmöglichkeiten: (1) das Selbst als die zu regulierende Einheit, (2) das Selbst als das regulierende Agens. Erstere Bedeutungsmöglichkeit – das Selbst als die zu regulierende Einheit – läßt die Frage offen, *wer* oder *was* die Instanz ist, die die Regulationsprozesse steuert und birgt die Gefahr eines unendlichen und unfruchtbaren Regresses von Steuerungsinstanzen in sich. Die zweite Bedeutungsmöglichkeit – das Selbst als regulierendes Agens – wirft dagegen die Fragen auf, *was* das Selbst denn reguliert und *wie* das Selbst dies tut (z. B. intentionale Kontrolle von Emotionen oder Verhalten). Diese Fragen werden in der Literatur vornehmlich behandelt, wenn von Selbstregulation die Rede ist, und soll auch in diesem Kapitel im Mittelpunkt der Betrachtung stehen.

Veränderung der Selbstdefinition von besonderer Brisanz (Brandtstädter & Greve, 1994; Freund, 1995).

Selbstregulation, der zweite Aspekt des Selbst, hat insbesondere im höheren Alter einen zentralen Stellenwert für die Beschreibung und Erklärung von Entwicklungsverläufen (Brandtstädter, 1998). Selbstregulationsprozesse spielen dabei eine Rolle, welche Ziele ausgewählt werden, wie zielbezogene Handlungen initiiert, ausgeführt und wie sie zu einem Ende gebracht werden (z. B. Sader & Weber, 1996). Diesen Fragen kommt in der Altersforschung – vor allem im Hinblick auf altersbezogene Einschränkungen und Verluste in zielrelevanten Handlungsmitteln – besondere Berücksichtigung zu (P. B. Baltes & M. M. Baltes, 1990; Freund, Li & Baltes, in Druck). Auf der einen Seite verringern sich aufgrund der zunehmenden Einschränkungen die Möglichkeiten, die Umgebung aktiv gemäß eigener Ziele zu gestalten. Auf der anderen Seite gibt es jedoch auch Hinweise darauf, dass alte Personen vergleichsweise mehr Freiraum in der Zielauswahl haben als jüngere Altersgruppen. Diese gegenläufigen Tendenzen stellen besondere Anforderungen an die Selbstregulationskompetenz im hohen Alter.

Ziel dieses Kapitels ist es, beide Aspekte des Selbst – den eher inhaltlichen (Selbstdefinition) und den eher prozessualen (Selbstregulation) – mit Blick auf das hohe Alter zu diskutieren.

Selbstdefinition

Begriffsbestimmung
Als die Selbstdefinition einer Person soll der Teil des selbstbezogenen Wissens verstanden werden, der die für die Bestimmung der Person von ihr selbst als kritisch angesehenen Attribute – z. B. Persönlichkeitseigenschaften, Verhaltensweisen, Ziele, Werte, Interessen – enthält (vgl. Brandtstädter, 1985; Kihlstrom & Cantor, 1984; Epstein, 1973; Filipp, 1978). Kritisch für die Bestimmung der eigenen Person (d. h. selbstdefinierend) sind selbstbezogene Merkmale mit hoher Wahrscheinlichkeit, wenn sie Kontinuität und Permanenz besitzen (z. B. Epstein, 1973), zwischen der eigenen und anderen Personen besonders gut unterscheiden, biographisch bedeutsam sind (z. B. Brandtstädter & Greve, 1994) und hohen Verpflichtungscharakter besitzen (z. B. Wicklund & Gollwitzer, 1982). Wie sich Personen selbst definieren, reflektiert demnach, welche Themen und Aspekte der Auseinandersetzung mit sich selbst und ihrer Lebenswelt ihnen wichtig sind.

Inhalt der Selbstdefinition älterer Menschen
Wie beschreiben sich ältere Menschen selbst? Welche Thematiken der Auseinandersetzung mit sich selbst und der eigenen Lebenswelt sind für diese Altersgruppe von besonderer Wichtigkeit? Im Folgenden werden kurz die wenigen empirischen Untersuchungen hierzu referiert (für eine ausführlichere Darstellung siehe Freund, 1995). Dittmann-Kohli (1995) fand, dass sich ältere Erwachsene (60 bis 90 Jahre) in ihrer Selbstdefinition häufiger als jüngere Erwachsene (15–34 Jahre) auf in der Vergangenheit liegende biographische Ereignisse und Lebensphasen bezogen. Sie zeigte darüber hinaus, dass ein großer Teil der zukunftsbezogenen Aussagen älterer Erwachsener Befürchtungen vor gesundheitlichen Problemen und körperlichem Abbau ausdrückte. Ein anderer zentraler Themenbereich waren die Befürchtungen vor Folgen von Krankheit oder körperlichem Abbau (z. B. Pflegebedürftigkeit) bzw. die Hoffnung, den gegenwärtigen Zustand auch weiterhin aufrechterhalten zu können. Dieses Ergebnis stimmt mit Befunden der Berliner Altersstudie (BASE) zur zukunftsbezogenen Selbstdefinition („possible selves") alter und sehr alter Menschen von Smith und Freund (1999) überein. Im Gegensatz dazu thematisierten jüngere Erwachsene in der Studie von Dittmann-Kohli in ihren zukunftsbezogenen Aussagen eher positive Veränderungen (z. B. Erreichen von familienbezogenen Zielen, Zunahme an Unabhängigkeit von den eigenen Eltern; vgl. auch Heckhausen, 1998).

In mehreren Studien zeigte sich, dass Gesundheit, körperliche Integrität und Vitalität einen wichtigen Platz in der Selbstdefinition älterer Menschen einnehmen und mit zunehmendem Alter an Wichtigkeit gewinnen (Dittmann-Kohli, 1995; Freund & Smith, 1997; Hooker, 1992; Filipp & Klauer, 1986; Markus & Herzog, 1991; McCrae & Costa, 1988; Smith & Freund, 1999). Diese zentrale Thematisierung von Gesundheit ist mit den für das hohe Erwachsenenalter postulierten Entwicklungsaufgaben (Havighurst, 1963) konsistent, sich mit der im hohen Alter vermindernden physischen Kapazität und erhöhten Morbidität (Steinhagen-Thiessen & Borchelt, 1996) auseinander zu setzen.

Die Wichtigkeit von Gesundheit für die Selbstdefinition älterer Menschen ist jedoch nicht als ein Indikator dafür anzusehen, dass sich alte Menschen – im Sinne der Disengagement Theorie (Cumming & Henry, 1961) – von der aktiven Teilnahme am Leben zurückzögen, um sich nach innen zu wenden (Lebensrückblick) und sich mit ihrem bevorstehenden Tod auseinander zu setzen. Obwohl die Lebensbilanzierung und die Lebensrückschau, deren Wichtigkeit auch von Erikson (1982) für die erfolgreiche Entwicklung im hohen Alter betont wurde, in der Selbstdefinition alter und sehr alter Teilnehmer der Berliner Altersstudie einen zentralen Stellenwert einnahm, wurden Interessen, Hobbys und die Teilnahme am gesellschaftlichen und kulturellen Leben am häufigsten als selbstdefinierend genannt (Freund & Smith, 1997; vgl. auch McCrae & Costa, 1988, für die Wichtigkeit von sozialen Aktivitäten und Hobbys für die Selbstdefinition älterer Menschen). Alte Personen beschreiben sich damit sowohl als nach innen orientiert (Lebensrückblick) als auch nach außen (kulturelle Interessen), was sowohl den Vorhersagen der Disengagement Theorie als auch denen der Aktivitätstheorie (vgl. Thomae, 1987) entspricht.

Stabilität und Veränderung der Selbstdefinition
Da die Lebenswelt im mittleren und höheren Erwachsenenalter über die Zeit in einigen Lebensbereichen mit großer Wahrscheinlichkeit altersbezogene Veränderungen erfährt (z. B. Verrentung, erhöhtes Krankheitsrisiko), in anderen Bereichen jedoch eher von Stabilität gekennzeichnet ist (z. B. Bildungsniveau, Familie), würde man im Inhalt der Selbstdefinition sowohl Veränderung als auch Stabilität erwarten. Diese Erwartung entspricht der empirischen Befundlage: Quer- und längsschnittliche Untersuchungen liefern sowohl Evidenz für Stabilität im Inhalt der Selbstdefinition bis ins höhere Alter als auch für systematische altersbezogene Veränderungen (Dittmann-Kohli, 1995; Filipp & Klauer, 1986; Freund & Smith, 1997; George & Okun, 1985; Markus & Herzog, 1991; McCrae & Costa, 1988; zum Überblick siehe auch Bengtson, Reedy & Gordon, 1985).

Die Bedeutung von Stabilität und Veränderung der Selbstdefinition im höheren Alter gewinnt besonders vor dem Hintergrund der Frage nach der handlungsleitenden und identitätsstiftenden Funktion der Selbstdefinition an Wichtigkeit (Brandtstädter & Greve, 1994; Epstein, 1990; Freund, 1995; Greve, 1990; Swann, 1990). Während die handlungsleitende Funktion am besten erfüllt werden kann, wenn die Selbstdefinition ein gewisses Maß an Realitätsbezug besitzt und sich in Einklang mit einer sich verändernden Lebenswelt verändert, ist die identitätsstiftende Funktion eher durch die Konstanz der Selbstdefinition gewährleistet.

Handlungssteuernde Funktion. Die Selbstdefinition kann als eine Art Interpretationsrahmen gelten, der die Aufmerksamkeit automatisch auf bestimmte Aspekte einer gegebenen Situation lenkt und den Raum der möglichen alternativen Handlungsmöglichkeiten auf solche einschränkt, die im Einklang mit unseren selbstbezogenen Überzeugungen (Ziele, Werte, Persönlichkeitseigenschaften etc.) sind. Verändert sich der Kontext, so dass die Selbstdefinition nicht mehr im Einklang mit der Realität ist, so muss sie sich nach Baars (1988, S. 331) diesen Veränderungen anpassen: „One way to think of self is as a contextual organiszation that seldom encounters contradiction, because it remains largely predictable across the situations we normally encounter. But once the predictable situations of our lives change, aspects of ourselves that previously provided adequate context for our experience are violated and need to be changed".

Identitätsstiftende Funktion. Ist die Stabilität der Selbstdefinition bedroht, so führt dies nach Allport (1955) zu einer Bedrohung des Identitätsgefühls, die sich in überwältigender Angst ausdrücken kann (Epstein, 1990). Swann (1990) spricht in diesem Kontext sogar von einer existentiellen, erkenntnistheoretischen Krise, da mangelnde Stabilität der Selbstdefinition damit einhergehe, dass Erfahrungen nicht mehr organisiert und strukturiert werden können, wie folgendes Zitat (Swann, 1996, S. 53) verdeutlicht: „Imagine waking up one morning with no idea who you are. The first thing you might notice is that nothing has any particular meaning or significance. You would not recognize the decorations on your bedroom wall, your bedclothes, or even the person sleeping beside you. As you lay there trying to make sense of it all, you would realize that you had no idea what to do next. Lacking a sense of self, you would have no plans, no goals, and worst of all, no basis on which to fashion such plans and goals. You would be lost in an existential no-man's-land, paralyzed by utter confusion."

Im hohen Alter, einer Zeit der Übergänge und Transformationen, ist diese Dynamik von Stabilität und Veränderung der Selbstdefinition von besonderer Brisanz (z. B. P. B. Baltes & M. M. Baltes, 1990). In einer Studie von Troll und Skaff (1997) gaben mehr als drei Viertel der 85- bis 103-jährigen Untersuchungsteilnehmer an, dass sich ihre Selbstdefinition („Me" im Sinne von James, 1890) über die Zeit verändert habe. Ein genauso großer Anteil der Studienteilnehmer berichtete jedoch, über die Zeit im Grunde dieselbe Person („essential personhood"; „I" im Sinne von James, 1890) geblieben zu sein. Wie können ältere Personen gleichzeitig ihr Identitätsgefühl („I") aufrechterhalten und ihre Selbstdefinition („Me") an eine sich verändernde Lebenswelt anpassen?

Lediglich erwähnt sei an dieser Stelle das Modell von Brandtstädter und Greve (1994), nach dem akkommodative, assimilative und immunisierende Prozesse dazu führen, dass keine Diskrepanz zwischen Selbstdefinition und der

Lebenswelt entsteht (vgl. dazu Greve, in diesem Band). Ein Beispiel für akkommodative Prozesse ist die Veränderung der Zentralität bestimmter selbstdefinierender Bereiche für die Selbstdefinition in Abhängigkeit vom jeweiligen Funktionsniveau dieser Bereiche. In Einklang damit fanden Kling, Ryff und Essex (1997), dass ältere Frauen, die negative Veränderungen in den Bereichen Gesundheit oder Freunde erfahren hatten, höheres Wohlbefinden aufwiesen, wenn die Zentralität dieser Bereiche für die Selbstdefinition abnahm. Auf diese Weise konnten die selbstdefinierenden Bereiche sowohl aufrechterhalten werden als auch den sich verändernden Bedingungen angepasst werden.

Es gibt jedoch Veränderungen, Einschränkungen oder Verluste im höheren Alter, die so stark sind (z. B. Verwitwung), dass allein eine Veränderung der Zentralität keinen angemessenen Realitätsbezug mehr herstellen kann. Hier kann eine facettenreiche Selbstdefinition dabei helfen, solche Verluste aufzufangen (Freund, 1995; Linville, 1987; Rosenberg & Gara, 1985; Thoits, 1983). Als facettenreich wird eine Selbstdefinition dann bezeichnet, wenn sie eine große Anzahl verschiedener selbstdefinierender Bereiche umfasst (z. B. Hobbys, Familie, Gesundheit, Freunde), die ihrerseits wiederum aus vielen verschiedenen Aspekten bestehen (z. B. Hobbys: Spazierengehen, Kino, Sport, Ausstellungen, Gärtnern). Im Falle eines Verlustes bleibt so noch eine breite Basis der Selbstdefinition erhalten (z. B. bei Aufgabe des Aspektes „Sport" aufgrund gesundheitlicher Einschränkungen kann der selbstdefinierende Bereich „Hobbys" insgesamt aufrecht erhalten werden, da er noch durch die Aspekte „Spazierengehen, Kino, Ausstellungen, Gärtnern" getragen wird). Eine große Anzahl selbstdefinierender Bereiche sollte die Kontinuität der Selbstdefinition darüber hinaus insofern erhöhen, als die Anzahl der Bereiche, die im Falle eines Verlustes erhalten bleiben, umso größer ist, je mehr selbstdefinierende Bereiche zuvor existierten: Im Fall des Verlustes eines selbstdefinierenden Bereichs bleiben bei einer ursprünglich 10 Bereiche umfassenden Selbstdefinition noch neun bestehen, während dies bei einer ursprünglich nur zwei Bereiche umfassenden Selbstdefinition die Kontinuität von nur einem einzigen Bereich bedeuten würde (Freund & Smith, 1997).

Im Rahmen der Berliner Altersstudie konnte gezeigt werden, dass der Facettenreichtum der Selbstdefinition mit positivem emotionalem Wohlbefinden zusammenhängt (Freund & Smith, 1997). Während der Facettenreichtum der Selbstdefinition jedoch den negativen Effekt von Verlusten (hier im gesundheitlichen Bereich) auf positive Aspekte des Wohlbefinden (z. B. Alterszufriedenheit, positive Emotionen) nicht aufheben konnte, konnte eine facettenreiche

Selbstdefinition die negative Wirkung (Depressivität) gesundheitlicher Einschränkungen jedoch abschwächen (Freund & Smith, 1997; Staudinger, Freund, Linden & Maas, 1996). Wenn ältere Personen Einschränkungen erfahren, scheint eine facettenreiche Selbstdefinition demnach zwar vor den *negativen* Konsequenzen schützen zu können, nicht aber zur *positiven* Befindlichkeit beizutragen.

Eine Erklärung für dieses Befundmuster (vgl. Freund, Li & Baltes, in Druck) könnte darin bestehen, dass das Modell des Facettenreichtums bisher nicht die dem Individuum verfügbaren Ressourcen miteinbezogen hat. Möglicherweise überfordert eine sehr hohe Anzahl an selbstdefinierenden Bereichen und Aspekten ältere Personen. Eine Fokussierung auf solche Bereiche, die besonders positiv bewertet werden (vgl. Showers & Ryff, 1996) und die der Lebenswelt der Person besonders gut angemessen sind, könnte wichtiger für den Umgang mit den Anforderungen im höheren Alter sein als eine besonders facettenreiche Selbstdefinition. Darüber hinaus könnte die relative Freiheit bezüglich sozialer Rollen im hohen Alter (Atchley, 1982; Riley, 1987) auch Möglichkeiten für den Aufbau neuer selbstdefinierender Bereiche eröffnen (Waterman & Archer, 1990), die zum positiven Wohlbefinden beitragen.

Diese Situation – zunehmende Einschränkungen und Verluste auf der einen Seite, vergleichsweise mehr Freiraum in der Lebensgestaltung als jüngere Altersgruppen auf der anderen Seite – stellt besondere Anforderungen an die Selbstregulationskompetenz im hohen Alter, die im folgenden eingehender erläutert werden.

Selbstregulation

Eine der zentralen Grundannahmen der Entwicklungspsychologie der Lebensspanne besteht darin, dass Entwicklung einen dynamischer Prozess der Auseinandersetzung einer Person mit sich selbst und ihrer Lebenswelt darstellt (z. B. Baltes, 1987; Baltes, Lindenberger & Staudinger, 1998; Brandtstädter, 1998; Lerner & Busch-Rossnagel, 1981). Die Rolle der Person für ihre eigene Entwicklung wird also nicht nur in der Anpassung an sich verändernde Umwelt- und Opportunitätsstrukturen gesehen, sondern auch in der (pro-)aktiven Gestaltung und Auswahl von Umweltbedingungen (J. Heckhausen, 1998). Ein Individuum reagiert weder ausschließlich auf gegebene, externe Reize, noch ist sie ein in sich geschlossenes, selbstbezogenes System. Eine Person schafft bestimmte Umweltbedingungen in Abhängigkeit von den jeweiligen sozialen, kulturellen und biologischen Gegebenheiten, sodass die Umwelt den eigenen Wünschen oder Zielen am besten entspricht oder sich zur Verwirklichung dieser Ziele eignet (Lerner & Busch-Rossnagel, 1981). Will man Entwicklungsprozesse angemessen beschreiben und erklären, müssen demnach selbstregulative Prozesse berücksichtigt werden.

Begriffsbestimmung
Auf einer sehr allgemeinen Ebene lässt sich Selbstregulation definieren als die Prozesse, mit Hilfe derer Personen ihr eigenes Verhalten, Denken oder Fühlen nach Maßgabe ihrer Pläne, Ziele und Standards beeinflussen, modifizieren oder kontrollieren (z. B. Baumeister & Heatherton, 1996; Sader & Weber, 1996; vgl. Fußnote 1). Auf dieser Betrachtungsebene sind also Prozesse der Zielauswahl und -verfolgung von besonderem Interesse (z. B. Mischel, Cantor & Feldman, 1996). Auf die selbst- und entwicklungsregulative Rolle von Zielen, denen sich eine Person stark verpflichtet fühlt und die eine hohe Selbstrelevanz besitzen, haben auch Markus und Kolleginnen mit dem Konzept der „possible selves" hingewiesen (z. B. Markus & Herzog, 1992). „Possible selves" stellen nach Cantor und Kihlstrom (1987) Szenarios einer möglichen Zukunft dar, die die individuellen Entwicklungsziele oder -aufgaben repräsentieren, also eine in die Zukunft projizierte Selbstdefinition (siehe hierzu das Kapitel von Bayer & Gollwitzer, in diesem Band).

Auf einer übergeordneten Ebene können Zielauswahl und -verfolgungsprozesse selbst zum Gegenstand der Selbstregulation werden. So hat Brandtstädter (1998) kürzlich darauf hingewiesen, dass Menschen ihre Entwicklung nicht nur auf der Ebene mehr oder weniger konkreter Ziele steuern, sondern darüber hinaus auch auf einer Meta-Ebene, die die Selbstentwicklung zum Inhalt hat.

Zielauswahl und Zielverfolgung: Zentrale Prozesse der Selbstregulation
Auf beiden Ebenen der Betrachtung sind die zentralen Fragen die, welche übergeordneten Ziele ausgewählt und welche Subziele daraus abgeleitet werden, wie zielbezogene Handlungen initiiert, ausgeführt und wie sie zu einem Ende gebracht werden (vgl., Baumeister & Heatherton, 1996; Carver & Scheier, 1995). Damit können drei zentrale Aspekte der Selbstregulation unterschieden werden:
1) Das Setzen von Zielen oder Standards: Wenn kein Ziel (Standard, Idealzustand) angestrebt wird oder beibehalten werden soll, sind keine selbstregu-

lativen Prozesse notwendig, da jegliches Funktionsniveau akzeptabel ist. Ziele motivieren überhaupt erst Verhalten und geben ihm eine Richtung (Freund & Baltes, in Druck).

2) Monitoring (Kontrollieren): Im „feedback-loop model" (Carver & Scheier, 1995) ist das Kontrollieren ein ständiger (bewusst oder unbewusst ablaufender) Vergleich von Ist- und Sollzustand, der in einer Rückmeldung über die entsprechende Diskrepanz resultiert. Diese Rückmeldung zeigt an, ob die geeigneten zielrelevanten Mittel eingesetzt werden.

3) Ausführen der zielrelevanten Handlungen: Hierbei geht es um den Einsatz von zielrelevanten Mitteln zur Minimierung der „Ist-Soll-Diskrepanz". Die entscheidende Frage bei der Ausführung zielbezogener Handlungen ist die der Handlungsinitiierung, -aufrechterhaltung, und -termination (H. Heckhausen, 1989). Die Koordination dieser Handlungsphasen ist insbesondere bei der Verfolgung von langfristigen und übergeordneten Zielen ein komplexer Prozess, der Selbstregulationsprozesse erfordert, um auch angesichts von Hindernissen und Versuchungen (zu schnellerer Belohnung), seine Ziele aufrechtzuerhalten (vgl. Mischel et al., 1996).

Die zentrale Rolle von Selbstregulation im höheren Alter
Welche Ziele eine Person auswählt und wie sie diese Ziele verfolgt, ist in sozio-kulturelle, biologische und phylogenetische Faktoren eingebettet (z. B. P. Baltes & M. Baltes, 1990; P. Baltes, Lindenberger & Staudinger, 1998; J. Heckhausen, 1998). Je geringer das Ausmaß dieser Einflußfaktoren ist, desto stärker ist das Gewicht, das selbstregulativen Prozessen bei der Zielauswahl und -zielverfolgung zukommt. Für jüngere Altersgruppen bestehen recht deutliche soziale Erwartungen im Hinblick darauf, welche Ziele wichtig sind (z. B. Neugarten, Moore & Lowe, 1965; Settersten & Hagestad, 1996a, b). Auch in den Opportunitätsstrukturen, also den sozio-institutionellen Bedingungen, spiegeln sich diese Erwartungen wider (z. B. finanzielle und institutionelle Anreize für den Berufseintritt und die Familiengründung im jungen Erwachsenenalter; vgl. Wrosch & Heckhausen, in Druck). Im höheren Alter gibt es weniger klare altersbezogene Erwartungen im Hinblick darauf, welche Ziele eine Person zu erreichen streben solle. Dieser Lebensabschnitt ist zu einem geringeren Maß in altersgradierter Weise durch soziale Erwartungen und Rollen normativ strukturiert (vgl. Atchley, 1982; Maddox, 1994; Neugarten et al., 1965; Riley, 1987). Der vergleichsweise größere Freiraum im höheren Alter (Waterman & Archer, 1990) sollte daher selbstregulativen Pro-

zessen bei der Zielauswahl und -verfolgung ein besonders starkes Gewicht verleihen.

Ein weiterer Grund für die Wichtigkeit selbstregulativer Prozesse im Alter ist die Zunahme an altersbezogenen Einschränkungen und Verlusten in zielrelevanten Handlungsmitteln. Es gibt also nicht nur größeren Freiraum bezüglich der Gestaltung seiner Entwicklung und seiner Ziele, sondern auch die gegenläufige Tendenz. Im höheren Alter sind aufgrund der zunehmenden Einschränkungen – vor allem im gesundheitlichen Bereich – die Möglichkeiten verringert, die Umgebung aktiv gemäß eigener Ziele zu gestalten. Dies bedeutet, dass ältere Menschen stärker als jüngere Altersgruppen damit konfrontiert sind, dass bestimmte Ziele nur schwieriger oder gar nicht mehr erreichbar sind (Brandtstädter & Greve, 1994). Dies ist nicht nur durch gesundheitliche Einschränkungen bedingt, sondern auch durch die sich verringernde Lebenszeit, die noch zur Verwirklichung der eigenen Ziele bleibt.

Unter Bedingungen stark begrenzter Ressourcen sind selbstregulative Prozesse besonders wichtig, da die verbleibenden Ressourcen besonders Gewinn bringend eingesetzt werden müssen und wenige Möglichkeiten für die Korrektur falsch angelegter Ressourcen bestehen. Zwar sind Ressourcen über die gesamte Lebensspanne hin limitiert (P. Baltes, 1997) – was dazu führt, dass in jedem Alter der Raum alternativer Funktions- oder Fertigkeitsbereiche eingegrenzt werden muss –, aber die Ressourceneinschränkung ist in hohem Alter drastischer als in früheren Lebensabschnitten (P. Baltes, 1997; P. Baltes & M. Baltes, 1990; Marsiske, Lang, Baltes & Baltes, 1995; Freund, Li & Baltes, in Druck). Daher scheint es für das hohe Alter besonders wichtig, solche Ziele auszuwählen und zu verfolgen, zu deren Erreichung die eigenen Fertigkeiten und Ressourcen sowie die institutionelle und soziale Unterstützung optimal genutzt werden können (vgl. Freund, 1997; Wrosch & Heckhausen, in Druck).

Prozesse der Selbstregulation im höheren Alter:
Selektion, Optimierung und Kompensation
Berücksichtigt man die eben dargestellte, besondere Situation älterer Menschen, ist es nicht erstaunlich, dass Selbstregulationsprozessen in der Alternsforschung besondere Aufmerksamkeit geschenkt wird (z. B. P. Baltes & M. Baltes, 1990; P. Baltes, Lindenberger & Staudinger, 1998; Brandtstädter, 1998; Brandtstädter & Greve, 1994; Heckhausen & Schulz, 1995; Thomae, 1988). An dieser Stelle sei beispielhaft nur ein Modell vorgestellt, das die entwicklungsregulative Funktion von Zielauswahl- und Zielverfolgungsprozessen besonders in den

Mittelpunkt rückt, das Modell der Selektion, Optimierung und Kompensation (SOK-Modell) von P. Baltes und M. Baltes (1990; M. Baltes & Carstensen, 1996, 1998; P. Baltes, 1997; Freund & Baltes, 1998; in Druck; Freund, Li & Baltes, in Druck; Marsiske et al., 1995).

Auf einer allgemeinen Ebene lassen sich die drei zentralen Prozesse dieses Modells wie folgt bestimmen:

Selektion. Die bereits thematisierte Limitation von Ressourcen (Zeit, Energie, soziale Unterstützung, finanzielle Mittel) erfordert die Entwicklung, Elaboration und verpflichtende Auswahl von Zielbereichen (*Selektion*). Selektion bezeichnet also die Eingrenzung des Zielraumes möglicher alternativer Funktions-, Fertigkeits- und Handlungsbereiche, da aufgrund begrenzter Ressourcen nicht alle möglichen Entwicklungspfade und Ziele verfolgt werden können. Paradoxerweise eröffnet die eingrenzende Auswahl von Zielbereichen oft erst einen Zugang zu Ressourcen, die vorher nicht verfügbar waren (z. B. dass durch selektive Verpflichtetheit gegenüber bestimmten Freunden die Nähe zu diesen größer wird und einem sowohl deren emotionale als auch instrumentelle soziale Unterstützung zuteil wird). Das Setzen von Zielen und deren Elaboration in Ober- und Unterziele sowie die Formulierung von zu erreichenden Standards reguliert und organisiert darüber hinaus auch Verhalten in Handlungssequenzen über die Zeit. Damit hat Selektion auch ein richtungsgebendes Moment für Entwicklungsverläufe.

Optimierung. Selektion – also die Formulierung, Elaboration und verpflichtende Auswahl von Zielen – bestimmt zwar die Richtung von Entwicklungsverläufen mit, nicht jedoch das Funktions*niveau* innerhalb der selegierten Zielbereiche. Erst der Einsatz zielrelevanter Mittel und Handlungen vermindert die durch Zielsetzung entstandene Ist-Soll-Diskrepanz, indem das tatsächliche Funktionsniveau dem erwünschten Zustand angenähert wird. Dieser Prozess des Einsatzes zielrelevanter Mittel zum Erreichen eines optimalen (erwünschten) Funktionsniveaus wird im SOK-Modell als *Optimierung* bezeichnet. Optimierung umfasst die Auswahl und den Einsatz eines geeigneten Handlungsmittels zur Zielerreichung unter Berücksichtigung der verfügbaren (internen oder externen) Ressourcen. Nur wenn die Kosten der Zielerreichung deren Gewinn nicht übersteigen, kann von erfolgreicher Optimierung gesprochen werden. Im entwicklungspsychologischen Kontext, in dem sich die Zielverfolgung oft über längere Zeiträume erstreckt, ist die Bestimmung von deren Kosten und Gewinnen oft nur sehr schwer abschätzbar, zumal sie nicht notwendigerweise einfach miteinander verrechenbar sind (z. B.: Wie sind emotionale Kosten mit finanziellen Gewinnen zu verrechnen? Wie sind kurzfristige gegenüber langfristigen Folgen zu bewerten?). Insbesondere er im höheren Alter, wenn eine Vielzahl von (zielrelevanten) Ressourcen knapp werden, ist es zentral, diese Ressourcen besonders gut einzusetzen. Ein optimales Funktionsniveau ist unter diesen Umständen nicht unbedingt das maximale Funktionsniveau. Eine besonders begrenzte Ressourcenlage erlaubt es darüber hinaus auch nicht, riskante, d. h. hinsichtlich ihrer Wirksamkeit noch nicht erprobte, Handlungsmittel zu wählen. Ein wichtiger Aspekt der Optimierung unter solchen Bedingungen ist die Aufrechterhaltung des Einsatzes bereits erprobter Handlungsmittel oder die Modellierung erfolgreicher anderer (vgl. Freund & Baltes, in Druck). Erfolgreiche Optimierung ist im hohen Alter daher nicht notwendigerweise durch den intensiven Einsatz oder den Einsatz einer Vielzahl verschiedener zielrelevanter Handlungsmittel gewährleistet, sondern durch den fokussierten Einsatz bewährter Mittel zur Zielerreichung.

Kompensation. Ein häufig vernachlässigter Aspekt der Selbstregulation ist die Aufrechterhaltung eines bestehenden Funktionsniveaus angesichts von Einschränkungen und Verlusten zielrelevanter Ressourcen. Der Prozess der *Kompensation* bezieht sich auf den Erwerb neuer oder die Anwendung bereits vorhandener Handlungsmittel oder (interner oder externer) Ressourcen zur Aufrechterhaltung eines von Verlust bedrohten Funktionsniveaus. Ein wichtiger Aspekt der Selbstregulation im hohen Alter besteht demnach nicht nur in der Entwicklung, Elaboration und Auswahl von Zielen (elektive Selektion) und der Verfolgung der ausgewählten Ziele (Optimierung), sondern auch im Umgang mit Verlusten. Selbstregulation sollte gerade dann wichtig sein, wenn man sich dazu motivieren muss, trotz Rückschlägen, Verlusten und Einschränkungen in zielrelevanten Mitteln sein Funktionsniveau aufrecht zu erhalten (Kompensation) oder sich neue Ziele zu suchen (verlustbasierte Selektion; Freund, Li & Baltes, in Druck).

Empirische Evidenz für die Nützlichkeit selbstregulativer Prozesse der Zielauswahl und Zielverfolgung im hohen Alter, wie sie im SOK-Modell spezifiziert werden, stammt zum einen aus bestehenden Befunden der Alternsforschung (eine exzellente Zusammenfassung ist bei Marsiske et al., 1995, zu finden) und zum anderen aus der Berliner Altersstudie (Freund & Baltes, 1998). So zeigen Selektion, Optimierung und Kompensation, die in der Berliner Altersstudie mittels eines Kurzfragebogens erfasst wurden, positive Zusammenhänge mit subjektiven Indikatoren erfolgreichen Alterns (z. B. Zufriedenheit mit dem Altern, positives emotionales Befinden; Freund & Baltes, 1998).

Diese Ergebnisse können als erster Hinweis dafür angesehen werden, dass selbstregulative Prozesse der Zielauswahl und Zielverfolgung, wie sie im Modell der Selektion, Optimierung und Kompensation konzeptualisiert werden, im hohen Alter tatsächlich eine wichtige Rolle für die erfolgreiche Entwicklung spielen.

Zusammenfassung

In diesem Kapitel wurden zwei Aspekt des Selbst, ein eher inhaltlicher Aspekt – die Selbstdefinition – und ein eher prozessualer Aspekt – die Selbstregulation –, im Hinblick auf ihre Veränderungen und Funktionen im hohen Alter diskutiert. Das hohe Alter wurde einerseits als eine Lebensphase charakterisiert, in der zunehmende Einschränkungen die Möglichkeiten verringern, die Umgebung aktiv gemäß eigener Ziele zu gestalten. Diese Einschränkungen und Verluste führen zu systematischen Veränderungen im Inhalt der *Selbstdefinition* und bedrohen deren Stabilität, die eine wichtige Funktion für das persönliche Gefühl von Kontinuität und Identität erfüllt. Der vergleichsweise größere Freiraum bezüglich der sozialen Rollen und damit der Zieldefinition und Zielauswahl im höheren im Vergleich zum jüngeren oder mittleren Erwachsenenalter könnte jedoch auch neue Möglichkeiten für den Aufbau neuer selbstdefinierender Bereiche eröffnen, die zum positiven Wohlbefinden beitragen.

Diese gegenläufigen Tendenzen – zunehmende Verluste einerseits und zunehmende soziale Freiheit andererseits – stellen auch besondere Anforderungen an die *Selbstregulation*skompetenz im hohen Alter. Prozesse der Zielauswahl und -verfolgung nehmen in dieser Dynamik eine wichtige entwicklungsregulative Funktion ein. Das Modells der Selektion, Optimierung und Kompensation von P. Baltes und M. Baltes (1990) bietet einen theoretischen Rahmen zur Konzeptualisierung der selbstregulativen Funktion von Zielauswahl und -verfolgungsprozessen. Nach dem SOK-Modell reguliert und organisiert Selektion (d. h. die Entwicklung, Elaboration und Auswahl von Zielen) Verhalten in Handlungssequenzen über die Zeit und gibt damit der Entwicklung eine *Richtung*. Optimerungsprozesse (d. h. der Einsatz zielrelevanter Mittel und Handlungen) beeinflussen dagegen das Funktions*niveau* in den selegierten Zielbereichen. Es wurde argumentiert, dass aufgrund der stärkeren Limitation zielrelevanter Ressourcen die verfügbaren (und möglichst bereits bewährten) zielbezogenen Handlungsmittel besonders fokussiert eingesetzt werden müssen. Um ein bereits bestehendes Funktionsniveau angesichts von Einschränkungen und Verlusten zielrelevanter Ressourcen *aufrechtzuerhalten*, ist nach dem SOK-Modell der

Erwerb neuer oder die Anwendung bereits vorhandener Handlungsmittel notwendig (Kompensation). Erst die Berücksichtigung beider Aspekte des Selbst – Selbstdefinition und Selbstregulation – erlaubt ein Verständnis von Entwicklungsprozessen im Allgemeinen und im hohen Alter im Besonderen.

Literatur

Allport, G. W. (1955). *Becoming: Basic considerations for a psychology of personality.* New Haven, CT: Yale University Press.

Atchley, R. C. (1982). The aging self. *Psychological Theory, Research, & Practice, 19,* 338–396.

Baars, B. J. (1988). *A cognitive theory of consciousness.* Cambridge: Cambridge University Press.

Baltes, M. M. & Carstensen, L. L. (1996). The process of successful aging. *Aging and Society, 16,* 397–422.

Baltes, M. M. & Carstensen, L. L. (1998). Social psychological theories and their application to aging: From individual to collective social psychology. In V. L. Bengtson & K. W. Schaie (Eds.), *Handbook of theories of aging.* New York: Springer.

Baltes, P. B. (1987). Theoretical propositions of life-span developmental psychology: On the dynamics between growth and decline. *Developmental Psychology, 23,* 611–623.

Baltes, P. B. (1997). On the incomplete architecture of human ontogeny. Selection, optimization, and compensation as foundation of developmental theory. *American Psychologist, 52,* 366–380.

Baltes, P. B. & Baltes, M. M. (1990). Psychological perspectives on successful aging: The model of selective optimization with compensation. In P. B. Baltes & M. M. Baltes (Hrsg.). *Successful aging. Perspectives from the behavioral sciences.* (S. 1–34). Cambridge: Cambridge University Press.

Baltes, P. B., Lindenberger, U. & Staudinger, U. M. (1998). Life-span theory in developmental psychology. In R. M. Lerner (Ed.), *Handbook of child psychology: Vol. 1. Theoretical models of human development* (pp. 1029–1143). New York: Wiley.

Baumeister, R. F. & Heatherton, T. F. (1996). Self-regulation failure: An overview. *Psychological Inquiry, 7,* 1–15.

Bengtson, V. L., Reedy, M. N. & Gordon, C. (1985). Aging and self-conceptions: Personality processes and social contexts. In J. E. Birren & K. W. Schaie (Hrsg.), *Handbook of the psychology of aging* (S. 544–593). New York: Van Nostrand Reinhold.

Brandtstädter, J. (1985). Entwicklungsprobleme des Jugendalters als Probleme des Aufbaus von Handlungsorientierungen. In D. Liepman & A. Stiksrud (Hrsg.), *Entwicklungsaufgaben und Bewältigungsprobleme der Adoleszenz* (S. 5–12). Göttingen: Hogrefe.

Brandtstädter, J. (1998). Action theory in developmental psychology. In R. M. Lerner (Ed.), *Handbook of child psychology: Vol. 1. Theoretical models of human development* (5th ed., pp. 807–863). New York: Wiley.

Brandtstädter, J. & Greve, W. (1994). The aging self: Stabilizing and protective processes. *Developmental Review, 14,* 52–80.

Cantor, N. & Kihlstrom, J. (1987). *Personality and social intelligence.* Englewood Cliffs, NJ: Prentice Hall.

Carver, C. S. & Scheier, M. F. (1995). *On the self-regulation of behavior.* Cambridge, England: Cambridge University Press.

Cumming, E. & Henry, W. E. (1961). *Growing old.* New York: Basic Books

Dittmann-Kohli, F. (1995). *Das persönliche Sinnsystem: Ein Vergleich zwischen frühem und spätem Erwachsenenalter.* Göttingen: Hogrefe.

Epstein, S. (1973). The self-concept revisited. Or a theory of a theory. *American Psychologist, 28,* 404–416.

Epstein, S. (1990). Cognitive-experiential self-theory. In A. Pervin (Hrsg.), *Handbook of personality: theory and research* (S. 165–192). New York: Guilford Press.

Erikson, E. H. (1982). *The life cycle completed.* NY: Norton.

Filipp, S.-H. (1978). Aufbau und Wandel von Selbstschemata über die Lebensspanne. In R. Oerter (Hrsg.), *Entwicklung als lebenslanger Prozess* (S. 111–135). Hamburg: Hoffmann & Campe.

Filipp, S.-H. & Klauer, T. (1986). Conceptions of self over the life span: Reflections on the dialectics of change. In M. M. Baltes & P. B. Baltes (Hrsg.), *The psychology of control and aging* (S. 167–205). Hillsdale, NJ: Erlbaum.

Freund, A. M. (1995). *Wer bin ich? Die Selbstdefinition alter Menschen.* Berlin: Sigma.

Freund, A. M. (1997). Individuating age salience: A psychological perspective on the salience of age in the life course. *Human Development, 40,* 287–292.

Freund, A. M. & Baltes, P. B. (1998). Selection, optimization, and compensation as Strategies of Life-Management: Correlations with subjective indicators of successful aging. *Psychology and Aging, 13,* 531–543.

Freund, A. M. & Baltes, P. B. (in Druck). The orchestration of selection, optimization, and compensation: An action-theoretical conceptualization of a theory of developmental regulation. In: W. J. Perrig and A. Grob (Eds.), *Control of Human Behaviour, Mental Processes, and Consciousness.* Mahwah, NJ: Erlbaum.

Freund, A. M., Li, Z. H. & Baltes, P. B. (in Druck). The role of selection, optimization, and compensation in successful aging. In Brandtstädter & Lerner (eds.). *Action and development: Origins and functions of intentional self-development.* Thousand Oaks: Sage

Freund, A. M. & Smith, J. (1997). Die Selbstdefinition im hohen Alter. *Zeitschrift für Sozialpsychologie, 28,* 44–59.

George, L. K. & Okun, M. A. (1985). Self-concept content. In E. W. Busse, J. L. Maddox, J. B. Nowlin & J. C. Siegler (Hrsg.), *Normal aging III: Reports from the Duke Longitudinal Studies 1975–1984* (S. 267–282). Durham, NC: Duke University Press.

Greve, W. (1990). Stabilisierung und Modifikation des Selbstkonzeptes im Erwachsenenalter: Strategien der Immunisierung. *Sprache und Kognition, 9,* 218–230.

Havighurst, R. J. (1963). Successful aging. In R. H. Williams, C. Tibbitts & W. Donahue (Hrsg.), *The process of aging: Social and psychological perspectives.* (Bd. 1, S. 299–320). New York: Atherton Press.

Heckhausen, H. (1989). *Motivation und Handeln* [Motivation and action]. Berlin: Springer.

Heckhausen, J. (1998). *Developmental regulation in adulthood: Age-normative and sociostructural constraints as adaptive challenges.* New York, NJ: Cambridge University Press.

Heckhausen, J. & Schulz, R. (1995). A life-span theory of control. *Psychological Review, 102,* 284–304.

Hooker, K. (1992). Possible selves and perceived health in older adults and college students. *Journal of Gerontology: Psychological Sciences, 47,* P85–95.

James, W. (1890). *Principles of psychology.* (Bd. 1). New York: Holt.

Kihlstrom, J. F. & Cantor, N. (1984). Mental representations of the self. In L. Berkowitz (Hrsg.), *Advances in experimental social psychology* (Bd. 17, S. 1–47). Orlando: Academic Press.

Kling, K. C., Ryff, C. Dl, Essex, M. J. (1997). Adaptive changes in the self-concept during a life-transition. *Personality and Social Psychology Bulletin, 23,* 981–990

Lerner, R. M. & Busch-Rossnagel, N. A. (1981). Individuals as producers of their development: Conceptual and empirical bases. In R. M. Lerner & N. A. Busch-Rossnagel (Eds.), *Individuals as producers of their development: A life-span perspective* (pp. 1–36). New York: Academic Press.

Linville, P. W. (1987). Self complexity as a cognitive buffer against stress related illness and depression. *Journal of Personality and Social Psychology, 52,* 663–676.

Maddox, G. L. (1994). Lives through the years revisited. *Gerontologist, 6,* 764–767.

Markus, H. (1983). Self-knowledge: An expanded view. *Journal of Personality, 51,* 543–565.

Markus, H. & Herzog, R. (1991). The role of the self-concept in aging. In K. W. Schaie (Ed.), *Annual review of gerontology and geriatrics, 11,* 110–143. New York: Springer.

Marsiske, M., Lang, F. R., Baltes, M. M. & Baltes, P. B. (1995). Selective optimization with compensation: Life-span perspectives on successful human development. In R. A. Dixon & L. Bäckman (Eds.), *Compensation for psychological defects and declines: Managing losses and promoting gains* (pp. 35–79). Hillsdale, NJ: Erlbaum.

Mischel, W., Cantor, N. & Feldman, S. (1996). Principles of self-regulation: The nature of willpower and self-control. In E. T. Higgins & A. W. Kruglanski (Ed.), *Social Psychology. Handbook of Basic Principles.* NY: Guilford Press.

McCrae, R. R. & Costa, P. T., Jr. (1988). Age, personality and the spontaneous self-concept. *Journal of Gerontology: Social Sciences, 43,* 177–185.

Neugarten, B. L., Moore, J. W. & Lowe, J. C. (1965). Age norms, age constraints, and adult socialization. *American Journal of Sociology, 70,* 710–717.

Riley, M. W. (1987). On the significance of age in sociology. *American Sociological Review, 52,* 1–14.

Rosenberg, S. & Gara, M. A. (1985). The multiplicity of personal identity. In P. Shaver (Hrsg.), *Review of personality and social psychology* (Bd. 6, S. 87–113). Beverly Hills, CA: Sage.

Sader, M. & Weber, H. (1996). *Psychologie der Persönlichkeit*. Weinheim: Juventa.

Settersten, R. A., Jr. & Hagestad, G. O. (1996a) What's the latest? Cultural age deadlines for family transitions. *The Gerontologist, 36*, 178–188.

Settersten, R. A., Jr. & Hagestad, G. O. (1996b) What's the latest? II. Cultural age deadlines for educational and work transitions. *The Gerontologist, 36*, 602–613.

Showers, C. J. & Ryff, C. D. (1996). Self-differentiation and well-being in a life transition. *Personality and Social Psychology Bulletin, 22*, 448–460.

Smith, J. & Freund, A. M. (1999) Possible selves in old age: Linking motivation and emotion. (Manuskript zur Veröffentlichung eingereicht).

Staudinger, U. M., Freund, A., Linden, M. & Maas, I. (1996). Selbst, Persönlichkeit und Lebensgestaltung: Psychologische Widerstandsfähigkeit und Vulnerabilität. In K. U. Mayer & P. B. Baltes (Hrsg.), *Die Berliner Altersstudie* (S. 321–350). Berlin: Akademie Verlag.

Steinhagen-Thiessen, E. & Borchelt, M. (1996). Morbidität, Medikation und Funktionalität im Alter. In K. U. Mayer & P. B. Baltes (Hrsg.), *Die Berliner Altersstudie* (S. 151–183). Berlin: Akademie Verlag.

Swann, W. B., Jr. (1990). To be adored or to be known; The interplay of self-enhancement and self-verification. In R. M. Sorrentino & E. T. Higgins (Hrsg.), *Motivation and cognition* (Bd. 2, S. 408–448). Hillsdale, NJ: Lawrence Erlbaum.

Swann, W. B. Jr. (1996). *Self-traps: The elusive quest for higher self-esteem*. New York: Freeman & Company

Thoits, P. A. (1983). Multiple identities and psychological well-being. A reformulation and test of the social isolation hypothesis. *American Sociological Review, 48*, 174–187

Thomae, H. (1987). Patterns of psychological aging – Findings of the Bonn Longitudinal Study of Aging. In U. Lehr & H. Thomae (Hrsg.), *Formen seelischen Alterns. Ergebnisse der Bonner Gerontologischen Längsschnittstudie (BOLSA)* (S. 279–286). Stuttgart: Enke.

Thomae, H. (1988). *Das Individuum und seine Welt* (2., neu bearbeitete Auflage). Göttingen: Hogrefe.

Troll, L. E. & Skaff, M. M. (1997). Perceived continuity of self in very old age. *Psychology and Aging, 12*, 162–169.

Waterman, A. S. & Archer, S. L. (1990). A life-span perspective on identity formation: Developments in form, function, and process. In P. B. Baltes, D. L. Featherman & R. M. Lerner (Hrsg.), *Life-span development and behavior* (Bd. 10, S. 29–57). Hillsdale, NJ: Lawrence Erlbaum.

Wicklund, R. A. & Gollwitzer, P. M. (1982). *Symbolic self completion*. Hillsdale, NJ: Lawrence Erlbaum.

Wrosch, C. & Heckhausen, J. (in press). Being on-time or off-time: Developmental deadlines for regulating one's own development. In A. N. Perret-Clermont, J. M. Barrelet, A. Flammer, D. Miéville, J. F. Perret & W. Perrig (Eds.), *Mind and time*. Göttingen: Hogrefe & Huber.

II Differentielle Perspektiven: Selbst und Person

Selbst und Persönlichkeit aus der Sicht der Lebensspannen-Psychologie

Ursula M. Staudinger[1]

Forschung und Theorienbildung im Bereich von *Selbst und Persönlichkeit* sind heterogen. Ich möchte dieses komplexe Feld vereinfachend in drei unterschiedliche, aber zumindest funktional verbundene Kategorien unterteilen:
(1) Persönlichkeit,
(2) Selbstkonzept, Selbstdefinition, Identität und
(3) selbstregulative Prozesse.

Diese drei Kategorien sind mit sehr unterschiedlichen Forschungstraditionen verbunden, verwenden unterschiedliche Methoden und verfolgen in weiten Teilen auch unterschiedliche Zielsetzungen. Trotzdem werde ich versuchen, integrative Perspektiven für diese drei Kategorien zu entwickeln.

Persönlichkeit. Unter der Kategorie „Persönlichkeit" subsumiere ich all jene Forschungsansätze, die Individuen über Eigenschaften und Verhaltensdispositionen kennzeichnen und die stark in der psychometrischen Tradition verankert sind (z. B. Costa & McCrae, 1995; Goldberg, 1993). Untersuchungen in diesem Bereich konzentrieren sich auf die Identifizierung der Persönlichkeitsstruktur, interindividueller Unterschiede und das Ausmaß längsschnittlicher Stabilität. Aus der Perspektive der Lebensspannenpsychologie kommt ein inhaltliches Interesse für intraindividuelle Entwicklungsverläufe und Plastizität hinzu (vgl. Nesselroade, 1991). In der klassischen psychometrischen Persönlichkeitsforschung werden diese Phänomene bis dato unter Fehlervarianz und Nichtreliabilität der Messinstrumente abgewertet.

Selbstkonzept und Selbstdefinition. Unter der Kategorie „Selbstkonzept, Selbstdefinition und Identität" wird die dynamische Struktur von relativ über-

---

[1] Dieses Kapitel beruht auf Arbeiten, die ich während meiner Tätigkeit am Max-Planck-Institut für Bildungsforschung durchgeführt habe. Für wichtige Diskussionen zu dem Thema bedanke ich mich bei Paul B. Baltes, Ulman Lindenberger, Monisha Pasupathi und Susan Bluck.

dauernden Selbstkonzeptionen oder -definitionen verstanden (z. B. Greenwald & Pratkanis, 1984; Markus & Wurf, 1987). Selbstkonzeptionen beziehen sich nicht auf jegliche selbstbezogene Einstellung, sondern sind auf fundamentale Selbstkomponenten beschränkt. Man geht davon aus, dass verschiedene Situationen oder auch innere Verfasstheiten einer Person jeweils verschiedene Teile dieser dynamischen Struktur aktivieren und in den Vordergrund rücken (siehe hierzu auch Hannover, in diesem Band). Diese Kombination aus Veränderbarkeit und Stabilität entspricht der Lebensspannenperspektive, in der Kontinuität und Veränderbarkeit elementare Bestandteile transaktionaler Adaptation sind (z.B. Baltes, Lindenberger & Staudinger, 1998).

Selbstregulative Prozesse. Schließlich subsummiere ich unter der Kategorie „selbstregulative Prozesse" Forschungsrichtungen, die sich mit den organisierten Fähigkeiten und Fertigkeiten der Modulation von Erleben und Verhalten beschäftigt. In diese Kategorie fallen also Selbstbewertungsprozesse, zielbezogene Prozesse, Bewältigungsstile, Kontrollüberzeugungen, Selbstwirksamkeit, oder auch Emotionsregulation (wie sie auch in verschiedenen Kapiteln dieses Buches diskutiert werden). In diesem Bereich liegt der Forschungsschwerpunkt auf der Untersuchung des Anpassungpotentials und dessen Veränderungen im Lebensverlauf. Obwohl die Veränderbarkeit fokussiert wird, steht jedoch auch die dispositionelle Qualität mancher dieser Prozesse zur Diskussion. Beide Bereiche – der des Selbstkonzeptes und der der Selbstregulation – weisen eine starke Verankerung in der sozial-kognitiven Forschung auf.

Drei Konstrukte – ein Gegenstandsbereich. Alle drei Konstruktbereiche beziehen sich, obwohl sie aus sehr unterschiedlichen Forschungstraditionen stammen, jedoch auf den gleichen Gegenstandsbereich. Dieser Gegenstandsbereich umfasst die Formen und Qualitäten des Erlebens, Glaubens, Fühlens und Verhaltens gegenüber der eigenen Person, anderen Personen und der materiellen Umwelt. Wohl nicht zuletzt aufgrund dieses gemeinsamen Nenners hat es in den letzten Jahren auch verstärkt immer wieder Vorschläge zur Integration dieser verschiedenen theoretischen Ansätze und einer ganzheitlicheren Betrachtung der Person gegeben, die auch die kognitive Funktion im engeren Sinn miteinbeziehen. Salovey und Mayer (1994) haben beispielsweise den Begriff der emotionalen Intelligenz eingeführt, der sich auf die vermittelnde Rolle der Emotionen in der Verbindung zwischen Persönlichkeit und Intelligenz bezieht. Die Autoren schlagen vor, dass „the adaptive processing of emotionally relevant information is part of intelligence and, at the same time, individual differences in the skills with which such processing occurs constitute core aspects of personality" (Salovey & Mayer, 1994, S. 311). Ein anderes intergratives Konzept stammt von Higgins (1996). Er führt das Konstrukt des „Self Digest" ein, das Selbstwissen und Selbregulation miteinander verbindet. Auf noch höherer Ebene der Aggregation und Integration sind die Modelle von Mischel und Shoda (1995) oder Kuhl (1994), Labouvie-Vief (1994) und Pascual-Leone (1990) angesiedelt.

Ein Integrationsversuch: Das Modell der Lebensmechanik und Lebenspragmatik

Ich möchte im Folgenden einen integrativen Versuch vorstellen, der sich in die Tradition der Lebensspannen-Psychologie einordnen lässt (z. B. Baltes, Lindenberger & Staudinger, 1998). Er geht von dem Zweikomponentenmodell der intellektuellen Entwicklung aus, das die Mechanik von der Pragmatik der Intelligenz unterscheidet (Baltes, Dittmann-Kohli, & Dixon, 1984).
- Die Mechanik des Geistes bezieht sich auf die primär biologisch verankerten und vornehmlich inhaltsarmen Anteile der Kognition (z. B. Informationsverarbeitungsgeschwindigkeit, kognitive Kontrollprozesse)
- und die Pragmatik umfasst die stark kulturbezogenen und inhaltsreichen Anteile der Intelligenz (z. B. Wortschatz, berufliche Expertise).

Dieses Zweikomponentenmodell hat sich für die Weiterentwicklung unseres Verständnisses von der intellektuellen Entwicklung sehr bewährt. Diese Unterscheidung soll nun nutzbringend für das Verständnis von Selbst und Persönlichkeit eingesetzt werden. Dazu wird die Unterscheidung von Mechanik und Pragmatik der Intelligenz erweitert zur *Mechanik und Pragmatik des Lebens* (s. a. Staudinger, Lindenberger & Baltes, 1999; Staudinger & Pasupathi, in Druck).
Lebensmechanik. Die kognitive Mechanik ermöglicht es uns, Wissen und Erfahrung mit der Welt, mit uns selbst und mit der Wechselwirkung zwischen beiden anzusammeln. Die Mechanik des Lebens geht jedoch über diese grundlegenden kognitiven Prozesse hinaus und erlaubt es uns, Unterschiede in der Art und Weise, wie Personen sich mit sich selbst und der Welt auseinandersetzen, zu beschreiben. Solche Unterschiede entstehen eben nicht nur aufgrund unterschiedlicher kognitiver Fähigkeiten im engeren Sinne, sondern auch im Zusammenhang mit den Grundelementen der Persönlichkeit, wie zum Beispiel

Unterschieden im Aktivitätsniveau, in der Reaktivität, dem emotionalen Grundton (positiv vs. negativ) und der grundlegenden motivationalen Tendenz (Annäherung oder Vermeidung) einer Person. Die Lebensmechanik beinhaltet also neben den kognitiven Grundelementen auch die Grunddimensionen des Temperaments (z. B. Aktivität, Reaktivität, Emotionalität, Soziabilität; Bates & Wachs, 1994) wie basale emotionale (z. B. Scherer, 1997) und motivationale Tendenzen (z. B. Ryan, Sheldon, Kasser & Deci, 1996). Neuropsychologisch betrachtet umfasst die Mechanik des Lebens neben Cortex, Thalamus und Hippocampus (Gabrieli, 1998) aufgrund dieser emotionalen und motivationalen Grundelemente auch den Hypothalamus sowie enzymatische und hormonale Regulation (Teitelbaum & Stricker, 1994). Zusammenfassend kann man also sagen, dass sich die Mechanik des Lebens auf biologisch fundierte Muster

- der Wahrnehmung,
- der Informationsverarbeitung sowie
- des emotionalen und
- des motivationalen Ausdrucks bezieht.

Lebensmechanik und -pragmatik stehen in enger Verbindung zueinander. In einer weiteren Anleihe bei der Erforschung der kognitiven Entwicklung lässt sich für das Verständnis dieser Verbindung zwischen Mechanik und Pragmatik die von Cattell vorgeschlagene Investmenttheorie heranziehen (Cattell, 1971). Dementsprechend würde die Lebensmechanik die prozessualen Bausteine für die Entwicklung der Lebenspragmatik bereitstellen. Diese Bausteine „investieren" sich dann im Laufe des Lebens in verschiedene inhaltliche Bereiche und formen so die Lebenspragmatik, die aus Elementen höherer Ordnung (z. B. komplexen Emotionen, Zielsystemen, Persönlichkeitsdimensionen, Bewältigungsmechanismen) besteht. Eine vergleichbare Entwicklungskonzeption gibt es beispielsweise für den Bereich der Emotionen (Leventhal & Scherer, 1987).

Lebenspragmatik. Die Lebenspragmatik verkörpert im Gegensatz zu den stark biologisch geprägten Grundmustern der Wahrnehmung, Informationsverarbeitung sowie des motivationalen und emotionalen Ausdrucks der Lebensmechanik die prägende Kraft menschlicher Gestaltung und Kultur (z. B. Valsiner & Lawrence, 1997). In Transaktion mit Lebenskontexten sammeln und konstruieren wir Wissen über die *Welt* (d. h. Wissen über andere Menschen, Ereignisse, Umstände, Regeln, Orte und Objekte, die Bedeutsamkeit für die Lebensführung besitzen) und über unser *Selbst* sowie *uns selbst*, aber auch über die

Wechselwirkungen zwischen uns, unserem Selbst und der Welt. Die Lebensmechanik stellt die notwendige „Hardware" für diese Wechselwirkungen zur Verfügung.

Kautelen. Einige Aspekte dieses Konzeptes verlangen weitere Spezifizierungen. Zunächst: wenn hier von Wissen die Rede ist, so bezieht sich dies auf deklaratives und prozedurales, sowie auf „heißes" und „kaltes" Wissen, also auch bewertendes und emotional getöntes Wissen. Zweitens ist die Aneinanderreihung „Selbst" und „uns selbst" nicht zufällig entstanden, sondern sie verweist auf die besondere Doppelfunktion, die dem Selbst, die uns selbst in der Regulation unserer Entwicklung zukommt. Denn zum einen entwickelt sich natürlich das Selbst genauso wie andere Funktionsbereiche der Person (z. B. Kognition, Sozialbeziehungen), zum anderen übernehmen wir selbst jedoch Veranwortung und Steuerung hinsichtlich unserer gesamten Entwicklung als Person. Damit kommt uns selbst ein zentrale orchestrierende und proaktiv-adaptiv steuernde Funktion zu. Es ist also dieses Doppelwesen, auf das mit diesen beiden Begriffen „Selbst" und „uns selbst" Bezug genommen werden soll. Weiterhin ist klar, dass die beiden Kategorien Welt und Selbst nicht als sich gegenseitig ausschließend verstanden werden können. Die Unterscheidung ist als heuristisches Hilfsmittel zu verstehen, das es erlauben soll, vorhandene Evidenz aus verschiedenen Forschungsbereichen neu zu ordnen und dadurch vielleicht auch zu neuen Einsichten zu kommen. Allerdings weist einiges darauf hin, dass die Aufnahme und Verarbeitung selbstbezogenen Wissens teilweise anderen Regeln folgt als Weltwissen, was dieser Unterscheidung auch inhaltliche Substanz verleiht (z. B. Carlston & Smith, 1996). Schließlich impliziert die Konzeptualisierung der Lebenspragmatik als Wissenskörper im weitesten Sinn (vgl. den Begriff der personal knowledge bei Polanyi, 1958) die potentielle Anwendbarkeit der Einsichten, die man über die Prinzipien des Wissenserwerbs, der -veränderung und der -aktivierung im Allgemeinen hat (vgl. etwa Mandl & Spada, 1988). Dabei müssen diese Prinzipien aufgrund der emotionalen und motivationalen Anteile der Lebenspragmatik sicher erweitert oder modifiziert werden.

Bezug zu etablierten Konstrukten in der Erforschung von Selbst und Persönlichkeit. Die Lebenspragmatik setzte sich also aus Wissen und regulativen Prozessen bzw. Verhalten zusammen, die sich entweder auf die Welt oder auf das Selbst beziehen können. Diese Unterscheidung mündet in einer 2 × 2 Matrix, die in Tabelle 7.1 zur Illustration mit gebräuchlichen Konstrukten der Selbst- und Persönlichkeitsforschung gefüllt ist. Die Betonung liegt auf Illustration, da die Aufzählung keinerlei Anspruch erhebt, erschöpfend zu sein.

Tabelle 7.1: Illustrative Zuordnung von etablierten Konstrukten der Selbst- und Persönlichkeitsforschung zu Facetten und Bereichen der Lebenspragmatik

	BEREICH	
	Welt	Selbst
Wissen	Weisheitsbezogenes Wissen Alltagsproblemlösungen Berufliche Expertise Wissen über Personen und Ereignisse Einstellungen und Überzeugung	Persönlichkeitsdisposition (z.B. Big Five) Selbstkonzept
Regulative Prozesse und Verhalten/ Handlungen	Fertigkeiten (z. B. beruflich, sportlich, künstlerisch) Adaptives und maladaptives Verhalten (z. B. Produktivität, Delinquenz, Abhängigkeit) Problemlösendes Coping Primäre Kontrolle	Emotionsbezogenes Coping Sekundäre Kontrolle Vergleichsprozesse (sozial, temporal) Zielauswahl und -verfolgung Persönliches Lebensinvestment Emotionsregulation

Zweifellos ist diese Konzeptionalisierung der Lebenspragmatik noch vorläufig und keineswegs abgeschlossen. Ich hoffe jedoch, dass deutlich wird, dass sie einen Rahmen bereitstellt, der das Potential hat, Kognition, Emotion, und Motivation sowie Trait-Persönlichkeit, Selbstkonzept, Selbstregulation und Handlungstheorie aufeinander zu beziehen und integrativ zu betrachten. In der Sprache der Lebenspragmatik ist Persönlichkeit also die wohlorganisierte und relativ stabile Wissensstruktur, die wir über unser Verhalten, unsere Erfahrungen, Ziele und üblichen Reaktionsweisen besitzen. Dabei sei in Klammern angefügt, dass die Debatte darüber, ob die fünf großen Persönlichkeitsdimensionen (also Neurotizismus, Extraversion, Offenheit für neue Erfahrungen, Umgänglichkeit, Verlässlichkeit; z. B. McCrae & Costa, 1997) eher der stark biologisch beeinflussten Lebensmechanik oder eher der sozialisationsgebundenen Lebenspragmatik zuzuordnen sei, auch nach Dekaden der Natur-Umwelt-Debatte (z. B. Rutter, 1997) nicht abschießend zu beantworten ist. Bis gegenteilige Evidenz angeführt werden kann, bevorzuge ich die Zuordnung der Big Five zur Lebenspragmatik und die des Temperaments zur Lebensmechanik. Es gibt in der Tat Hinweise darauf, dass Temperament eher als Vorläufer und weniger als Equivalent der Big Five betrachtet werden sollte (z. B. Caspi & Silva, 1995). Die oben eingeführte Konzeptualisierung von Trait-Persönlichkeit ist in völliger Übereinstimmung mit sozial-kognitiven Definitionen von Persönlichkeit sowie von Selbstkonzept und Selbstschema (z. B. Cantor, 1990; Markus, 1977;

Mischel, 1973), die sie als Subset des Wissens einer Person betrachten, das sich auf die Person als ein Objekt in der Welt (z. B. Bem, 1967) bezieht. Schließlich bezieht sich die Selbstregulation auf den prozeduralen Anteil des Wissens über sich selbst. Aber natürlich sind Personen mehr als das, was sie über sich selbst wissen oder wie sie sich selbst sehen; sie sind auch dadurch gekennzeichnet, wie sie sich gegenüber der Welt verhalten, Probleme lösen, wie sie arbeiten und sich auf andere Weise an die Gesellschaft anpassen, oder auch diese verändern. Weltbezogenes Wissen und Verhalten sind damit wichtige Teile der Lebenspragmatik und beziehen Arbeiten zu Lebenseinsicht, pragmatischen Heuristiken, komplexem Problemlösen und beruflicher Expertise mit ein. Eine solche Konzeptualisierung ist auch konsistent mit gängigen Definitionen sozialer Kognition. Fiske und Taylor (1991, p. 19) etwa definieren soziale Kognition als den Prozess des Verstehens von sich selbst und anderen.

Bezug zur Lebensspannen-Psychologie. Der integrative Rahmen, den Lebensmechanik und -pragmatik anbieten, ist eng an die Grundannahmen der Lebensspannenpsychologie geknüpft (z. B. Baltes, 1997). Beispielsweise ist die Lebensspannenpsychologie darauf ausgerichtet, die Lebensspanne als Ganzes zu verstehen. Diese Orientierung impliziert, dass die Komplexität und die Verknüpfungen verschiedener psychologischer Funktionsbereiche in den Blick gerückt werden, die sonst eher getrennt voneinander untersucht werden (z. B. Kognition, Persönlichkeit und Temperament). Außerdem ist die Funktionalität ein zentrales Konstrukt der Lebensspannentheorie. Es ist meist vordringlicher zu erforschen, ob bestimmte Charakteristiken und Verhaltensweisen funktional oder adaptiv sind, als festzustellen, ob es sich dabei um kognitive, motivationale oder emotionale Prozesse handelt. Und schließlich ist Lebensspannenpsychologie kontextualistisch und systemisch orientiert. Alle psychologischen Funktionen, wie zum Beispiel Kognition, Emotion und Motivation werden als Subsysteme des übergeordneten Systems „Mensch" betrachtet und werden hinsichtlich ihrer biologischen und kultur-historischen Anteile untersucht (vgl. auch Magnusson & Stattin, 1998).

Befunde zu den Entwicklungsverläufen von Lebensmechanik und Lebenspragmatik

Nach dieser Konzeptualisierung stellt sich die Frage nach den Entwicklungsverläufen der Lebensmechanik und -pragmatik. Im Bereich der Kognition, also für die kognitive Mechanik und Pragmatik, sind diese gut etabliert (vgl. Baltes,

Staudinger & Lindenberger, 1999). Die Mechanik zeigt im Einklang mit anderen biologischen Funktionen Anstieg bis ins frühe Erwachsenenalter (etwa 25 Jahre) und danach Abbau. Die Pragmatik des Geistes dagegen, gestützt von den menschlichen Kulturleistungen, zeigt mindestens bis ins mittlere und manchmal sogar ins höhere Erwachsenenalter Anstieg und danach Stabilität. Abbau zeigt sich in diesem kognitiven Bereich erst im sehr hohen Alter, wenn ein Mindestmaß an mechanischer Fähigkeit unterschritten wird.

Das Kriterienproblem. Versucht man nun in einer Art Analogieschluss zu überlegen, wie diese Verläufe für die Lebensmechanik und -pragmatik aussehen könnten, wird man zunächst mit dem Kriterienproblem konfrontiert. Damit meine ich, dass es im Bereich der Lebensmechanik und -pragmatik noch schwieriger ist als im Bereich der Kognition, übergreifende Kriterien dafür zu finden, welches Funktionsniveau als besser und welches als schlechter angesehen werden kann. Im Bereich mechanischer kognitiver Leistungen, in dem es richtige und falsche Antworten gibt, kann man sagen, dass es ein Zugewinn ist, wenn man sich mehr Wörter merken kann oder wenn man etwas schneller verarbeiten kann. Im Bereich der kognitiven Pragmatik erfährt diese Klarheit schon ihre Grenzen, denn die Aufgaben sind dort teilweise schlecht definiert; von daher müssen für das, was richtig und falsch ist, erst noch Kriterien festgelegt werden.

Mindestens drei verschiedene Möglichkeiten der Bewertung lassen sich unterscheiden. Da ist zum Einen die subjektive Bewertung durch die Betroffenen (z. B. Heckhausen, Dixon & Baltes, 1989). Zum Zweiten lassen sich Theorien der Persönlichkeitsentwicklung als Bewertungsmaßstäbe heranziehen (z. B. Ego-Reife, Integrität, Generativität als ideale Ziele der Persönlichkeitsentwicklung). Schließlich kann man sich auf allgemeine Funktionalitätskriterien beziehen (z. B. Neurotizismus oder negative Emotionen gelten danach nicht als erstrebenswert). Allerdings ist hier ebenfalls anzufügen, dass die Beurteilung der Adaptivität sich meist einfachen unidimensionalen und unifunktionalen Kriterien entzieht und die Kategorien des Gewinns und des Verlusts also immer Vereinfachungen sein müssen (vgl. auch M. Baltes & Carstensen, 1996).

Spekulationen über den Entwicklungsverlauf der Lebensmechanik. Für die Lebensmechanik lässt sich nun spekulieren, dass bestimmte Anteile dem Abbauverlauf der kognitiven Mechanik folgen, aber vielleicht nicht notwendigerweise alle Komponenten. Allerdings weiß man beispielsweise aus der Erforschung der Physiologie der Emotionen und der Stressreaktion, dass sich mit dem Alter die Intensität, Häufigkeit und Expressivität von Emotionen verringert. Reliabel scheinen diese Befunde jedoch vor allem für negative Emotionen und weniger für positive Emotionen zu sein (vgl. z. B. Gross et al., 1997). Da der Hormonhaushalt einer bestimmten lebenszeitlichen Rhythmik unterworfen ist, lässt sich spekulieren, dass diese Veränderungen auch Auswirkungen auf die Grundelemente der Lebensmechanik haben werden. Allerdings ist die Richtung dieser Auswirkung nicht eindeutig. Folgt man klassischen Theorien der lebenslangen Persönlichkeitsentwicklung wie etwa der von C. G. Jung (1922/1971), so lässt sich für den Bereich der motivationalen Grundelemente vermuten, dass das Vorherrschen einer nach außen, auf Annäherung gerichteten Grundorientierung der früheren Lebensabschnitte durch eine nach innen, auf Vermeidung gerichtete Grundorientierung ersetzt wird. Empirisch zeigt sich bisher ein karges und widersprüchliches Bild. Heckhausen (1999) berichtet über eine Studie, die die Jungschen Annahmen unterstützt. Allerdings gibt es auch dazu widersprüchliche Befunde aus der Berliner Altersstudie, die gezeigt haben, dass alte und sehr alte Menschen (75–100 Jahre und älter) sich stärker auf Annäherungs- als Vermeidungsziele bezogen haben (vgl. Smith & Freund, 1999). Da die Methodik der beiden Studien unterschiedlich ist, lassen sich die Ergebnisse jedoch leider nur schwer vergleichen.

Zusammenfassende Darstellung der Evidenz zum Entwicklungsverlauf der Lebenspragmatik

Wendet man sich nun den möglichen Verläufen der Lebenspragmatik zu, so wird das Bild noch komplizierter (vgl. Staudinger & Pasupathi, in Druck). Ganz unterschiedliche Verlaufsformen sind feststellbar und die Interpretation dieser Verläufe im Sinne von Gewinnen und Verlusten ist wesentlich uneindeutiger.
Entwicklung von Weltwissen und Regulationsprozessen. Zusammenfassend lässt sich für den Bereich des Weltwissens feststellen, dass Alter (außer jenseits von 80 Jahren) nicht die zentrale Variable für die Vorhersage von Entwicklungsverläufen zu sein scheint (vgl. Staudinger & Pasupathi, in Druck). Vielmehr sind es Charakteristiken der Person und der Lebenskontexte, die Einfluss auf die Entwicklung nehmen (z. B. Staudinger, Lopez & Baltes, 1997; Staudinger, Maciel, Smith & Baltes, 1998). Allerdings hat sich gezeigt, dass man während des gesamten Lebens neues Wissen über die Welt aufnehmen kann, wenn es mit zunehmendem Alter aufgrund der Abbauprozesse in der kognitiven

Mechanik auch zunehmend schwieriger werden kann. Was verschiedene Verhaltensbereiche angeht, weiß man etwa aus der Delinquenzforschung, dass delinquentes Verhalten (soweit es empirischer Forschung zugänglich ist) mit zunehmendem Alter abnimmt (Steffensmeier & Allen, 1995) und dass die Verläufe von Produktivität stark vom Bereich abhängig sind (vgl. Simonton, 1997).

Entwicklungsverläufe des Selbstwissens und von Prozessen der Selbstregulation.   Im Bereich des selbstbezogenen Wissens zeigt sich primär ein Bild der Dialektik zwischen Stabilität und Wachstum (z. B. Egostärke, Umgänglichkeit, Abnahme von Neurotizismus) und weniger von Abbau (z. B. verringerte Offenheit für neue Erfahrungen; vgl. ausführlicher Staudinger & Pasupathi, in Druck). Diese Dialektik scheint zentral, wenn man bedenkt, dass unser Selbstwissen zum einen Kontinuität, also ein Gefühl des „Wissens, wer man ist" erzeugen muss, dass andererseits jedoch dieses Selbstwissen gleichzeitig die Flexibilität aufweisen muss, sich an veränderte Umstände anpassen zu können. Insofern könnte man vermuten, dass die eher stabilen Persönlichkeitsmerkmale (im Sinne der Big Five), aber auch stabile Anteile von Selbstkonzeptionen, eine Struktur und einen stabilen Rahmen bereitstellen, innerhalb dessen dann die flexible Anpassung möglich wird. Einige empirische Beispiele mögen diese Idee der Interaktion zwischen Struktur und proaktiver Adaptation weiter verdeutlichen. So gibt es aus dem Bereich der Coping-Forschung Hinweise darauf, dass bestimmte Persönlichkeitsdimensionen mit bestimmten bevorzugten Bewältigungsstilen einhergehen (z. B. Suls & Davies, 1996). Oder es hat sich gezeigt, dass Persönlichkeitsdimensionen einen Filter dafür bilden, wie wir unsere Umwelt wahrnehmen und bewerten. Personen, die unter objektiv sehr ähnlichen Umständen arbeiteten, bewerteten diese in Abhängigkeit von ihrem Persönlichkeitsprofil jedoch sehr unterschiedlich (Schallberger, 1995). Oder im Bereich von Selbstkonzeptionen gibt es Hinweise darauf, dass spezifische inhaltliche Aspekte der Selbstdefinition über die Zeit durchaus fluktuieren, dass jedoch eher strukturelle Merkmale wie Selbstdiskrepanz oder zentrale selbstdefinierende Bereiche eher Stabilität zeigen (Straumann, 1996; hierzu auch Greve, in diesem Band).

Hinsichtlich der Entwicklungsverläufe selbstregulativer Prozesse lässt sich feststellen, dass sowohl Stabilität als auch Veränderung sowie eine Zunahme der Bandbreite an verfügbaren Prozessen zu beobachten ist. Beispielsweise tritt neben die internale und die primäre noch die externale und die sekundäre Kontrolle (z. B. Smith & Baltes, 1996; Staudinger, Freund, Linden & Maas, 1996).

Allerdings sind die Veränderungen der Selbstkonzepte und anderer selbstregulativer Mechanismen auch stark durch die jeweiligen Entwicklungskontexte und -aufgaben beeinflusst. Als funktional hat es sich erwiesen, zuverlässig und offen für neue Erfahrungen zu sein, ebenso wie ein reichhaltiges, positives und integriertes sowie in der Gegenwart verankertes Selbstkonzept zu haben. Hinsichtlich der Regulationsdynamik weist vieles auf die Funktionalität von Flexibilität bei vorhandener reichhaltiger Auswahl an Regulationsmechanismen hin. Dies ist sowohl im Bereich der Vergleichsprozesse als auch der Bewältigungsmechanismen und im Bereich der Ziele der Fall (vgl. ausführlichere Darstellung in Staudinger & Pasupathi, in Druck).

Lebenspragmatik und Lebensmechanik im Spiegel von Modellen erfolgreicher Entwicklung

Zum Abschluss möchte ich noch die Verbindung zu gegenwärtigen Modellen der erfolgreichen Entwicklung herstellen. Beispielhaft sei das Modell der selektiven Optimierung mit Kompensation (SOK) herangezogen, das von Paul und Margret Baltes eingeführt wurde (Baltes & Baltes, 1990; vgl. hierzu auch Freund, in diesem Band). Im SOK-Modell bezieht sich Selektion auf die Auswahl der Bereiche, in die Energie investiert wird. Optimierung bezieht sich auf den Zuwachs an Kapazität in einem Bereich und Kompensation auf die Anpassung bei bedrohter Kapazität. SOK und das Modell der Lebensmechanik und -pragmatik komplementieren sich auf zweierlei Weise. Zum Einen lassen sich die drei Prozesse der Selektion, Optimierung und Kompensation auf die wissensbezogenen und die regulativen Elemente der Lebensmechanik und -pragmatik anwenden. Beispielsweise wird in der Verfügbarkeit des Weltwissens nach Entwicklungskontexten selegiert. Wir wissen aus Studien zu weisheitsbezogenem Wissen, dass Versuchspersonen jeweils für das Lebensproblem, das ihrer Lebensphase am nähesten war, die besten Antworten gaben (z. B. Smith & Baltes, 1990; Staudinger, 1989). Oder wir wissen hinsichtlich der Selbstregulation, dass Menschen im Austausch mit Entwicklungsanforderungen ihre Zielprioritäten selegieren (z. B. Staudinger, 1996). Ebenso ist aus dem Bereich des Selbstwissens bekannt, dass Leistungsverluste in einem Bereich durch eine Umgewichtung von selbstdefinierenden Facetten kompensiert werden (Greve, 1990). Und schließlich verweisen Befunde zur Expertiseentwicklung in den verschiedensten Bereichen (z. B. Ericsson & Smith, 1991) darauf, wie sich Funktionsbereiche optimieren lassen. Zum Zweiten erlaubt SOK, die nur all zu notwendigen Brücken zwischen Mechanik und Pragmatik, zwischen Selbst und Welt sowie zwischen Wissen und Prozess zu bauen. Beispielsweise wissen wir, wiederum aus der Expertiseliteratur, dass Verluste in der Verarbeitungsgeschwindigkeit durch pragmatische Kenntnisse in einem Bereich ausgeglichen werden können. Salthouse (1995) konnte zeigen, dass ältere Expertinnen im Schreibmaschineschreiben genauso schnell und gut schreiben konnten wie ihre jüngeren Kolleginnen, obwohl sie eine langsamere Anschlaggeschwindigkeit hatten. Sie glichen das durch weiteres Vorauslesen aus.

In dem vorliegenden Kapitel wurde die Idee für einen integrierenden theoretischen Rahmen vorgestellt, der es erlauben könnte, Konsistenzen in einem sehr divergenten Forschungsfeld zu identifizieren. Die Zukunft wird zeigen, ob dieser Rahmen geeignet ist, erfolgreiche Vorhersagen zu machen, die beispielsweise aufgrund ausschließlich der Kenntnis einzelner Konstruktbefunde nicht möglich wären.

Literatur

Baltes, M. M. & Carstensen, L. L. (1996). The process of successful ageing. *Ageing and Society, 16*, 397–422.

Baltes, P. B. (1997). On the incomplete architecture of human ontogeny: Selection, optimization, and compensation as foundation of developmental theory. *American Psychologist, 52*, 366–380.

Baltes, P. B. & Baltes, M. M. (1990). Psychological perspectives on successful aging: The model of selective optimization with compensation. In P. B. Baltes & M. M. Baltes (Eds.), *Successful aging: Perspectives from the behavioral sciences* (pp. 1–34). New York: Cambridge University Press.

Baltes, P. B., Dittmann-Kohli, F. & Dixon, R. A. (1984). New perspectives on the development of intelligence in adulthood: Toward a dual-process conception and a model of selective optimization with compensation. In P. B. Baltes & O. G. Brim (Eds.), *Life-span development and behavior* (Vol. 6, pp. 33–76). New York: Academic Press.

Baltes, P. B., Lindenberger, U. & Staudinger, U. M. (1998). Life-span theory in developmental psychology. In R. M. Lerner (Ed.), *Handbook of child psychology, Vol. 1: Theoretical models of human development* (5th ed., S. 1029–1143). New York: Wiley.

Baltes, P. B., Staudinger, U. M. & Lindenberger, U. (1999). Lifespan psychology: Theory and application to intellectual functioning. *Annual Review of Psychology, 50*, 471–507.

Bates, J. E. & Wachs, T. D. (Eds.). (1994). *Temperament: Individual differences at the interface of biology and behavior*. Washington, DC: American Psychological Association.

Bem, D. J. (1967). Self-perception: An alternative interpretation of cognitive dissonance phenomena. *Psychological Review, 74*, 183–200.

Cantor, N. (1990). From thought to behavior: „Having" and „doing" in the study of personality and cognition. *American Psychologist, 45*, 735–750.

Carlston, D. E. & Smith, E. R. (1996). Principles of mental representation. In E. T. Higgins & A. W. Kruglanski (Eds.), *Social psychology. Handbook of basic principles* (S. 184–210). New York: Guilford Press.

Caspi, A. & Silva, P. A. (1995). Temperamental qualities at age three predict personality traits in young adulthood: Longitudinal evidence from a birth cohort. *Child Development, 66*, 486–498.

Cattell, R. B. (1971). *Abilities: Their structure, growth, and action*. Boston: Houghton Mifflin.

Costa, P. T. & McCrae, R. R. (1995). Longitudinal stability of adult personality. In R. Hogan, J. A. Johnson & S. R. Briggs (Eds.), *Handbook of personality psychology* (pp. 269–292). New York: Academic Press.

Fiske, S. T. & Taylor, S. E. (1991). *Social cognition* (2nd ed.). New York: McGraw-Hill.

Gabrieli, J. D. E. (1998). Cognitive Neuroscience of Human Memory. *Annual Review of Psychology, 49*, 87–115.

Goldberg, L. R. (1993). „The structure of phenotypic personality traits": Author's reactions to the six comments. *American Psychologist, 48*, 1303–1304.

Greenwald, A. G. & Pratkanis, A. R. (1984). The self. In R. S. Wyer & T. K. Srull (Eds.), *Handbook of social cognition* (Vol. 3, S. 129–178). Hillsdale, NJ: Lawrence Erlbaum.

Greve, W. (1990). Stabilisierung und Modifikation des Selbstkonzeptes im Erwachsenenalter: Strategien der Immunisierung. *Sprache und Kognition, 4*, 218–230.

Gross, J. J., Carstensen, L. L., Pasupathi, M., Tsai, J., Skorpen, C. G. & Hsu, A. Y. C. (1997). Emotion and aging: Experience, expression, and control. *Psychology and Aging, 12*, 590–599.

Heckhausen, J. (1999). *Developmental regulation in adulthood: Age-normative and sociostructural constraints as adaptive challenges*. New York, NY: Cambridge University Press.

Heckhausen, J., Dixon, R. A. & Baltes, P. B. (1989). Gains and losses in development throughout adulthood as perceived by different adult age groups. *Developmental Psychology, 25*, 109–121.

Higgins, E. T. (1996). The „self digest": Self-knowledge serving self-regulatory functions. *Journal of Personality and Social Psychology, 71*, 1062–1083.

Jung, C. G. (1971). The stages of life. In J. Campbell (Ed.), *The portable Jung* (S. 2–22). New York: Viking.

Kuhl, J. (1994). A theory of action and state orientation. In J. Kuhl & J. Beckmann (Eds.), *Volition and personality: Action versus state orientation* (S. 375–390). Göttingen: Hogrefe.

Labouvie-Vief, G. (1994). *Psyche & eros. Mind and gender in the life course*. New York: Cambridge University Press.

Magnusson, D. & Stattin, H. (1998). Person-context interaction theories. In R. M. Lerner (Ed.), *Theoretical models of human development. Volume 1: Handbook of child psychology* (Vol. 1, S. 685–759). New York: Wiley.

Markus, H. (1977). Self-schemata and processing information about the self. *Journal of Personality and Social Psychology, 35*, 63–78.

Markus, H. R. & Wurf, E. (1987). The dynamic self-concept. A social psychological perspective. *Annual Review of Psychology, 38*, 299–337.

McCrae, R. R. & Costa, P. T., Jr. (1997). Personality trait structure as a human universal. *American Psychologist, 52*, 509–516.

Mischel, W. (1973). Toward a cognitive social learning reconceptualization of personality. *Psychological Review, 80*, 252–283.

Mischel, W. & Shoda, Y. (1995). A cognitive-affective system theory of personality: Reconceptualizing situations, dispositions, dynamics, and invariance in personality structure. *Psychological Review, 102*, 246–268.

Nesselroade, J. R. (1991). The warp and the woof of the developmental fabric. In R. M. Downs, L. S. Liben & D. S. Palermo (Eds.), *Visions of aesthetics, the environment and development: the legacy of Joachim Wohlwill* (S. 213–240). Hillsdale, NJ: Erlbaum.

Pascual-Leone, J. (1990). An essay on wisdom: Toward organismic processes that make it possible. In R. J. Sternberg (Ed.), *Wisdom: Its nature, origins, and development* (S. 224–278). New York: Cambridge University Press.

Polanyi, M. (1958). *Personal knowledge*. Chicago: University of Chicago Press.

Rutter, M. (1997). Nature-nurture integration. *American Psychologist, 52*, 390–398.

Ryan, R. M., Sheldon, K. M., Kasser, T. & Deci, E. L. (1996). All goals are not created equal. In P. M. Gollwitzer & J. A. Bargh (Eds.), *The psychology of action: Linking cognition and motivation to behavior* (S. 7–26). New York: Guilford.

Salovey, P. & Mayer, J. D. (1994). Some final thoughts about personality and intelligence. In R. J. Sternberg & P. Ruzgis (Eds.), *Personality and intelligence* (S. 303–318). New York: Cambridge University Press.

Scherer, K. R. (1997). Profiles of emotion-antecedent appraisal: Testing theoretical predictions across cultures. *Cognition and Emotion, 11*, 113–150.

Simonton, D. K. (1997). Creative productivity: A predictive and explanatory model of career trajectories and landmarks. *Psychological Review, 104*, 66–89.

Smith, J. & Baltes, P. B. (1996). Altern aus psychologischer Perspektive: Trends und Profile im hohen Alter. In K. U. Mayer & P. B. Baltes (Eds.), *Die Berliner Altersstudie* (pp. 221–250). Berlin: Akademie Verlag.

Smith, J. & Freund, A. M. (1999). *The dynamics of possible selves in very old age*. Berlin: Max Planck Institute for Human Development.

Staudinger, U. M., Freund, A., Linden, M. & Maas, I. (1996). Selbst, Persönlichkeit und Lebensgestaltung: Psychologische Widerstandsfähigkeit und Vulnerabilität. In K. U. Mayer & P. B. Baltes (Eds.), *Die Berliner Altersstudie* (S. 321–350). Berlin: Akademie Verlag.

Staudinger, U. M. & Pasupathi, M. (in Druck). Life-span perspectives on self, personality and social cognition. In T. Salthouse & F. Craik (Eds.), *Handbook of cognition and aging*. Hillsdale, NJ: Erlbaum.

Steffensmeier, D. & Allen, E. (1995). Criminal behavior: Gender and age. In J. F. Sheley (Ed.), *Criminology* (2nd ed., S. 83–113). Berlmont: Wadsworth.

Teitelbaum, P. & Stricker, E. M. (1994). Compound complementarities in the study of motivated behavior. *Psychological Review, 101*, 312–317.

Valsiner, J. & Lawrence, J. A. (1997). Human development in culture across the life-span. In J. W. Berry, P. R. Dasen & T. S. Saraswathi (Eds.), *Handbook of crosscultural psychology*. Boston: Allyn & Bacon.

III Soziale Perspektiven: Das Selbst im Kontext

Das Selbst und die Nutzung sozialer Ressourcen

Thomas Klauer

Obwohl die Entwicklung selbst-referentiellen Denkens ohne soziale Erfahrungen wie Hilfe, Vertrauen und Wertschätzung, aber auch Aggression, Fremdheit und Misstrauen schlechterdings nicht vorstellbar ist, waren die theoretischen Bindungen zwischen Selbstkonzeptforschung auf der einen und interpersonalen oder transaktionalen Ansätzen zu sozialer Unterstützung auf der anderen Seite bis in die achtziger Jahre eher lose.

Im Folgenden soll anhand einer selektiven Befundübersicht skizziert werden, wie sich diese Verbindungen mittlerweile gefestigt haben, wie Selbst und soziale Ressourcen unter psychosozialer Belastung miteinander interagieren und welche Vielfalt von Merkmalen für die Untersuchung solcher Prozesse betrachtet werden kann. Bei diesem Versuch, aktuelle Linien der Forschung nachzuzeichnen und Perspektiven für weiterführende Fragestellungen aufzuzeigen, sollen sozialkognitive Perspektiven ebenso gestreift werden wie interpersonale und transaktionale Ansätze.

Dabei sollen zwei Fragestellungen im Mittelpunkt stehen, nämlich:

1) Wie beeinflussen selbstbezogene Überzeugungen und Affekte die Aktivierung bzw. Mobilisierung sozialer Unterstützung aus dem einer Person in einer Belastungssituation zur Verfügung stehenden sozialen Netzwerk? Hier ist angesprochen, ob überhaupt Unterstützung gesucht wird, welche Netzwerksegmente ggf. dabei aufgesucht werden und welche Unterstützungsformen zu evozieren versucht werden. Steht keine oder zu wenig soziale Unterstützung in einer Belastungssituation zur Verfügung, so wird das Selbst zum „Agens" der Bewältigung, kann Versuche der Aktivierung sozialer Unterstützung sowohl antreiben wie auch bremsen – damit stehen Prozesse im Mittelpunkt, die als „Bewältigung erster Ordnung" bezeichnet werden könnten.

2) Welche Konsequenzen hat ein gegebenes Unterstützungsangebot für selbstbezogene Überzeugungen und Affekte? Unter welchen Bedingungen können

diese die optimale „Verwertung" eines vorhandenen Unterstützungsangebots behindern? Wie verarbeitet das Selbst die durch die Unterstützung anderer transportierte Information? Das Selbst ist hier ein mögliches „Produkt" von Unterstützungserfahrungen, die möglicherweise ihrerseits erst bewältigt werden müssen, sodass von „Bewältigungsprozessen zweiter Ordnung" die Rede sein könnte.

Die doppelte Rolle des Selbst als Agens und Produkt von bewältigungsthematischen Austauschprozessen korrespondiert mit einer wesentlichen Facette des Transaktionsbegriffs, der von bidirektionalen Einflüssen zwischen Person- und Umweltmerkmalen ausgeht, welche wiederum durch individuelles Bewältigungsverhalten und Umweltveränderungen vermittelt werden (Lazarus & Folkman, 1984). Da reale Situationen psychischer Belastung immer selbstrelevante Implikationen (etwa im Sinne von „Selbst-Diskrepanzen"; vgl. Higgins, 1987) haben, ist die Nutzung sozialer Ressourcen unter Belastung in normativem Sinne vermutlich generell ein Bewältigungsprozess, der auf maximalen instrumentellen Nutzen von Unterstützung bei minimalen Kosten für Selbstbildstabilität, Selbstbildkonsistenz und Selbstwertempfinden abzielt. Die Aspekte der Mobilisierung und Verwertung sind deshalb streng genommen auch nicht getrennt voneinander zu betrachten, da eine Entscheidung zur Aktivierung von Hilfe vermutlich oft die Kosten sozialer Unterstützung bereits antizipierend einbezieht (vgl. Wills & DePaulo, 1991).

Auch die begriffliche Trennung zwischen „Selbst" und „sozialen Ressourcen" ist nicht so scharf, wie es zunächst den Anschein haben mag. So stellt der eigene soziale Rückhalt eine durchaus bedeutende Dimension des Selbstkonzepts dar, wie auch verschiedene *social support*-Begriffe durchaus den Charakter selbstbezogener Kognition haben. Auf die letztgenannte Begriffs-Schnittmenge soll im Folgenden kurz genauer eingegangen werden. Daran anschließend sollen einige Schwerpunkte der Forschung zu Selbstbildmerkmalen und Facetten sozialer Unterstützung jenseits begrifflicher Überlappungen skizziert werden.

Das Selbst in Konzepten sozialer Unterstützung

Selbst wenn man die so genannten „quantitativen" oder Netzwerk-Ansätze der *social support*-Forschung ausklammert, ist die Fülle von Konzepten „funktionaler" oder „qualitativer" Unterstützung und korrespondierender Operationalisierungsversuche auf den ersten Blick unüberschaubar. Diese Fülle von Ansätzen lässt sich taxonomisch wohl am besten entlang der Dimensionen „Faktizität der Belastung" und „Innen- versus Außenperspektive" systematisieren und vier gängigen Typen operationaler Unterstützungsbegriffe zuordnen (s. Tabelle 8.1).

Tabelle 8.1: Taxonomie operationaler Konzepte sozialer Unterstützung

FAKTIZITÄT	PERSPEKTIVE	
	Empfänger/in	Sender/in
Real	erhaltene Unterstützung (*received support*)	ausgeübte Unterstützung (*enacted support*)
Potentiell	wahrgenommene Unterstützung (*perceived support*) verfügbare Unterstützung (*available support*)	Unterstützungsbereitschaft (*support intention*)

Ausgeübte Unterstützung und Unterstützungsbereitschaft basieren auf Fremdperspektiven von Unterstützungsprozessen und sollen im Folgenden nur am Rande thematisiert werden. Allen vier Konzepten und Operationalisierungsansätzen ist aber gemeinsam, dass sie in sich noch einmal heterogen sind und entweder global oder auf bestimmte Netzwerksegmente (Unterstützungsquellen) bzw. Submodi sozialer Unterstützung (z. B. instrumentelle Hilfen) hin spezifiziert sein können.

Ein genauerer Blick soll hier nur der operationalen Unterscheidung zwischen erhaltener Unterstützung auf der einen und wahrgenommener oder verfügbarer Unterstützung auf der anderen Seite gelten.

Erhaltene Unterstützung wird zumeist retrospektiv, aber auch in Tagebuchverfahren im Hinblick auf eine reale Belastung im Leben der Unterstützungsempfänger erhoben und verhaltensnah an konkreten Handlungssequenzen verankert (z. B. „Sie blieb bei mir, als ich Angst hatte oder sehr niedergeschlagen war"). Urteile über erhaltene Unterstützung werden in der Regel auf Häufigkeits- oder Intensitätsskalen erfasst; die Erhebung von Bewertungen erhaltener Unterstützung (z. B. Unterstützungszufriedenheit) erfolgt erst in einem zweiten Schritt auf separaten Skalen.

Wahrgenommene Unterstützung bezeichnet Einschätzungen der Verfügbarkeit hilfreichen Verhaltens in der sozialen Nahumwelt in einer *hypothetischen* Belastungssituation, die in den vielen entsprechenden Verfahren in der Zukunft liegt (z. B. „Meine Arbeitskollegen würden mich entlasten"). Häufig enthalten Items zur wahrgenommenen Unterstützung implizite Bewertungen des Erfolg der Unterstützungsbemühungen. Urteile über wahrgenommene Unterstützung werden dann entweder auf Zustimmungs-Skalen oder über die Zahl der Personen oder Quellen gefällt, die ein vorgegebenes, prototypisches Verhaltenskriterium erfüllen (z. B. „Wie viele Personen würden Ihnen in schweren Zeiten mit Rat und Tat beiseite stehen?").

Wahrgenomme Unterstützung als kognitives Personmerkmal. Nach ersten Ausdifferenzierungen des Unterstützungsbegriffs wurde in traditionellen Ansätzen angenommen, dass Angaben über verfügbare Unterstützung eine direkte Abbildung oder Extrapolation von Unterstützungserfahrungen darstellen. Später stellte man fest, dass Maße wahrgenommener Unterstützung nur geringe Korrelationen zu Indikatoren erhaltener Unterstützung aufweisen[1]. Zudem erwies sich wahrgenommene Unterstützung in Validitätsstudien als unerwartet stabil. Dieser mehrfach bestätigte Befund führte zu einer bis heute aktuellen Diskussion, in deren Verlauf sich eine Reihe von Autoren (z. B. Lakey & Drew, 1997; Sarason, Sarason & Shearin, 1986) dafür entschieden haben, wahrgenommene Unterstützung als ein kognitives Persönlichkeitsmerkmal aufzufassen.

Vergegenwärtigt man sich die kognitiven Prozesse, die an einer gewissenhaften Beantwortung der oben genannten Items zu wahrgenommener Unterstützung notwendig beteiligt wären, so ist dies leicht nachzuvollziehen. Urteile über potentielle Unterstützung scheinen eher konzept- als datengesteuert zu erfolgen, und die begriffliche Nähe zu einem „Selbstkonzept sozialer Integration" ist offensichtlich.

Wahrgenommene Unterstützung wird gegenwärtig vielfach im *social cognition*-Paradigma studiert. Beispielsweise wird danach gefragt, wie erlebtes Unterstützungsverhalten im Gedächtnis repräsentiert wird, welche Heuristiken Personen bei der Beurteilung anderer als unterstützend benutzen und wie sich Erinnerungen an Unterstützungsepisoden situativ evozieren lassen (vgl. zu diesem Ansatz auch Hannover, in diesem Band; Wentura, in diesem Band). Der Stand der Forschung lässt sich wie folgt zusammenfassen: Soziale Unterstützung wird im Gedächtnis als globales, hochabstraktes, eigenschaftsähnliches Konzept gespeichert. Obwohl spezifische Verhaltensweisen von Netzwerkmitgliedern dazu beitragen, dass ein Konzept von einer Person als unterstützend

---

[1] Dieser geringe Zusammenhang wäre allerdings auch für sich genommen nicht überraschend, da kaum angenommen werden kann, daß Bewertungen sozialer Unterstützung allein einem einfachen „Je mehr, desto besser"-Prinzip folgen (vgl. Aymanns, Klauer & Filipp, 1993).

gebildet wird, werden diese Schlussfolgerung und die Verhaltensweisen, die dazu geführt haben, offensichtlich separat repräsentiert, und Beispiele unterstützenden Verhaltens im autobiographischen Gedächntis werden mit nur geringer Wahrscheinlichkeit konsultiert, wenn unterstützungsbezogene Urteile zu fällen sind (vgl. Lakey & Drew, 1997).

Diese relative Unabhängigkeit unterstützungsbezogener Urteile von konkreten Erfahrungen scheint nicht nur für quellenspezifische, sondern auch für globale Einschätzungen potentieller Unterstützung zu gelten, die einem Selbstbildmerkmal wohl am nächsten kommen. Allerdings können quellenspezifische und globale Urteile über verfügbare Unterstützung auch stark voneinander abweichen, und es kann vermutet werden, dass wir eine Vielzahl von „Unterstützungsschemata" (Lakey & Cassady, 1990), „Arbeitsmodellen" (z. B. Collins & Read, 1994), „impliziten Beziehungstheorien" (Knee, 1998) oder „relationalen Schemata" (Baldwin, 1992) besitzen, die global, auf spezifische andere Personen, aber auch auf bestimmte Kontexte bezogen sein können. Beispielhaft soll im Folgenden das Konzept der relationalen Schemata oder Beziehungsschemata (Baldwin, 1992) herausgegriffen werden.

Das Selbst in „relationalen Schemata". Beziehungsschemata sind definiert als kognitive Strukturen, die Gesetzmäßigkeiten in interpersonalen Beziehungen repräsentieren (Baldwin, 1992). Es wird angenommen, dass ein Beziehungsschema drei Komponenten sozialen Wissens umfasst:

- Ein Selbst-Schema,
- ein Anderen-Schema sowie
- ein interpersonales Skript typischer und überlernter Muster der Interaktion zwischen Selbst und Anderem.

Beziehungsschemata enthalten damit generalisierte interpersonale Erwartungen. Wie für Selbst-Schemata (vgl. Markus, 1977) wird auch für Beziehungsschemata die Möglichkeit einer chronischen Verfügbarkeit vermutet, nämlich bei „schematischen" Personen; relationale Schemata können aber auch durch bestimmte Schlüsselreize und experimentell etwa durch *priming*-Techniken aktiviert werden und steuern dann interpersonale und affektive Prozesse durch Generalisierung und schemakongruente Informationsverarbeitung. Als zugrundeliegender Prozess wird hier die Erregungsausbreitung in kognitiven Netzwerken angesehen.

Die Effekte schemakongruenter Informationsverarbeitung zeigen sich vor allem in neuen interpersonalen Kontexten und sind experimentell vielfach demonstriert worden. Im typischen Paradigma (z. B. Andersen & Cole, 1990) wurden Probanden etwa mit Beschreibungen von *target*-Personen konfrontiert, die viele Gemeinsamkeiten mit den Probanden vertrauten Personen enthielten. In der anschließenden *recall*-Aufgabe erinnerten die Probanden fälschlicherweise auch weitere Merkmale der *target*-Personen, die ihnen zuvor gar nicht präsentiert worden waren. Aber auch außerhalb des Labors und im engeren Zielbereich der *social support*-Forschung sind entsprechende Befunde anzutreffen: In einer Untersuchung an Studierenden konnten beispielsweise spätere Einschätzungen der von Kommilitonen verfügbaren Unterstützung während des ersten Semesters aus Urteilen über das Klima in der Herkunftsfamilie vorhergesagt werden; dieser Effekt war nicht vermittelt etwa durch psychosoziale Belastung, soziale Kompetenz oder interpersonal bedeutsame Persönlichkeitsmerkmale (Lakey & Dickinson, 1994).

Auch affektive Konsequenzen der Aktivierung von Unterstützungsschemata sind dokumentiert. Wurde etwa in experimentellem Kontext Probanden die Information gegeben, der Versuchsleiter stünde im Falle von Schwierigkeiten mit der Lösung der Aufgabe zur Hilfestellung bereit, so fühlen sich diese weniger ängstlich und waren bei der Aufgabenlösung erfolgreicher als jene, denen keine Unterstützung angeboten worden war – obwohl tatsächlich niemals die Hilfe des Versuchsleiters in Anspruch genommen wurde. Dieser Effekt war indes begrenzt auf Probanden mit mittleren oder niedrigen Werten in einem Maß verfügbarer Unterstützung, denen das relationale Schema hoher Verfügbarkeit mit der experimentellen Intervention erst zugänglich gemacht worden war (Sarason, Sarason & Shearin, 1986).

Abgesehen davon, dass die Gleichsetzung von hoher wahrgenommener Unterstützung und chronischer Verfügbarkeit eines Schemas begriffliche Probleme aufwirft, bleibt festzuhalten, dass Beziehungsschemata keine vollständig stabilen Orientierungen darstellen, sondern den Charakter von hypothetischen Arbeitsmodellen besitzen. Temporär aktivierte Schemata können chronisch verfügbare vorübergehend überlagern. Die Vielzahl solcher Schemata, die uns potentiell Verfügung steht, erlaubt grundsätzlich auch den schnellen Wechsel.

Im Folgenden soll darauf verzichtet werden, Ansätze zur Beschreibung der Binnenstruktur solcher Schemata, ihrer hierarchisch-strukturellen Verknüpfung in „assoziativen Netzwerken" und Annahmen zu ihrer Verfügbarkeit und Aktivierung im Einzelnen darzustellen. Zusammenfassend kann festgehalten werden, dass wahrgenommene Unterstützung und Selbstkonzept einander überlappende Wissensstrukturen darstellen. Akute Belastungssituationen im interpersonalen Kontext betreten wir damit nicht als *Tabula rasa*, sondern verfügen über kognitive Strukturen, die u. a. bestimmte Erwartungen über uns selbst und das Verhalten anderer bereitstellen.

Selbstbezogene Kognition und die Mobilisierung sozialer Ressourcen

Als ein erster Aspekt der interpersonalen Nutzung sozialer Ressourcen kann die Art und Weise gesehen werden, wie diese aktiviert oder mobilisiert werden. Situative und personale Bedingungen der Bitte um oder Inanspruchnahme von instrumentellen Hilfeleistungen sind bislang vor allem im Rahmen sozialpsychologischer Studien zum Hilfesuchverhalten (*help-seeking*) bestimmt worden.
Effekte des Selbstwertgefühls auf Suche nach instrumenteller Hilfe. Beziehungen zwischen dem *Selbstwertgefühl* (vgl. auch Schütz, in diesem Band) und der Art und Weise, wie die „fundamentale Entscheidung" zwischen „Selbst-Vertrauen" und „Anderen-Vertrauen" gefällt wird, hat vor allem die Gruppe um Nadler (vgl. Nadler, 1997) in einer Reihe von experimentellen Studien aufgegriffen.

Dabei konnte vielfach demonstriert werden, dass Personen mit hohem Selbstwertgefühl weniger zur Inanspruchnahme von Hilfe neigten als Personen mit geringerem Selbstwert. Dies galt vor allem dann, wenn die experimentellen Problemsituationen Selbst-relevante (*ego-central*) Aspekte wie z. B. Intelligenz ansprachen, und auch dann, wenn die Unterstützungsquelle impersonal war (z. B. wenn ein Zettel mit Erläuterungen zu den Aufgaben gut einsehbar auf dem Schreibtisch des Versuchsleiters platziert war). Dieser vermeintliche „Konsistenzeffekt" war besonders deutlich bei potentiellen Unterstützungsquellen, die den Probanden als besonders ähnlich beschrieben worden waren. Die Möglichkeit, sich mit einer umgekehrten Hilfestellung „zu revanchieren", erleichterte Personen mit hohem Selbstgefühl demgegenüber die Inanspruchnahme. Eine geringere Tendenz zur Bitte um Hilfe konnte auch bei Patienten mit geringerer Akzeptanz von Krankheit oder Behinderung gezeigt werden, die instrumentelle Hilfen zur Krankheitsbewältigung seltener in Anspruch nahmen (Nadler, Sheinberg & Jaffe, 1981).

Die Befundlage ist hier aber keineswegs eindeutig, und verschiedene Befunde aus Feldstudien legen Zusammenhänge in umgekehrter Richtung nahe (z. B.

Aspinwall & Taylor, 1992). Vermutlich sind für die Frage, ob Hilfe gesucht bzw. in Anspruch genommen wird, weitere vermittelnde Variablen (z. B. Bereitschaft zur Selbstoffenbarung, *self-disclosure*; vgl. Filipp & Aymanns, 1987) zu beachten.

Eine solche Variable stellt zweifellos auch die subjektive Einschätzung der Kontrollierbarkeit der Problemsituation durch die eigene Person und durch das soziale Umfeld dar, das *secondary appraisal* transaktionaler Bewältigungstheorien (Lazarus & Folkman, 1984; Smith, 1991). Aus der Kenntnis solcher Einschätzungen sollte beispielsweise vorhergesagt werden können, ob überhaupt Versuche der Mobilisierung instrumenteller Hilfen aus dem sozialen Umfeld unternommen werden. Diese sollten etwa nur in solchen Belastungssituationen gewählt werden, die von anderen (sekundär) instrumentell beeinflussbar sind; umgekehrt sind eigene instrumentelle Reaktionen nur zu erwarten, wenn eine Problemsituation als durch die eigene Person beeinflußbar wahrgenommen wird. Letzteres sollte insbesondere bei Personen mit einem hohen Kompetenz-Selbstbild der Fall sein.

Die Chancen erfolgreicher Adaptation sollten durch Selbstbildmerkmale vor allem dann eingeschränkt werden, wenn diese zu starren, situationsunangemessenen sekundären Einschätzungen führen und damit zu einer einseitigen Vernachlässigung personaler oder sozialer Ressourcen. (Dies ist allerdings keine hinreichende Bedingung für den Erhalt sozialer Unterstützung; wie insbesondere die Untersuchungen von Schwarzer (zum Überblick: Schwarzer, Dunkel-Schetter, Weiner & Woo, 1992) gezeigt haben, richten sich auch die emotionale Reaktion und Unterstützungsbereitschaft potentieller „Sender" nach Einschätzungen der relativen Kontrollierbarkeit von Belastungssituationen durch die eigene Person (Wirksamkeit von Hilfe) und durch die belastete Zielperson.) Bei Nadler (1997) werden zwei solcher rigiden Stile unterschieden, nämlich *dependente Hilfesuche* (Überutilisation von Hilfe nach dem Prinzip: „Suche dir Hilfe, bevor du selbst aktiv werden musst") und *Unterutilisation* (rigider Verzicht auf die Inanspruchnahme von Hilfe). Demgegenüber steht *autonome Hilfesuche* (Prinzip: „Suche Hilfe nur dort, wo sie effektiv zu sein verspricht"). Die Hypothese, dass Personen mit sehr hohem bzw. sehr niedrigem Selbstwertgefühl quasi Risikogruppen für Unterutilisation bzw. dependente Hilfesuche darstellen, ist allerdings empirisch kaum belegt.

Ein weiteres Merkmal von Problemsituationen, welches nach Befunden der sozialpsychologischen Forschung zur Hilfesuche dafür ausschlaggebend ist, ob überhaupt Mobilisierungsversuche auftreten, ist die *Verfügbarkeit von Teil-*

lösungen. Solche Teillösungen (z. B. Informationen oder kleinere instrumentelle Hilfen) als unterstützende „Mittel zum Zweck" aus dem Netzwerk anzunehmen, ist ohne Selbstwertbedrohung möglich, da die finale Problemlösung trotzdem noch immer den eigenen Bewältigungsbemühungen zugeschrieben werden kann. In Nadlers (1997) Terminologie sollte derart *partiell-instrumentelles* Hilfesuchen bei Personen mit hohem wie bei Personen mit geringem Selbstwert gleichermaßen häufig zu beobachten sein, während die Tendenz zur Suche nach *exekutiver Hilfe*, die Mobilisierung vollständiger Problemlösungen also, mit steigendem Selbstwertgefühl nachlasse. Ein hohes Selbstwertgefühl, aber auch eine hohe *Selbstwirksamkeitserwartung* sollte mit globalen Forderungen nach Hilfe unvereinbar sein.

Selbstwirksamkeit als generalisierte Erwartung hinsichtlich der eigenen Kompetenz gehören zu den Selbstbildmerkmalen, deren Effekte auf Belastungs-Bewältigungs-Prozesse wohl am gründlichsten untersucht sind (zum Überblick: Schwarzer, 1992). Beispielsweise nehmen hoch selbstwirksame im Vergleich zu niedrig selbstwirksamen Personen chronische Misserfolge in deutlich höherem Maße als Herausforderung wahr, während Letztere diese mit zunehmender Dauer als Bedrohung oder Verlust bewerten (Jerusalem & Schwarzer, 1992).

In die Debatte um die Interaktion personaler und sozialer Ressourcen in der Belastungsbewältigung (vgl. Filipp & Aymanns, 1987) fließen zunehmend auch Befunde zum Zusammenhang zwischen Selbstwirksamkeit und sozialer Unterstützung ein. Korrelative Zusammenhänge fallen in Feldstudien in der Regel schwach positiv aus (vgl. Schröder, 1997). Deutlicher bestätigt hat sich die Beobachtung, dass hoch selbstwirksame Personen unter Belastung erhaltene Unterstützung nahezu unabhängig von deren Ausprägung oder Intensität positiver bewerten als weniger selbstwirksame (z. B. Aymanns, 1992; Hobfoll & Lerman, 1988), diese also scheinbar besser nutzen können.

Effekte generalisierter Selbstwirksamkeitserwartungen auf Strategien der Mobilisierung sozialer Unterstützung sind nach dem bisher Gesagten zu erwarten, bislang aber eher selten untersucht. Für zukünftige Studien scheint etwa die Frage interessant, ob hoch Selbstwirksame soziale Ressourcen aufgrund ihres vermeintlich stärkeren Vertrauens auf die eigene Kompetenz generell weniger nutzen, sie im Gegenteil kompetenter aktivieren und ob sie sich von subjektiv weniger kompetenten Personen überhaupt in Präferenzen für bestimmte (z. B. partiell-instrumentelle) Mobilisierungsstrategien unterscheiden.

Dabei ist zu berücksichtigen, dass vor allem in länger bestehenden dyadischen Beziehungen (die im *help-seeking*-Paradigma eher selten betrachtet werden) unterstützendes Verhalten vermutlich oft auf wesentlich subtilere Art und Weise angestoßen wird als durch direktes Einfordern. Indirekte und oft nonverbale Formen der Mobilisierung tragen dazu bei, die eigene Hilflosigkeit angesichts belastender Situationen nicht zu offen zutage treten zu lassen und die Adressaten der Mobilisierungsversuche nicht mit Verantwortung für die Lösung der empfängerseitigen Probleme zu überfrachten (vgl. etwa Barbee, Gulley & Cunningham, 1990).

Indirekte Formen der Mobilisierung wie etwa die Suche nach körperlicher Nähe, „Schmollen" (Barbee et al., 1990) oder sogar ostentatives Rückzugsverhalten sind aber in ihren Zusammenhängen mit Selbstwertgefühl und Selbstwirksamkeit in naturalistischen Kontexten bislang kaum untersucht worden. In künftigen Studien zu dieser Frage sollten ferner mögliche Effekte selbstbezogener Kognitionen und Affekte zum einen darauf berücksichtigt werden, welche Unterstützungsquellen bzw. Segmente personaler Netzwerke überhaupt zu aktivieren versucht werden, zum anderen aber auch auf die Form der Unterstützung (instrumentelle Hilfe, emotionale Unterstützung, informationale Unterstützung), die von den Rezipienten angestrebt wird.

Beziehungsschemata und die Mobilisierung sozialer Unterstützung. Auch im sozial-kognitiven Paradigma werden seit kurzem Einflüsse selbstbezogener Kognitionen im Sinne der erwähnten Beziehungsschemata auf den Impuls zur Mobilisierung sozialer Unterstützung untersucht. Illustrativ soll kurz über eine Studie (Pierce & Lydon, 1998) berichtet werden, in der diese durch eine *priming*-Technik aktiviert wurden.

Dabei wurden Studentinnen gebeten, sich in das Szenario einer ungeplanten Schwangerschaft hineinzuversetzen und zuvor im Rahmen einer vermeintlichen „Aufmerksamkeitsübung" am Computer mit subliminal präsentierten Interaktionsbegriffen konfrontiert (z. B. versorgend, hilfreich, unterstützend versus kritisch, feindselig, zurückweisend). Einer Kontrollgruppe wurden Folgen von Konsonanten präsentiert, die den experimentellen *primes* in der Länge entsprachen.

Probandinnen in der negativen *priming*-Bedingung berichteten bedeutsam geringere Niveaus positiver Affekte als Probandinnen in den beiden Vergleichsbedingungen. Probandinnen in der positiven *prime*-Bedingung berichteten ferner über eine ausgeprägtere Tendenz zur Suche nach emotionaler Unterstützung bei Eltern, Partner und Freunden als Probandinnen in den beiden Vergleichsgruppen. Beide Effekte waren bei kovarianzanalytischer Kontrolle von Selbstwertgefühl, Optimismus und Bindungsstil stabil.

Scheinbar sind somit Bewältigungspräferenzen und hier insbesondere die Tendenz zur Unterstützungsmobilisierung durchaus von temporär aktivierten Beziehungsschemata zu beeinflussen; diese können nach Ansicht der Autoren die Einflüsse chronisch verfügbarer Schemata (wie z. B. wahrgenommener Unterstützung) „überschreiben". Ihnen ist in der Schlussfolgerung zuzustimmen, dass ein elaboriertes Modell von Belastungseinschätzungen und -bewältigung diese situationsspezifische Aktivierung von Beziehungsschemata und -modellen zu erklären hätte.

Selbstbezogene Kognition und die „Verwertung" sozialer Unterstützung

Soziale Unterstützung ist definiert als etwas „Gutgemeintes": Entscheidendes und konsensuell akzeptiertes Kriterium ist die Intention auf Seiten der Sender, die Belastung auf Seiten der Empfänger zu reduzieren (Shumaker & Brownell, 1984). Wie in Feldstudien vielfach gezeigt wurde, führt dieser gute Vorsatz im Durchschnitt auch zum Erfolg – gemessen an Kriterien der psychischen und somatischen Gesundheit (Schwarzer & Leppin, 1992).

Im Folgenden sollen subjektive empfängerseitige Bewertungen von Unterstützungserfahrungen als Indikatoren ihrer „Verwertung" im Mittelpunkt stehen. Im gegebenen Rahmen kann hier nur kurz darauf verwiesen werden, dass die empirische Konvergenz zwischen solchen Bewertungen und anderen Indikatoren der Unterstützungseffektivität (z. B. langfristige Veränderungen des Selbstwertgefühls; psychobiologische Effekte; vgl. Coates, Renzaglia & Embree, 1983; Kirschbaum, Klauer, Filipp & Hellhammer, 1995) gering ist: Von Empfängern als unzureichend bewertete Unterstützungsversuche können ebenso proadaptiv auf andere Kriterien wirken, wie von ihnen positiv bewertete Hilfeleistungen mit unbemerkten adaptiven Kosten einhergehen können. Urteile über die „Güte" erhaltener Unterstützung scheinen somit auch anderen Einflüssen als Qualitäten des beobachtbaren Unterstützungsverhaltens zu unterliegen.

Bewertung erhaltener Unterstützung. Auf die Frage, unter welchen Bedingungen wohlgemeinte Unterstützungsversuche negativ bewertet werden, werden zunächst verschiedene Merkmale der Unterstützungsquelle und der ausgeübten Unterstützung genannt. Beispielsweise wird von Patienten informationale Unterstützung in Form von medizinischen Ratschlägen nur dann nicht negativ bewertet, wenn diese von medizinischem Fachpersonal kommt (Dakof &

Taylor, 1990). Unterstützungsformen, die eine allzu offenkundige Bagatellisierung der Belastung des Empfängers beinhalten, führen ebenso zu negativen Bewertungen wie instrumentelles „overhelping". Zuweilen wird auch spontane Unterstützung positiver bewertet als solche, die erst mobilisiert werden musste (Eckenrode & Wethington, 1990).

Selbstbezogene Erwartungen und Überzeugungen scheinen für die Bewertung erhaltener Unterstützung eine bedeutende Rolle zu spielen. Wie bereits angesprochen, gingen ausgeprägte *Selbstwirksamkeitserwartungen* in den Befunden verschiedener Feldstudien mit generell positiveren Einschätzungen der Angemessenheit erhaltener Unterstützung einher, ohne mit deren Intensität oder Verfügbarkeit in Verbindung zu stehen. In einer Studie an Krebspatienten beobachtete etwa Aymanns (1992), dass alle vier untersuchten Formen familialer Unterstützung (Emotionale Unterstützung; Entlastung; Aktivierung; Kommunikationsvermeidung) von hoch selbstwirksamen Patienten als vergleichsweise angemessener bewertet wurden, ohne dass sich diese von weniger selbstwirksamen in der Intensität familialer Unterstützung unterschieden hätten.

Ob soziale Unterstützung im Sinne einer positiven Bewertung „angenommen" oder „verwertet" werden kann, sollte wiederum ebenfalls davon abhängig sein, inwiefern Unterstützung zu einer Bedrohung des *Selbstwertgefühls* wird. Die laborexperimentelle Sozialpsychologie hat eine Reihe von Situationen identifiziert, unter denen mit höherer Wahrscheinlichkeit eine Selbstwertbedrohung von Hilfe ausgeht (vgl. Nadler, 1997). Dazu zählen insbesondere

- geringfügige Belastungen, die von den Empfängern als u. U. herausfordernd und im Rahmen der eigenen Bewältigungsmöglichkeiten liegend erlebt werden;
- eine hohe Ähnlichkeit des Helfers;
- eine hohe Kontrollierbarkeit der Problemursachen durch den Empfänger.

Unter diesen Umständen sollte soziale Unterstützung mit selbstbezogenen Überzeugungen etwa hinsichtlich Unabhängigkeit, Lebenskompetenz und Wert der eigenen Person interferieren und gar nicht oder nur aus spezifischen Quellen wie etwa von Lebenspartnern akzeptiert werden. Spontan gewährte Unterstützung wird unter diesen Bedingungen ferner mit höherer Wahrscheinlichkeit negativ bewertet, abgelehnt oder ignoriert (Nadler, 1997). Offensichtlich stimulieren derartige Situationen Bewältigungsprozesse auf einer Ebene, auf der selbstbezogene Überzeugungen gegen diskrepante Evidenz aus dem sozialen Umfeld verteidigt werden, und zwar vor allem dann, wenn es zu Konflikten zwischen Selbstschemata etwa der Kompetenz und der Hilfsbedürftigkeit kommt.

Hier soll kein erneuter Versuch unternommen werden, solche Prozesse der „Bewältigung zweiter Ordnung" zu systematisieren (vgl. dazu Brandtstädter & Greve, 1992; Greve, 1990); vielmehr soll abschließend exemplarisch gezeigt werden, wie Selbst- und Beziehungsschemata die Interpretation und Bewertung von Unterstützungsverhalten bereits in frühen Stadien des Wahrnehmungsprozesses beeinflussen können.

Schemakongruente Verarbeitung von Unterstützungserfahrungen. Der oben skizzierte schematheoretische Ansatz eignet sich ausgezeichnet zur Vorhersage von „Fehlern" in der Interpretation potentiell unterstützender Verhaltensweisen. Personen mit aktiven positiven relationalen Schemata oder hoher wahrgenommener Unterstützung sollten auch solche Verhaltensweisen als unterstützend einschätzen, die gar nicht als Hilfe intendiert waren. Umgekehrt können negative interpersonale Erwartungen dazu führen, dass als Unterstützung intendiertes Verhalten gar nicht als solches wahrgenommen oder auch als selbstsüchtig und manipulativ bewertet wird.

Ein Beispiel für den erstgenannten Fehler liefert eine Studie, in der Probanden sich in eine einschneidende Belastungssituation hineinversetzen mussten und im Anschluss daran Videosequenzen neutraler Reaktionen anderer darauf einzuschätzen hatten (Lakey, Moineau & Drew, 1992). Probanden, die zuvor hohe Werte in einem Maß wahrgenommener Unterstützung erreicht hatten, bewerteten diese neutralen Reaktionen als hilfreicher als Probanden mit niedrigen Werten dies taten.

Interessanterweise sind die Auswirkungen von Beziehungsschemata keineswegs immer im Sinne einer schemakongruenten Verarbeitung bzw. als „Assimilationseffekte" zu interpretieren. Kontrasteffekte können etwa dann auftreten, wenn etwa experimentellen *primes* bewusste Aufmerksamkeit zuteil wird oder wenn diese einen extremen oder übertriebenen Standard setzen.

Eine Tagebuchstudie im naturalistischen Kontext (Pierce, Baldwin & Lydon, 1997) zeigt solche Kontrasteffekte in anschaulicher Weise. In dieser Studie wurden von den Probanden alle sozialen Interaktionen über den Zeitraum von sieben Tagen aufgezeichnet, nachdem zuvor deren wahrgenommene verfügbare Unterstützung aufgezeichnet worden war. Nach Abschluss der Tagebuchaufzeichnungen wurde dann erfasst, wie zufrieden die Probanden mit den während der Woche erfahrenen Unterstützungsversuchen waren.

Dabei zeigte sich zunächst eine Reihe von erwarteten Haupteffekten: Personen mit hohen initialen Unterstützungserwartungen berichteten bedeutend mehr soziale Interaktionen, für die sie mehr Zeit aufwandten und die sie im Tagebuch auch als unterstützender einschätzten als Probanden mit geringer wahrgenommener Unterstützung. Bewertungen der Unterstützungsepisode wurden durch eine Interaktion zwischen Unterstützungserwartung und dem Ausmaß erhaltener Unterstützung bestimmt, die als Enttäuschungs- und (innerhalb des *social cognition*-Paradigmas) als Kontrasteffekt interpretierbar ist: Personen mit enttäuschten positiven Unterstützungserwartungen waren mit dieser Erfahrung unzufriedener als alle Probanden mit eher geringen Erwartungen. Demgegenüber schien ein unerwartet hohes Maß an Unterstützung nicht zu einer Steigerung der Unterstützungszufriedenheit zu führen.

Eine wesentliche Implikation dieses Befundes ist, dass Effekte sozialer Unterstützung somit keineswegs nur von interpersonalen Erwartungen und Schemata abhängig sind, sondern auch von realen Unterstützungserfahrungen – selbst dann, wenn man diese nur „im Kopf des Empfängers" untersucht. Sozialkognitive Ansätze scheinen zur Abbildung solcher Interaktionen prinzipiell geeignet, wobei jedoch die meisten Fragen bislang eher aufgeworfen als beantwortet sind. Insbesondere bleibt offen, unter welchen Bedingungen Erfahrungen mit sozialer Unterstützung zunächst Beziehungsschemata, dann aber auch globalere und zentralere Merkmale unserer Selbstsicht verändern können.

Schlußfolgerungen

Auch in der *social support*-Forschung hat eine „kognitive Wende" stattgefunden, die den engen begrifflichen Beziehungen zwischen „Selbst" und „sozialen Ressourcen" gerecht wird. Indem das Konstrukt der wahrgenommenen Unterstützung nicht mehr als Indikator für vergangene reale Unterstützungserfahrungen, sondern als kognitives Personmerkmal betrachtet wurde, wurde nicht nur ein bedeutsamer Schritt auf dem Weg zu der vielfach geforderten integrativen Theorie sozialer Unterstützung vollzogen, sondern auch eine theoretisch homogene Rekonstruktion der wechselseitigen Beeinflussung von selbstbezogener Kognition, Belastungsbewältigung und sozialer Unterstützung erreicht.

Vor allem experimentelle Untersuchungen im *social cognition*-Paradigma haben zu einem tiefergreifenden Verständnis schematischer „Fehler" und damit auch möglicher Beschränkungen einer angemessenen Nutzung sozialer Ressourcen geführt. Die Übertragung auf Fragestellungen, die nur im naturalistischen Belastungskontext angegangen werden können, steckt zwar noch „in den Kinderschuhen", aus dem bisher Gesagten lässt sich aber eine Reihe wichtiger Fragen für die *coping*-Forschung ableiten.

Besonders interessant erscheint dabei die Untersuchung von Unterschieden in präferierten Mobilisierungsstrategien in Abhängigkeit von Selbst- und Beziehungsschemata, Netzwerksegmenten und Belastungstypen über die Zeit. Hilfreich wäre es hier, auf ein revidiertes *appraisal*-Konzept zurückgreifen zu können, welches die Bedeutung von Selbst- und Beziehungsschemata ebenso integriert wie Einschätzungen der Unterstützungsmöglichkeiten anderer und der eigenen Möglichkeiten, diese zu aktivieren.

Die Verbindung von Selbstkonzept- und Bewältigungsforschung rückt auch eher indirekte Strategien der Mobilisierung ins Blickfeld, die in der *help seeking*-Forschung ausgeklammert bleiben. Hier bedarf es einer sparsamen und zugleich erklärungskräftigen Taxonomie von Mobilisierungsformen, die etwa an die Dimensionen *Vollständigkeit der angestrebten Hilfe*, *emotionale Expressivität* oder auch *verbal-nonverbal* anknüpfen könnte (vgl. Barbee et al., 1990). Das Selbst als Agens der Bewältigung hat etwa über Techniken des *impression management* viele subtile Möglichkeiten der Aktivierung von Hilfe, die nicht mit dem Risiko verbunden sind, Selbstbild-Postulate durch eigenes Verhalten zu bedrohen oder entkräften.

Als ein mögliches Produkt von Bewältigungs- und Unterstützungserfahrungen zeigt sich selbstbezogenes Wissen zunächst gut gegen bedrohliche Evidenz abgeschirmt. Dies kann als Quintessenz auch neuerer Studien festgehalten werden, wenngleich die Linien der Selbstkonzept-Verteidigung (Greve, 1990) an der „sozialen Front" bislang noch nicht scharf nachgezeichnet werden können. Sicher betreffen entsprechende Strategien aber nicht nur den Umgang mit Unterstützungsinformation, sondern auch bereits ihre Erzeugung. Mobilisierung und Verwertung sozialer Unterstützung sind damit in einem gemeinsamen Koordinationszusammenhang zu sehen, der von selbstbezogenen kognitiven Strukturen gestaltet wird.

Wie Unterstützungsversuche aussehen müssen, die zu einer (proadaptiven) *Veränderung* in selbstbezogenen Schemata führen, ist zweifellos weiterhin eine „Gretchenfrage" in dem hier skizzierten Forschungsbereich. Zu ihrer Beantwortung bedarf es nicht nur sozialkognitiver, sondern auch interpersonaler Untersuchungsansätze unter Einschluss der Perspektive der Unterstützungssender, die im Rahmen der vorliegenden Diskussion weitgehend ausgeblendet werden mussten, aber natürlich ebenso nicht ohne interpersonale Schemata und Erwartungen in Prozesse der Belastungsbewältigung eintreten.

Literatur

Andersen, S. M. & Cole, S. W. (1990). „Do I know you?" The role of significant others in general social perception. *Journal of Personality and Social Psychology, 59*, 384–399.

Aspinwall, L. G. & Taylor, S. E. (1992). Modeling cognitive adaptation: A longitudinal investigation of the impact of individual differences and coping on college adjustment and performance. *Journal of Personality and Social Psychology, 63*, 989–1003.

Aymanns, P. (1992). Krebserkrankung und Familie: Zur Rolle familialer Unterstützung im Prozess der Krankheitsbewältigung. Bern: Huber.

Aymanns, P., Klauer, T. & Filipp, S.-H. (1993). Bewältigungsverhalten von Krebskranken als Bedingung familialer Unterstützung. In A. Laireiter (Hrsg.), *Soziales Netzwerk und soziale Unterstützung* (S. 154–166). Bern: Huber.

Baldwin, M. W. (1992). Relational schemas and the processing of social information. *Psychological Bulletin, 112*, 461–484.

Barbee, A. P., Gulley, M. R. & Cunningham, M. R. (1990). Support seeking in personal relationships. *Journal of Personal and Social Relationships, 7*, 531–540.

Brandtstädter, J. & Greve, W. (1992). Das Selbst im Alter: Adaptive und protektive Mechanismen. *Zeitschrift für Entwicklungspsychologie und Pädagogische Psychologie, 24*, 269–297.

Coates, D., Renzaglia, G. J. & Embree, M. C. (1983). When helping backfires: Help and helplessness. In J. D. Fisher, A. Nadler & B. M. DePaulo (Eds.), *Recipient reactions to aid* (New directions in helping, Vol. 1; pp. 253–279). New York: Academic Press.

Collins, N. L. & Read, S. J. (1994). Cognitive representations of adult attachment: The structure and function of working models. In K. Bartholomew & D. Perlman (Eds.), *Attachment process in adulthood: Advances in personal relationships* (pp. 53–90). London: Kingsley.

Dakof, G. A. & Taylor, S. E. (1990). Victims' perceptions of social support: What is helpful from whom? *Journal of Personality and Social Psychology, 58*, 80–89.

Eckenrode, J. & Wethington, E. (1990). The process and outcome of mobilizing social support. In S. Duck & R. C. Silver (Eds.), *Personal relationships and social support* (pp. 83–103). London: Sage.

Filipp, S.-H. & Aymanns, P. (1987). Die Bedeutung sozialer und personaler Ressourcen in der Auseinandersetzung mit kritischen Lebensereignissen. *Zeitschrift für Klinische Psychologie, 16*, 383–396.

Greve, W. (1990). Stabilisierung und Modifikation des Selbstkonzeptes im Erwachsenenalter: Strategien der Immunisierung. *Sprache und Kognition, 9*, 218–230.

Higgins, E. T. (1987). Self-discrepancy: A theory relating self and affect. *Psychological Review, 94*, 319–340.

Jerusalem, M. & Schwarzer, R. (1992). Self-efficacy as a resource factor in stress appraisal processes. In R. Schwarzer (Ed.), *Self-efficacy: Thought control of action* (pp. 195–213). Washington, DC: Hemisphere.

Kirschbaum, C., Klauer, T., Filipp, S. H. & Hellhammer, D. H. (1995). Sex-specific effects of social support on cortisol and subjective responses to acute pychological stress. *Psychosomatic Medicine, 57*, 23–31.

Knee, C. R. (1998). Implicit theories of relationships: Assessment and prediction of romantic relationship initioation, coping, and longevity. *Journal of Personality and Social Psychology, 74*, 360–370.

Lakey, B. & Cassady, P. B. (1990). Cognitive processes in perceived social support. *Journal of Personality and Social Psychology, 59*, 337–343.

Lakey, B. & Dickinson, L. G. (1994). Antecedents of perceived support: Is perceived family environment generalized to new social relationships? *Cognitive Therapy and Research, 18*, 39–53.

Lakey, B. & Drew, J. B. (1997). A social-cognitive perspective on social support. In G. R. Pierce, B. Lakey, I. G. Sarason & B. R. Sarason (Eds.), *Sourcebook of social support and the family* (pp. 107–140). New York: Plenum Press.

Lakey, B., Moineau, S. & Drew, J. B. (1992). Perceived social support and individual differences in the interpretation and recall of supportive behaviors. *Journal of Social and Clinical Psychology, 11*, 336–348.

Lazarus, R. S. & Folkman, S. (1984). *Stress, appraisal, and coping*. New York: Springer.

Markus, H. (1977). Self-schemata and processing information about the self. *Journal of Personality and Social Psychology, 35*, 63–78.

Mummendey, H. D. (1995). *Psychologie der Selbstdarstellung* (2. Aufl.). Göttingen: Hogrefe.

Nadler, A. (1997). Personality and help-seeking: Autonomous and dependent seeking of help. In G. R. Pierce, B. Lakey, I. G. Sarason & B. R. Sarason (Eds.), *Sourcebook of social support and personality* (pp. 379–407). New York: Plenum Press.

Nadler, A., Sheinberg, L. & Jaffe, Y. (1981). Coping with stress by help-seeking: Help seeking and receiving behaviors in male paraplegics. In C. S. Spielberger, I. G. Sarason & N. Milgram (Eds.), *Stress and anxiety* (Vol. 8; pp. 375–386). Washington, DC: Hemisphere.

Pierce, T., Baldwin, M. W. & Lydon, J. E. (1997). A relational schema approach to social support. In G. R. Pierce, B. Lakey, I. G. Sarason & B. R. Sarason (Eds.), *Sourcebook of social support and personality* (pp. 19–47). New York: Plenum Press.

Pierce, T. & Lydon, J.E. (1998). Priming relational schemas: Effects of contextually activated and chronically accessible interpersonal expectations on responses to a stressful event. *Journal of Personality and Social Psychology, 75*, 1441–1448.

Sarason, I. G., Sarason, B. R. & Shearin, E. N. (1986). Social support as an individual difference variable: Its stability, origins, and relational aspects. *Journal of Personality and Social Psychology, 50*, 845–855.

Schröder, K. E. E. (1997). Persönlichkeit, Ressourcen und Bewältigung. In R. Schwarzer (Ed.), *Gesundheitspsychologie – ein Lehrbuch* (2. Aufl., S. 319–347). Göttingen: Hogrefe.

Schwarzer, R. (Ed.). (1992). *Self-efficacy: Thought control of action*. Washington, DC: Hemisphere.

Schwarzer, R., Dunkel-Schetter, C., Weiner, B. & Woo, G. (1992). Expectancies as mediators between recipient characteristics and social support intentions. In R. Schwarzer (Ed.), *Self-efficacy: Thought control of action* (pp. 65–87). Washington, DC: Hemisphere.

Schwarzer, R. & Leppin, A. (1992). Social support and mental health: A conceptual and empirical overview. In L. Montada, S.-H. Filipp & M. J. Lerner (Eds.), *Life crises and experiences of loss in adulthood* (pp. 435–458). Hilldale: Erlbaum.

Shumaker, S. A. & Brownell, A. (1984). Toward a theory of social support: Closing conceptual gaps. *Journal of Social Issues, 40* (4), 11–36.

Smith, C. A. (1991). The self, appraisal, and coping. In C. R. Snyder & D. R. Forsyth (Eds.), *Handbook of social and clinical psychology* (pp. 116–137). New York: Pergamon.

Wills, T. A. & DePaulo, B. M. (1991). Interpersonal analysis of the help-seeking process. In C. R. Snyder & D. R. Forsyth (Eds.), *Handbook of social and clinical psychology* (pp. 350–375). New York: Pergamon.

Soziale Kategorisierung und Selbstkonzept

Rosemarie Mielke

Persönliche und soziale Identität

Die Identitätsfindung des Menschen spielt sich ganz offensichtlich zwischen dem Streben nach Unabhängigkeit und dem Wunsch nach Zugehörigkeit zu sozialen Gruppen ab. Menschen suchen danach, von anderen akzeptiert und anerkannt zu werden. Dies erreichen sie auf der einen Seite dadurch, dass sie sich als unabhängiges und relativ einzigartiges Individuum Geltung verschaffen. Auf der anderen Seite finden sie soziale Unterstützung, Sicherheit und Schutz in sozialen Gruppen. Akzeptanz und Anerkennung als Gruppenmitglied haben aber ihren Preis. Die Kosten sind Anpassung und die Bereitschaft, eigene Bedürfnisse denen der Gruppe unterzuordnen: Gruppen üben Druck aus, die persönliche Identität zugunsten der Identität als Gruppenmitglied zumindest zeitweise zurückzustellen.

Unser Leben scheint dadurch charakterisiert zu sein, dass wir ständig entscheiden müssen, wie viel unserer persönlichen Identität wir der sozialen Identität opfern wollen. Dieses von Worchel (1998) als lebenslanges Dilemma beschriebene Wechselspiel ist offensichtlich nicht darauf angelegt, irgendwann endgültig entschieden zu werden. Zwar lässt sich vermuten, dass es Lebensphasen gibt, in denen die Bereitschaft zum relativen Verzicht auf die eine oder andere Akzeptanzquelle größer ist, ein weitgehendes Zurücknehmen der persönlichen zugunsten einer sozialen Identität (z. B. bei Mitgliedern bestimmter religiöser Gruppen) oder umgekehrt (z. B. Einsiedler, Künstler, Medienstars) scheint aber in unserer Gesellschaft eher die Ausnahme als die Regel zu sein.

Viel eher scheint es so zu sein, dass wir relativ flexibel zwischen den unterschiedlichen Identitäten wechseln können. Je nach Situation steht die persönliche oder eine soziale Identität stärker im Vordergrund. Im Gespräch mit der Freundin über den gerade gesehenen Film wird die ganz persönliche Art, sich von bestimmten Filmen fesseln zu lassen, die Abneigung gegen gewaltverherrlichende Szenen oder auch die Überzeugung, sich in Bezug auf Filme ein eigenes Urteil zutrauen zu können, den Verlauf der Unterhaltung bestimmen. Tritt der Freund der Freundin hinzu und schwärmt von der Attraktivität der Hauptdarstellerin, kann die den Äußerungen zugrunde liegende Sichtweise der Freundin auf sich selbst abrupt umschlagen. Ihre ganz persönliche Übereinstimmung mit dem Urteil über die Attraktivität stellt sie womöglich zurück, um sich vehement gegen die Ausbeutung von Frauen in der von Männern dominierten Filmindustrie zu wenden. Ihre soziale Identität als Frau tritt in den Vordergrund und der Rückgriff auf Interpretationsmuster, die sie als Mitglied dieser sozialen Kategorie ausweist, bestimmt ihre Reaktionen.

Im folgenden soll gezeigt werden, welche Vorstellungen im Rahmen der Theorie der sozialen Identität (Tajfel, 1974; Tajfel und Turner, 1979, 1986) und der Theorie der Selbstkategorisierung (Turner, Hogg, Oakes, Reicher und Wetherell, 1987) entwickelt wurden, um den Wechsel der Selbstinterpretationen von der persönlichen zu einer sozialen Identität zu erklären und welche Auswirkungen ein solcher Wechsel auf Strategien zur Erlangung einer positiven Selbst-Interpretation hat.

Soziales Selbstkonzept bezogen auf einzelne und Gruppen

Die sozialpsychologische Forschung zum Selbst beruft sich gern auf die Arbeiten von William James, der sich bereits vor der Jahrhundertwende (1890) in einem Kapitel seines Buches über Psychologie (Principles of Psychology) mit dem Bewusstsein vom Selbst befasst hat und zwischen einem materiellen, einem spirituellen und einem sozialen Selbst unterscheidet. Selbstbezogene Gedanken sind für James Zustände des Selbst-Bewusstseins, die im Falle des sozialen Selbst das Erleben der eigenen Person aus der Sicht anderer Personen enthalten. „[...] A man has as many social selves as there are individuals who recognize him and carry an image of him in their heads" (S. 294).

Dieses Verständnis vom Zustandekommen des sozialen Selbst findet sich bei Cooley (1902) wieder, der als Klassiker der Selbstkonzeptforschung gilt. Man sieht sich selbst durch die Reaktionen anderer Personen; Cooley (1902) hat dafür den Begriff des looking-glass self (Spiegelbild-Selbst) geprägt. Eine Person definiert sich selbst, indem sie die Reaktionen anderer Personen auf die eigene Person – also die Spiegelungen – interpretiert und sich auf der Grundlage dieser Deutungen selbst kategorisiert oder typisiert. „Gleichsam mit den

Augen anderer Personen betrachtet man sich selbst als soziales Objekt" (H. D. Mummendey, 1995, S. 116). Nach Mead (1934) werden für die Selbstdefinitionen in erster Linie die Personen relevant, mit denen die betreffende Person vorzugsweise interagiert, also wichtige Personen wie beispielsweise Familienangehörige, Lehrer oder Freunde. Diese werden von Mead (1934) im Rahmen seiner Überlegungen zur Sozialisation als significant others bezeichnet.

James (1890) hat bereits mitbedacht, dass die Personen, mit denen man zu tun hat, in der Regel nicht nur für sich stehen, sondern sozialen Kategorien zugeordnet werden, die für bestimmte Auffassungen stehen. Er setzt daher fort: „But as the individuals who carry images fall naturally into classes, we may practically say that *he has as many different social selves as there are distinct groups of persons about whose opinion he cares*" (James, 1890, S. 294, Hervorhebung von der Verfasserin). Das im sozialen Selbst enthaltene gespiegelte Bild der eigenen Person besteht also neben den Bildern, die sich andere Personen als Einzelpersonen machen, auch noch aus solchen Bildern, die durch die Zugehörigkeit der anderen Personen zu wichtigen Gruppen oder sozialen Kategorien in besonderer Weise geprägt sind. Das Erleben der eigenen Person als soziales Selbst – also der Zustand, in dem man sich seines sozialen Selbst bewusst ist – bezieht sich nach James auf das Erleben der eigenen Person aus der vermuteten Sichtweise anderer einzelner Personen *und* den Sichtweisen, die sie aufgrund ihrer Zugehörigkeit zu Gruppen oder sozialen Kategorien vermutlich haben bzw. typischerweise haben müssten.

In sozialpsychologischen Theorien der Beziehungen zwischen Gruppen ist diese bei James (1890) bereits enthaltene Unterscheidung zwischen Auffassungen über die eigene Person aus der Sicht einzelner und aus der Sicht ganzer Gruppen von Personen aufgegriffen und weiterentwickelt worden. Insbesondere in der Theorie der sozialen Identität (Tajfel, 1974; Tajfel und Turner, 1979, 1986) und der Theorie der Selbstkategorisierung (Turner, Hogg, Oakes, Reicher und Wetherell, 1987) wird davon ausgegangen, dass der Bezug der eigenen Person auf Gruppen von Personen zu einer anderen Art der Selbstrepräsentation führt – das Erleben und Verhalten also auf andere Art beeinflusst als die Bezugnahme auf einzelne andere Personen. Durch die Konstruktion des Selbst als Mitglied oder Nicht-Mitglied einer bestimmten Gruppe wird das Selbst-Konzept auf eine umfassendere Ebene ausgedehnt als diejenige der einzelnen Person. Ein zentraler Ausgangspunkt dieser Theorien ist, dass zu einer Mitgliedschaftsgruppe immer ein entsprechendes Pendant – eine Gruppe, der man nicht angehört – mitgedacht wird. Zwar ist nach wie vor individuelles Erleben und Verhalten die Betrachtungseinheit, dies wird jedoch konsequent sozialpsychologisch im Kontext von Beziehungen zwischen Gruppen gesehen. Der Interpretationskontext für das Selbst wird damit nicht nur auf die Gruppe, der man angehört, ausgedehnt sondern auf den gesamten Intergruppenkontext. Dies führt zu erheblichen Konsequenzen für die Wahrnehmung und Interpretation der eigenen Person. Die Auswirkungen rühren nicht nur daher, dass Bezug genommen wird auf die Einteilung der sozialen Umwelt in Kategorien, die als Interpretationshilfen verwendet werden können, sondern viel erheblicher sind die Auswirkungen, die daher rühren, dass man sich selbst bestimmten Kategorien zurechnet und damit zwangsläufig der jeweiligen antagonistischen Kategorien nicht angehört.

Der Blick auf die Intergruppensituation und die Annahme eines allgemeinen Wunsches nach positiver Selbstbewertung führen zum Kern der Theorie der sozialen Identität, der durch die Begriffe soziale Kategorisierung, soziale Identität, sozialer Vergleich und soziale Distinktheit gekennzeichnet werden kann: Die Segmentierung der sozialen Umwelt in unterscheidbare Kategorien oder Gruppen ist die Grundlage dafür, dass sich das Individuum der einen oder anderen Gruppe zugehörig fühlt. Die soziale Identität ergibt sich aus dieser Identifikation und der Beschaffenheit der Beziehung dieser Gruppe zu anderen Gruppen. Aus den sozialen Vergleichen zwischen der eigenen und der anderen Gruppe werden Informationen über die Beschaffenheit der Beziehung zwischen den Gruppen und insbesondere die Statusrelation der Gruppen gewonnen. Eine positive soziale Identität ist nur dann gewährleistet, wenn die Vergleiche positiv ausfallen – also eine Unterscheidung zwischen den Gruppen möglich ist, die sich als positiv distinkt bewerten lässt (vgl. dazu ausführlich Mummendey, 1985).

Turner (1987) hat auf diesen Überlegungen aufbauend in der Theorie der Selbstkategorisierung die psychischen Prozesse systematisiert, die zur sozialen Identität führen und die Art und Weise verdeutlicht, wie diese Prozesse verhaltenswirksam werden. Mit diesem Ansatz lassen sich eine ganze Reihe von sozialpsychologischen Befunden zur sozialen Wahrnehmung, zu Vorurteilen und Stereotypen sowie zu Gruppenprozessen integrieren.

Im vorliegenden Zusammenhang erfolgt eine Konzentration auf diejenigen theoretischen Überlegungen, die sich auf das soziale Selbstkonzept beziehen und erklären helfen, was der Wechsel von der einen zur anderen Interpretation des Selbst impliziert, wie er vollzogen wird und welche Möglichkeiten der Aufrechterhaltung bzw. Wiederherstellung des Selbstwertgefühls sich aus der Unterscheidung dieser Interpretationsmöglichkeiten des Selbst ergeben.

Möglichkeiten der Selbstinterpretation

Persönliches und soziales Selbst in der Theorie der sozialen Identität und in der Theorie der Selbstkategorisierung

Nach der Theorie der sozialen Identität (Tajfel, 1974) kann Verhalten mehr oder weniger durch die Beziehungen und Prozesse zwischen Personen als Einzelindividuen (interpersonal) oder als Mitglieder von Gruppen (Gruppe) bestimmt sein. Soziale Interaktionen an den beiden Polen eines sog. „Interpersonal-(Inter-)-Gruppe-Kontinuums" (Brown, 1997, S. 551) unterscheiden sich in mehrerer Hinsicht qualitativ voneinander. Einstellungen und Verhalten von Mitgliedern der eigenen Gruppe sind einheitlicher (größere Übereinstimmung zwischen den Personen), wenn die Gruppenmitgliedschaften und damit die Beziehung zwischen den Gruppen in den Vordergrund rücken. Mit Mitgliedern der jeweils anderen Gruppe wird stereotyper umgegangen und sie werden in der Regel im Vergleich zur eigenen Gruppe als homogener wahrgenommen (sog. relative Gruppenhomogenität: „Die sind alle gleich, wir sind untereinander verschieden"; unter besonderen Bedingungen gibt es allerdings auch eine relativ homogenere Wahrnehmung der eigenen Gruppe, wenn es sich beispielsweise um gruppendefinierende Merkmale von Minoritäten handelt; vgl. Simon, 1992). Bewegungen entlang diesem Kontinuum sind von psychologischen und sozialen Faktoren abhängig. Undurchlässige Gruppengrenzen (Impermeabilität) und ein Überzeugungssystem innerhalb der Gruppe von „sozialem Wandel" (Stabilität bzw. Legitimität) sind Schlüsselfaktoren für eine Bewegung von interpersonalem zu Einstellungen und Verhaltensweisen, die durch die Beziehungen zwischen den Gruppen determiniert ist. Gleichzeitig sind diese – auch als soziostrukturelle Merkmale der Intergruppensituation bezeichneten – Faktoren zentral für die Vorhersage von individuellen bzw. kollektiven Reaktionen auf niedrigen oder bedrohten Status der eigenen Gruppe innerhalb des sozialen Systems. Die spezifische Eigenart der Beziehung zwischen den Gruppen hat neben dem Ausmaß der Identifikation mit der Gruppe eine tragende Rolle bei der Entscheidung, ob die Person Probleme mit ihrer sozialen Identität durch individuelle Handlungen, wie z. B. das Verlassen der Gruppe, lösen kann oder auf Solidarität mit der Gruppe setzt und kollektive Handlungen anstrebt.

Fragen, die dadurch aufgeworfen werden, dass an den beiden Polen des Interpersonal-Gruppe-Kontinuums entgegengesetztes Erleben und Verhalten prognostiziert wird, führten zur Entwicklung der Theorie der Selbstkategorisierung. Dem interpersonalen und durch die Gruppenbeziehung determinierten

Verhalten wird eine entsprechende unterschiedliche Art der Selbstinterpretation – die personale und die soziale Identität – zur Seite gestellt. Die Unterscheidung von personaler und sozialer Identität in der Theorie der Selbstkategorisierung (Turner, 1982, 1984) verknüpft die theoretischen Überlegungen zum Einfluss von Intergruppenprozessen auf das Erleben und Verhalten explizit mit der Selbstkonzeptforschung.

In der Theorie der Selbstkategorisierung wird der Wechsel von personaler zu sozialer Identität nicht in erster Linie von Merkmalen der Beziehung zwischen der Zugehörigkeits- und der entsprechenden anderen Gruppe abhängig gemacht (wie Permeabilität der Gruppengrenzen und den jeweiligen Gruppenüberzeugungen von der Veränderbarkeit der relativen Statusposition der Gruppen), sondern es wird davon ausgegangen, dass der Identifikation mit der Gruppe und der relativen Salienz der sozialen Kategorie in einem spezifischen sozialen Kontext entscheidende kausale Bedeutung für den Wechsel der Selbstkategorisierung zukommen (Turner und Oakes, 1989).

Das Interpersonal-Gruppe-Kontinuum wird in eine Vorstellung von unterschiedlichen sich gegenseitig ausschließenden Ebenen der Selbst-Kategorisierung überführt. Die Idee, dass sich die Zustände gegenseitig ausschließen, wird beibehalten. Anstelle des Kontinuums wird ein hierarchisches Mehrebenen-Modell angenommen; die jeweils angesprochene Ebene ist abhängig von der Salienz der personalen oder sozialen Identität; die relative Salienz der unterschiedlichen Ebenen entscheidet über das relative Ausmaß der Selbstwahrnehmung als personalisiert oder depersonalisiert. Depersonalisierungseffekte als Ähnlichkeiten von Urteilen und Verhaltensweisen in Abhängigkeit von der Salienz der Gruppenmitgliedschaft konnten vielfach nachgewiesen werden (vgl. zusammenfassend Turner und Onorato, 1999).

Die soziale Identität wird verstanden als Selbst-Definition in Begriffen der Mitgliedschaft zu einer sozialen Kategorie. Unter personaler Identität wird die Selbst-Definition in Begriffen von persönlichen oder idiosynkratischen Merkmalen verstanden. Zentral ist für Turner (1984) das Konzept der Salienz als Bezeichnung für die Idee, dass das Selbstkonzept situativ variiert: „... social identity is sometimes able to function to the relative exclusion of personal identity" (S. 527). Diese Variationsmöglichkeit eines „kognitiven Mechanismus" impliziert, dass die soziale Identität eine Anpassungsfunktion hat, nämlich an die Gruppe angepasstes Verhalten und Einstellungen zu produzieren. Der kognitive Mechanismus sorgt für den grundlegenden Prozess der Selbst-Kategorisierung, der über den Weg der Selbst-Stereotypisierung zu einer depersonalisierten Selbstwahrnehmung führt. Das bedeutet, dass das Selbst in Begriffen der Einordnung in eine sozial geteilte Kategorie definiert wird. „Sozial geteilt" meint hier zweierlei. Erstens muss die Kategorisierung konsensual zwischen den Gruppen bzw. deren Mitgliedern vorgenommen werden, d. h., es muss eine Übereinstimmung zwischen meiner Wahrnehmung der Zugehörigkeit und der Wahrnehmung der Zugehörigkeit durch ein Mitglied der anderen Gruppe bestehen. Zweitens handelt es sich um eine Kategorie, über deren Existenz ein sozialer Konsens herrscht. In dem umgebenden sozialen System, in das die Gruppen eingebettet sind, sollte ein gewisses Ausmaß an Verständigung und Übereinstimmung darüber bestehen, dass die soziale Kategorie existiert. Die soziale Identität ist ein Zustand, in dem Wahrnehmen, Erleben und Verhalten von der Zugehörigkeit zu einer solchen sozialen Kategorie und der Beziehung dieser Kategorie oder Gruppe zu der jeweils alternativen Kategorie geprägt ist bzw. ein Zustand, der vom interpersonalen in Gruppenerleben und -verhalten überführt wurde. Das bedeutet, dass die soziale Kategorie für die Selbstinterpretation im Vordergrund steht und Erleben und Verhalten auf der Grundlage der sozialen Identität stattfindet. Im diesen Zustand zu bezeichnen werden häufig auch die Begriffe De-Personalisierung oder De-Individualisierung verwendet.

Zwei Arten der Selbst-Interpretation: Das Selbst-Aspekt-Modell von Mummendey und Simon

Mummendey und Simon unterscheiden 1997 zwischen kollektivem und individuellem Selbst und knüpfen damit an die Überlegungen von Tajfel und Turner (1979) zum Interpersonal-Gruppe-Kontinuum und die Unterscheidung von personaler und sozialer Identität bei Turner et al. (1987) an.

Mummendey und Simon (1997) gehen davon aus, dass es zwei Selbst-Interpretationsvarianten gibt, die eine Person verwenden kann, um sich die Beziehungen zwischen ihrem Erleben und Verhalten sowie den Reaktionen der sozialen Umwelt ihr gegenüber zu erklären. Die Selbst-Interpretation ist Grundlage dafür, welche Bedeutungsmuster generiert werden und welche impliziten oder expliziten Schlussfolgerungen daraus für das Erleben und Verhalten gezogen werden. Die Selbst-Interpretation als Gruppenmitglied bedeutet, dass man sich als austauschbares, allen anderen Mitgliedern der Eigengruppe ähnliches Exemplar definiert. Mummendey und Simon (1997) bezeichnen diese Interpretationsart in ihrem Selbst-Aspekt-Modell auch kurz als kollektives Selbst. Die Selbst-Interpretation als einzigartiges, von allen anderen Personen verschiedenes Individuum ist die individuelle Selbst-Interpretation oder auch kurz individuelles Selbst.

Statt von personaler und sozialer Identität nunmehr von unterschiedlichen Selbst-Interpretationen auszugehen, soll deutlich machen, dass es sich bei individuellem und kollektivem Selbst keinesfalls um kognitive Strukturen handelt, die einmalig ausgebildet, für immer vorhanden und lediglich aktualisiert werden. Vielmehr soll mit diesen Bezeichnungen auf zwei verschiedene Formen der kontextabhängigen Interpretation der eigenen Person hingewiesen werden. Wir tragen nicht individuelle und kollektive Selbste mit uns herum, sondern interpretieren die eigene Person in Abhängigkeit von bestimmten Merkmalen der Situation einmal stärker im Sinne der sozialen Kategorie oder Gruppe – also als kollektives Selbst – und einmal stärker im Sinne der einzigartigen Person – also eher als individuelles Selbst.

Selbst-Aspekte. Zur jeweiligen Selbst-Interpretation werden Selbst-Aspekte (Linville, 1985, 1987) verwendet. Selbst-Aspekte sind kognitive Strukturen oder Kategorien, die zur Organisation des Wissens über die eigene Person herangezogen werden. Personen entwickeln solche Kategorien auf der Grundlage ihrer Erfahrungen. Aufgrund von Erfahrungen im Umgang mit unterschiedlichen Personen entstehen zum Beispiel Vorstellungen von Persönlichkeitsmerkmalen; dadurch dass man in sozialen Situationen unterschiedliche Funktionen erfüllt, erwirbt man ein Verständnis von sozialen Rollen und lernt diese zu unterscheiden. Solche Selbst-Aspekte als zuverlässiger Mensch, als liebevoller Vater etc. helfen, weitere Erfahrungen zu verstehen und zu interpretieren. Diese kategorialen Selbstzuschreibungen stellen einerseits die Grundlagen für die Interpretation weiterer Erfahrungen dar und können andererseits die Zugehörigkeit zu einer Kategorie oder Gruppe begründen. Ich kann mich als zuverlässig verstehen und erkenne umso eher die Unzuverlässigkeit anderer, da sie mir im Kontrast zu meiner Eigenart ganz besonders auffällt. Ich kann mich als jemanden verstehen, der zu den Zuverlässigen gehört, und nehme an, dass ich mich auf mein Gefühl für Pünktlichkeit verlassen kann, da diese Tugenden nach bisherigen Erfahrungen gemeinsam auftreten.

Die Akzentsetzung auf das kollektive Selbst besteht im Einzelnen darin, dass

- die Ähnlichkeit bzw. Austauschbarkeit der eigenen Person mit Personen der gleichen Kategorie in den Vordergrund rückt
- ein bestimmter (der für die Kategorie relevanteste) Selbst-Aspekt andere Aspekte dominiert

- andere Selbst-Aspekte unmittelbar durch den dominanten Selbst-Aspekt impliziert sind, da sie mit ihm stereotypisch assoziiert sind (andere Selbst-Aspekte werden damit dann redundant).

Die kollektive Akzentsetzung verändert das Erleben der eigenen Person und der sozialen Umwelt auf folgende Weise:
- Eigenes (und auch fremdes) Verhalten und Erleben wird vorrangig im Lichte eines einzigen Selbst-Aspekts interpretiert.
- Durch die eindimensionale Selbst-Interpretation tritt die Ähnlichkeit mit Personen, mit denen man den dominanten Selbst-Aspekt teilt, besonders stark hervor („wir, die Zuverlässigen"), da diese Ähnlichkeit nicht wie im Falle individueller Selbst-Aspekte abgeschwächt wird. (Bei individueller Akzentsetzung ist dagegen die Selbst-Interpretation mehrdimensional und damit komplexer und die Ähnlichkeit mit anderen Personen kann nicht so deutlich hervortreten.)
- Die Unterschiedlichkeit zu Personen, mit denen man den dominanten Selbst-Aspekt nicht teilt („die anderen"), wird hervorgehoben, weil eventuelle Ähnlichkeiten mit ihnen hinsichtlich anderer Selbst-Aspekte vernachlässigt werden.

Die Akzentverschiebung bewirkt also, dass die Ähnlichkeit innerhalb der Gruppe oder Kategorie „zu Lasten" der Ähnlichkeiten mit Mitgliedern der anderen Gruppe oder Kategorie hervorgehoben wird: Ich bin euch ähnlich, und wir unterscheiden uns von den anderen. Entsprechend werden bei Dominanz des individuellen Selbst die intraindividuellen Ähnlichkeiten – also die Konsistenz der Person über unterschiedliche Situationen hinweg und die Stabilität der Selbst-Interpretation besonderes betont. Gleichzeitig treten Unterschiede zu anderen einzelnen Personen in den Vordergrund.

Wann kommt es zu kollektiven Selbst-Interpretationen?
Im Selbst-Aspekt-Modell (Mummendey und Simon, 1997) wird angenommen, dass das Selbst unter Rückgriff auf dieselben kognitiven Strukturen (die Selbst-Aspekte) eher als kollektives oder als individuelles Selbst konstruiert werden kann. Auf welche Art das Selbst jeweils konstruiert wird, ist von der sozialen Situation abhängig. Vorstellungen von einem „Arbeits"-Selbstkonzept, wie sie in der Forschungsgruppe um Hazel Markus entwickelt wurden (Cantor, Markus, Niedenthal und Nurius, 1986), sind damit in Übereinstimmung. Hannover (1997)

fasst die Auffassungen zum flexiblen Wechsel zwischen unterschiedlichen Selbstkonstrukten zusammen und spricht in Anlehnung an Markus und Wurf (1987) von einem dynamischen Selbst, das sich darin zeigt, dass zu einem bestimmten Zeitpunkt eine jeweils unterschiedliche Konfiguration von Selbstkonstrukten aktiviert ist. Welche Selbstkonstrukte jeweils Inhalt des Arbeits-Selbst sind, ist von Motiven der Person, aber auch von der Zugänglichkeit und Verfügbarkeit der Selbstkonstrukte abhängig (siehe auch Hannover, in diesem Band).

Die Verwendung von sozialen Kategorien zur Selbst-Interpretation ist ein bedeutungsgebender Prozess, der von personspezifischen Voraussetzungen ebenso abhängig ist wie von situativen Bedingungen. Mit Bezugnahme auf Bruner (1957) wird bereits in der Theorie der Selbstkategorisierung davon ausgegangen, dass die Verwendung von bestimmten sozialen Kategorien einerseits davon abhängt, inwieweit sie dem Akteur (aktuell oder chronisch) zur Verfügung stehen. Andererseits ist entscheidend, inwieweit die Kategorie zur Interpretation der Situation geeignet ist (komparativer und normativer Fit, vgl. dazu Oakes, 1987). Im Rahmen der Theorie der Selbstkategorisierung sind eine Reihe von Faktoren untersucht worden, die den Fit – also die Passung einer bestimmten sozialen Kategorie – beeinflussen; dazu zählen persönliche Bedürfnisse, Ziele, habituelle Dispositionen und auch Merkmale des Reizes wie Visibilität, Nähe und Interdependenz.

Simon, Pantaleo und Mummendey (1995) haben gefunden, dass die Betonung der Einzigartigkeit (also der distinkten Merkmale) regelmäßig einen stärkeren Einfluss auf das aktuelle Selbst-Bild der von ihnen untersuchten Personen ausübte als kollektive Selbst-Interpretationen mit der Betonung der eigenen Austauschbarkeit. Diese Asymmetrie wird auf dem Hintergrund einer Verschiebung der Balance zwischen individuellem und kollektivem Selbst in modernen Gesellschaften interpretiert. Den Befund als Besonderheit moderner Gesellschaften aufzufassen, unterstreicht die Annahme des hohen Grades an Kontextabhängigkeit und Flexibilität von Selbst-Interpretationen. Die Begründung für die – möglicherweise für westliche Industriegesellschaften typische – Dominanz individueller gegenüber kollektiven Selbstinterpretationen hat Simon (1993) ausführlich dargestellt.

Welche Möglichkeiten für kollektive Selbst-Interpretationen gibt es?
Wie bei allen Kategorien gibt es auch bei sozialen Kategorien, die zur Interpretation des Selbst verwendet werden, unterschiedliche Abstraktionsniveaus. Unterschiedlich abstrakte soziale Kategorien gehören zu einander umschließen-

den oder einander ausschließenden Klassen. Anders ausgedrückt: Soziale Kategorien unterscheiden sich in ihrem Inklusionsniveau.

Das individuelle Selbst basiert auf einzelnen Aspekten oder Kategorien, anhand derer das Individuum sich als einzigartige Person über die individuellen Unterschiede zu anderen einzelnen Personen definiert. Das kollektive Selbst bezieht sich auf Kategorisierungen des Selbst in Begriffen von sozial geteilten Ähnlichkeiten mit Mitgliedern bestimmter sozialer Kategorien im Kontrast zu anderen sozialen Kategorien. Kollektives Selbst ist ein sozial kategoriales Selbst (z. B. „wir" im Gegensatz zu „die", die eigene Gruppe im Gegensatz zu der anderen Gruppe, wir Frauen, wir Männer, Schwarze, Weiße). Das kollektive Selbst ist inklusiver als das individuelle Selbst und kann auf unterschiedlichem Inklusionsniveaus gebildet werden. Turner et al. (1987) haben drei Ebenen der Selbst-Kategorisierung unterschieden: die Ebene des einzelnen Individuums, die Ebene der Gruppe und diejenige als Mensch überhaupt. Andere Unterscheidungen sind denkbar – je nach Körnigkeit der Betrachtung lässt sich beispielsweise eine Unterscheidung von Kategorien entlang einer geographischen Dimension nach Wohnort, Bundesland, Nation, Erdteil oder auch differenzierter nach Nachbarschaftsgruppe, Gemeinde, Kommune, Region, etc. treffen. Entlang einer Professionsdimension könnte man nach Biologe, Wissenschaftler, Akademiker etc. unterscheiden.

Besondere Bedeutung erlangt die Unterscheidung unterschiedlicher Inklusionsniveaus für die Frage des aktuellen oder chronischen Wechsels von Selbst-Interpretationen im Falle von Selbstwertbedrohung oder Abwertung des Selbstwerts aufgrund der Zugehörigkeit zu Gruppen oder Kategorien mit geringem Status. Gibt es beispielsweise bevorzugte Richtungen des Wechsels unter definierbaren Bedingungen, wie z. B. die Verwendung der regionalen Zugehörigkeit, wenn die nationale Zugehörigkeit problematisch wird. Haeger, Mummendey, Mielke, Blanz und Kanning (1996) konnten zeigen, dass unter anderem auch die Möglichkeit des Wechsels der Kategorisierungsebene genutzt wird, wenn die zunächst aktualisierte kollektive Selbstinterpretation zu Selbstwertbedrohung oder -beeinträchtigungen führt.

Strategien zur Erlangung positiver Selbst-Interpretationen

Mit der Theorie der sozialen Identität findet eine weitere motivationale Annahme für die Aufnahme von sozialen Beziehungen oder deren Beendigung in die Überlegungen Eingang. Nimmt man mit James und Cooley an, dass Auffassungen über sich selbst aus den Reaktionen anderer auf die eigene Person abgeleitet werden, dann ist man in dem Ausmaße daran interessiert, sich anderen Menschen anzuschließen, wie man Informationsbedarf über sich selbst hat. Tajfel nahm darüber hinaus an, dass der Wunsch, sich anderen anzuschließen, auch dadurch genährt wird, ein möglichst günstiges Bild von sich selbst zu entwickeln und aufrechtzuerhalten. Diese z. B. von Taylor und Brown (1988) ausführlich begründete Annahme besagt, dass die positive Bewertung der eigenen Person oder die positiv bewertete Identität offensichtlich einen hohen Anpassungswert für die Person und die Bewältigung ihres Lebens hat. Beziehungen zu anderen Personen und Gruppen von Personen enthalten also einerseits Informationsmöglichkeiten für die Selbstdefinition und andererseits die Möglichkeit, diese Selbstdefinition als positiven Entwurf eines Selbstbildnisses zu gestalten.

Das Bedürfnis nach positiver sozialer Identität führt zum Streben nach Herstellung einer Überlegenheit der eigenen Gruppe (positive Distinktheit). Der Prozess, der durch die Sequenz „soziale Kategorisierung – soziale Identität – sozialer Vergleich (Intergruppen-Vergleich) – positive Distinktheit der eigenen Gruppe" beschrieben wird, führt zu einer positiven Selbstbewertung bezogen auf die soziale Identität. Crocker und Luhtanen (1990) schlagen vor, die aus diesem Prozess resultierende Selbstbewertung präziser als kollektives Selbstwertgefühl zu bezeichnen, auch um damit der kurzschlüssigen Folgerung vorzubeugen, die Abwertung einer anderen Gruppe führe automatisch zu einem generellen positiven Selbstwertgefühl.

Ein von Turner und Onorato (1999) besonders hervorgehobenes Kennzeichen der Theorie der sozialen Identität ist, dass die Überlegungen Tajfels von Beginn an auch auf natürliche Gruppen und bestimmte Merkmale der Intergruppenbeziehung bezogen werden. Die Theorie bleibt nicht bei der psychologischen Analyse des Selbstkonzepts stehen, sondern sie wird verwendet, um die Komplexität vorfindbarer Intergruppen-Situationen zu analysieren und Verhalten vorherzusagen. Es werden psychologische Konsequenzen für Mitglieder in Gruppen mit unterschiedlicher Statusposition in sozial stratifizierten Gesellschaft mit bestimmten sozialstrukturellen Bedingungen verknüpft. Was tun Mitglieder von Gruppen mit hohem Status im Vergleich zu Mitgliedern in Gruppen mit niedrigem Status, wie verhalten sich Menschen bei sicheren oder stabilen Statusunterschieden, und wie verhalten sie sich bei unsicheren oder instabilen Unterschieden? Welche Reaktionsarten sind bei Gruppenmitgliedern zu erwarten aufgrund der Herausforderung, die sie durch ihre soziale Identität erleben, wenn sie sich an unterschiedlichen Stellen in der sozialen Struktur befinden und gemeinsame Vorstellungen (shared beliefs) über das Wesen der sozialen Struktur haben?

Strategien als Veränderungen der Parameter sozialer Vergleiche
Mitglieder anderer Gruppen verfolgen nur teilweise dieselben Werte und Ziele wie die eigene Gruppe, daher ist zu erwarten, dass diese anderen Gruppen bzw. deren Mitglieder auf den wichtigen Dimensionen der eigenen Gruppe schlechter abschneiden (Mummendey und Schreiber, 1984) – andere müssen nicht unbedingt schlechter sein, damit man sich gut fühlt, aber sie sollten zumindest anders sein. Der Vergleich zwischen Gruppen fällt daher in vielen Fällen für die beteiligten Gruppen positiv aus – unter der Voraussetzung, dass beide Gruppen hinreichend verschieden sind. Trotz oder gerade wegen unterschiedlicher Ziele und Werte kann eine Vielzahl von Gruppen konfliktfrei nebeneinander bestehen.

Probleme oder Konflikte entstehen dann, wenn die eigene Gruppe im Vergleich zu der anderen auf der für sie wichtigen Dimension schlecht abschneidet, wenn neue Werte und Ziele für die eigene Gruppe gelten, sodass sie in Konkurrenz zu einer Gruppe gerät, die diese Ziele und Werte bereits als für sie wichtig festgelegt hat oder wenn eine andere Gruppe als Referenzgruppe bedeutsam wird, die ähnliche Werte und Ziele verfolgt. Wird aufgrund der veränderten Vergleichssituation die eigene Unterlegenheit hinreichend deutlich, so muss u. U. nach einem Ausgleich des negativen Ansehens gesucht werden.

Im Rahmen der Erforschung des Verhältnisses zwischen Ost- und Westdeutschen sind die von Tajfel und Turner (1979) konzipierten Verhaltensstrategien erweitert und systematisiert worden. Es wird ein Klassifikationssystem vorgeschlagen, das Verhaltensmöglichkeiten anhand der Veränderung von Parametern der Vergleichssituation und zusätzlich danach unterscheidet, ob sie eher verhaltensbezogen sind oder eher auf der Ebene der Uminterpretation der Situa-

Tabelle 9.1: Taxonomie von Strategien zur Änderung der Selbstbewertung im Gruppenkontext

	Eigene und andere Gruppe **un**verändert	Eigene Gruppe **un**verändert/andere Gruppe verändert	Eigene und andere Gruppe verändert
Verhaltensbezogen	Änderung der Statusrelation	Änderung des Vergleichsobjekts	Wechsel der Gruppenzugehörigkeit
Kognitiv	Änderung der Vergleichsdimension	Kognitive Änderung des Vergleichsobjekts	Änderung der Kategorisierungsebene

tion – also in erster Linie kognitiv – stattfinden (Blanz, Mummendey, Mielke, und Klink, 1998).

Verhaltensstrategien
Änderung der Statusrelation. Im Falle, dass beide Gruppen, so wie sie sind, erhalten bleiben, besteht eine Möglichkeit darin, die Statusbeziehung zwischen den Gruppen wieder zugunsten der Position der eigenen Gruppe zu verändern. Dies lässt sich durch sozialen oder realistischen Wettbewerb zwischen den Gruppen realisieren. Die Gruppenmitglieder setzen sich dafür ein, dass beispielsweise staatliche Mittel verstärkt zum Aufbau des Ausbildungssystems in der eigenen Gruppe eingesetzt werden.
Änderung des Vergleichsobjekts. Diese Option einer Veränderung der Vergleichsobjekte durch Verhalten hat sich theoretisch aufgrund der Systematisierung der in der Untersuchung operationalisierten Bewältigungsstrategien ergeben. Entsprechende Verhaltensweisen sind vorstellbar, aber nicht in jeder Situation realisierbar. Eine – allerdings radikale – Veränderung der Vergleichsobjekte auf der Verhaltensebene wäre ein Exodus der gesamten Gruppe in ein anderes Umfeld. Dies hätte notwendigerweise einen Wechsel der Vergleichsgruppe zur Folge. Aufgrund der neuen Situation würden sich dann neue Vergleichsobjekte ergeben. Anstrengungen, die andere überlegene Gruppe aufzulösen, würden bei Erfolg ebenfalls zwangsläufig zu neuen Vergleichsobjekten für die eigene Gruppe führen.
Wechsel der Gruppenzugehörigkeit. Als Veränderung der Parameter der Vergleichssituation lässt sich ebenfalls formulieren, dass man sich entschließt, die statusunterlegene Gruppe zu verlassen und sich der statusüberlegenen Gruppe anzuschließen (vgl. auch das Begriffspaar exit-voice bei Hirschmann, 1970, 1993). Dieses Verhaltensmuster der individuellen Mobilität bedeutet aus Sicht der Person eine Veränderung der eigenen Gruppe und der anderen Gruppe, da man die Zugehörigkeit umkehrt. Eine Variante der individuellen Mobilität stellt die Assimilation dar. Der Unterschied besteht darin, dass bei Assimilation die ursprüngliche Gruppenzugehörigkeit lediglich kaschiert und im Prinzip jederzeit wieder aktualisierbar ist.

Kognitive Strategien
Analog zu den verhaltensbezogenen Veränderungen sind drei Arten der Veränderung der Vergleichsparameter durch Uminterpretationen der Situation zu unterscheiden.

Änderung der Vergleichsdimension. Die eigene und die andere Gruppe bleiben unverändert. Es werden lediglich die Dimensionen des Vergleichs anders gewichtet bzw. bewertet oder neue herangezogen. Diese Strategie ist von Lemaine, Kastersztein und Personnaz (1978) erstmals beschrieben und als sozial kreative Strategie bezeichnet worden. Mummendey und Schreiber (1983) konnten zeigen, dass die Tendenz zur Eigengruppenfavorisierung mit der wahrgenommenen Relevanz der jeweiligen Vergleichsdimension für die jeweilige Gruppe variiert. Die Eigengruppe wird eher auf solchen Dimensionen favorisiert, die für die soziale Identität konstitutiv sind. Der anderen Gruppe wird eine relative Überlegenheit auf den für die eigene Gruppe weniger wichtigen Gruppen eingeräumt. Dieses Urteilsverhalten wird auch als indirekte Diskriminierung bezeichnet. In Untersuchungen zum Verhältnis zwischen Ost- und Westdeutschen konnte mehrfach gezeigt werden, dass Leistungsmerkmale und soziale Merkmale als gruppenspezifische Vergleichsdimensionen für Ost- und Westdeutsche zur wechselseitigen Unterscheidung verwendet werden. Vergleichsdimensionen, auf die bei Unterlegenheit ausgewichen wird, sind nicht beliebig. Es werden Dimensionen verwendet, die nicht gruppendefinierend sind (Doll, Mielke und Mentz, 1994; Blanz, Mummendey, Mielke und Klink, 1998).

Eine solche Strategie der Wichtigkeitsdifferenzierung hat eine für den Erhalt der Gruppe konservierende Funktion und bietet für die Mitglieder der Gruppe eine Gewährleistung für Rückhalt in der Gruppe und damit eine Basis für die eigene Verhaltenssicherheit. Es werden Denk- und Bewertungsgewohnheiten im Intergruppenkontext und damit die gewohnten kollektiven Selbstdefinitionen geschützt, die relative Stabilität des sozialen Ordnungsgefüges bleibt bestehen und die individuelle Verhaltenssicherheit ist gegeben.

Änderung des Vergleichsobjekts Die eigene Gruppe bleibt unverändert, aber die andere Gruppe wird nicht länger als Vergleichsobjekt herangezogen. Es werden andere Vergleichsobjekte als bedeutsam deklariert. Dies kann eine andere – unterlegene – Gruppe sein. Abhilfe könnte aber auch durch eine Veränderung der Zeitebene geschaffen werden. Vorstellbar wäre beispielsweise, dass die Gruppe sich entschließt, die eigenen historischen Glanzzeiten in den Mittelpunkt zu rücken oder durch Zukunftsvisionen die Überlegenheit der die Gruppe definierenden Werte und Ziele verdeutlicht. Diese Veränderung des Vergleichsobjekts kann man als selbstreferentiellen Vergleich mit der eigenen Gruppe bezeichnen (vgl. Haeger, Mummendey, Mielke, Blanz und Kanning, 1996).

Änderung der Kategorisierungsebene. Eine weitere Möglichkeit, die Situation kognitiv zu verbessern, besteht darin, die eigene und die andere Gruppe dadurch zu verändern, dass die Selbstkategorisierung auf einer anderen Ebene angesiedelt wird. Man definiert sich selbst als Einzelperson oder wechselt zur über- oder untergeordneten Kategorisierungsebene (z. B. regionale Identität als Sachsen-Anhaltiner oder nationale Identität als Deutscher).

Besonderheiten kollektiver und individueller Strategien
Statusdiskrepanzen zwischen Gruppen werden erst dann als relative Deprivation erlebt, wenn das Gefühl der Benachteiligung der Gruppe stark genug ist. Dieses Benachteiligungsgefühl wird nicht im Vergleich zu irgendwelchen Gruppen entwickelt, sondern ist abhängig von der wahrgenommenen Bedeutsamkeit der Gruppe. Weitere sog. referent cognitions (Folger, 1987), d. h. auf den Vergleich und die Gruppe bezogene Kognitionen verbessern die Prognostizierbarkeit von Strategien. Gruppenbezogene Reaktionen sind beispielsweise abhängig davon, dass spezifische Verbesserungserwartungen für die Situation der Gruppe bestehen („Die Situation zwischen Ost und West wird sich zügig verbessern"), die Verbesserung als gerechtfertigt wahrgenommen wird („Es ist nicht gerechtfertigt, dass es den Westdeutschen besser geht als den Ostdeutschen") und auch Mittel und Wege der Realisierung einer Statusverbesserung („Wir Ostdeutsche können die Beziehung zu den Westdeutschen aus eigener Kraft verbessern") als gegeben wahrgenommen werden (vgl. dazu ausführlicher Mummendey, Kessler, Klink und Mielke, 1999).

Insbesondere die Realisierungsmöglichkeiten von Statusveränderungen aus eigener Kraft der Gruppe haben sich als differentielle Vorhersagevariable für eher kurzfristige und nach innen gerichtete oder langfristige und nach außen gerichtete Änderungen erwiesen. Bei unzureichendem Vertrauen in die Möglichkeiten der eigenen Gruppe sind Reaktionen wahrscheinlicher, die eher kurzfristiger zu einem „kognitiven Ausgleich" der Bewertungsbilanz führen. Versuche, sich der statushöheren Gruppe zuzurechnen, andere Vergleichsdimensionen zu bevorzugen oder das Vergleichsobjekt zu ändern und Schlechtergestellte abzuwerten, scheinen typische Strategien zu sein, um relativ schnell eine Situation herzustellen, in der die soziale Kategorie oder Gruppe wieder akzeptabel ist. Allerdings verlässt man damit u. U. die soziale Unterstützung, die Solidarität und den Schutz einer Gruppe, die lange zur eigenen Identität beigetragen hat, indem sie eine mögliche soziale Identität verfügbar hielt. Mit der Uminterpretation der Vergleichsdimension, dem Wechsel der wesentlichen Vergleichsgruppe und ähnlichen Strategien ändert man nicht nur die soziale Kategorie oder Gruppe in ihren wesentlichen Bestimmungsmerkmalen sondern gleichzeitig verändert damit auch ein Stück von sich selbst, da in dem Maße wie man sich mit dieser veränderten Gruppe identifiziert bzw. diese veränderte soziale Kategorie zur Selbstinterpretation verwendet wird, auch die soziale Identität anders wird.

Literatur

Blanz, M., Mummendey, A., Mielke, R. & Klink, A. (1998). Responding to negative social identity: A taxonomy of identity management strategies. *European Journal of Social Psychology, 28*, 697–729.

Blanz, M., Mummendey, A., Mielke, R. & Klink, A. (1998). Wechselseitige Differenzierung zwischen sozialen Gruppen: Ein Vorhersagemodell der Theorie der sozialen Identität. *Zeitschrift für Sozialpsychologie, 29*, 239–259.

Brown, R. (1997). Beziehungen zwischen Gruppen. In W. Stroebe, M. Hewstone & G. M. Stephenson (Hrsg.), *Sozialpsychologie* (3. Aufl., S. 545–576). Berlin: Springer.

Bruner, J. (1957). On perceptual readiness. *Psychological Review, 64*, 123–152.

Cantor, N., Markus, H., Niedenthal, P. & Nurius, P. (1986). On motivation and self-concept. In R. M. Sorrentino & E. T. Higgins (Eds.), *Handbook of motivation and social cognition: Foundations of social behavior* (pp. 96–121). New York: Academic Press.

Cooley, C. H. (1902). *Human nature and social order*. New York: Scribners.

Crocker, J. & Luhtanen, R. (1990). Collective self-esteem and ingroup bias. *Journal of Personality and Social Psychology, 58*, 60–67.

Doll, J., Mielke, R. & Mentz, M. (1994). Formen und Veränderungen wechselseitiger ost-westdeutscher Stereotypisierungen in den Jahren 1990, 1991 und 1992. *Kölner Zeitschrift für Soziologie und Sozialpsychologie, 46*, 501–514.

Folger, R. (1987). Reformulating the predictions of resentment: A referent cognition model. In J. C. Masters & W. P. Smith (Eds.), *Social comparisons, social justice, and relative deprivation* (pp. 183–215). London: Erlbaum.

Haeger, G., Mummendey, A., Mielke, R., Blanz, M. & Kanning, U. (1996). Zum Zusammenhang von negativer sozialer Identität und Vergleichen zwischen Personen und Gruppen: Eine Felduntersuchung in Ost- und Westdeutschland. *Zeitschrift für Sozialpsychologie, 27*, 259–277.

Hannover, B. (1997). *Das dynamische Selbst*. Bern: Huber.

Hirschman, A. O. (1970). *Exit, voice, and loyalty: Responses to decline in firms, organisations, and states*. Cambridge: Harvard University Press.

Hirschmann, A. O. (1993). Exit, voice, and the fate of the German Democratic Republic. An essay in conceptual history. *World Politics, 45*, 173–202.

James, W. (1890). *Principles of Psychology* (Vol. 1). New York: Henry Holt.

Lemaine, G., Kastersztein, J. & Personnaz, B. (1978). Social differentiation. In H. Tajfel (Ed.), *Differentiation between social groups: Studies in the social psychology of intergroup relations* (pp. 269–300). London: Academic Press.

Linville, P. W. (1985). Self-complexity and affective extremity: Don't put all your eggs in one cognitive basket. *Social cognition, 3,* 94–120.

Linville, P. W. (1987). Self-complexity as a cognitive buffer against stress-related illness and depression. *Journal of Personality and Social Psychology, 52,* 663–676.

Markus, H. & Wurf, E. (1987). The dynamic self-concept: A social psychological Perspective. *Annual Review of Psychology, 38,* 229–337.

Mead, G. H. (1934). *Mind, self, and society.* Chicago: University of Chicago Press.

Mummendey, A. (1985). Verhalten zwischen sozialen Gruppen: Die Theorie der sozialen Identität. In D. Frey & M. Irle (Hrsg.) *Theorien der Sozialpsychologie.* Band II: Gruppen- und Lerntheorien (S. 185–216). Bern: Huber.

Mummendey, A., Kessler, T., Klink, A. & Mielke, R. (1999). Strategies to cope with negative social identity: Predictions by social identity theory and relative deprivation theory. *Journal of Personality and Social Psychology, 76,* 229–245.

Mummendey, A., Klink, A., Mielke, R., Wenzel, M. & Blanz, M. (1999). Socio-structural characteristics of intergroup relations and identity management strategies: Results from a field study in East Germany. *European Journal of Social Psychology, 29,* 259–285.

Mummendey, A. & Schreiber, H.-J. (1984). „Different" just means „better": some obvious and some hidden pathways to in-group favoritism. *British Journal of Social Psychology, 23,* 363–367.

Mummendey, A. & Simon, B. (1997). Selbst, Identität und Gruppe: Eine sozialpsychologische Analyse des Verhältnisses von Individuum und Gruppe. In A. Mummendey & B. Simon (Hrsg.), *Identität und Verschiedenheit.* Bern: Huber.

Mummendey, H. D. (1995). *Psychologie der Selbstdarstellung.* Göttingen: Hogrefe.

Oakes, P. J. (1987). The salience of social categories. In J. C. Turner, M. A. Hogg, P. Oakes, S. D. Reicher & M. S. Wetherell, *Rediscovering the social group: A self-categorization theory* (pp. 117–141. Oxford: Blackwell.

Simon, B. (1992). The perception of ingroup and outgroup homogeneity: Reintroducing the intergroup context. In W. Stroebe & M. Hewstone (Eds.), *European Review of Social Psychology* (Vol. 3, 1–30). Chichester: John Wiley.

Simon, B. (1993). On the asymmetry in the cognitive construal of ingroup and outgroup: A model of egocentric social categorization. *European Journal of Social Psychology, 23,* 131–147.

Simon, B., Pantaleo, G., & Mummendey, A. (1995). Unique individual or interchangeable group member? The accentuation of intragroup differences versus similarities as an indicator of the individual self versus the collective self. *Journal of Personality and Social Psychology, 69,* 106–119.

Tajfel, H. (1974). Social identity and intergroup behaviour. *Social Science Information, 13,* 65–93.

Tajfel, H. (1978). The achievement of group differentiation. In H. Tajfel (Ed.), *Differentiation between social groups: Studies in the social psychology of intergroup relations* (pp. 77–98). London: Academic Press.

Tajfel, H. (1982). Social psychology of intergroup relations. *Annual Review of Psychology, 33*, 1–39.

Tajfel, H. & Turner, J. C. (1979). An integrative theory of intergroup conflict. In W. G. Austin & S. Worchel (Eds.), *The social psychology of intergroup relations*. Monterey, Calif.: Brooks/Cole.

Tajfel, H. & Turner, J. C. (1986). The social identity theory of intergroup behavior. In S. Worchel & W. G. Austin (Eds.), *Psychology of intergroup relations* (2nd ed.) (pp. 7–24). Chicago: Nelson-Hall.

Taylor, S. E. & Brown, J. (1988). Illusion and well-being: Some social psychological contributions to a theory of mental health. *Psychological Bulletin, 103,* 193–210.

Turner, J. (1982). Towards a cognitive redefinition of the social group. In H. Tajfel (Ed.), *Social identity and intergroup relations* (pp. 15–40). Cambridge, England: Cambridge University Press.

Turner, J. (1984). Social identification and psychological group formation. In H. Tajfel (Ed.), *The social dimension: European developments in social psychology* (Vol. 2, pp. 518–538). Cambridge, England: Cambridge University Press.

Turner, J. C., Hogg, M. A., Oakes, P. J., Reicher, S. D. & Wetherell, M. S. (1987). *Rediscovering the social group: A self-categorization theory*. Oxford: Blackwell.

Turner, J. & Onorato, R. S. (1999). Social identity, personality, and the self-concept: A self-categorization perspective. In T. R. Tyler, R. M. Kramer & O. John (Eds.), *The psychology of the social self* (1–46). Mahwah, NJ: Lawrence Erlbaum.

Turner, J. & Oakes, P. J. (1989). Self-categorization theory and social influence. In P. B. Paulus (Ed.), *The psychology of group influence* (2nd ed., pp. 233–275). Hillsdale, NJ: Lawrence Erlbaum.

Worchel, S. (1998). A developmental view of the search for group identity. In S. Worchel, J. F. Morales, D. Páez & J.-C. Deschamps (Eds.), *Social identity* (pp. 53–92). London: Sages.

Prozessuale Perspektiven auf das Selbst

IV Makroprozessuale Perspektiven: Das aktive Selbst
V   Mikroprozessuale Perspektiven:
    Verarbeitung selbstbezogener Informationen

IV Makroprozessuale Perspektiven: Das aktive Selbst

10

Das Selbstwertgefühl als soziales Konstrukt: Befunde und Wege der Erfassung

Astrid Schütz

Die Fähigkeit zur Selbstreflexion wird oft als zentrales Merkmal des Menschseins beschrieben: Menschen können sich selbst zum Objekt ihrer Betrachtung machen und verfügen über ein „Selbst". Die Art und Weise, wie Menschen sich wahrnehmen und bewerten, hat bedeutsame Auswirkungen auf ihr Erleben und Verhalten. Sie wirkt auf die psychische Regulation, indem sie die Verarbeitung selbstbezogener Informationen steuert (z. B. Hannover, in diesem Band; Petersen, Stahlberg & Dauenheimer, in diesem Band; Wentura, in diesem Band) und den Umgang mit Mißerfolgen und Rückschlägen beeinflusst (Blaine & Crocker, 1993).

Selbstkonzept und Selbstwertgefühl

Differenziert werden kann eine deskriptive Komponente – das Selbstkonzept – und eine evaluative Komponente – das Selbstwertgefühl. Das Selbstkonzept kann als subjektives Bild der eigenen Person bzw. subjektive Theorie über die eigene Person oder Summe selbstbezogener Einschätzungen bezeichnet werden. Die Bewertung dieses Bildes konstituiert das Selbstwertgefühl (vgl. Wells & Marwell, 1976). Ein hohes Selbstwertgefühl wird meist als wichtiger Bestandteil psychischer Angepasstheit und Gesundheit verstanden (Alloy & Abramson, 1979).

Die globale Einschätzung der eigenen Person kann weiter differenziert werden. Es ist nicht ungewöhnlich, dass eine Person sich in verschiedenen Bereichen unterschiedlich einschätzt, sich z. B. hinsichtlich sportlicher Fähigkeiten relativ negativ, hinsichtlich sozialer Fähigkeiten aber sehr positiv beurteilt. Verschiedene Autoren gehen davon aus, dass das Selbstwertgefühl hierarchisch aufgebaut ist und dass verschiedene Bereiche unterschieden werden müssen: intellektuelle, emotionale, soziale und physische Selbstwertschätzung (Filipp &

Frey, 1988; Marsh, Byrne & Shavelson, 1992). Analysen der Zusammenhänge zwischen Teilaspekten weisen allerdings auf hohe Verflochtenheit hin und verweisen auf die Bedeutung der globalen Selbstwertschätzung im Sinne eines Generalfaktors (Fleming & Courtney, 1984).

Das Selbstwertgefühl ist durch viele Ereignisse und Gegebenheiten beeinflußbar und verändert sich im Laufe der Entwicklung, kann aber dennoch (besonders im Erwachsenenalter) als relativ stabile Größe angesehen werden (Fleming & Courtney, 1984; vgl. auch Greve, in diesem Band). Neben dem habituellen Selbstwertgefühl können kurzfristige Schwankungen als Aspekte des Zustandsselbstwertgefühls erfasst werden (Heatherton & Polivy, 1991). Michael Kernis und Kollegen untersuchten die Frage der Selbstwertstabilität in differentieller Weise und zeigten, dass die Stabilität des Selbstwertgefühls ein wichtiger Aspekt neben dem Selbstwertniveau ist. Sie zeigten u. a., dass Personen mit instabilem Selbstwertgefühl stärker auf positive und negative Ereignisse reagieren als Personen mit stabilem Selbstwertgefühl und in stärkerem Maße zu defensiven Reaktionen sowie Depressionen neigen (zusammenfassend Greenier, Kernis und Waschull, 1995). Insbesondere instabil hohes Selbstwertgefühl wurde von Kernis, Granneman und Barclay (1989) als problematischer Faktor in zwischenmenschlichen Interaktionen identifiziert: Personen mit instabil hoher Selbstwertschätzung tendierten zu aggressivem Interaktionsstil.

Die Forschung zu Selbstkonzept und Selbstwertgefühl erstreckt sich über viele Teildisziplinen der Psychologie. Sie betrifft z. B. entwicklungs-, sozial-, persönlichkeitspsychologische und klinische Fragen. Beklagt wurde in letzter Zeit in diesem Zusammenhang die Zersplitterung der Forschung über das Selbst: Erkenntnisse in einer Subdisziplin werden in den anderen oft nicht rezipiert (Frey, 1997). Es erscheint daher sinnvoll, sich disziplinübergreifend ein Bild der Forschungsthemen zu verschaffen. Im deutschsprachigen Bereich ermöglicht das Literaturdokumentationssystem PSYNDEX einen Überblick über die Publikationsaktivitäten (zur englischsprachigen Literatur siehe Schütz, 1998). Im Rahmen einer Literaturanalyse wurden zunächst die Einträge zum Deskriptor *„Selbstwertgefühl"* seit 1977 unter quantitativer Perspektive erfasst (Schütz, 1998). Der sich dabei abzeichnende Anstieg über die Jahre entspricht dem allgemeinen Trend einer wachsenden Zahl von Publikationen. Relativiert man die Zahl der Publikationen zum Thema Selbstwertgefühl an der Gesamtzahl der erfassten Publikationen eines Jahres, so zeigt sich ein relativ gleich bleibendes Interesse am Thema. Ein inhaltlicher Überblick über die Literatur zeigt, dass je ein Drittel der Arbeiten Veränderungen im Selbstwertniveau sowie theoretischen Grundlagen und Veränderungen des Selbst bzw. Selbstwertveränderungen gewidmet ist. Die übrigen Arbeiten thematisieren das Selbstwertgefühl spezifischer Populationen oder untersuchen Korrelate des Selbstwertgefühls in den Bereichen Bewältigung, Leistung, Selbstschädigung oder Sozialverhalten.

Insgesamt ist bei den Arbeiten ein deutlicher Tenor erkennbar, wonach hohe Selbstwertschätzung als wünschenswert, niedrige als problematisch erachtet wird. Hingewiesen wird etwa auf negative Zusammenhänge zwischen Selbstwertgefühl und Depression oder darauf, dass positive Bewertung der eigenen Person zu Zuversicht und hoher Leistung führen kann. Risiken hohen Selbstwertgefühls werden in der Literatur dagegen kaum behandelt. Erste Hinweise auf mögliche negative Aspekte positiver Selbsteinschätzungen sind nur einer kleinen Gruppe von Arbeiten zu entnehmen (vgl. Baumeister & Schütz, 1997; Dörner, 1990; Helmke, 1992; Rhenius, 1994).

Ein zweiter Aspekt fällt bei der Zusammenschau der Literatur auf. Das Selbstwertgefühl wird zwar als sozial mitdeterminiert gesehen (z. B. Horstkemper, 1987), seine sozialen Auswirkungen werden aber kaum behandelt (vgl. aber Studien zur Selbstwertstabilisierung durch Abwertung von Fremdgruppen, Wagner, 1994; vgl. auch Mielke, in diesem Band; bzw. Studien zum Zusammenhang von Selbstwertgefühl und Selbstdarstellung, Schütz, 1997). Wo Beziehungen zwischen Selbstwertgefühl und Sozialverhalten besprochen werden, wird großenteils auf positive Zusammenhänge zwischen Selbstwertgefühl und angepasstem Sozialverhalten verwiesen oder niedriges Selbstwertgefühl als Problemfaktor in sozialen Interaktionen beschrieben (z. B. Bierhoff, 1991; Klüsche, 1993). Die Möglichkeit, dass hohes Selbstwertgefühl mit Selbstüberschätzung und Arroganz gegenüber anderen verbunden sein kann, wird bislang praktisch nicht thematisiert.

Selbstwertgefühl und Bewertungen im sozialen Kontext

Quellen der Selbstwertschätzung
Die Wertschätzung der eigenen Person geht großteils auf soziale Quellen zurück. Filipp und Frey (1988) nennen als Quellen selbstbezogenen Wissens (vgl. auch Schoenemann, 1981; Schwalbe und Staples, 1991)
- die Beobachtung eigenen Verhaltens und Erlebens,
- die Beobachtung physiologischer Zustände,
- Informationen aus sozialer Rückmeldung und
- soziale Vergleichsprozesse.

Demnach können *Selbstwahrnehmung*, *soziale Rückmeldung* und *soziale Vergleiche* als Informationsquellen für die Selbstbewertung dienen. Nun schließt sich die Frage an, worauf Menschen inhaltlich stolz sind – was die inhaltliche Basis der Selbstbewertung ist. Die oben genannten Arbeiten befassen sich meist mit individuellen Leistungen als Quelle der Selbstbewertung. In der Studie von Schwalbe und Staples (1991) wurden die drei eben genannten Quellen wie folgt operationalisiert:

a) soziale Rückmeldung: „having your co-workers recognize that you have done a good job",

b) Selbstwahrnehmung: „solving a challenging problem",

c) sozialer Vergleich: „doing a better job than someone else at something that is important to you".

Die mögliche Bedeutung sozialer Fähigkeiten für die Selbstwertschätzung wird hier nicht thematisiert. Andererseits wird durch die Ergebnisse verschiedener Untersuchungen klar, dass Selbstkonzept und Selbstwertgefühl wichtige soziale Komponenten haben. Leary, Tambor, Terdal und Downs (1995) sprechen vom Selbstwertgefühl als „Soziometer" und argumentieren, das Selbstwertgefühl sei ein Indikator dafür, wie stark eine Person in ihrer sozialen Umgebung geschätzt und anerkannt wird. Arbeiten zum Selbstkonzept im Kultur- oder Geschlechtervergleich differenzieren zwei Formen des Selbstkonzeptes: ein unabhängiges und ein interdependentes. Während Ersteres vor allem auf individuellen Leistungen beruht, ist beim zweiten die Verbundenheit mit anderen Personen zentral. Das unabhängige Selbstkonzept ist für Männer der westlichen Industrienationen typisch. Das interdependente Selbstkonzept wird besonders bei Frauen und im asiatischen Kulturkreis beobachtet (Josephs, Markus & Tafarodi, 1992; Markus & Kitayama, 1991).

Die genannten Ergebnisse zeigen die Notwendigkeit, die Basis des Selbstwertgefühls nicht nur hinsichtlich formaler Informationsquellen zu untersuchen, sondern auch inhaltlich andere Bereiche als individuelle Leistungen zu berücksichtigen. In einer eigenen Studie wurden 60 junge Erwachsene (28 Frauen und 32 Männer) in einem halbstrukturierten Interview gefragt, woraus sie ihr Selbstwertgefühl beziehen (Schütz, 1998). Die Ergebnisse verwiesen in Übereinstimmung mit früheren Studien auf die Bedeutsamkeit des Stolzes auf individuelle Fähigkeiten und Leistungen. Zusätzlich wurden befriedigende soziale Beziehungen, soziale Kontaktfähigkeit, Überlegenheit über andere sowie eine Grundhaltung der Selbstakzeptanz als relevante Quellen genannt. Dabei ergaben sich

Unterschiede zwischen den Selbstwertgruppen. Soziale Fertigkeiten sowie das Gefühl der Überlegenheit wurden tendenziell häufiger von Personen mit hohem als von solchen mit niedrigem Selbstwertgefühl genannt. Das zeigt, dass für einige Personen die Verbundenheit mit anderen wichtige Selbstwertbasis ist, für andere dagegen das Gefühl, *besser als andere* zu sein. Besonders in Zusammenhang mit hohem Selbstwertgefühl gilt, dass die Selbstbewertung auf der *positiven Abgrenzung gegenüber anderen* beruhen kann. Diese Frage wird in den folgenden Abschnitten weiter verfolgt und präzisiert.

Selbstwertschätzung und Wertschätzung anderer
Über hohes Selbstwertgefühl zu verfügen heißt, sich selbst positiv zu bewerten. Aber geht mit der positiven Selbstbewertung auch die positive Bewertung anderer einher, wie dies etwa Carl Rogers (1959) in Zusammenhang mit der Thematik der Selbstaktualisierung beschrieb? Crocker und Schwartz (1985) beobachteten in Zusammenhang mit niedrigem Selbstwertgefühl einen generellen Negativitätsbias. Demgegenüber stellten Pietromonaco und Markus (1985) allerdings fest, dass die mit Depressivität und niedrigem Selbstwertgefühl verbundene negative Sicht der eigenen Person nicht auf die Beurteilung anderer übertragen wird.

In einer eigenen Studie (Schütz, 1998) untersuchten wir den Zusammenhang von habitueller Selbstwertschätzung und habituellen Einstellungen gegenüber anderen. Haltungen anderen gegenüber werden mit Skalen zur Akzeptanz gegenüber anderen erfasst, wie sie von Berger (1952) und Fey (1955) entwickelt wurden. Diese Skalen messen eine positive, wohl wollende Haltung vs. Skepsis und Ablehnung gegenüber Mitmenschen. Beispielitems: „Ich sehe wenig Sinn darin, etwas für andere zu tun, wenn sie nicht später auch etwas für mich tun können" (Berger, 1952); „Ich komme mit fast allen Menschen aus" (invertiert). Zur Erfassung der Selbstwertschätzung wurde die Subskala Selbstwertschätzung der Frankfurter Selbstkonzeptskalen (Deusinger, 1984) verwendet. Der kombinierte Fragebogen wurde von 81 Studierenden beantwortet. Dabei korrelierte die Selbstwertschätzung nicht signifikant positiv mit der Akzeptanz gegenüber anderen ($r = .03$ bzw. $r = .11$). Dieses Ergebnis steht in klarem Widerspruch zum lange vertretenen Postulat, dass hohe Selbstwertschätzung mit hoher Wertschätzung anderer einhergeht (vgl. Fey, 1955) sowie zur These, dass positive Selbsteinschätzungen grundsätzlich mit positiven Auswirkungen in den unterschiedlichsten Lebensbereichen verbunden und Korrelat psychischer Angepasstheit sind (Alloy & Abramson, 1979; Taylor & Brown, 1988). Die

Redensart: „Man kann andere nur lieben, wenn man sich selbst liebt" wird hier in Frage gestellt. Die Ergebnisse tangieren auch die Frage, ob Menschen mit hohem Selbstwertgefühl tatsächlich besser sozial integriert sind als solche mit niedrigem (vgl. Leary et al., 1995).

Die Bewertung der Fähigkeiten anderer in Abhängigkeit von Persönlichkeitsvariablen des Beurteilers war das Thema einer weiteren Studie (Schütz, 1998). 42 Studierende der Psychologie beurteilten Videoaufnahmen therapeutischer Übungssitzungen, in denen Studierende eines früheren Jahrganges ein simuliertes therapeutisches Gespräch führten. Hohes Selbstwertgefühl der Urteilenden ging dabei mit geringerer Wahrnehmung von Ähnlichkeiten zwischen der eigenen Person und dem „Therapeuten" und mit negativerer Bewertung einher. Insbesondere war Selbstwertinstabilität mit negativer Bewertung des Therapeuten, extrem positive Selbstbewertung mit der Tendenz zu aggressiv-abwertenden Kommentaren verbunden.

Stile der Selbstdarstellung
Wenn hohes Selbstwertgefühl mit kritischen Bewertungen verbunden ist, kann das daran liegen, dass Personen mit hohem Selbstwertgefühl höhere Standards haben und daher kritischer urteilen. Eine alternative Erklärung ist, dass die negative Bewertung anderer, besonders wenn sie vor Publikum stattfindet, auch Selbstdarstellungsstrategie sein kann (Amabile, 1983). Durch die Art seines Urteils vermittelt der Beurteiler auch Informationen über sich als Kritiker und zeigt sich etwa als scharfsinnig und kompetent. Um persönliche Urteile von publikumsorientierten Selbstdarstellungsversuchen abzugrenzen, kann man das Paradigma privater und öffentlicher Situationen verwenden (vgl. Baumeister & Ilko, 1995): Ein Teil der Versuchspersonen bearbeitet eine Aufgabe anonym, ein anderer Teil mit der Erwartung, die Antworten vor Publikum vorzulesen. Mit der Unterscheidung privater und öffentlicher Beschreibungen ist eine Annäherung an die Unterscheidung der Inhalte privater Selbstkonzepte und öffentlicher Selbstdarstellungen möglich. Wenngleich keine Situation in einem psychologischen Versuch als wirklich privat gelten kann, können wir dennoch davon ausgehen, dass Unterschiede zwischen den beiden Bedingungen mit der antizipierten Anwesenheit von Publikum zusammenhängen.

Kompetent oder sympathisch wirken?
Die Wirkung verschiedener Bewertungsstile untersuchte Amabile (1983). Sie zeigte, dass die kritische Bewertung von Objekten oder Personen bei Beobach-

tern zwar den Beurteiler als *kompetent* erscheinen lässt, dass dies aber meist auf Kosten der Beurteilung als *sympathisch* geht (vgl. auch Amabile & Glazebrook, 1982). Hinweise darauf, dass unterschiedliche Selbstdarstellungsziele sich gegenseitig ausschließen, fanden auch Godfrey, Jones und Lord (1986). Sie stellten fest, dass Leute, die sich aktiv bemühten, kompetent zu wirken, als weniger sympathisch wahrgenommen wurden als andere. Umgekehrt zeigten Folkes und Sears (1977), dass Personen, die sich über verschiedene Objekte in positiver Weise äußerten, als relativ angenehm und sympathisch wahrgenommen wurden. Handelt es sich bei den Einstellungsobjekten aber um Dinge, bei denen üblicherweise von einer qualitativen Hierarchie ausgegangen wird, so entsteht bei positiven Bewertungen aller Objekte eher der Eindruck von Indifferenz oder fehlender Kompetenz. Das ist z. B. der Fall, wenn verschiedene Weine beurteilt werden sollen, aber auch wenn es um Stellungnahmen zu politischen Kandidaten geht. Insgesamt wird deutlich, dass die Wirkung der Selbstdarstellung des jeweiligen Beurteilers im *Spannungsfeld zwischen Kompetenz und Sympathie* steht. Kompetent erlebt zu werden, heißt oft auch, weniger sympathisch zu wirken und umgekehrt.

In eigenen Studien fanden wir Hinweise auf Zusammenhänge zwischen dem habituellen Selbstwertgefühl und Stilen der Selbstdarstellung. An einer Studie zum Zusammenhang von Selbstwertgefühl und Beurteilungsstil nahmen 28 Kunststudentinnen teil (Schütz & DePaulo, 1996). Sie beurteilten Gemälde zunächst in anonymer schriftlicher Form, dann in einem Gespräch. Die Gesprächspartnerin war nicht über die schriftliche Beurteilung informiert, die Teilnehmerinnen waren also nicht genötigt, sich konsistent zu ihrem früheren Urteil zu verhalten. Es zeigte sich eine Interaktion zwischen Persönlichkeit und Situation: In der schriftlichen Beurteilung unterschieden sich die Urteile der beiden Gruppen nicht. Im anschließenden Gespräch urteilten Personen mit niedrigem Selbstwertgefühl allerdings positiver als zuvor, Personen mit hohem Selbstwertgefühl negativer.

Unter Berücksichtigung der Arbeiten von Amabile (1983; Amabile & Glazebrook, 1982), kann argumentiert werden, dass die Selbstdarstellung von Personen mit hohem Selbstwertgefühl daran ausgerichtet ist, durch Kritik zu beeindrucken, die von Personen mit niedrigem Selbstwertgefühl sich dagegen an der Devise „everybody likes a liker" (Folkes & Sears, 1977) orientiert und darauf gerichtet ist, durch positive Urteile Sympathien zu gewinnen.

Indirekte Selbstdarstellung über die Beschreibung anderer
Positive Eindrücke kann man auch dadurch anstreben, dass man sich mit positiv bewerteten Dritten assoziiert oder indem man Dritte abwertet und sich diesen so überlegen zeigt (Cialdini & Richardson, 1980). Auf der Basis des „Minimal Group"-Paradigma untersuchten Brown, Collins und Schmidt (1988) die Verwendung direkter und indirekter Formen der Selbstdarstellung bei Personen mit hohem und niedrigem Selbstwertgefühl. Sie stellten fest, dass Personen mit hohem Selbstwertgefühl im Kontext mehrerer Gruppen zu direkter positiver Selbstdarstellung neigten: Sie beurteilten die Leistungen ihrer eigenen Gruppe besonders positiv. Im Gegensatz dazu zeigten Personen mit niedrigem Selbstwertgefühl indirektes Selbstdarstellungsverhalten. Sie beurteilten eine Gruppe, die ihrer eigenen vergleichbar war, besonders positiv.

Ob diese an Gruppen gefundenen Ergebnisse auch auf den Bereich dyadischer Beziehungen übertragbar sind, wurde von Schütz und Tice (1997) geprüft. 40 Studentinnen beschrieben und verglichen schriftlich sich und ihre Partner. Die Hälfte der Teilnehmerinnen tat dies in einer „privaten" die andere in einer „öffentlichen" Versuchsbedingung. Unter privater Bedingung wurden die Fragen anonym in schriftlicher Form bearbeitet. In der öffentlichen Bedingung wurden die Fragen ebenfalls schriftlich bearbeitet, es wurde aber angekündigt, dass die Antworten später in der Gruppe vorgelesen würden. Die Ergebnisse deuten auf unterschiedliche Strategien indirekter Selbstdarstellung in Abhängigkeit vom habituellen Selbstwertgefühl hin. Unter der öffentlichen Bedingung beschrieben sich Personen mit niedrigem Selbstwertgefühl besonders bescheiden und betonten Stärken des Partners im Vergleich zur eigenen Person. Gleichzeitig sprachen sie besonders häufig davon, dass der Partner sie liebe und verehre. Anders Personen mit hohem Selbstwertgefühl: unter der öffentlichen Bedingung nannten sie besonders häufig Stärken der eigenen Person im Vergleich zum Partner.

Personen mit niedrigem Selbstwertgefühl verhielten sich im öffentlichen Kontext vorsichtig. Ihr Verhalten entsprach einem protektiven Stil (Arkin, 1981) der Selbstdarstellung. Statt sich selbst ins Rampenlicht zu stellen, lobten sie ihre Partner und betonten die Verbindung mit den Partnern. So konnten sie indirekt von der positiven Beschreibung des Partners profitieren. Das Verhalten der Personen mit niedrigem Selbstwertgefühl entspricht dem Stil des „basking in reflected glory" (Cialdini & Richardson, 1980) und zeigt auch, dass die von Brown et al. (1988) in Gruppen beobachtete und mit niedrigem Selbstwertgefühl einhergehende Strategie der indirekten Selbstaufwertung durch Aufwertung von Personen, mit denen man assoziiert ist, auch im Kontext von Partnerschaften nachgewiesen werden kann. Der mit hohem Selbstwertgefühl verbundene Stil war dagegen kompetitiv. Vermittelt wurde die Botschaft: „Mein Partner ist gut, aber ich bin besser". Dieser Stil kann als akquisitiv und in gewisser Weise auch riskant (vgl. Arkin, 1981) gelten.

Selbstwertgefühl und die Beurteilung durch andere: Selbstüberschätzung?

Im vorangegangenen Abschnitt wurde die Frage behandelt, wie Personen mit hohem Selbstwertgefühl andere beurteilen. Nun folgt die komplementäre Perspektive: wie werden Personen mit hohem Selbstwertgefühl beurteilt? Selbsteinschätzungen sind nicht notwendigerweise Abbild einer intersubjektiven Realität, da die Wahrnehmung der eigenen Person durch motivierte Verzerrungstendenzen gekennzeichnet sein kann (vgl. Blaine & Crocker, 1993). Taylor und Brown (1988) weisen in einem viel beachteten Literaturüberblick auf die weite Verbreitung positiver Illusionen hin, welche die eigene Zukunft, die eigenen Fähigkeiten und die Möglichkeiten eigener Kontrolle betreffen. Selbstüberschätzung erscheint danach als „normales" Phänomen. Moderate depressive Verstimmungen scheinen dagegen mit relativ realistischer Selbsteinschätzung verbunden (vgl. Alloy & Abramson, 1979; Lewinsohn, Mischel, Chaplin & Barton, 1980).

Überschätzung der eigenen Attraktivität
In verschiedenen neueren Studien finden sich Hinweise darauf, dass die Tendenzen zur Überschätzung eigener Fähigkeiten über verschiedene Dimensionen hinweg korrelieren (Stankov & Crawford, 1997) und insofern als generalisiert interpretiert werden können. John und Robins (1994) untersuchten interindividuelle Differenzen in diesem Bereich und zeigten, dass habituell positive Selbsteinschätzungen, wie sie im Narzissmuskonstrukt in extremer Weise repräsentiert sind, mit der Selbstüberschätzung eigener Beiträge in gemeinschaftlichen Projekten in Zusammenhang stehen. Schütz (1998) untersuchte den Zusammenhang von habituellem Selbstwertgefühl mit Selbst- und Fremdurteilen. Dabei zeigte sich, dass die Zusammenhänge zwischen verschiedenen interaktionellen Fähigkeiten und habituellem Selbstwertgefühl im Selbsturteil tendenziell höher waren als im Fremdurteil. Eine besonders deutliche Diskrepanz entstand

bei der Dimension „Sympathien gewinnen können". Während das Selbsturteil einen deutlichen Zusammenhang mit habituellem Selbstwertgefühl aufwies, war dies im Fremdurteil nicht der Fall: Personen mit hohem Selbstwertgefühl scheinen zwar in starkem Maße davon überzeugt, die Sympathien anderer gewinnen zu können, ihre Mitmenschen sehen dies allerdings nicht immer so. Dieses Ergebnis weist in Zusammenhang mit hohem Selbstwertgefühl auf Selbstüberschätzung im sozialen Bereich hin und paßt zum Befund von Brockner und Lloyd (1986), die feststellten, dass Personen mit niedrigem Selbstwertgefühl ihre Beliebtheit bei anderen unterschätzen, Personen mit hohem Selbstwertgefühl sie dagegen überschätzen.

Unterschätzung der Verantwortung für soziale Konflikte
Selbstwertdienliche Verzerrungen wie die Übernahme von Verantwortung für Erfolge und das Ablehnen von Verantwortung für Misserfolge werden in besonderem Maße bei Personen mit hohem Selbstwertgefühl beobachtet (Blaine & Crocker, 1993). Das scheint auch dann zu gelten, wenn mehrere Personen in Teamarbeit an einem Projekt beteiligt sind. Anhand hypothetischer Szenarien zeigten Roese und Olson (1993), dass Personen mit hohem Selbstwertgefühl bei der Interpretation ungünstig verlaufener Ereignisse dazu tendieren, das Verhalten der Interaktionspartner verantwortlich zu machen, Personen mit niedrigem Selbstwertgefühl aber in ihrem eigenen Verhalten nach Fehlern suchen. Schütz (1998) berichtet über eine Studie, in der die Selbsteinschätzung sozialer Konfliktsituationen mit der Einschätzung durch eine Bezugsperson verglichen wurde. Dabei wurden Paare zu Konfliktsituationen befragt. Jeweils ein Partner schilderte einen Konflikt mit einer dritten Person. Der/die andere Partner/in wurde getrennt zu dieser Situation befragt, umso eine relativ informierte (und wohl wollende) Außensicht der Ereignisse zu erhalten.

Geschildert wurden Situationen, in denen die Befragten sich durch Freunde, Verwandte, Kollegen oder Vorgesetzte abgelehnt fühlten. Kritik eines Vorgesetzten, eine kurzfristige Absage eines geplanten Besuches einer Freundin unter fadenscheinigem Vorwand, distanziertes Verhalten von Kollegen oder Vorwürfe einer Freundin sind typische Beispiele für die berichteten Situationen. Personen mit hohem Selbstwertgefühl tendierten dazu, eigene Verantwortung für die Konflikte abzulehnen. Ihre am Konflikt nicht direkt beteiligten Partner sahen dies oft anders.

Die Überschätzung der eigenen Attraktivität und die Unterschätzung eigener Verantwortung für Probleme kann als selbstwertdienlich und als positive Illusion im Sinne von Taylor und Brown (1988) bezeichnet werden. Man kann sich nun fragen, wie sich derartige Illusionen auswirken. In der Literatur wurde eine hitzige Debatte darüber geführt, wie adaptiv positive Illusionen sind (vgl. Asendorpf & Ostendorf, 1998; Colvin & Block, 1994; Colvin, Block & Funder, 1995, 1996; Taylor & Brown, 1988, 1994). Als Ergebnis dieser Auseinandersetzung kann man resümieren, dass bestimmte psychische Störungen wie Depressionen mit einem sehr geringen Maß an positiven Illusionen, andere wie Narzissmus mit einem Übermaß an positiven Illusionen verbunden sind. Positive Illusionen scheinen also dann adaptiv zu sein, wenn sie sich in einem bestimmten mittleren Bereich bewegen (vgl. auch Baumeister, 1989).

Darüber hinaus ist zu beachten, dass sich unterschiedliche Konsequenzen ergeben, je nachdem, ob Illusionen ausschließlich den individuellen Bereich tangieren oder ob sie interpersonelle Implikationen haben. Im Gesundheitsbereich etwa ist es sehr plausibel, dass Illusionen der Kontrolle und illusionärer Optimismus Quelle der Kraft sein mögen. Wie Straumann, Lemieux und Coe (1993) zeigten, haben negative Selbstbewertungen sogar ungünstige Auswirkungen auf das Funktionieren des Immunsystems. Positive Selbstbewertungen erweisen sich hingegen als hilfreich bei der Bewältigung von Belastungen und Krankheiten (z. B. Beutel, 1989; Huinink, Diewald & Heckhausen, 1995). Sofern Illusionen sich allerdings nicht nur auf die positive Bewertung der eigenen Person, sondern auch auf die Überlegenheit über andere und die damit verbundene negative Bewertung anderer beziehen, hat das problematische Implikationen für soziale Beziehungen. Nimmt man bezogen auf die Verantwortung für Konflikte die Sicht der unbeteiligten Partner als Kriterium (zur Kriterienproblematik vgl. Kruglanski, 1989), wäre im Sinne einer Annäherung an dieses Kriterium bei Personen mit niedrigem Selbstwertgefühl Selbstkritik abzubauen, bei Personen mit hohem Selbstwertgefühl gälte es aber – und dies ist im Gegensatz zur ersten Forderung nicht häufig zu hören –, selbstkritischer zu werden.

Folgerungen für die Erfassung des Selbstwertgefühls

Im Bereich der Selbstbeschreibungsverfahren lassen sich verschiedene Fragebogen finden, welche die verschiedenen Nuancen hohen Selbstwertgefühls widerspiegeln. Eine positive Einstellung zur eigenen Person im Sinne einer grundlegenden Selbstwertschätzung erfassen verschiedene Skalen zum habituellen Selbstwertgefühl (Deusinger, 1984; Fleming & Courtney, 1984; Rosenberg, 1965). Eine ausführliche Darstellung verschiedener Methoden der Selbstwerterfassung findet sich bei Hormuth und Otto (1996).

Was messen Selbstwertskalen?
In den meisten Selbstwertskalen scheint die Formulierung der jeweiligen Items in erster Linie dazu geeignet, niedrige von ausreichend hoher Selbstwertschätzung abzugrenzen. Die Rosenberg-Skala in der Übersetzung von Ferring & Filipp (1996) enthält z. B. folgende Items: „Ich fürchte, es gibt nicht viel, worauf ich stolz sein kann". „Hin und wieder denke ich, dass ich gar nichts tauge". Items aus der Skala Selbstwertschätzung der Frankfurter Selbstkonzeptskalen (FSKN, Deusinger, 1984) lauten: „Ich bin ein Niemand". „Manchmal fühle ich mich zu nichts nütze". Items aus der Skala Selbstwertschätzung nach Fleming & Courtney (1984) in der Übersetzung von Schütz (1998): „Wie oft können Sie sich selbst nicht leiden?". „Wie oft fühlen Sie sich Ihren Bekannten unterlegen?". Die Skala zur Erfassung der Selbstakzeptierung (SESA, Soremba & Westhoff, 1985) basiert auf dem Hintergrund der Gesprächspsychotherapie und zielt in ähnlicher Weise vor allem darauf, das Vorliegen von Selbstakzeptanz von Selbstzweifeln und Unsicherheit zu unterscheiden. Etwas andere Akzente setzt die Skala zur bereichsspezifischen Selbstzufriedenheit von Hormuth und Lalli (1988), die erfragt, inwiefern jemand mit dem Status Quo zufrieden ist oder sich Veränderungen wünscht.

Für die Argumentation, dass sehr hohe Selbstwertschätzung mit den üblichen Selbstwertskalen schlecht erfasst wird, spricht u. a. der von Baumeister, Tice und Hutton (1989) berichtete Befund, dass in den meisten Studien mit nichtklinischen Populationen die Verteilung bei Selbstwertskalen schief ist: Die meisten Personen berichten von mittlerer bis hoher Selbstwertschätzung. Im oberen Bereich der Skala finden sich relativ viele Personen.

Drei Varianten hoher Selbstwertschätzung
Die oben geschilderten Beobachtungen legen die Vermutung nahe, dass die üblichen Selbstwertskalen vor allem geeignet scheinen, niedrige von ausreichender Selbstwertschätzung abzugrenzen, im oberen Bereich des Konstrukts aber nicht genügend differenzieren. Hinzu kommt, dass in Bezug auf die Frage der Adaptivität hohen Selbstwertgefühls in der Literatur widersprüchliche Ergebnisse berichtet werden (zusammenfassend siehe Schütz, 1998). Auf der Basis dieser Probleme wurde die Frage der Konstruktvalidität von Selbstwertskalen in einer exploratorischen Untersuchung (Schütz, 1998) behandelt. Ge-

prüft wurde, inwiefern die Gruppe der Personen mit hohem Selbstwertgefühl hinsichtlich der Einstellung zu sich und anderer als homogene Gruppe aufgefasst werden kann. Untersucht wurden ausführliche Interviews mit Ehepaaren, die alle Werte im oberen Drittel einer Selbstwertskala (FSKN, Subskala Selbstwertschätzung, Deusinger, 1984) aufwiesen. Da Interviews beider Partner vorlagen, konnten die Aussagen jeweils mit dem Bericht des Partners/der Partnerin verglichen werden. Die Analyse basiert auf ausführlichen Einzelfallanalysen und zeigt, dass ein hoher Wert im Selbstbeschreibungsfragebogen bei sehr unterschiedlichen Facetten der Selbstwertschätzung gleichermaßen erreicht wird.

Auf der Basis von Gemeinsamkeiten und Unterschieden hinsichtlich der Empfindlichkeit gegenüber Kritik, der Nennung eigener Schwächen und des berichteten Interaktionsstils in der Partnerschaft ließen sich drei Gruppen von Personen identifizieren.

- Eine erste Teilgruppe wurde „*Stabile Selbstakzeptanz*" genannt. Diese Personen bewerteten sich positiv, nannten aber auch eigene Schwächen. In Bezug auf Paarkonflikte räumten sie Mitschuld ein. Den Partnerinnen und Partnern gegenüber verhielten sie sich wertschätzend.
- Die Personen einer zweiten Teilgruppe, „*Instabile Selbstwertschätzung*", waren trotz grundsätzlich positiver Einstellung zur eigenen Person verletzlich und von deutlichen Selbstzweifeln betroffen. Ihre Selbstwertschätzung war stark von der Anerkennung durch andere abhängig. Nach Misserfolgen oder Kritik erlebten sie massive Selbstzweifel. In Paarkonflikten waren neben Selbstvorwürfen auch Vorwürfe an die jeweiligen Partner zu beobachten.
- Die dritte Teilgruppe, „*Egozentrische Selbstaufwertung*", zeichnete sich durch hoch positive Selbstbeschreibung bei weitgehender Negation von Schwächen aus. Kritik seitens anderer bezeichneten diese Personen als irrelevant für ihr Selbstkonzept und betonten die Ausrichtung an selbstgesetzten Standards. Bezogen auf Paarkonflikte waren sie vor allem auf Selbstdurchsetzung bedacht und schrieben in starkem Maße den jeweiligen Partnern Schuld zu.

Das Verhalten der erstgenannten Gruppe erinnert an die von Rogers (1959) beschriebene „fully functioning person", bei der Selbstwertschätzung mit Akzeptanz anderer einhergeht. Aspekte instabiler Selbstwertschätzung, wie sie in der zweiten Gruppe zu beobachten waren, wurden von Michael Kernis und Kollegen mit Depressionen und problematischem Sozialverhalten assoziiert.

Der dort beschriebene Stil instabil hoher Selbstwertschätzung wirkt allerdings aggressiver (Kernis et al., 1989, 1993) als der in der vorliegenden Einzelfallanalyse beobachtete. Die Gruppe egoistisch-orientierter Selbstaufwertung schließlich erinnert an den narzisstischen Verhaltensstil (vgl. Rhodewalt, im Druck; Rhodewalt & Morf, 1995). Im Vergleich zur Schilderung narzisstischer Personen zeigt sich bei den hier beschriebenen Personen allerdings kaum Selbstwertinstabilität und Schwankungen zwischen Grandiosität und Selbstzweifeln.

Neue Wege der Selbstwertdiagnostik:
Erfassung spezifischer Varianten hoher Selbstwertschätzung
Die Ergebnisse der Einzelfallanalyse weisen darauf hin, dass die Gruppe von Personen, die per Fragebogen als „selbstwerthoch" diagnostiziert wird, relativ heterogen ist und dass distinkte Teilgruppen unterschieden werden können. Diese Varianten der Selbstwertschätzung sollten künftig bei der Selbstwertdiagnostik berücksichtigt werden. Erfasst werden können die Varianten z. B. auf der Basis inhaltsanalytischer Kodierung von Interviewtranskripten (vgl. Schütz, 1998). Diese Methode ist allerdings relativ aufwendig. Weitere Möglichkeiten ergeben sich möglicherweise aus der multimodalen Erfassung durch verschiedene Skalen. Voraussetzung dafür wäre zunächst die Erstellung typischer Profile für die drei Gruppen, um feststellen zu können, durch welche charakteristischen Muster die drei Gruppen zu kennzeichnen sind. Zu vermuten ist, dass sich die Gruppe egozentrischer Selbstaufwertung durch hohe Werte auf einer Selbstwertskala, hohe Werte hinsichtlich Narzißmus sowie niedrige Werte hinsichtlich sozialer Erwünschtheit identifizieren lässt. Instabile Selbstwertschätzung wird wohl durch Selbstwertschwankungen im zeitlichen Verlauf, sowie hohe Werte im Hinblick auf soziale Erwünschtheit gekennzeichnet sein. Stabile Selbstakzeptanz mag beschrieben werden durch hohe Werte bei Selbstwertgefühl, niedrige Tendenzen zur Externalisation von Verantwortung, und die Bereitschaft, eigene Fehler anzusprechen. Eine Validierung der Zuordnung per Fragebogenprofil wäre möglich anhand der Diagnosen, die auf der Grundlage ausführlicher Interviews entstehen. Ob man von einer einzigen Dimension ausgehen kann, die von Selbstablehnung über Selbstakzeptanz bis zu Selbstwertschätzung und schließlich Selbstverliebtheit reicht, ist allerdings unklar. Möglich ist auch, dass qualitative Unterschiede, etwa hinsichtlich der Wahrnehmung eigener Schwächen, relevant sind.

Ausblick: „Selbstwertgefühl" oder „Selbstbewertung"?

Der Begriff Selbstwertgefühl wird bislang in Literatur und Alltag fast ausschließlich in positiven Kontexten benutzt. Wie vorliegende Studien zeigen, geschieht das allerdings teils zu Unrecht; die üblichen positiven Konnotationen lassen sich in verschiedenen Kontexten nicht durch empirische Daten untermauern. Die Ergebnisse zeigen, dass hohes Selbstwertgefühl nicht notwendigerweise sozial-integrativ und mit adaptivem Interaktionsverhalten verknüpft ist. Die Verwendung eines regelmäßig positiv bewerteten Begriffes für problematische Phänomene kann allerdings Mißverständnisse hervorrufen. Es mag daher sinnvoll sein, auf den Begriff „Selbstwertgefühl" zu verzichten und stattdessen weniger wertbehaftete Begriffe wie „Selbstbewertung" oder „Selbsteinschätzung" zu verwenden, bei denen auch im Alltagsverständnis Varianten zwischen der Annahme der eigenen Person ohne Abwertung anderer bis hin zu egozentrischer Selbstliebe und Arroganz subsumiert werden können. Spricht man von einer Person mit hohem Selbstwertgefühl, dann ruft dies meist positive Assoziationen hervor. Sagt man dagegen, dass eine Person sich positiv bewertet, ist zunächst offen, wie dies zu beurteilen ist. Spezifischere Varianten positiver Selbstbewertung sollten dabei weiter differenziert werden. Dadurch könnte theoretisch und diagnostisch der gesamte Bereich zwischen basaler Selbstakzeptanz in Abgrenzung von Selbstzweifeln bis hin zu hoch positiver Selbstbewertung bei weitgehender Negation eigener Schattenseiten abgedeckt werden.

Literatur

Alloy, L. B. & Abramson, L. (1979). Judgment of contingency in depressed and nondepressed students: Sadder but wiser? *Journal of Experimental Psychology: General, 108*, 441–485.

Amabile, T. M. (1983). Brilliant but cruel: Perceptions of negative evaluators. *Journal of Experimental Social Psychology, 19*, 146–156.

Amabile, T. M. & Glazebrook, A. H. (1982). A negativity bias in interpersonal evaluation. *Journal of Experimental Social Psychology, 18*, 1–22.

Arkin, R. M. (1981). Self-presentation styles. In J. T. Tedeschi (Ed.), *Impression management theory in social psychological research.* (pp. 311–333). New York, NY: Academic Press.

Asendorpf, J. B. & Ostendorf, F. (1998). Is self-enhancement healthy? Conceptual, psychometric and empirical analysis. *Journal of Personality and Social Psychology, 74*, 955–966.

Baumeister, R. F. (1989). The optimal margin of illusion. *Journal of Social and Clinical Psychology, 8*, 176–189.

Baumeister, R. F. & Ilko (1995). Shallow gratitude: Public and private acknowledgement of external help in accounts of success. *Basic and Applied Social Psychology, 16*, 191–209.

Baumeister, R. F. & Schütz, A. (1997). Das tragische Paradoxon selbstzerstörerischen Verhaltens. Mythos und Realität. *Psychologische Rundschau, 48*, 67–83.

Baumeister, R. F. Tice, D. M. & Hutton, D. G. (1989). Self-presentational motivations and personality differences in self-esteem. *Journal of Personality, 57*, 547–579.

Berger, E. M. (1952). The relation between expressed acceptance of self and expressed acceptance of others. *Journal of Abnormal and Social Psychology, 47*, 778–782.

Beutel, M. (1989). Was schützt Gesundheit? Psychotherapie, Psychosomatik, Medizinische Psychologie, 39, 452–462.

Bierhoff, H.-W. (1991). Liebe. In M. Amelang, H. J. Ahrens & H.-W. Bierhoff (Hrsg.), *Attraktion und Liebe. Formen und Grundlagen partnerschaftlicher Beziehungen* (S. 197–234). Göttingen: Hogrefe.

Blaine, B. & Crocker, J. (1993). Self-esteem and self-serving biases in reactions to positive and negative events: An integrative review. In R. F. Baumeister (Ed.), *Self-esteem. The puzzle of low self-regard* (pp. 55–86). New York, NY: Plenum.

Brockner, J. & Lloyd, K. (1986). Self-esteem and likability.: Seperating fact from fantasy. *Journal of Research in Personality, 20*, 496–508.

Brown, J. D., Collins, R. L. & Schmidt, G. W. (1988). Self-esteem and direct versus indirect forms of self-enhancement. *Journal of Personality and Social Psychology, 55*, 445–453.

Cialdini, R. B. & Richardson, K. D. (1980). Two indirect tactics of image management: Basking and blasting. *Journal of Personality and Social Psychology, 39*, 406–415.

Colvin, C. R. & Block, J. (1994). Do positive illusions foster mental health? An examination of the Taylor and Brown formulation. *Psychological Bulletin, 116*, 3–20.

Colvin, C. R., Block, J. & Funder, D. C. (1995). Overly positive self-evaluations and personality: Negativ implications for mental health. *Journal of Personality and Social Psychology, 68*, 1152–1162.

Colvin, C. R., Block, J. & Funder, D. C. (1996). Psychometric truths in the absence of psychological meaning: A reply to Zuckerman and Knee. *Journal of Personality and Social Psychology, 70*, 1252–1255.

Crocker, J. & Schwartz, I. (1985). Prejudice and ingroup favoritism in a minimal intergroup situation: Effects of self-esteem. *Personality and Social Psychology Bulletin, 11*, 379–386.

Deusinger, I. (1984). *Die Frankfurter Selbstkonzept-Skalen*. Göttingen: Hogrefe.

Dörner, D. (1990). Von der Logik des Misslingens. In R. Fisch & M. Boos (Hrsg.), *Vom Umgang mit Komplexität in Organisationen. Konzepte – Fallbeispiele – Strategien* (S. 257–282). Konstanz: Universitätsverlag Konstanz.

Ferring, D. & Filipp, S.-H. (1996). Messung des Selbstwertgefühls: Befunde zu Reliabilität, Validität und Stabilität der Rosenberg-Skala. *Diagnostica, 42*, 284–292.

Fey, W. F. (1955). Acceptance of others. *Journal of Abnormal and Social Psychology, 50*, 274–276.

Filipp, S. H. & Frey, D. (1988). Das Selbst. In K. Immelmann, K. R. Scherer, C. Vogel & P. Schmoock (Hrsg.), *Psychobiologie. Grundlagen des Verhaltens* (S. 415–454). Stuttgart: Gustav Fischer Verlag.

Fleming, J. S. & Courtney, B. E. (1984). The dimensionality of self-esteem: II. Hierarchical facet model for revised measurement scales. *Journal of Personality and Social Psychology, 46*, 404–421.

Folkes, V. S. & Sears, D. O. (1977). Does everybody like a liker? *Journal of Experimental Social Psychology, 13*, 505–519.

Frey, D. (1997). Einige kritische Anmerkungen zur psychologischen Forschung zum „Selbst". *Zeitschrift für Sozialpsychologie, 28*, 129–157.

Godfrey, D. K., Jones, E. E. & Lord, C. G. (1986). Self-promotion is not ingratiating. *Journal of Personality and Social Psychology, 50*, 106–115.

Greenier, K. D., Kernis, M. H. & Waschull, S. B. (1995). Not all high (or low) self-esteem people are the same: theory and research on stability of self-esteem. In M. H. Kernis, (Ed.), *Efficacy, agency, and self-esteem* (pp. 51–71). New York, NY: Plenum Press.

Hannover, B. (1997). Das dynamische Selbst. Die Kontextabhängigkeit selbstbezogenen Wissens. Bern: Huber.

Heatherton, T. F. & Polivy, J. (1991). Development and validation of a scale for measuring state self-esteem. *Journal of Personality and Social Psychology, 60*, 895–910.

Helmke, A. (1992). *Selbstvertrauen und schulische Leistung*. Göttingen: Hogrefe.

Hormuth, S. E. & Lalli, M. (1988). Eine Skala zur Erfassung der bereichsspezifischen Selbstzufriedenheit. *Diagnostica, 34*, 148–166.

Hormuth, S. E. & Otto, S. (1996). Das Selbstkonzept: Konzeptualisierung und Messung. In M. Amelang (Hrsg.), *Temperaments- und Persönlichkeitsunterschiede* (S. 257–300). Göttingen: Hogrefe.

Horstkemper, M. (1987). *Schule, Geschlecht und Selbstvertrauen. Eine Längsschnittstudie über Mädchensozialisation in der Schule*. Weinheim: Juventa.

Huinink, J., Diewald, M. & Heckhausen, J. (1995). Wendeschicksale nach 1989 und ihr Zusammenhang mit Kontrollüberzeugungen, Kontrollstrategien und dem Selbstwertgefühl. In M. Diewald & K.-U. Mayer (Hrsg.), *Zwischenbilanz der Wiedervereinigung. Strukturwandel und Mobilität im Transformationsprozess* (S. 251–275). Opladen: Leske & Budrich.

James, W. *(1890). The principles of Psychology*. In R.M. Hutchinson (Ed.), *Great books of the Western World*. Chicago: Encyclopaedia Britannica, 1952. (Originally published, 1890).

John, O. P. & Robins, R. W. (1994). Accuracy and bias in self-perception: Individual differences in self-enhancement and the role of narcissism. *Journal of Personality and Social Psychology, 66*, 206–219.

Josephs, R. A., Markus, H. R. & Tafarodi, R. W. (1992). Gender and self-esteem. *Journal of Personality and Social Psychology, 63*, 391–402.

Kernis, M. H., Cornell, D. P., Sun, C.-R., Berry, A. & Harlow, T. (1993). There's more to self-esteem than whether it is high or low: The importance of stability of self-esteem. *Journal of Personality and Social Psychology, 65*, 1190–1204.

Kernis, M. H., Grannemann, B. D. & Barclay, L. C. (1989). Stability and level of self-esteem as predictors of anger arousal and hostility. *Journal of Personality and Social Psychology, 56*, 1013–1022.

Klüsche, W. (1993). Gewalt und Individuum. In G. Hey, S. Müller & H. Sünker (Hrsg.), *Gewalt – Gesellschaft – Soziale Arbeit* (S. 123–134). Frankfurt a. M.: Institut für Sozialarbeit und Sozialpädagogik.

Kruglanski, A. W. (1989). The psychology of being ‚right‘: The problem of accuracy in social perception and cognition. *Psychological Bulletin, 106*, 395–409.

Leary, M. R., Tambor, E. S., Terdal, S. K. & Downs, D. L. (1995). Self-esteem as an interpersonal monitor: The sociometer hypothesis. *Journal of Personality and Social Psychology, 68*, 518–530.

Lewinsohn, P. M., Mischel, W., Chaplin, W. & Barton, R. (1980). Social competence and depression: The role of illusory self-perceptions. *Journal of Abnormal Psychology, 89*, 203–212.

Markus, H. (1977). Self-schemata and processing information about the self. *Journal of Personality and Social Psychology, 35*, 63–78.

Markus, H. R. & Kitayama, S. (1991). Culture and the self: Implications for cognitions, emotion and motivation. *Psychological Review, 98*, 224–253.

Marsh, H. W., Byrne, B. M. & Shavelson, R. J. (1992). A multidimensional, hierarchical self-concept. In T. M. Brinthaupt & R. P. Lipka (Eds.), *The self: Definitional and methodological issues*. Albany, NY: SUNY Press.

Pietromonaco, P. R. & Markus, H. (1985). The nature of negative thoughts in depression. *Journal of Personality and Social Psychology, 48*, 799–807.

Rhenius, D. (1994). Selbstsicherheit und die Fähigkeit, Probleme zu lösen. In D. Bartussek & M. Amelang (Hrsg.), *Fortschritte der Differentiellen Psychologie und Psychologischen Diagnostik* (S. 67–75). Göttingen: Hogrefe.

Rhodewalt, F. (im Druck). Interpersonal self-construction and the self: Lessons from the study of narcissism. In J. Forgas, K. Williams & L. Wheeler (Eds), The social mind: Cognitive and motivational aspects of interpersonal behavior. Cambridge University Press.

Rhodewalt, F. & Morf, C. (1995). Self and interpersonal correlates of the narcissistic personality inventory: A review and new findings. *Journal of Research in Personality, 29*, 1–23.

Roese, N. J. & Olson, J. M. (1993). Self-esteem and counterfactual thinking. *Journal of Personality and Social Psychology, 65*, 199–206.

Rogers, C. R. (1959). A theory of therapy, personality, and interpersonal relationships, as developed in the clientcentered framework. In S. Koch (Ed.), *Psychology: A Study of a Science* (Vol. 3). New York: McGraw-Hill.

Rosenberg, M. J. (1965). *Society and the adolescent self-image*. Princeton, NJ: Princeton University Press.

Schoeneman, T. J. (1981). Reports of the Sources of Self-Knowledge. *Journal of Personality, 49*, 284–294.

Schütz, A. (1997). Interpersonelle Aspekte des Selbstwertgefühles: Die Beschreibung der eigenen Person im sozialen Kontext. *Zeitschrift für Sozialpsychologie*, Themenheft: Das Selbst im Lebenslauf – Sozialpsychologische und entwicklungspsychologische Perspektiven, *28*, 92–108.

Schütz, A. (1998). Selbstwertdynamik und Selbstwertregulation. Varianten positiver Selbsteinschätzung zwischen Selbstakzeptanz und Arroganz. Habilitationsschrift: Universität Bamberg.

Schütz, A. & DePaulo, B. M. (1996). Self-esteem and evaluative reactions: Letting people speak for themselves. *Journal of Research in Personality, 30,* 137–156.

Schütz, A. & Tice, D. M. (1997). Associative and competitive patterns of indirect self-enhancement. *European Journal of Social Psychologgy, 27,* 257–273.

Schwalbe, M. L. & Staples C. L. (1991). Gender differences in sources of self-esteem. *Social Psychology Quarterly, 54,* 158–168.

Sorembe, V. & Westhoff, K. (1979). Einstellungen zur internationalen Zusammenarbeit. Möglichkeit der Erfolgskontrolle internationaler Begegnungen durch Einstellungsmessung. Starnberg: Studienkreis für Tourismus e.V.

Sorembe, V. & Westhoff, K. (1985). *Skala zur Erfassung der Selbstakzeptierung.* Göttingen: Hogrefe.

Stahlberg, D., Petersen, L. E. & Dauenheimer, D. (1996). Reaktionen auf selbstkonzeptrelevante Informationen: Der Integrative Selbstschemaansatz. *Zeitschrift für Sozialpsychologie, 27,* 126–136.

Stankov, L. & Crawford, J. D. (1997). Self-confidence and performance on tests of cognitive abilities. *Intelligence, 25,* 93–109.

Straumann, T. J., Lemieux, A. M. & Coe, C. L. (1993). Self-discrepancy and natural killer cell activity: Immunological consequences of negative self-evaluation. *Journal of Personality and Social Psychology, 64,* 1042–1052.

Taylor, S. E. & Brown, J. (1988). Illusion and well-being: Some social psychological contributions to a theory of mental health. *Psychological Bulletin, 103,* 193–210.

Taylor, S. E. & Brown, J. (1994). Positive illusions and well-being revisited: Separating fact from fiction. *Psychological Bulletin, 116,* 21–27.

Wagner, U. (Hrsg.). (1994). *Eine sozialpsychologische Analyse von Intergruppenbeziehungen.* Göttingen: Hogrefe.

Wells, L. E., & Marwell, G. (1976). *Self-esteem. Its conceptualization and measurement.* Beverly Hills, CA: Sage.

11

Selbst und Zielstreben

Ute Bayer und Peter M. Gollwitzer

Unser Handeln kann Antworten auf die Frage „Wer bin ich?" liefern. Die Analyse des eigenen Verhaltens als mögliche Informationsquelle für die Selbstwahrnehmung (Bem, 1972) setzt ein reflexives Bewusstsein voraus (Baumeister, 1998): Das Selbst wird Gegenstand seiner eigenen Betrachtung, beispielsweise, wenn Gedanken über erzielte Erfolge, erlittene Fehlschläge, aber auch über zukünftiges Handeln durch unseren Kopf gehen. Baumeister betrachtet das reflexive Bewußtsein des Menschen als erste Quelle der Entwicklung des Selbst.

Das Selbst einer Person ist ferner sozial vermittelt (vgl. hierzu auch Hannover, in diesem Band; Mielke, in diesem Band). Diesen interpersonalen Aspekt des Selbst bezeichnet Baumeister als zweite Quelle des Selbst. Wir erkennen, wer wir sind, indem wir uns in den Augen der anderen betrachten („*looking glass self*"; Cooley, 1902). Nach den Theorien des symbolischen Interaktionismus erfolgt die Genese des Selbst durch die Teilnahme an sozialen Interaktionen (vgl. Stryker & Statham, 1985). Das Selbst oder die Identität einer Person wird in dieser Perspektive nicht als etwas für immer Festgelegtes betrachtet. Vielmehr wird angenommen, dass in sozialen Interaktionen ein gegenseitiges Aushandeln von Identitäten stattfindet (Krappman, 1971). Das Selbst ist nicht denkbar ohne den sozialen Kontext. Durch die Teilnahme an sozialen Interaktionen geprägt, ist das Selbst zugleich ein Werkzeug für soziale Interaktionen.

Die dritte und letzte Quelle des Selbst ist nach Baumeister (1998) die Tatsache, dass Personen sich als handelnde Agenten und Entscheidungsträger erleben, indem beispielsweise Entscheidungen für bestimmte Lebensweisen (Freizeitaktivität vs. Karriere etc.) getroffen werden und andere vernachlässigt.

In der heutigen Zeit existieren zwei unterschiedliche Typen von Identitätsproblematiken (Baumeister, 1987; vgl. hierzu auch die Beiträge von Nunner-Winkler und Straub, in diesem Band). Die erste Problematik betrifft die Identitätswahl – wir müssen uns entscheiden, was oder wer wir sein wollen. Die zweite Problematik bezieht sich auf die anschließende Aufgabe, die ausgewählte Identität zu verwirklichen.

Auch in unserem Beitrag steht die Person als Konstrukteur ihrer eigenen Identität im Fokus. Auch wir gehen davon aus, dass Personen sich die Inhalte ihres Selbst in einem Prozess der Identitätsselektion eigenständig auswählen – wir sprechen von Identitätszielen. In einem zweiten Schritt treten sie in die Phase des Identitätsstrebens ein, in der die Realisierung der angestrebten Identität ansteht. In diesem Zusammenhang soll das Rubikonmodell der Handlungsphasen kurz skizziert werden.

Das Rubikonmodell der Handlungsphasen

Zielgerichtetes Handeln wird von Heckhausen (1989) und Gollwitzer (1990; Heckhausen & Gollwitzer, 1987) in vier distinkte Phasen getrennt, die unterschiedliche Anforderungen an die handelnde Person stellen. Da wir in der Regel mehr Wünsche besitzen, als wir realisieren können, müssen wir uns in der ersten, abwägenden Phase entscheiden, welchen wir den Vorzug geben. Die Frage „Welches Ziel will ich erreichen?" erfordert eine Hierarchisierung unserer Wünsche nach möglichen kurz- und langfristigen, positiven und negativen Konsequenzen. Daneben werden Überlegungen bezüglich der Realisierbarkeit des ins Auge gefassten Wunsches berücksichtigt. Im Rubikonmodell der Handlungsphasen wird davon ausgegangen, dass die Vor- und Nachteile verschiedener Wünsche gründlich analysiert werden und dann eine Überschreitung des Rubikons – eine verbindliche Zielwahl – stattfindet. Personen fühlen sich fortan an die Verwirklichung ihrer Ziele gebunden und es treten in den nachfolgenden Phasen des Planens und Handelns volitionale Prozesse der Zielverfolgung und -realisierung in den Vordergrund. In der handlungsvorbereitenden planenden Phase werden günstige Wege und Mittel der Zielerreichung ausgewählt. Komplexe Ziele erfordern obendrein die Ausführung mehrerer Handlungsschritte, bis das angestrebte Handlungsergebnis schließlich erreicht ist. Nach der Phase der tatsächlichen Handlungsausführung beschreibt das Rubikonmodell eine abschließende, bewertende Phase, in der das erreichte Handlungsergebnis mit dem angestrebten verglichen wird und Gründe für das eventuelle Misslingen der Zielrealisierung analysiert werden.

Während motivationale Prozesse die primäre Rolle in der Phase des Abwägens verschiedener Handlungswünsche spielen, gewinnen volitionale Prozesse nach der verbindlichen Zielsetzung an Bedeutung. Motivationale Prozesse beziehen sich auf Fragen der Wünschbarkeit und Realisierbarkeit von möglichen Handlungswünschen, während volitionale Prozesse die Aufrechterhaltung der Ziele, vor allem angesichts von Hindernissen und Schwierigkeiten bei der Zielverfolgung, betreffen. Das erste Identitätsproblem nach Baumeister (1987) beschreibt somit das motivationale Problem, sich aus der Vielzahl möglicher Identitäten einige wenige verbindliche auszuwählen. Das zweite Identitätsproblem ist dagegen von volitionaler Natur, nämlich den langwierigen und schwierigen Weg der Identitätsbildung erfolgreich zu begehen.

Das Konzept des Identitätsziels

Die kognitiv orientierte Selbstforschung (vgl. Linville & Carlston, 1994) betrachtet das Selbst einer Person als eine kognitiv-affektive Struktur, die das Selbstkonzept und das Selbstwertgefühl einer Person umfasst. Nach Markus (1977) bilden sich Selbstschemata über solche Bereiche aus, in denen viele Erfahrungen gesammelt und gespeichert wurden und die die Person als Experte qualifiziert. Somit sind Selbstschemata auch immer bereichsspezifisch (z. B. Unabhängigkeit). Selbstschemata können als Referenzpunkte zur Bewertung unseres aktuellen Selbst dienen und ferner zukünftiges Verhalten beeinflussen, indem sie als Anreize für zukünftiges Handeln fungieren.

Im Selbstkonzept einer Person können jedoch auch Wünsche integriert sein. Markus und Nurius (1986) haben für mögliche Entwürfe des Selbst das Konzept des „possible self" eingeführt. Jede Person kann prinzipiell unendlich viele Selbstentwürfe entwickeln. Der Bereich der möglichen Selbstentwürfe reduziert sich jedoch auf solche Kategorien, die aufgrund des soziokulturellen und historischen Kontextes einer Person salient sind. Es handelt sich dabei um Modelle, Bilder und Symbole, die durch die Medien und durch die direkten sozialen Erfahrungen einer Person zur Verfügung stehen. Diese Selbstentwürfe zeigen einerseits die konstruktive Natur des Selbst („through the selection and construction of possible selves individuals can be viewed as active producers of their own development", Markus & Nurius, 1986, p. 955), aber gleichzeitig auch deren soziale Determiniertheit und Beschränktheit auf.

Es gibt verschiedene Typen von Selbstentwürfen. Wir machen uns nicht nur Gedanken, was wir werden könnten, sondern auch, was wir nicht gerne werden würden („undesired self"; Ogilvie, 1987), was wir sein sollten („ought self"; Higgins, 1987) oder wie wir idealerweise sein könnten („ideal self", Higgins, 1987). Higgins (1987) geht in seiner Selbstdiskrepanztheorie davon aus, dass Personen chronifizierte Soll- und/oder Kann-Repräsentationen entwickeln, je nachdem unter welchen Sozialisationsbedingungen sie aufgewachsen sind. Gollwitzer und Wicklund (1985) sprechen schließlich von Identitätszielen, die sich insofern von möglichen Selbstentwürfen unterscheiden, als dann von Identitätszielen gesprochen wird, wenn eine Person sich für einen bestimmten Selbstentwurf entschieden und sich zusätzlich verpflichtet hat, diesen auch zu realisieren (d. h. aus dem Bereich der möglichen Selbstentwürfe eine nun verbindliche Identitätswahl getroffen hat).

Die Wahl von Identitätszielen

Die willentliche Veränderung des Selbst erfordert die Auswahl verbindlicher Identitätsziele. Mit der verbindlichen Auswahl von Identitätszielen setzen wir uns einen attraktiven zukünftigen Zustand des Selbst zum Ziel und schaffen einen Referenzwert, mit dem wir unser aktuelles Selbst und unsere Handlungen vergleichen. Die Wahrnehmung der Diskrepanz zwischen dem Ist-Zustand und dem angestrebten Zielzustand sollte uns dazu motivieren, diese Diskrepanz zu reduzieren, indem wir entsprechende Handlungen initiieren. Den Identitätszielen wird somit sowohl eine kognitive Komponente als auch eine motivationale oder affektive Komponente zugeschrieben.

Wie werden Identitätsziele ausgewählt?
Abwägende Bewusstseinslage. Im Rubikonmodell wird davon ausgegangen, dass die Beschäftigung mit Abwägeproblemen eine abwägende Bewusstseinslage (Gollwitzer, 1990; Gollwitzer & Bayer, 1999) auslöst. In der abwägenden Bewusstseinslage sind Personen offen für Informationen jeder Art (*open-mindedness*-Prinzip), wobei Informationen bezüglich der Attraktivität und Realisierbarkeit von Wünschen bevorzugt verarbeitet werden (*cognitive tuning*-Prinzip). Obendrein werden Informationen zur Machbarkeit und Wünschbarkeit akkurat bzw. unvoreingenommen bewertet (*unbiased inferences*). Eine gründliche Analyse der Attraktivität und der Realisierbarkeit der verschiedenen Wün-

sche führt daher zu Zielentscheidungen, die sowohl realisierbar als auch attraktiv sind.

Auch die Wahl von Identitätszielen erfordert eine open-mindedness, in der sich die Person möglichst unvoreingenommen die Bandbreite der Möglichkeiten (z. B. einer Berufswahl) erarbeitet und daraus mögliche Selbstentwürfe formuliert. Die abwägende Bewusstseinslage begünstigt dabei eine offene Informationssuche. Offenheit ist deshalb wichtig, weil der „kognitive Geizkragen" (vgl. Tversky & Kahnemann, 1974) in uns zugunsten einer intensiven Informationssuche und -analyse überwunden werden muss. Die unvoreingenommene Haltung ist ferner notwendig, um die zur Verfügung stehenden Möglichkeiten nicht einseitig zu bewerten. Um die Wünschbarkeit von Alternativen bewerten zu können, schlägt Lydon (1996) vor, die verschiedenen Alternativen daraufhin zu bewerten, inwieweit sie mit den vorherrschenden Werten, Annahmen über die Welt, und anderen, bereits gewählten Selbstentwürfen übereinstimmen. Je mehr positive und weniger negative Konsequenzen eine Alternative für bereits bestehende zentrale Rollen und Identitäten der Person hat, desto eher wird sich eine Person für diese Alternative entscheiden.

Realisierbarkeit. Nach dem Rubikonmodell spielt neben der Attraktivität auch die Realisierbarkeit der Wünsche eine wichtige Rolle im Entscheidungsprozess. Um sich vor der Wahl hoch attraktiver Identitätsziele zu schützen, die niemals realisiert werden können, sollten auch Überlegungen über die Realisierbarkeit in den Entscheidungsprozess einfließen. Dabei gilt es einerseits, die vorhandenen Fähigkeiten akkurat zu analysieren (ob ich mit meinen Fertigkeiten und Fähigkeiten bspw. den angestrebten Beruf erlernen kann), als auch vorhandene situative Bedingungen zu berücksichtigen. Oettingen (1996) zeigte, dass Personen insbesondere dann realistische Zielsetzungen vornehmen, wenn sie ihre jeweiligen Zukunftsphantasien mit der widersprechenden Realität mental kontrastieren.

Allgemein lässt sich jedoch feststellen, dass die empirische Forschungslage bezüglich der ablaufenden Prozesse beim Setzen von Identitätszielen recht dürftig ist. Offen ist dabei auch, inwieweit der im Handlungsphasenmodell skizzierte Abwägeprozess vollständig durchlaufen wird. Dies dürfte von verschiedenen Einflussfaktoren abhängen. Personen können bspw. Entscheidungen direkt von Autoritätspersonen oder Peergruppen übernehmen, die Betrachtung und Analyse der Attraktivität von verschiedenen Alternativen kann zugunsten von Realisierbarkeitsüberlegungen vernachlässigt werden und oftmals können Personen sich nicht entscheiden, weil sie sich vor der Unumkehrbarkeit einer Entscheidung fürchten und sich somit nicht festlegen wollen. Wovon dies alles abhängt, wird in zukünftigen Forschungsarbeiten noch zu entdecken sein.

Wann werden Identitätswahlen getroffen?
Entwicklungspsychologen (z. B. Erikson, 1956) gehen davon aus, dass das Erleben einer Identitätskrise zu intensiven Abwägepozessen führt. Im besonderen Maße wird dies im Jugendalter erlebt (Marcia, 1980, vgl. hierzu auch die Beiträge von Fuhrer et al., in diesem Band; Straub, in diesem Band). Auslösebedingungen für Identitätskrisen sind neue psychologische Situationen, in denen bisherige Kategorien und Erwartungen nicht mehr angewandt werden können, z. B. bei der ersten Mutterschaft oder unerwarteten Ereignissen, wie der Tod des Partners oder eines Kindes. Ruble (1994; Ruble & Seidman, 1996) beschreibt ein allgemeines Modell für soziale Übergänge mit unterschiedlichen Auslösebedingungen. Es werden interne (z. B. Pubertät) vs. externe (z. B. Einstieg ins Rentenalter), selbst gewählte (z. B. Hochzeit) oder zufällige (z. B. schwerer Unfall) Bedingungen und solche, bei denen Zeit für Vorbereitungen und Planungen vorhanden sind oder nicht, unterschieden. Soziale Übergänge stellen häufig psychologische Situationen dar, in denen neue Selbstdefinitionen entstehen (Eccles, et al., 1989).

Das Verfolgen von Identitätszielen: Die symbolische Selbstergänzungstheorie

Mit der Selektion von Identitätszielen beginnt das Streben nach dem Besitz der respektiven Identitäten. Die Möglichkeiten und Grenzen der Identitätskonstruktion liegen im Erwerb von identitätsrelevanten Indikatoren sowie der Anerkennung einer angestrebten Identität durch die anderen. Das Identitätsstreben umfasst die Planung des Zielhandelns und das Handeln selbst. In den entsprechenden Phasen des Planens und Handelns können sich ebenfalls entsprechende Bewusstseinslagen ausbilden, die einen erfolgreichen Handlungsverlauf begünstigen. Für die planende Bewußtseinslage wurde bislang festgestellt (Gollwitzer & Bayer, 1999), dass die Offenheit für neue Informationen reduziert wird (*closed mindedness*), verstärkt Informationen bezüglich der Durchführbarkeit und der Realisierbarkeit aufgenommen werden (*cognitive tuning*), die ausgewählten Ziele vergleichsweise positiv bewertet werden und über die eigenen Fähigkeiten positive Illusionen (*biased inferences*) entstehen. Damit wird das Zielstreben auch angesichts unerwarteter Schwierigkeiten und Hindernisse aufrechterhalten und stabilisiert.

Das Identitätsstreben weist jedoch einige Besonderheiten auf, die in der Selbstergänzungstheorie (Wicklund & Gollwitzer, 1982) wie folgt beschrieben werden. Identitätswahlen erzeugen eine überdauernde Selbstverpflichtung, diese Identitäten auch tatsächlich zu erwerben, und erlangen dadurch den Status von selbst-definierenden Zielen. Während für konkrete Handlungsziele, wie z. B. eine Diplomarbeit abzuschließen, klar definierte Zustände der Zielerreichung vorliegen, die das Zielstreben klar begrenzen, gibt es für viele Identitätsziele diesen klar definierten Endzustand nicht. Dies ergibt sich daraus, dass mit dem Erreichen bestimmter identitätsrelevanter Handlungsziele, z. B. dem Erwerb des Diploms in Chemie, zwar eindeutige Symbole für eine angestrebte Identität eines erfolgreichen Chemikers erworben wurden, aber gleichzeitig neue identitätsrelevante Symbole an Bedeutung gewinnen und ein diesbezügliches Identitätsstreben hervorrufen, wie z. B. Veröffentlichungen in den entsprechenden Fachzeitschriften. Identitäten werden nach dieser Perspektive weniger als ein Besitz angesehen, der einmal erworben für immer Gültigkeit hat, sondern deren Anerkennung immer wieder neu bestätigt werden muss.

Wie beeinflussen Identitätsziele das Handeln?
Kurt Lewins Arbeiten liefern bereits die grundlegenden Antworten. Lewin (1926) postulierte, dass Ziele wie Bedürfnisse funktionieren und spricht deshalb von Quasibedürfnissen. Durch das Bilden eines Handlungsziels wird ein Spannungszustand erzeugt, welcher bis zur Zielerreichung besteht bleibt. Erst die erfolgreiche Ausführung der vorgenommenen Zielhandlungen löst diesen Spannungszustand auf. Bei Unterbrechung der Zielhandlungen (d. h. es findet keine Zielerreichung statt) bleibt dieser postulierte Spannungszustand jedoch erhalten. Vielmehr nehmen Personen bei der nächsten Gelegenheit spontan die unterbrochene Handlung wieder auf (vgl. die Arbeiten von Lissner, 1933; Mahler, 1933). Es wurde jedoch festgestellt, dass je nach der Art der Unterbrechungstätigkeit die Wiederaufnahmerate systematisch variiert. Werden in der Zwischenzeit sog. Ersatzaufgaben bearbeitet, vermögen diese den bestehenden Spannungszustand zu reduzieren und somit senkt sich die Wiederaufnahmerate. Ersatzaufgaben sind solche Aufgaben, die mit den ursprünglichen Aufgaben durch ein gemeinsames subjektives Ziel verknüpft sind.

Die Selbstergänzungstheorie geht nun davon aus, dass durch das Fassen von Identitätszielen, wie bei Handlungszielen auch, ein Realisierungsstreben ausgelöst wird. Angestrebt werden Indikatoren des Identitätsziels, wobei es eine Vielzahl von Indikatoren geben kann. Die Selbstergänzungstheorie spricht hier von Symbolen der angestrebten Identität. Symbole für angestrebte Identitäten sind gesellschaftlich definiert. Nur solche Indikatoren können als Symbole für eine angestrebte Identität fungieren, die gesellschaftlich legitimiert und akzeptiert sind. Dabei lassen sich verschiedene Arten von selbst-definierenden Indikatoren unterscheiden: Selbstbeschreibungen (z. B. ich bin ein guter Chirurg), soziale Einflussnahme (z. B. Anatomie unterrichten), Symbole (z. B. Titel, Auszeichnungen) und Objekte (z. B. weißer Kittel, Sprechstundenhilfe), die Ausübung von mit der Identität verbundenen Aktivitäten (z. B. Sprechstunde für Patienten) oder identitätsrelevante Leistungen (z. B. erfolgreiche Operationen). Personen mit Identitätszielen versuchen, die entsprechenden Symbole zu erwerben, um sich dadurch der angestrebten Identität anzunähern. Die Selbstergänzungstheorie von Wicklund und Gollwitzer (1982) beschäftigt sich v. a. mit der Frage, wie es Personen trotz des Erlebens von Misserfolg gelingt, ihren Anspruch aufrechtzuerhalten, eine bestimmte Identität zu besitzen.

Die zentralen Hpyothesen der Selbstergänzungstheorie
Kompensationspostulat. Das erste von insgesamt drei Postulaten lautet, dass Personen mit einem Identitätsziel versuchen, den Mangel an relevanten Symbolen durch das Zurschaustellen alternativer Symbole auszugleichen (*Kompensationspostulat*). Diese Kompensationsversuche werden als selbstsymbolisierende Handlungen bezeichnet. Ein Mangel an relevanten Symbolen kann durch negative Leistungsrückmeldungen, wie z. B. dem Nichtbestehen einer Prüfung, oder durch negative soziale Vergleichsprozesse, wie z. B. die Beobachtung, dass die KollegInnen innerhalb der letzten drei Monate bei schwierigen Operationen erfolgreicher waren, erlebt werden. Dies führt Personen in einen Zustand der symbolischen Unvollkommenheit. Das Bemühen, den Verlust oder das Fehlen von identitätsrelevanten Symbolen durch das Streben nach alternativen Symbolen auszugleichen, wird symbolische Selbstergänzung genannt (Wicklund & Gollwitzer, 1981; Gollwitzer, Wicklund & Hilton, 1982; Braun & Wicklund, 1989). Diese symbolische Selbstergänzung wurde beispielsweise in einer Studie mit angehenden Managern (Gollwitzer, 1983) nachgewiesen. Zunächst wurden die Versuchsteilnehmer aufgefordert, ein Persönlichkeitsprofil auszufüllen. In einem offensichtlich unabhängigen zweiten

Experiment sollten sie an einem Rollenspiel über eine Leitungskonferenz teilnehmen. Die Versuchsteilnehmer konnten dabei eine von sechs Rollen auswählen. Kurz bevor sie ihre Wahl (z. B. Geschäftsführer, Protokollant) getroffen hatten, erhielten sie Rückmeldung über ihr Persönlichkeitsprofil. Der einen Hälfte der Versuchsteilnehmer wurde mitgeteilt, dass ihr Persönlichkeitsprofil ähnlich dem eines idealen Managers sei, während den anderen gesagt wurde, dass ihr Profil nicht mit dem eines erfolgreichen Managers übereinstimme (symbolische Unvollkommenheit). Personen, die negative Rückmeldungen erhalten hatten, wählten für das Rollenspiel höhere Positionen aus als Personen mit positiven Rückmeldungen. Aus der Perspektive der Selbstergänzungstheorie belegen diese Ergebnisse, dass der Mangel eines Symbols (d. h. nicht das passende Persönlichkeitsprofil zu haben) zu Kompensationsbemühungen in Form anderer selbstsymbolisierender Handlungen (d. h. die prestigereiche Rolle auszuwählen) führt. Dieses Kompensationsprinzip ist bzgl. des Strebens nach verschiedenen Identitätszielen und auch bzgl. verschiedener Arten von Indikatoren empirisch bestätigt (Gollwitzer & Kirchhof, 1998). Selbst leicht zugängliche Indikatoren (z. B. Selbstbeschreibungen) stellten sich dabei als wirksamer Ersatz für Indikatoren heraus, die nicht so leicht zugänglich sind (z. B. relevante Leistungen; Brunstein & Gollwitzer, 1996). Anfänger in einem bestimmten Identitätsbereich (z. B. Wissenschaft) können somit durch leicht zugängliche Indikatoren bereits den Besitz der erwünschten Identität symbolisieren, obwohl es auf der Ebene der erzielten relevanten Leistungen noch wenig vorzuweisen gibt.

Bedeutsamkeit sozialer Interaktionspartner. Im zweiten Postulat der Selbstergänzungstheorie wird die Bedeutsamkeit sozialer Interaktionspartner für die Wirksamkeit von Selbstsymbolisierungen hervorgehoben. Die Zurschaustellung identitätsrelevanter Indikatoren führt nur dann zu einer Reduktion des Identitätsstrebens, wenn die selbstsymbolisierende Handlung von anderen Personen wahrgenommen wird und somit eine soziale Kenntnisnahme stattfindet. Zur Überprüfung dieser Annahme ließ Gollwitzer (1986, Studie 1) Studentinnen mit dem Identitätsziel „eine gute Mutter zu sein" persönliche Eigenschaften, die relevant für eine erfolgreiche Mutter sind, aufschreiben. Einigen Frauen wurde ferner mitgeteilt, dass diese Selbstbeschreibungen von einer anderen Person gelesen würden. Die anderen erhielten die Information, dass diese Selbstbeschreibungen niemandem gezeigt würden. Danach hatten alle Frauen die Gelegenheit, ihr Persönlichkeitsprofil in ein semantisches Differential einzutragen, auf dem das Profil einer idealen Mutter abgebildet war. Wie erwartet, lehnten

sich die Versuchsteilnehmerinnen weniger an das Profil der erfolgreichen Mutter an, wenn sie glaubten, dass ihre Selbstbeschreibung von einer anderen Person gelesen würde als die Versuchsteilnehmerinnen, deren vorherige Selbstbeschreibung nicht beachtet wurde. Aus der Sicht der Selbstergänzungstheorie bedeuten diese Ergebnisse, dass durch eine soziale Kenntnisnahme identitätsrelevanter Indikatoren die Gefühle der symbolischen Vollkommenheit ausgelöst werden und somit keine weitere selbstsymbolisierende Handlungen erforderlich sind.
Eindrucksmanagements. Im dritten Postulat wird betont, dass sich die Bemühungen einer selbstsymbolisierenden Person klar und deutlich von denen einer selbstdarstellenden Person unterscheiden. Eine selbstdarstellende Person versucht, einen vom Publikum erwünschten Eindruck zu machen. Im Sinne des Eindrucksmanagements findet dabei eine Anpassung an die Erwartungen des Publikums statt (Baumeister, 1998). Selbstsymbolisierende Personen sollten dagegen weniger offen sein für die Erwartungen des Publikums, sondern nutzen das Publikum für das eigene Identitätsstreben. Das dritte Postulat der Selbstergänzungstheorie besagt daher, dass eine selbstsymbolisierende Person die psychische Befindlichkeit (Gedanken, Motive, Einstellungen, usw.) der sie umgebenden Personen vernachlässigt. Gollwitzer und Wicklund (1985) konnten zeigen, wie Individuen, die nach Selbstergänzung strebten, die Gefühle und Gedanken der Zuhörer, auf die ihre selbstsymbolisierende Handlungen gerichtet waren, vernachlässigten.

Vor- und Nachteile selbstsymbolisierender Handlungen
In weiteren Studien wurden mögliche negative Konsequenzen von selbstsymbolisierenden Handlungen untersucht. Da verschiedene Symbole nach dem Substitutionsprinzip austauschbar sind, kann symbolische Unvollkommenheit aufgrund von negativen Leistungsrückmeldungen in einem Musikwettbewerb beispielsweise durch den Hinweis auf den Besitz eines exquisiten Musikinstruments kompensiert werden. Wenn eine symbolische Vollkommenheit mit Hilfe der sozialen Anerkennung von bereits erworbenen Symbolen möglich ist, könnte dies die Bemühungen, sich relevante Fertigkeiten und Fähigkeiten anzueignen, beeinträchtigen. Statt tatsächlich erbrachter Leistungserfolge würden leicht zugängliche Symbole die Gefühle der symbolischen Vollkommenheit auslösen und könnten ein identitätsbezogenes Leistungsstreben abschwächen.
Erste Hinweise für derartige negative Konsequenzen der symbolischen Selbstergänzung durch leicht zugängliche Symbole (z. B. Selbstbeschreibungen) liefert eine Studie von Dyes (1984). Es wurde untersucht, ob die soziale

Kenntnisnahme von Handlungsabsichten dazu führt, dass das tatsächliche Umsetzen der Absicht in Handeln behindert wird, weil die symbolische Unvollkommenheit bereits durch die soziale Kenntnisnahme der Handlungsabsicht reduziert wurde. An dieser Studie nahmen Psychologiestudierenden mit dem Identitätsziel „klinische Psychologie" teil. Um das Gefühl der symbolischen Unvollkommenheit auszulösen, bekamen sie einen Fragebogen zur Erfassung ihres Ausbildungsstands vorgelegt, wobei die kritischen Fragen nur negativ beantwortet werden konnten („In welcher Therapierichtung haben Sie eine abgeschlossene Ausbildung?"). Im Rahmen einer schriftlichen Befragung wurden Absichtsäußerungen der VersuchsteilnehmerInnen erfasst, möglichst intensiv praktische Erfahrungen zu sammeln. Diese Absichtsäußerung wurde von der Versuchsleiterin entweder zur Kenntnis genommen oder ignoriert. Anschließend wurde gemessen, wie lange die VersuchsteilnehmerInnen eine Aufgabe bearbeiteten, bei der sie die geäußerte Intention in die Tat umsetzen konnten. Die symbolisch unvollkommenen VersuchsteilnehmerInnen bearbeiteten diese Aufgabe länger, wenn ihre Absichtserklärungen von der Versuchsleiterin nicht wahrgenommen worden waren. Offensichtlich hat die soziale Kenntnisnahme bloßer Absichtsäußerungen eine spannungsreduzierende Wirkung. Damit qualifizieren sich bereits Intentionsäußerungen als Identitätssymbole. Dies hat insofern negative Konsequenzen für die tatsächliche Handlungsausführung, als diese nicht mehr mit der gleichen Intensität durchgeführt werden. Die Ausführung der intendierten Handlung muss dann für die Person keine selbstsymbolisierende Funktion mehr erfüllen und wird somit mit geringerer Anstrengung durchgeführt. Seifert (1999) erweiterte diese Fragestellung, indem sie überprüfte, durch welche selbstregulatorischen Strategien diese negativen Konsequenzen selbstsymbolisierender Intentionsäußerungen aufgelöst werden können. Ergebnisse ihrer Studie belegen, dass durch das Bilden von Vorsätzen (Gollwitzer, 1993, 1996), in denen eine vorgenommene Handlung mit einer vorgenommenen Gelegenheit verknüpft und somit die Handlungsregulation vom Selbst weg auf Umweltstimuli delegiert wird, die genannten negativen Konsequenzen umgehen werden können.

Brunstein und Gollwitzer (1996) berichten über positive Konsequenzen von selbstdefinierenden Zielen in Reaktionen auf erlebten Misserfolg. Negative Leistungsrückmeldungen oder ein schlechtes Abschneiden in sozialen Vergleichen, als Mangel eines symbolischen Indikators für ein Identitätsziel interpretiert, löst sowohl Gefühle der symbolischen Unvollkommenheit sowie ein Bemühen aus, nach anderen identitätsrelevanten Indikatoren zu streben. Die

Autoren stellten fest, dass diejenigen Versuchsteilnehmer mit verbindlichem Identitätsziel nach negativer Rückmeldung bereit waren, sich bei nachfolgenden identitätsrelevanten Aufgaben stärker anzustrengen. Dagegen zeigten die Versuchsteilnehmer, die diese Aufgaben ohne Identitätsbezug durchgeführt hatten, vielmehr die typischen Leistungseinbußen nach negativer Rückmeldung. Selbstsymbolisierende Handlungen, durch erlebte Unvollkommenheit ausgelöst, zeichnen sich somit nach dem Kompensationsprinzip durch eine höhere Anstrengungsbereitschaft und bessere Leistungsergebnisse aus. Dieselben Aufgaben wurden ohne diesen Identitätsbezug weniger intensiv bearbeitet.

In einer rezenten Studie (Scherer, 1999) wurde Versuchsteilnehmern, die aufgrund von negativen Rückmeldungen symbolische Unvollkommenheit erlebten, sowohl die Möglichkeit gegeben, eine selbstwerterhöhende Selbstdarstellung (vgl. Tesser, Martin & Cornell, 1996) als auch eine selbstsymbolisierende Handlung auszuführen. Die Ergebnisse zeigten, dass nur die selbstsymbolisierende Handlung zur Selbstergänzung genutzt wurde, um die erlebte Unvollkommenheit zu kompensieren. Selbstwertdienliche Strategien sind demnach nicht hilfreich, um identitätsbezogene, symbolische Vollkommenheit zu erlangen. Dies bedeutet, dass verschiedene selbstsymbolisierende Handlungen als alternative Indikatoren eines Identitätsziels zwar untereinander austauschbar sind, aber nicht durch selbstwertdienliche Strategien ersetzt werden können. Somit ist die Selbstergänzungstheorie von der Selbstaffirmationstheorie (Steele, 1988) zu unterscheiden. Nach Steele stärkt alles, was ein gutes Gefühl bzgl. der eigenen Person aufkommen lässt, einen wie auch immer geschwächten Selbstwert. Die Selbstergänzungstheorie postuliert dagegen, dass identitätsbezogene Unvollkommenheit nur durch den Verweis auf oder Erwerb von alternativen Identitätssymbolen kompensiert werden kann. Die symbolische Selbstergänzung ist für die Idenitätsbildung insofern hilfreich, als Personen auch beim Erleben von Misserfolgen ihre angestrebte Identität weiterhin aufrechterhalten können, indem auf alternative Symbole zurückgegriffen werden kann, ohne dabei den Identitätsbezug dieser Symbole aus den Augen zu verlieren.

Das Verfolgen von Identitätszielen und psychisches Wohlbefinden

Die Bedeutsamkeit von Zielen kann daraufhin untersucht werden, welche Konsequenzen sich aus dem Erreichen oder Nicht-Erreichen dieser Ziele für das Wohlbefinden einer Person ergeben. Generell wird das Wohlbefinden einer

Person durch das Erreichen von langfristigen Zielen positiv beeinflusst (Brunstein, 1993; Emmons, 1986, 1996), aber dieser Einfluss wird moderiert von der Art des Ziels (Sheldon & Kasser, 1998). Sheldon und Elliot (1999) beziehen sich auf die Selbstdeterminationstheorie von Deci und Ryan (1991) und untersuchen die Effekte intrinsischer versus extrinsischer Ziele auf die Zielerreichung und das psychologische Wohlbefinden. In ihrem Selbst-Konkordanzmodell postulieren sie, dass die mit inneren Werten und zentralen Bedürfnissen einer Person kongruenten Ziele zu mehr Anstrengung beim Zielstreben führen und beim Erreichen dieser Ziele ein vergleichsweise höheres psychisches Wohlbefinden entsteht als bei solchen Zielen, die nicht mit den inneren Werten und Bedürfnissen der Person übereinstimmen. Dabei werden die Bedürfnisse nach Kompetenz, Autonomie und sozialer Integration als grundlegend angesehen. Kompetenz bezieht sich auf das Gefühl, dass man effektiv und fähig in seinen persönlichen Handlungen ist (vgl. White, 1959). Autonomie bezieht sich dagegen auf das Gefühl, dass die eigenen Handlungen selbstgewählt und bedeutungsvoll sind (vgl. deCharms, 1968). Bezogenheit verweist schließlich auf die Gefühle, nicht isoliert, sondern in Harmonie mit wichtigen anderen zu leben (vgl. Baumeister & Leary, 1995).

Die symbolische Selbstergänzungstheorie betont, dass das Erleben von Misserfolgen bei Identitätszielen nicht ein Aufgeben, sondern ein verstärktes Streben danach auslöst, so schnell wie möglich die symbolische Unvollkommenheit durch alternative Symbole zu kompensieren. Dies lässt vermuten, dass es sich bei Identitätszielen ebenfalls um solche Ziele handelt, die grundlegende Bedürfnisse der Person widerspiegeln und deren erfolgreiche Realisierungsbemühungen einen bedeutsamen Beitrag zum psychischem Wohlbefinden liefern. Dabei ist es aus der Sicht der symbolischen Selbstergänzungstheorie wichtig, dass die Identitätsziele verbindlich übernommen werden und der Person verschiedene Möglichkeiten offen stehen, eventuelle Unvollkommenheit effektiv zu kompensieren.

Das Verfolgen von Identitätszielen über die Lebensspanne

Gerade beim Übergang vom mittleren zum späten Erwachsenenalter finden vielfältige Änderungen und Verluste im physikalischen, psychologischen und sozialen Bereich statt, welche die persönliche Konstruktion der eigenen Identität und der persönlichen Kontinuität bedrohen (z. B. Bäckman & Dixon, 1992;

Brandtstädter & Greve, 1994; siehe hierzu auch Greve, in diesem Band). Daher wurde in der Entwicklungspsychologie der Lebensspanne eine Verminderung des subjektiven Wohlbefindens und zunehmende Selbstwertprobleme bei älteren Menschen erwartet. Trotz der theoretischen Plausibilität dieser Annahmen sprechen die Ergebnisse empirischer Untersuchungen jedoch für ein bemerkenswert stabiles, widerstandsfähiges und ressourcenreiches Selbst bei älteren Menschen. Brandtstädter und Greve (1994) beschreiben drei verschiedene Strategien für den Umgang mit altersbedingten Defiziten.

- Die erste Gruppe umfasst so genannte assimilative Strategien, durch welche die Person versucht, ihr Verhalten so zu ändern, dass sie weiterhin ihre Ziele erreichen kann. Eine Strategie aus dieser Gruppe ist die selektive Optimierung durch Kompensation (Baltes & Baltes, 1990; siehe hierzu auch Freund, in diesem Band; Staudinger, in diesem Band). Assimilative Strategien werden solange eingesetzt, wie Personen an die mögliche Erreichung angestrebter Ziele glauben.
- Falls dies nicht mehr der Fall ist, kommen verstärkt akkommodative Strategien zum Tragen. Die Stabilisierung einer positiven Identität erfolgt nun durch eine flexible Anpassung der persönlichen Ziele an die veränderten Bedingungen, indem z. B. die Standards entsprechend gesenkt oder solche Referenzgruppen ausgewählt werden, die weiterhin eine positive Beurteilung der eigenen Person ermöglichen.
- Als dritte Möglichkeit stehen der Person Immunisierungsstrategien zur Verfügung, indem sie entweder die altersbedingte Defizite schlicht nicht anerkennt oder sich primär auf ihre vergangenen Erfolge bezieht.

Aus der Perspektive der symbolischen Selbstergänzung stellt das höhere Alter eine Situation dar, in der verstärkt Gefühle symbolischer Unvollkommenheit aufgrund von negativen Leistungsergebnissen erlebt werden können. Gerade in dieser Zeit scheint die symbolische Selbstergänzung durch alternative, einfach zugängliche Symbole besonders hilfreich zu sein, um die eigene Identität zu wahren. Es ist daher zu erwarten, dass selbstsymbolisierende Handlungen durch Hinweise auf bereits errungene Erfolge und Leistungen in den Vordergrund treten. Diese Art selbstsymbolisierender Handlungen können allerdings von Fremden leicht in Frage gestellt werden. Nach den Annahmen der symbolischen Selbstergänzung ist eine soziale Anerkennung der angestrebten Identität jedoch erforderlich. Eng vertraute Personen dürften selbstsymbolisierenden Selbstbeschreibungen weniger kritisch gegenüberstehen. Durch die Bevorzugung eines kleinen, aber sehr vertrauten Bekanntenkreises (vgl. Carstensen, 1992, 1998) dürfte es daher Personen im hohen Alter möglich sein, die Identitäten aufrechtzuerhalten, die sie ihr Leben lang verfolgt haben.

Literatur

Bäckman, L. & Dixon, R. A. (1992). Psychological compensation. *Psychological Bulletin, 112,* 259–283.

Baltes, P. B. & Baltes, M. M. (1990). Psychological perspectives on successful aging: The model of selective optimization with compensation. In P. B. Baltes & M. M. Baltes (Eds.), *Successful aging: Perspectives form the behavioral sciences* (S. 1–34). New York: Cambrigde University Press.

Baumeister, R. F. (1987). How the self became a problem: A psychological review of historical research. *Journal of Personality and Social Psychology, 52,* 163–176.

Baumeister, R. F. (1998). The self. In D. T. Gilbert, S. T. Fiske & G. Lindzey (Eds.), *The handbook of social psychology* (Bd. 2, S. 680–739). Boston: McGraw.

Baumeister, R. F. & Leary, M. R. (1995). The need to belong: Desire for interpersonal attachments as a fundamental human motivation. *Psychological Bulletin, 117,* 497–529.

Bem, D. J. (1972). Self-perception theory. In L. Berkowitz (Ed.), *Advances in Experimental Social Psychology* (Bd. 6, S. 1–62). San Diego, CA: Academic Press.

Brandstädter, J. & Greve, W. (1994). The aging self: Stabilizing and protective processes. *Developmental Review, 14,* 52–80.

Braun, O. L. & Wicklund, R. A. (1989). Psychological antecedents of conspicuous consumption. *Journal of Economic Psychology, 10,* 161–187.

Brunstein, J. C. (1993). Personal goals and subjective well-being: A longitudinal study. *Journal of Personality and Social Psychology, 65,* 1061–1070.

Brunstein, J. C. & Gollwitzer, P. M. (1996). Effects of failure on subsequent performance: The importance of self-defining goals. *Journal of Personality and Social Psychology, 70,* 395–407.

Carstensen, L. L. (1992). Social and emotional patterns in adulthood: Support for socioemotional selectivity theory. *Psychology and Aging, 7,* 331–338.

Carstensen, L. L. (1998). A life-span approach to social motivation. In J. Heckhausen & C. S. Dweck (Eds.), *Motivation and self-regulation across the life-span* (S. 341–364). New York: Cambridge University Press.

Cooley, C. H. (1902). *Human nature and social order.* New York: Scribner.

deCharms, R. (1968). *Personal causation: The internal affective determinants of behavior.* New York: Academic Press.

Deci, E. L. & Ryan, R. M. (1991). A motivational approach to self: Integration in personality. In R. A. Dienstbier (Ed.). *Nebraska Symposium on Motivation: Vol. 38. Perspectives on mootivation: Current theory and research in motivation* (S. 237–288). Lincoln: University of Nebraska Press.

Dyes, A. (1984). *Effekte sozialer Realisierung einer Intention auf ihre Ausführung*. Unveröffentlichte Diplomarbeit. Ruhr-Universität Bochum.

Eccles, J. S., Wigfield, A., Flanagan, C., Miller, C., Reuman, D. A. & Yee, D. (1989) Self-concepts, domain values and self-esteem: Relations and changes at early adolescence. *Journal of Personality, 57*, 283–310.

Emmons, R. A. (1986). Personal strivings: An approach to personality and subjective well-being. *Journal of Personality and Social Psychology, 51*, 1058–1068.

Emmons, R. A. (1996). Striving and feeling: Personal goals and subjective well-being. In P. M. Gollwitzer & J. A. Bargh (Eds.), *The psychology of action: Linking cognition and motivation to behavior* (S. 313–337). New York: Guilford Press.

Erikson, E. H. (1956). The problem of ego-identity. *Journal of American Psychoanalytic Association, 4*, 56–121.

Gollwitzer, P. M. (1983, July). *Audience anxiety and symbolic self-completion*. Paper presented at the International Conference on Anxiety and Self-Related Cognition, Berlin.

Gollwitzer, P. M. (1986). Striving for specific identities: The social reality of self-symbolizing. In R. Baumeister (Ed.), *Private self and public self* (S. 143–159). New York: Springer.

Gollwitzer, P. M. (1987). Suchen, Finden und Festigen der eigenen Identität: Unstillbare Zielintentionen. In H. Heckhausen, P. M. Gollwitzer & F. E. Weinert (Eds.), *Jenseits des Rubikon: Der Wille in den Humanwissenschaften* (S. 176–189). Berlin: Springer.

Gollwitzer, P. M. (1990). Action phases and mind-sets. In E. T. Higgins & R. M. Sorrentino (Eds.), *Handbook of motivation and cognition. Foundations of social behavior* (Bd. 2, S. 53–92). New York: Guilford Press.

Gollwitzer, P. M. (1993). Goal achievement: The role of intentions. In W. Stroebe & M. Hewstone (Eds.), *European Review of Social Psychology* (Bd. 4, S. 141–185). Chichester, UK: Wiley.

Gollwitzer, P. M. (1996). The volitional benefits of planning. In P. M. Gollwitzer & J. A. Bargh (Eds.), *The psychology of action: Linking cognition and motivation to behavior* (S. 287–312). New York: Guilford Press.

Gollwitzer, P. M. & Bayer, U. (1999). Deliberative versus implemental mindsets in the control of action. In S. Chaiken & Y. Trope (Eds.), *Dual-process theories in social psychology* (S. 403–422). New York: Guilford Press.

Gollwitzer, P. M., Bayer, U., Scherer, M. & Seifert, A. (in press) A motivational-volitional perspective on identity development. In J. Brandtstädter & R. M. Lerner (Eds.), *Action and self-development. Theory and research through the life-span*. Thousand Oaks, CA: Sage.

Gollwitzer, P. M. & Kirchhoff, O. (1998). The willful pursuit of identity. In J. Heckhausen & C. S. Dweck (Eds.), *Motivation and self-regulation across the lifespan* (S. 389–423). New York: Cambridge University Press.

Gollwitzer, P. M. & Wicklund, R. A. (1985). Self-symbolizing and the neglect of others perspectives. *Journal of Personality and Social Psychology, 43*, 358–371.

Gollwitzer, P. M., Wicklund, R. A. & Hilton, J. L. (1982). Admission of failure and symbolic self-completion: Extending Lewinian theory. *Journal of Personality and Social Psychology, 43*, 358–371.

Heckhausen, H. (1989). *Motivation und Handeln.* Berlin: Springer.

Heckhausen, H. & Gollwitzer, P. M. (1987). Thought contents and cognitive functioning in motivational versus volitional states of mind. *Motivation and Emotion, 11,* 101–120.

Higgins, E. T. (1987). Self-discrepancy: A theory relating self and affect. *Psychological Review, 94,* 319–340.

Krappmann, L. (1971). *Soziologische Dimensionen der Identität.* Stuttgart.

Lewin, K. (1926). Vorsatz, Wille und Bedürfnis. *Psychologische Forschung, 7,* 330–385.

Linville, P. W. & Carlston, D. E. (1994). Social cognition of the self. In P. G. Devine, D. L. Hamilton & T. M. Ostrom (Eds.), *Social cognition: Impact on social psychology* (S. 143–193). San Diego, CA: Academic Press.

Lissner, K. (1933). Die Entspannung von Bedürfnissen durch Ersatzhandlungen. *Psychologische Forschung, 18,* 218–250.

Lydon, J. (1996). Toward a theory of commitment. In C. Seligman, J. M. Olson & M. P. Zanna (Eds.), *The psychology of Values: The Ontario symposium, Volume 8* (S. 191–214). Mahwah, NJ: Erlbaum.

Mahler, W. (1933). Ersatzhandlungen verschiedenen Realitätsgrades. *Psychologische Forschung, 18,* 27–89.

Marcia, J. E. (1980). Identity in adolescence. In J. Adelson (Ed.), *Handbook of adolescent psychology* (S. 159–198). New York: Wiley.

Markus, H. (1977). Self-schemata and processing information about the self. *Journal of Personality and Social Psychology, 35,* 63–78.

Markus, H. & Nurius, P. (1986). Possible selves. *American Psychologist, 41,* 954–969.

Oettingen, G. (1996). *Psychologie des Zukunftsdenkens: Erwartungen und Phantasien.* Göttingen: Hogrefe.

Ogilvie, D. M. (1987). The undesired self: A neglected variable in personality research. *Journal of Personality and Social Psychology, 52,* 379–385.

Ruble, D. N. (1994). A phase model of transitions: Cognitive and motivational consequences. In M. Zanna (Ed.), *Advances in experimental social psychology* (S. 163–214). New York: Acedemic Press.

Ruble, D. N. & Seidman, E. (1996). Social transitions: Windows into social psychological processes. In E. T. Higgins & A. W. Kruglanski (Eds.), *Social psychology: Handbook of basic principles* (S. 830–856). New York: Guilford Press.

Scherer, M. (1999). *Selbstergänzung vs. Selbstwerterhöhung.* Unveröffentlichte Diplomarbeit. Universität Konstanz.

Seifert, A. (1999). Effekte sozialer Realisierung von Absichten und Vorsätzen auf ihre Ausführung. Unveröffentlichte Diplomarbeit. Universität Konstanz.

Sheldon, K. M. & Elliot, A. J. (1999). Goal striving, need satisfaction, and longitudinal well-being: The self-concordance model. *Journal of Personality and Social Psychology, 76,* 482–497.

Sheldon, K. M. & Kasser, T. (1998). Pursuing personal goals: Skills enable progress but not all progress is beneficial. *Personality and Social Psychology, 68,* 546–557.

Steele, C. M. (1988). The psychology of self-affirmation: Sustaining the integrity of the self. In L. Berkowitz (Ed.), *Advanced in Experimental Social Psychology* (Vol. 21, S. 261–302). New York: Academic Press.

Stryker, S. & Statham, A. (1985). Symbol interaction and role theory. In G. Lindzey & E. Aronson (Eds.), *Handbook of social psychology* (Bd. 1, S. 311–378). New York: Random House.

Tesser, A., Martin, L. L. & Cornell, D. P. (1996). On the substitutability of self-protective mechanisms. In P. M. Gollwitzer & J. A. Bargh (Eds.), *The psychology of action: Linking cognition and motivation to behavior* (S. 48–68). New York: Guilford Press.

Tversky, A. & Kahneman, D. (1974). Judgment under uncertainty: Heuristics and biases. *Science, 185*, 1124–1131.

White, R. W. (1959). Motivation reconsidered: The concept of competence. *Psychological Review, 66*, 297–333.

Wicklund, R. A. & Gollwitzer, P. M. (1981). Symbolic self-completion, attempted influence and self-deprecation. *Basic and Applied Social Psychology, 2*, 89–114.

Wicklund, R. A. & Gollwitzer, P. M. (1982). *Symbolic self-completion.* Hillsdale, NJ: Erlbaum.

V Mikroprozessuale Perspektiven: Verarbeitung selbstbezogener Informationen

12

Das kontextabhängige Selbst oder warum sich unser Selbst mit dem sozialen Kontext verändert

Bettina Hannover

Einführung

Beginnen wir mit einem kleinen Selbstversuch. Ihre Aufgabe besteht darin, sich selbst ohne lange zu überlegen in fünf Sätzen, die jeweils mit „Ich bin ..." beginnen, zu aufschreiben. Notieren Sie einfach, was Ihnen spontan in den Sinn kommt.

Wenn Sie dies getan haben, können Sie nun überprüfen, ob Ihre Selbstbeschreibung derjenigen entspricht, die typischerweise von Menschen, die in unserem Kulturkreis aufgewachsen sind, abgegeben wird. Typisch wäre es, wenn Sie – neben Merkmalen, die ihre physische Erscheinung beschreiben (z. B. „ich bin blond") – vor allem Personeigenschaften (z. B. „ich bin ehrlich"), Fähigkeiten (z. B. „ich bin ein guter Klavierspieler") und persönliche Einstellungen oder Präferenzen (z. B. „ich bin Vegetarier") genannt hätten. Untypisch wäre es hingegen, wenn Sie überwiegend Ihre Zugehörigkeiten zu konkreten sozialen Kontexten (z. B. „ich bin Mitglied im Sportverein") genannt hätten oder aber spezifiziert hätten, wie Sie sich in Abhängigkeit von verschiedenen sozialen Kontexten verhalten (z. B. „ich bin schüchtern, wenn ich mit fremden Leuten zusammen bin").

Zusammengefaßt beschreiben in unserem Kulturkreis sozialisierte Menschen sich typischerweise mit Merkmalen, die die eigene Person in unterschiedlichen Situationen und zu verschiedenen Zeitpunkten, d. h. *unabhängig vom konkreten sozialen Kontext*, auszeichnen. Es scheint, dass wir auf diese Weise unser Selbst als beständiges, konsistentes und integriertes Ganzes erleben. Allerdings kann bezweifelt werden, ob eine solche kontextfreie Selbstbeschreibung die eigene Person tatsächlich realistisch und angemessen abbildet.

Nehmen wir einmal an, Sie hätten sich als „ehrlich" charakterisiert. Wäre Ihnen diese Selbstbeschreibung auch in einer Situation spontan eingefallen, in der Sie gerade eine kleine Notlüge erfunden haben, um der Politesse das Ausstellen des Strafzettels für Falschparken „auszureden"? Oder nehmen wir an, Sie hätten von sich selbst gesagt, ein freizeitorientierter Mensch zu sein. Hätten Sie dieselbe Auskunft über sich gegeben, wenn Sie während eines Vorstellungsgespräches zu einer Selbstbeschreibung aufgefordert worden wären? Oder stellen Sie sich vor, Sie hätten gerade eine Prüfung besser als erwartet bestanden. Würden Sie Ihre Leistungsfähigkeit in diesem Moment genauso erleben wie in einer Situation, in der Sie gerade darüber nachgedacht haben, wie unsportlich Sie doch sind? Die Antworten auf diese Fragen legen nahe, dass unser Selbst keineswegs so unabhängig vom konkreten Kontext ist, wie es die Art, in der wir uns selbst typischerweise beschreiben, nahe zu legen scheint.

Im Folgenden soll der Frage, inwieweit das Selbst vom sozialen Kontext bestimmt ist, genauer nachgegangen werden. Dazu werden zunächst verschiedene wissenschaftliche Theorien über das Selbst unter dem Blickwinkel geschildert, ob in ihnen das Selbst als kontextabhängig oder -unabhängig definiert wird. In einem zweiten Schritt wird auf die Frage eingegangen, aufgrund welcher Strukturen und Prozesse das Selbst durch den Kontext verändert werden kann.

Was ist das Selbst und wie kann es durch den sozialen Kontext verändert werden?

Betrachtet man Theorien über das Selbst in der Abfolge ihrer historischen Herausbildung, so zeigt sich, dass bereits in der ersten einschlägigen sozialpsychologischen Theorie (James, 1890) das Selbst als kontextabhängig gesehen wurde, eine Idee, die in der Folge vor allem in soziologischen Theorien aufgegriffen worden ist (Cooley, 1902, Mead, 1934). So haben James, Cooley und Mead angenommen, dass das Selbst eine Reflektion der Sichtweisen ist, die andere auf die Person haben. Damit ändert sich das Selbst mit anderen Anwesenden oder in Abhängigkeit davon, in welche andere Person sich das Individuum hineinversetzt.

Die in diesen frühen Theorien vorherrschende Vorstellung, dass sich das Selbst mit dem sozialen Kontext verändert, ist erst viele Jahrzehnte später wieder aufgegriffen worden. Zwischenzeitlich dominierte die Auffassung, dass das

Selbst ein universales und zeitstabiles Merkmal des Individuums ist. Entsprechend konzentrierte sich die Forschung darauf, Instrumente zur Messung des Selbstkonzepts, von Personeigenschaften und des Selbstwerts zu entwickeln (z. B. Bugental & Zelen, 1950; Kuhn & McPartland, 1954).

Erst in den 60er-Jahren entstanden wiederum Theorien, in denen das Selbst in seiner Abhängigkeit vom sozialen Kontext betrachtet wurde. So wurde beispielsweise – erstmalig von Goffman (1959) formuliert – ein Motiv angenommen, sich selbst gegenüber anderen in einem günstigen Licht darzustellen. Entsprechend konnte gezeigt werden, dass Menschen sich in Abhängigkeit von anderen anwesenden oder imaginierten Personen oder von den Zielen, die sie in einer bestimmten Situation verfolgen, auf unterschiedliche Weise präsentieren (self-presentation; Baumeister, 1982) oder versuchen, den Eindruck zu steuern, den sie bei anderen erwecken (impression-management; Schlenker, 1980; Tedeschi,1981). Selbstpräsentationen können darüber hinaus auch eine kompensatorische Funktion erfüllen: Sie sind häufig auf diejenigen Aspekte des Selbst bezogen, bzgl. derer die Person unvollkommen oder unsicher ist (symbolic self-completion; Wicklund & Gollwitzer, 1982; Bayer & Gollwitzer, in d. Bd.).

In der zweiten Hälfte der 70er-Jahre hat sich das Verständnis des Selbst dann mit der Herausbildung des Social-Cognition-Paradigmas grundlegend verändert (Linville & Carlston, 1994; Wentura, in diesem Band). In diesem Paradigma stehen kognitive Prozesse im Mittelpunkt der Untersuchung. Eine zentrale Bedeutung wird dabei Gedächtnisprozessen beigemessen. Genauer wird angenommen, dass Enkodierung, Speicherung und Wiederfinden von Informationen wesentlich durch bereits existierende Wissensstrukturen beeinflusst sind (Strack, 1988).

Auch das Selbst wird innerhalb des Social-Cognition-Paradigmas als eine *Gedächtnisrepräsentation* aufgefasst, die in Struktur und Funktionsweise anderen Wissensstrukturen entspricht und nur insofern spezifisch ist, als sie ausschließlich selbstbezogene Informationen enthält (z. B. Breckler, Pratkanis & McCann, 1990; Kihlstrom & Klein, 1994). Diese Gedächtnisrepräsentation kann man sich wie ein Netzwerk vorstellen: Informationen sind in Form von Propositionen gespeichert, die das Selbst mit bestimmten Prädikaten, wie episodischen Informationen oder Attributen, verbinden. Die kognitive Repräsentation der eigenen Person bildet demnach einen Knoten, um den herum sich im Laufe der Ontogenese ein Netzwerk von weiteren Informations-Knoten aufbaut, die über die sog. Kanten miteinander verbunden sind. Entsprechend stellt das Selbst eines Erwachsenen eine äußerst umfassende, hoch differenzierte Gedächtnisstruktur dar, in der sämtliche Informationen repräsentiert sind, die die Person im Laufe ihres Lebens über sich selbst gespeichert hat.

Die Kontextabhängigkeit des Selbst wird nun durch eine *Strukturannahme* und eine *Prozeßannahme* erklärt (Linville & Carlston, 1994). Die Strukturannahme besagt, dass die große Anzahl selbstbezogener Informationen nicht in einer universalen, einheitlichen Struktur, sondern in zahlreichen Clustern repräsentiert ist, wobei jedes dieser Cluster auf einen spezifischen Kontext aus dem Leben der betreffenden Person bezogen ist. Dies können nicht nur räumlich definierte Kontexte sein, wie z. B. „Selbst zuhause", sondern auch persönliche Erfahrungsbereiche oder Aktivitäten der Person, wie beispielsweise „Selbst als Lehrerin", Beziehungen und Gruppenzugehörigkeiten, wie „Selbst als Mutter" oder Persönlichkeitsattribute, wie „Selbst als ehrgeizig". Im weiteren werden wir diese kontextbezogenen Informationscluster als *Selbstkonstrukte* und die Gesamtheit der Selbstkonstrukte als das *Selbstkonzept* der Person bezeichnen (Hannover, 1997a).

Die Prozessannahme besagt nun, dass zu jedem konkreten Zeitpunkt stets nur ein Selbstkonstrukt oder einige wenige Konstrukte aktiviert sind. Zwischen den Informationsknoten eines Konstrukts bestehen nämlich mehr und engere Verbindungen als über Konstrukte hinweg. Wird nun einer der Informationsknoten von außen aktiviert, so breitet sich diese Aktivierung über die Kanten, die die Knoten verbinden, aus. Auf diese Weise setzt sich eine Aktivierung zunächst innerhalb eines Konstruktes fort, hingegen über Konstrukte hinweg nur in dem Maße, wie Verbindungen zwischen ihnen bestehen. Die Konfiguration aktivierter Selbstkonstrukte wird als *Arbeitsselbst* bezeichnet (z. B. Cantor, Markus, Niedenthal & Nurius, 1986). Die wechselnde Aktivierung unterschiedlicher Selbstkonstrukte bedeutet konkret, dass die Person zu verschiedenen Zeitpunkten auf unterschiedliches, unter Umständen sogar widersprüchliches Selbstwissen zugreift. So kann beispielsweise mit der Aktivierung des Selbstkonstrukts „Selbst als Lehrerin" die Information „ich bin dominant" und mit der Aktivierung des Selbstkonstrukts „Mutter" die Information „ich bin zurückhaltend" zugänglich werden.

Zusammengefasst wird im Rahmen des Social-Cognition-Paradigmas postuliert, dass das Selbst aus mehreren kontextgebundenen Selbstkonstrukten besteht und dass zu einem gegebenen Zeitpunkt nur eine Teilmenge der Selbstkonstrukte ins Arbeitsselbst gelangt. Dadurch sind die Voraussetzungen dafür geschaffen, dass sich das Selbst mit dem Kontext verändern kann, d. h. dass Menschen sich in Abhängigkeit vom Kontext unterschiedlich beschreiben, erleben und verhalten. Um jedoch *vorhersagen* zu können, wie sich diese Kontextabhängigkeit des Selbst konkret manifestiert, wie sich das Selbst also in welchen Kontexten zeigt, müssen zwei Fragen beantwortet werden, denen in der bisherigen Forschung wenig Aufmerksamkeit zuteil geworden ist: a) Welche Selbstkonstrukte gelangen in einer konkreten Situation ins Arbeitsselbst und b) wie beeinflussen die Inhalte des Arbeitsselbst das Denken, Fühlen und Handeln der Person? Diesen beiden Fragen soll in den folgenden Abschnitten nachgegangen werden.

Der Inhalt des Arbeitsselbst

Welches der zahlreichen Selbstkonstrukte in einer konkreten Situation zum Arbeitsselbst wird, ist unseres Erachtens davon bestimmt, wie leicht die Person auf sie zugreifen kann. Diese Leichtigkeit, die auch als *Zugänglichkeit* bezeichnet wird, ist umso höher, a) je kürzer der zeitliche Abstand zur letzten Aktivierung und b) je häufiger ein bestimmtes Konstrukt bereits gebraucht worden ist. Durch eine kurz zurückliegende Aktivierung ist die Zugänglichkeit momentan erhöht, wir sprechen von *temporärer Zugänglichkeit* (temporary accessibility), und mit häufiger Aktivierung verlängert sich die Dauer, die ein Konstrukt zugänglich ist, wir sprechen von *chronischer Zugänglichkeit* (chronic accessibility; z. B. Higgins & Bargh, 1987; Wyer & Srull, 1989).

Wendet man diese Überlegungen auf selbstbezogenes Wissen an, so sollte das Arbeitsselbst einerseits diejenigen Selbstkonstrukte enthalten, die zuletzt aktiviert worden sind (*temporär zugängliche Selbstkonstrukte*). Neben diesen durch den aktuellen Kontext aktivierten Konstrukten sollte das Arbeitsselbst am wahrscheinlichsten diejenigen Selbstkonstrukte enthalten, die bereits häufig verwendet worden sind (*chronisch zugängliche Selbstkonstrukte*).

Eine zentrale Voraussetzung der empirischen Prüfbarkeit dieser Annahmen ist, dass man den Inhalt des Arbeitsselbst einer Person identifizieren kann. Dazu werden Versuchspersonen typischerweise bestimmte Informationen, die verschiedene Selbstkonstrukte konstituieren (z. B. Adjektive wie „unabhängig" oder „gesellig"), einzeln präsentiert. Die Person soll jeweils durch Betätigen einer Ja-Taste oder einer Nein-Taste möglichst schnell entscheiden, ob die Information die eigene Person beschreibt. Die abhängigen Variablen sind hierbei die Anzahl der Zustimmungen und die Entscheidungslatenzen: Weil die Person auf in ihrem Arbeitsselbst enthaltene Informationen leichter, d. h. vollständiger und schneller zugreifen kann, sollte sie bei der Selbstbeschreibung Informationen, die konsistent mit dem Inhalt ihres Arbeitsselbst sind, häufiger bejahen und schneller verarbeiten als Informationen aus anderen, nicht aktivierten Selbstkonstrukten.

Diese Methode ermöglicht zunächst, Unterschiede in der chronischen Zugänglichkeit verschiedener Selbstkonstrukte zu identifizieren. Belege stammen aus den Studien von Markus (z. B. Markus, 1977; Markus, Hamill & Sentis, 1987). Markus nimmt an, dass Personen solche Inhaltdomänen, die sie als besonders wichtig für die Definition ihres Selbst erachten, extensiv elaborieren. Die auf solche Inhaltsdomänen bezogenen kognitiven Konstrukte, die Markus als Selbstschemata bezeichnet, sind also chronisch hoch zugänglich. In ihren Untersuchungen findet Markus, dass Personen, die ein Selbstschema für einen bestimmten Inhaltsbereich haben, auf diese Inhaltsdomäne bezogene Adjektive häufiger und schneller als selbstbeschreibend bejahen als Personen ohne ein solches Selbstschema. Diese Befunde sind konsistent mit unserer Annahme, dass chronisch zugängliche Selbstkonstrukte häufig im Arbeitsselbst enthalten sind.

Belege dafür, dass das Arbeitsselbst außerdem Selbstkonstrukte enthält, die durch den aktuellen Kontext, d. h. temporär aktiviert worden sind, stammen beispielsweise aus einer Studie von Hannover (1997b; für einen Überblick vgl. Hannover, 1997a). Der Kontext wurde hier durch eine Aufgabe manipuliert, mit der sich die Versuchsteilnehmer beschäftigen sollten. Mädchen und Jungen, die eine Babypuppe zu wickeln hatten, hielten im Anschluss „typisch feminine" Eigenschaftsbegriffe häufiger und schneller für selbstbeschreibend als Jugendliche einer Kontrollgruppe. Umgekehrt bejahten Mädchen und Jungen, die die Aufgabe bekommen hatten, mit einem großen Hammer Nägel in einen Holzbalken zu schlagen, im Anschluss „typisch maskuline" Eigenschaftsbegriffe häufiger und schneller als selbstbeschreibend als die Jugendlichen der Kontrollbedingung.

Eine weitere wichtige aktivierende Kontextvariable stellen Gruppenkonstellationen dar (vgl. hierzu auch Mielke, in diesem Band). So konnten McGuire und Mitarbeiter wiederholt zeigen, dass sich Menschen zu einer spontanen Selbstbeschreibung aufgefordert überzufällig häufig mit solchen Merkmalen beschreiben, bzgl. derer sie in der aktuellen Gruppenkonstellation unterrepräsentiert sind (für einen Überblick vgl. McGuire, 1984). So sollte beispielsweise eine schwarze Frau in einer Gruppe von weißen Frauen das auf ihre ethnische Zugehörigkeit bezogene Selbstkonstrukt aktivieren; in einer Gruppe von schwarzen Männern hingegen sollte das auf ihre Geschlechtszugehörigkeit bezogene Selbstkonstrukt das Arbeitsselbst bilden (vgl. McGuire & Padawer-Singer, 1976, S. 744).

Einfluß des Arbeitsselbst auf Denken, Fühlen und Handeln

Wir haben bisher festgestellt, dass der soziale Kontext beeinflusst, welche Selbstkonstrukte ins Arbeitsselbst gelangen. Wie aber beeinflussen die Inhalte des Arbeitsselbst nun das Denken, Fühlen und Handeln der Person? In zahlreichen Studien ist belegt worden, dass Menschen neu eintreffende Information gemäß der zum gegebenen Zeitpunkt leicht zugänglichen mentalen Kategorien identifizieren und interpretieren (für einen Überblick vgl. Higgins & Bargh, 1987; Wyer & Srull, 1989). Hält eine Person beispielsweise auf einer Wanderung Ausschau nach einer Möglichkeit auszuruhen, so wird sie das Wort „Bank" spontan anders auffassen, als wenn sie gerade darüber nachgedacht hat, wie sie ihr Geld günstig anlegen kann.

Menschen assimilieren jedoch nicht nur die Interpretation neueintreffender Information, sondern auch ihr Verhalten an die Inhalte der ihnen momentan zugänglichen mentalen Kategorien (Bargh, 1997). Bargh, Chen und Burrows (1996) konfrontierten ihre Versuchspersonen zunächst mit Worten, die entweder zu dem Konstrukt Unhöflichkeit oder zu dem Konstrukt Höflichkeit paßten. Im Anschluss mussten die Vpn, um mit dem Experiment fortfahren zu können, den Versuchsleiter, der sich scheinbar angeregt mit einem Mitwisser unterhielt, unterbrechen. Personen, bei denen zuvor das Konstrukt Unhöflichkeit aktiviert worden war, unterbrachen den Versuchsleiter fast zweimal so schnell wie die Probanden der „Höflichkeits-Bedingung". In einer zweiten Studie konnte gezeigt werden, dass Personen, bei denen ein Stereotyp über alte Menschen aktiviert worden war, nach Abschluss des Experimentes langsamer den Gang hinunterliefen als Probanden einer Kontrollbedingung.

Wendet man diese Überlegungen auf die Verarbeitung selbstbezogener Informationen an, so ist zu erwarten, dass Menschen konsistent mit den Inhalten ihres Arbeitsselbst denken, fühlen und handeln, weil sie auf in ihrem Arbeitsselbst repräsentierte Informationen leichter zugreifen können als auf andere Informationen ihres Selbstkonzepts (für einen Überblick vgl. Hannover, 1997a). Belege für diese Annahme stammen beispielsweise aus einer Studie, in der wir entweder das Selbstkonstrukt, ein sozialer, mit anderen verbundener Mensch zu sein, oder aber das Selbstkonstrukt, einzigartig und von anderen Menschen unabhängig zu sein, experimentell aktiviert haben (Hannover, Kühnen & Birkner, eingereicht). Dazu wurden die Versuchspersonen aufgefordert, aus durcheinandergemischten Wörtern Sätze zu bilden, wobei diese Sätze entweder soziale (z. B. „helfe Team meinem ich") oder aber Unabhängigkeit betonende

Selbstbeschreibungen (z. B. „meine schätze ich Einzigartigkeit") ergaben. Erwartungsgemäß trafen die Probanden, bei denen soziale Selbstkonstrukte aktiviert worden waren, in einem anschließenden Spiel kooperativere Entscheidungen als die Teilnehmer der Versuchsbedingung, in der die eigene Unabhängigkeit betonendes Selbstwissen angesprochen worden war.

Zusammenfassung und Ausblick

Das Modell in Abbildung 10.1 veranschaulicht zusammenfassend unsere Annahmen über das kontextabhängige Selbst: Der *soziale Kontext* stellt Aktivierungsquellen bereit, durch die unterschiedliche Selbstkonstrukte ins *Arbeitsselbst* gelangen und dann die Verarbeitung neueintreffender Information steuern. Im Ergebnis beschreibt und verhält sich die Person konsistent mit den in ihrem Arbeitsselbst enthaltenen Selbstkonstrukten *(Auswirkungen)*. Weil mit jeder temporären Aktivierung das betreffende Selbstkonstrukt auch chronisch zugänglicher wird, entsteht durch den kontinuierlichen Fluss kontextbedingter Aktivierungen über die Zeit das Selbstkonzept *(Pfeil von Auswirkungen auf Selbstkonzept)* als Gesamtheit aller Selbstkonstrukte, die sich in ihrer chronischen Zugänglichkeit intraindividuell und interindividuell unterscheiden. Je

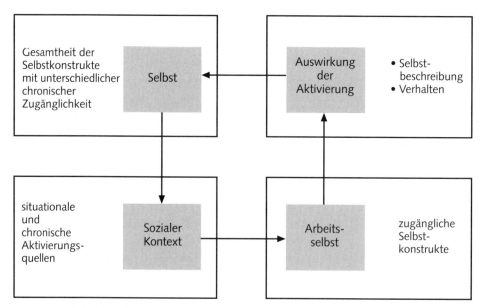

Abbildung 10.1: Modell des kontextabhängigen Selbst

chronisch zugänglicher nun wiederum ein bestimmtes Selbstkonstrukt über die Zeit wird, umso wahrscheinlicher wird es auch in der Zukunft aufgrund einer Kontextvariablen (*Pfeil von Selbstkonzept auf Kontext*) temporär ins Arbeitsselbst geladen.

Aus diesen Prozessannahmen ergibt sich, dass sich das Selbst mit dem sozialen Kontext verändert. Wie kann vor diesem Hintergrund nun aber erklärt werden, warum in dem zu Beginn geschilderten Selbstversuch die meisten von uns die eigene Person als unabhängig vom sozialen Kontext beschreiben? Einen Hinweis liefern Befunde aus der kulturvergleichenden Forschung. Sie zeigen, dass nur Personen, die in einer westlichen, sog. individualistischen Kultur (z. B. die USA oder westeuropäische Länder) sozialisiert worden sind, zu einer Selbstbeschreibung aufgefordert typischerweise kontextfrei definierte, zeitstabile Merkmale benennen. Menschen aus östlichen, sog. kollektivistischen Kulturen (z. B. asiatische oder lateinamerikanische Länder) hingegen, die erst in den letzten Jahren verstärkt als Versuchspersonen in die psychologische Forschung einbezogen worden sind, definieren ihr Selbst stärker in Abhängigkeit von sozialen Kontexten und durch ihre Zugehörigkeit zu diesen verschiedenen Kontexten (für einen Überblick vgl. Markus & Kitayama, 1991; Triandis, 1995; siehe auch Mielke, in diesem Band).

So fanden beispielsweise Trafimow, Triandis und Goto (1991), dass chinesische Versuchsteilnehmer als Repräsentanten einer kollektivistischen Kultur auf die Aufforderung hin, 20 mit „Ich bin..." beginnende Sätze zu vervollständigen, mehr auf eigene Zugehörigkeiten zu konkreten sozialen Kontexten bezogene Aussagen („ich bin Mitglied des Sportclubs XY") und weniger Aussagen über kontextunabhängige persönliche Eigenschaften, Einstellungen oder Fähigkeiten („ich bin unabhängig") trafen, als dies für amerikanische Teilnehmer als Repräsentanten einer individualistischen Kultur der Fall war. Auch Cousins (1989) fand, dass amerikanische Studierende „Ich bin..."-Sätze überwiegend durch abstrakte und unspezifizierte Eigenschaftsbegriffe vervollständigten, wohingegen japanische Studierende als Vertreter einer kollektivistischen Kultur häufig konkrete und spezifizierte Ergänzungen bildeten (z. B. „ich bin jemand, der abends häufig in den Sportclub geht").

Markus und Kitayama (1991) nehmen an, dass sich Mitglieder individualistischer und kollektivistischer Kulturen in ihrer Selbstdefinition deshalb voneinander unterscheiden, weil in beiden Kulturtypen unterschiedliche Auffassungen darüber, „wie man sein sollte", existieren und entsprechend unterschiedliche Anforderungen an die Konstruktion des Selbst gestellt werden. In unserer Kultur herrscht die Norm vor, ein einzigartiges und von anderen unabhängiges Individuum zu werden bzw. zu sein. Seiner Einzigartigkeit und Unabhängigkeit kann das Individuum nun dadurch Ausdruck verleihen, dass es internale Attribute wie Personeigenschaften, Fähigkeiten und Einstellungen entwickelt, nicht aber dadurch, dass es sich an verschiedene soziale Kontexte anpaßt. Ein Sprichwort, das diese Norm der individualistischen Selbstkonstruktion veranschaulicht, lautet: „Niemals mit den anderen schreien, wage stets, du selbst zu sein".

Demgegenüber fordert die soziale Norm kollektivistischer Kulturen, bei der Selbstkonstruktion die eigene Verbundenheit mit anderen Menschen, z. B. also die Ähnlichkeit zwischen sich selbst und anderen, zu betonen. Dieses Ziel wird dadurch erreicht, dass das Individuum das eigene Verhalten flexibel an den Erwartungen anderer bzw. an den Anforderungen des jeweiligen sozialen Kontextes ausgerichtet. Ein von Markus und Kitayama (1991) berichtetes japanisches Sprichwort, das diesen Imperativ verdeutlicht, lautet: „Der Nagel, der heraussteht, wird eingeschlagen".

Diese kulturellen Normen reflektieren sich in den unterschiedlichen Selbstbeschreibungen von Menschen aus individualistischen bzw. kollektivistischen Kulturen. Während wir als Mitglieder einer individualistischen Kultur dazu neigen, unser Selbst durch scheinbar kontextunabhängig gültige internale Eigenschaften zu charakterisieren, definieren Menschen aus kollektivistischen Kulturen ihr Selbst stärker durch ihre Zugehörigkeit zu anderen Menschen und zu konkreten sozialen Kontexten.

Vor dem Hintergrund der berichteten Befunde können wir abschließend folgendes feststellen. Wenn wir unser Selbst als kontextunabhängig erleben oder beschreiben, so drückt sich darin eher die in unserer Kultur vorherrschende Norm individualistischer Selbstkonstruktionen aus, als dass diese Selbstsicht eine angemessene Abbildung der Realität wäre. In unserem Modell gesprochen verändert sich unser Selbst nämlich in dem Maße, wie die Kontexte, in denen wir uns bewegen, variieren. Häufig gegebene Kontexte führen zu chronisch zugänglichem Selbstwissen, das unsere Selbstsicht und unser Verhalten öfters steuert als Selbstwissen, das auf Kontexte bezogen ist, denen wir nur selten ausgesetzt sind. Dies bedeutet, dass sich unser Selbst um so stärker ändert, je vielfältiger und abwechslungsreicher die Kontexte sind, denen wir ausgesetzt sind oder die wir aufsuchen. Auf diese Weise ist das Selbst keine statische Personeigenschaft, sondern dynamisch, nämlich durch den sozialen Kontext bewegt.

Literatur

Bargh, J. A. (1997). The automaticity of everyday life. In R. S. Wyer (Hrsg.), *Advances in social cognition* (Bd. 10). Mahwah, NJ: Erlbaum.

Bargh, J. A., Chen, M. & Burrows, L. (1996). Automaticity of social behavior: Direct effects of trait construct and stereotype activation on action. *Journal of Personality and Social Psychology, 71,* 230–244.

Baumeister, R. F. (1982). A self-presentational view of social phenomena. *Psychological Bulletin, 91,* 3–26.

Breckler, S. J., Pratkanis, A. R. & McCann, C. D. (1990). The representation of self in multidimensional cognitive space. *British Journal of Social Psychology, 30,* 97–112.

Bugental, J. F. & Zelen, S. L. (1950). Investigations into the self-concept. *Journal of Personality, 18,* 483–498.

Cantor, N., Markus, H., Niedenthal, P. & Nurius, P. (1986). On motivation and the self-concept. In R. M. Sorrentino & E. T. Higgins (Hrsg.), *Handbook of motivation and social cognition: Foundations of social behavior* (S. 96–121). New York: Guilford.

Cooley, C. H. (1902). *Human nature and the social order.* New York: Scribners.

Cousins, S. (1989). Culture and selfhood in Japan and the U.S. *Journal of Personality and Social Psychology, 56,* 124–131.

Goffman, E. (1959). *The presentation of self in everyday life.* New York: Doubleday.

Hannover, B. (1997a). *Das dynamische Selbst. Zur Kontextabhängigkeit selbstbezogenen Wissens.* Bern: Huber.

Hannover, B. (1997b). Zur Entwicklung des geschlechtsrollenbezogenen Selbstkonzepts. Der Einfluss „maskuliner" und „femininer Tätigkeiten" auf die Selbstbeschreibung mit instrumentellen und expressiven Personeigenschaften. *Zeitschrift für Sozialpsychologie, 28,* 60–75.

Hannover, B., Kühnen, U. & Birkner, N. (eingereicht). Independentes und interdependentes Selbstwissen als Determinante von Assimilation und Kontrast bei kontextuellem Priming. *Zeitschrift für Sozialpsychologie.*

Higgins, E. T. & Bargh, J. A. (1987). Social cognition and social perception. *Annual Review of Psychology, 38,* 369–425.

James, W. (1890). *The principles of psychology.* New York: Holt, Rinehard & Winston.

Kihlstrom, J. F. & Klein, S. B. (1994). The self as a knowledge structure. In R. S. Wyer & T. K. Srull (Hrsg.), *Handbook of social cognition* (Bd. 1, 2nd ed., S. 153–208). Hillsdale, NJ.: Erlbaum.

Kuhn, M. H. & McPartland, T. S. (1954). An empirical investigation of self-attitudes. *American Sociological Review, 19,* 68–76.

Linville, P. W. & Carlston, D. E. (1994). Social cognition of the self. In P. G. Devine, D. L. Hamilton & T. M. Ostrom (Hrsg.), *Social cognition: Impact on social psychology* (S. 144–193). San Diego: Academic Press.

Markus, H. (1977). Self-schemata and processing of information about the self. *Journal of Personality and Social Psychology, 35,* 63–78.

Markus, H., Hamill, R. & Sentis, K. P. (1987). Thinking fat: Self-schemas for body weight and the processing of weight relevant information. *Journal of Applied Social Psychology, 17,* 50–71.

Markus, H. & Kitayama, S. (1991). Culture and the self: Implications for cognition, emotion, and motivation. *Psychological Review, 98,* 224–253.

McGuire, W. J. (1984). Search for the self: Going beyond self-esteem and the reactive self. In R. A. Zucker, J. Aronoff & A. I. Rabin (Hrsg.), *Personality and the prediction of behavior* (S. 73–120). Orlando: Academic Press.

McGuire, W. J. & Padawer-Singer, A. (1976). Trait salience in the spontaneous self-concept. *Journal of Personality and Social Psychology, 33,* 743–754.

Mead, G. H. (1934). *Mind, self and society from the standpoint of a social behaviorist.* Chicago: University of Chicago Press.

Schlenker, B. R. (1980). *Impression management: The self-concept, social identity, and interpersonal relations.* Belmont, CA.: Brooks/Cole.

Strack, F. (1988). Social cognition: Sozialpsychologie innerhalb des Paradigmas der Informationsverarbeitung. *Psychologische Rundschau, 39,* 72–82.

Tedeschi, J. T. (1981). *Impression management theory and social psychological research.* New York: Academic Press.

Trafimow, D., Triandis, H. C. & Goto, S. G. (1991). Some tests of the distinction between the private self and the collective self. *Journal of Personality and Social Psychology, 60,* 649–655.

Triandis, H. C. (1995). *Individualism and collectivism.* New York: McGraw Hill.

Wicklund, R. A. & Gollwitzer, P. M. (1982). *Symbolic self-completion.* Hillsdale, NJ.: Erlbaum.

Wyer, R. S. & Srull, T. K. (1989). *Memory and cognition in its social context.* Hillsdale, NJ: Erlbaum.

13

Selbstkonsistenz und Selbstwerterhöhung: Der Integrative Selbstschemaansatz

Lars-Eric Petersen, Dagmar Stahlberg & Dirk Dauenheimer

Eine der zentralen Fragen in der Selbstkonzeptforschung ist die nach dem Einfluss des Selbstkonzeptes auf die Verarbeitung selbstkonzeptrelevanter Informationen. Wie reagieren Personen affektiv und kognitiv auf positive, negative oder selbstkonzeptkonsistente Rückmeldungen über die eigene Person? Mit Informationen welcher Valenz werden Personen besonders zufrieden sein (affektive Reaktion) und welche Informationen werden sie als besonders valide betrachten (kognitive Reaktion)? Antworten auf diese Fragen lassen sich auf der Basis ganz verschiedener und einander teilweise widersprechender theoretischer Positionen formulieren. In diesem Kapitel werden diese Positionen und damit verbundene empirische Arbeiten dargestellt. Dabei werden zunächst die innerhalb des motivationstheoretischen Ansatzes entwickelte selbstwerttheoretische und die konsistenztheoretische Position erörtert. Anschließend werden Grundannahmen, Vorgehensweisen und empirische Befunde aus einer informationstheoretisch orientierten Selbstkonzeptforschung dargestellt. Schließlich wird ein von den AutorInnen dieses Artikels entwickelter Ansatz vorgestellt, der die zunächst separat vorgestellten Positionen und Befunde zu integrieren versucht: Der Integrative Selbstschemaansatz (ISSA).

Der motivationstheoretische Ansatz

Bis in die siebziger Jahre hinein dominierte die motivationale Sichtweise in der Selbstkonzeptforschung (vgl. z. B. Dauenheimer, 1996; Petersen 1994; Stahlberg, 1988). Aus motivationstheoretischer Perspektive wird der Mensch bei der Suche, Aufnahme und Verarbeitung selbstbezogener Informationen von zentralen Bedürfnissen geleitet. In motivationstheoretisch angelegten Forschungsarbeiten sind insbesondere die Motive der Selbstwerterhöhung und des Konsistenzstrebens betrachtet worden.

Selbstwerttheoretische Ansätze gehen von einem Bedürfnis des Menschen nach Anerkennung und Wertschätzung aus. Personen werden daher bei der Aufnahme und Verarbeitung selbstkonzeptrelevanter Informationen grundsätzlich bestrebt sein, ihr Selbstwertgefühl zu schützen bzw. zu erhöhen. Selbstwerttheoretischen Überlegungen (vgl. hierzu auch Schütz, in diesem Band) folgend, werden Personen daher auf solche Informationen affektiv und kognitiv positiv reagieren, die selbstwertschmeichelnde Komponenten enthalten. Konsistenztheoretische Ansätze, deren Ursprünge in Heiders Balancetheorie (1958) und Festingers Theorie der kognitiven Dissonanz (1957) gesehen werden können, betonen, dass Personen bestrebt sind, eine interne Konsistenz ihrer Einstellungen aufrechtzuerhalten. Der Selbstkonsistenzgedanke ist in jüngerer Zeit unter den Begriffen „self-verification" (Swann, 1985) und „self-confirmation" (Andrews, 1989) aktualisiert worden. Diese Ansätze gehen davon aus, dass Personen sowohl soziale Strategien als auch Informationsverarbeitungsstrategien einsetzen, um ihr Bedürfnis nach Selbstbildbestätigung zu befriedigen. Personen werden von daher zum einen Personen und Situationen aufsuchen, die in der Lage sind, selbstkonzeptbestätigende Informationen zu liefern, zum anderen werden sie mit selbstkonzeptbestätigenden Informationen besonders zufrieden sein und deren Güte besonders hoch einschätzen.

Zwischen den Anhängern dieser beiden theoretischen Positionen entwickelte sich eine heftige Kontroverse (vgl. z. B. Swann, Pelham & Krull, 1989). Die erste Phase der Kontroverse ist durch den Versuch der jeweiligen Vertreter gekennzeichnet, die Überlegenheit des eigenen Ansatzes hervorzuheben („mine is bigger"). Während dieser Phase wurden zahlreiche Studien durchgeführt, die untersuchten, wie Personen auf positive und negative Rückmeldungen reagieren (Deutsch & Solomon, 1959; Dittes, 1959; Dutton & Arrowood, 1971; Skolnik, 1971). Diese Phase wurde von einer zweiten Phase abgelöst, in der die Existenz beider Motive anerkannt wurde („both of ours are big"). In diese Zeit fällt auch ein wichtiger Beitrag zur Schlichtung der Kontroverse von Shrauger (1975). Er differenzierte zwischen affektiven und kognitiven Reaktionen und gelangte zu der Schlußfolgerung: Affektiv reagieren Personen im Sinne der Selbstwerttheorie und kognitiv im Sinne der Selbstkonsistenztheorie.

Tabelle 13.1 gibt einen Überblick über die empirischen Arbeiten und Befunde der „mine is bigger"- und „both of ours are big"-Phase. Es ist zu erkennen, dass die initialen Studien in diesem Forschungsbereich jeweils nur die affektive oder

Tabelle 13.1: Experimentelle Studien zur Selbstwert-Selbstkonsistenz-Kontroverse

Affektive Reaktion Studien mit Ergebnissen im Sinne der		Kognitive Reaktion Studien mit Ergebnissen im Sinne der	
Selbstwerttheorie	Konsistenztheorie	Selbstwerttheorie	Konsistenztheorie
Dittes (1959) Walster (1965) Skolnik (1971) McFarlin & Blascovich (1981) Moreland & Sweeney (1984) Swann et al. (1987)	Deutsch & Solomon (1959) Dutton & Arrowood (1971)	Snyder et al. (1976) Carver et al. (1980) Moreland & Sweeney (1984)	Sweeney et al. (1986) Schwarzer & Jerusalem (1982) McFarlin & Blascovich (1981) Swann et al. (1987) Shrauger & Lund (1975)

die kognitive Reaktion erfassten (Deutsch & Solomon, 1959; Dittes, 1959; Dutton & Arrowood, 1971; Skolnik, 1971; Snyder, Stephan & Rosenfield, 1976; Walster, 1965). Lediglich die etwas jüngeren Studien von McFarlin und Blascovich (1981), Moreland und Sweeney (1984) sowie Swann, Griffin, Predmore und Gaines (1987) erhoben sowohl die affektiven Reaktionen als auch die kognitiven Reaktionen ihrer Untersuchungsteilnehmer.

In der Tabelle 13.1 wird ferner deutlich, dass die überwiegende Zahl von Studien, die sich den affektiven Reaktionen auf selbstkonzeptrelevante Informationen widmeten (Zufriedenheit mit den Informationen, Sympathie für deren Sender), selbstwerttheoretische Annahmen und damit Shraugers Position diesbezüglich unterstützen (z. B. Dittes, 1959; Walster, 1965; Skolnik, 1971). Die dieser Position widersprechenden Arbeiten von Deutsch und Solomon (1959) sowie Dutton und Arrowood (1971) wurden begründet kritisiert (vgl. Swann et al., 1987). In Bezug auf die kognitiven Reaktionen sind die Befunde demgegenüber weit weniger eindeutig. Einerseits sprechen einige Befunde hinsichtlich der kognitiven Reaktionen dafür, dass diese konsistenztheoretischen Prinzipien folgen: So attribuierten Personen mit positiven Selbstannahmen eigene Erfolge eher internal und Misserfolge eher external, während Personen mit eindeutig negativen Selbstannahmen die genau umgekehrte Tendenz zeigten (z. B. Schwarzer & Jerusalem, 1982; Shrauger & Lund, 1975; vgl. ebenso die zahlreichen Ergebnisse aus der Depressionsforschung in der Meta-Analyse von Sweeney, Anderson & Bailey, 1986). Andererseits gibt es aber auch hier Befunde, die Ergebnisse im Sinne selbstwerttheoretischer Überlegungen lieferten (Carver, DeGregorio & Gillis, 1980; Moreland & Sweeney, 1984; Snyder, Stephan & Rosenfield, 1976).

Diese frühen Forschungsarbeiten hatten für die nachfolgende Forschung insbesondere zwei Implikationen: Erstens verdeutlichten sie, dass es an Studien mangelt, in denen affektive und kognitive Reaktionen in einem Experiment erhoben werden. Zweitens wiesen sie darauf hin, dass es sinnvoll ist, über diese Unterscheidung der Reaktionsarten hinaus noch weitere Bedingungen zu spezifizieren, die den Vorhersagewert von selbstwert- oder konsistenztheoretischen Ansätzen erhöhen können. Der von den AutorInnen dieses Artikels entwickelte ISSA versuchte nun zunächst, kognitive Bedingungen zu spezifizieren, unter denen jeweils das Motiv Selbstwerterhöhung oder Selbstbildkonsistenz bei der Verarbeitung selbstkonzeptrelevanter Informationen besonders bedeutsam werden könnte. Zum besseren Verständnis dieses Vorgehens werden nachfolgend zunächst Grundannahmen, experimentelle Vorgehensweisen und Befunde informationstheoretischer (kognitiv orientierter) Selbstkonzeptstudien erläutert.

Der informationstheoretische Ansatz

In den achtziger Jahren wandte sich die Selbstkonzeptforschung zunehmend dem Paradigma der Informationsverarbeitung zu (vgl. Markus & Wurf, 1987). Aus informationstheoretischer Sicht werden Personen bei der Wahrnehmung und Verarbeitung selbstkonzeptrelevanter Informationen von kognitiven Strukturen geleitet, die selbstbezogenes Wissen strukturieren, so genannten Selbstschemata (vgl. Markus, 1977, Markus & Sentis, 1982). Der Begriff des Selbstschemas wurde von Markus (1977) eingeführt und wie folgt definiert: „Selfschemata are cognitive generalizations about the self, derived from past experience, that organize and guide the processing of self-related information contained in the individuals's social experiences" (Markus, 1977, S. 64). Um den Einfluß von Selbstschemata auf die Verarbeitung selbstbezogener Informationen zu untersuchen, verglich eine Serie von Studien Personen, die ein Selbstschema in einem bestimmten Bereich entwickelt hatten (z. B. Unabhängigkeit, Extraversion, Maskulinität), mit Personen, die diesbezüglich kein ausgeprägtes Selbstschema besaßen. Der grundlegenden Arbeit von Markus (1977) folgend, wurden elaborierte Selbstkonzeptbereiche als „schematisch" und Bereiche mit wenig ausgeprägten Selbstannahmen als „aschematisch" bezeichnet. Markus (1977) klassifizierte einen Bereich als schematisch, wenn eine Person in diesem Bereich über extreme (also deutlich über- oder unterdurchschnittliche) Selbsteinschätzungen verfügt und ihr der Bereich wichtig ist. Aschematische

Bereiche sind dadurch gekennzeichnet, dass sich eine Person in einem Bereich als wenig extrem einstuft und ihr der Bereich unwichtig ist. Fiske und Taylor (1991) argumentieren darüber hinaus, dass die Sicherheit als Variable bei der Klassifikation von schematischen und aschematischen Bereichen berücksichtigt werden sollte. In schematischen Bereichen sollten sich Personen ihrer Ausprägung sicher und in aschematischen eher unsicher sein.

In einer Serie von Studien wurde der Einfluss von Selbstschemata auf die Verarbeitung von Informationen untersucht (z. B. Markus, 1977; Markus & Sentis, 1982; vgl. zusammenfassend Petersen, 1994). Für die in diesem Kapitel behandelte Thematik und den im nächsten Abschnitt dargestellten ISSA sind nun insbesondere Studien von Bedeutung, welche die Reaktionen von Personen auf schemawidersprechende, also selbstbildinkonsistente Rückmeldungen untersuchten. Diesbezüglich konnten Studien von Markus (1977, Studie 2) und Sweeney und Moreland (1980) zeigen, dass Personen mit elaborierten Selbstschemata sich weniger leicht durch schemainkongruente Informationen irritieren lassen und diese häufiger zurückweisen als Personen ohne Schema.

Der Integrative Selbstschemaansatz

Seit einigen Jahren findet in der Sozialpsychologie wieder eine Abkehr vom im letzten Abschnitt dargestellten informationstheoretischen Paradigma statt. Neuere Ansätze berücksichtigen neben reinen Informationsverarbeitungsprozessen auch wieder Motive, Emotionen und kognitive Dynamiken (vgl. dazu z. B. Markus & Zajonc, 1985). Im Bereich der Selbstkonzeptforschung spiegelt sich diese Entwicklung im ISSA wieder. Der ISSA versucht, motivationale und informationstheoretische Prozesse bei der Verarbeitung selbstkonzeptrelevanter Informationen gleichzeitig zu berücksichtigen.

Der ISSA fokussierte zunächst auf den Änderungswiderstand von Kognitionen als bedeutsame vermittelnde Variable der Dominanz selbstwert- oder konsistenztheoretischer Prinzipien bei der Informationsverarbeitung. Ein Indikator für den Änderungswiderstand einer Kognition kann dabei in dem Ausmaß ihrer Verbundenheit mit anderen Kognitionen gesehen werden. Zeichnet sich eine Kognition durch eine starken Einbettung in das kognitive System einer Person aus, würde eine Änderung dieser Kognition eine Vielzahl von Inkonsistenzen erzeugen (die veränderte Kognition würde zu zahlreichen anderen Kognitionen im Widerspruch stehen). Steht eine Kognition dagegen nur zu wenigen anderen

Kognitionen in Beziehung, ist eine Anpassung an neue Informationen ohne größere innerpsychische Kosten i. S. des Entstehens neuer Inkonsistenzen möglich. Der Elaborationsgrad eines Selbstschemas sollte nun in engem Zusammenhang mit seinem Änderungswiderstand stehen. Elaborierte Selbstschemata nehmen eine zentrale Position im kognitiven System ein und sollten Beziehungen zu einer Vielzahl anderer Kognitionen aufweisen (gespeicherte Erfahrungen, Eigenschaftszuschreibungen etc.), während aschematische (nicht elaborierte) Bereiche kaum Zusammenhänge mit anderen Dimensionen oder mit gespeicherten Erfahrungen besitzen.

Daraus folgt, dass sich in schematischen Bereichen der Umgang mit selbstkonzeptdiskrepanten Informationen aus kognitiver Sicht als schwierig erweist. Die Anpassung eines elaborierten Selbstschemas an die neue Information ist aufgrund des hohen Änderungswiderstandes kaum möglich, denn eine Einbeziehung der neuen Information in das bestehende Selbstschema würde zu Widersprüchen mit anderweitigen selbstbezogenen Kognitionen führen. Im Gegensatz dazu können konsistente Informationen in schematischen Bereichen problemlos assimiliert werden. Die AutorInnen des ISSA nehmen daher an, dass in schematischen Selbstkonzeptbereichen eine Informationsverarbeitung im Sinne konsistenztheoretischer Vorhersagen gefördert wird.

In aschematischen Bereichen kann dagegen ein bestehendes Selbstschema aufgrund seines geringen Änderungswiderstandes leichter in Richtung einer selbstbilddiskrepanten Information verändert werden. In diesem Fall geht der ISSA davon aus, dass Personen die Möglichkeit, ein Selbstschema mit Hilfe einer positiven Information in Richtung ideales Selbstbild zu verändern, der Verifikation eines ohnehin nur wenig elaborierten Selbstschemas durch eine konsistente Information vorziehen. Diese Überlegung impliziert das Primat des Bedürfnisses nach Selbstwerterhöhung. Personen werden auf selbstwerterhöhende Informationen positiv reagieren, wenn der Änderungswiderstand des betroffenen Selbstschemas es erlaubt.

Vor dem Hintergrund des weiter oben dargestellten ersten Schlichtungsversuches der Selbstwert-Selbstkonsistenz-Debatte von Shrauger (1975) und der damit teilweise zu vereinbarenden empirischen Befunde, die tatsächlich auf eine gewisse Dominanz der Selbstwerterhöhungsmotives bei affektiven Reaktionen und einer möglichen Dominanz des Konsistenzmotives bei kognitiven Reaktionen hinwiesen, wurden vom ISSA folgende differenzierenden Annahmen aufgestellt: Eine positivere *affektive* Reaktion auf positive (im Vergleich zu konsistenten) Informationen sollte sich primär in aschematischen, weniger dagegen in schematischen Selbstkonzeptbereichen zeigen. Eine positivere *kognitive* Reaktion auf konsistente (im Vergleich zu positiven) Informationen sollte dagegen vornehmlich in schematischen Selbstkonzeptbereichen zu beobachten sein.

Empirische Ergebnisse zum Integrativen Selbstschemaansatz

In einer Reihe von Arbeiten wurden zunächst diese zuletzt formulierten Aussagen des ISSA untersucht (Petersen, 1994; Petersen & Stahlberg, 1995; Petersen, Stahlberg & Dauenheimer, 1996; Stahlberg, Petersen & Dauenheimer, 1996, 1999). Der Ablauf der Experimente wurde in der Regel von einem für diese Untersuchungen entwickelten Computerprogramm übernommen. Das Programm wurde den Vpn als computergestütztes Persönlichkeitsdiagnosesystem in der Validierungsphase vorgestellt. Zunächst wurden den Vpn anhand von Kurzbeschreibungen verschiedene Selbstkonzeptdimensionen präsentiert (Fürsorglichkeit, Selbstsicherheit, Bindungsverhalten etc.). Anschließend wurden die Vpn gebeten, in Bezug auf diese Selbstkonzeptdimensionen einige Fragen zu beantworten (Selbsteinschätzung auf der Dimension, Sicherheit der Selbsteinschätzung, Wichtigkeit des Bereiches für die Selbstdefinition, ideales Selbstbild). Auf der Grundlage dieser Informationen wurden bei jeder Vp drei Selbstkonzeptbereiche als schematisch und drei als aschematisch klassifiziert. Im mittleren Programmabschnitt bearbeiteten die Vpn ein fiktives Persönlichkeitsdiagnosesystem, das angeblich die Basis für die später dargebotenen Ergebnisrückmeldungen darstellte. Anschließend erteilte das Computerprogramm fingierte Rückmeldungen folgender Art für je drei schematische bzw. aschematische Bereiche: eine weitgehend der eigenen Selbsteinschätzung entsprechende konsistente Rückmeldung sowie zwei erwartungsdiskrepante Rückmeldungen, die von der eigenen Selbsteinschätzung deutlich in oder entgegen der Richtung des idealen Selbstbildes abwichen (positive bzw. negative Rückmeldung). Nach der Präsentation jeder Rückmeldung wurden bei den Vpn die affektive und kognitive Reaktion auf die einzelnen Rückmeldungen erhoben.

In Abbildung 13.1 sind die mit der beschriebenen Versuchsdurchführung erzielten empirische Ergebnisse von Petersen und Stahlberg (1995) dargestellt. In den Ergebnisdarstellungen stehen höhere Werte für eine positivere affektive Reaktion (Vpn waren zufriedener mit ihrem Ergebnis) bzw. für eine positivere kognitive Reaktion (Vpn beurteilten die Rückmeldung als zutreffender). Wie vom ISSA vorhergesagt, zeigte sich in aschematischen Bereichen eine positivere affektive Reaktion auf positive als auf konsistente Informationen. In schematischen Bereichen kehrte sich diese Reaktion dagegen um, sodass dort sogar auf konsistente Informationen mit größerer Zufriedenheit reagiert wurde. Auch die Ergebnisse hinsichtlich der kognitiven Reaktion unterstützen die für schematische und aschematische Bereiche differenzierten Vorhersagen des ISSA: Während in schematischen Bereichen selbstbildkonsistente Informationen signifikant valider eingeschätzt wurden als selbstbilddiskrepante Informationen, zeigte sich in aschematischen Bereichen keine dementsprechende Differenz in der Beurteilung der Rückmeldungen unterschiedlicher Valenz.

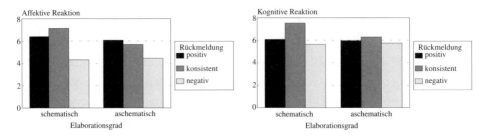

Abbildung 13.1: Affektive und kognitive Reaktion in Abhängigkeit vom Elaborationsgrad des Selbstkonzeptbereiches und der Art der Rückmeldung

Nachdem die Aussagen des ISSA hinsichtlich der Reaktionen auf selbstkonzeptrelevante Informationen durch dieses und weitere Experimente (vgl. zusammenfassend Stahlberg, Petersen und Dauenheimer, 1997) bestätigt werden konnten, wurden in einem weiteren Experiment die vom ISSA postulierten vermittelnden Mechanismen untersucht (Petersen, Stahlberg & Dauenheimer, in press). Wie bereits dargestellt nimmt der ISSA als Grundlage für die berichteten Befunde den unterschiedlich hohen Änderungswiderstand und die unterschiedlich starke kognitive Vernetzung schematischer und aschematischer Bereiche im Selbstkonzept an. In einer experimentellen Studie wurden den Vpn wieder die schon in den vorangegangenen Experimenten eingesetzten Selbstkonzeptbereiche vorgestellt, und sie wurden um Selbsteinschätzungen in der oben bereits geschilderten Weise gebeten. Um nun die kognitive Vernetzung der Selbstschemata zu erheben, wurden die Vpn gebeten, jeweils sechs für ihre Person charakteristische Persönlichkeitseigenschaften und sechs von ihnen angestrebte Lebensziele zu benennen. Anschließend stuften die Vpn für jedes Selbstschema separat ein, ob es Verbindungen und Wechselwirkungen zwischen dem Selbstschema und den benannten Persönlichkeitseigenschaften und Lebenszielen gibt und wie stark diese Verbindungen sind (die Vpn konnten hier zwischen schwachen und starken Verbindungen differenzieren). Ein weiteres Vorgehen, um den Änderungswiderstand der Selbstschemata zu erfassen, bestand darin, die Vpn in Bezug auf verschiedene Aspekte direkt zu fragen, welche Konsequenzen selbstkonzeptinkongruente Informationen für sie haben würden.

In Abbildung 13.2 sind die Hauptergebnisse dieser Studie dargestellt. Schematische Bereiche weisen nach Ansicht der Vpn insgesamt eine bedeutsam größere Zahl von Verknüpfungen mit anderen Komponenten des Selbstkonzeptes auf. Der Unterschied im Ausmaß der Verknüpfungen, den schematische bzw. aschematische Bereiche aufweisen, wird dabei insbesondere durch die signifikant größere Zahl von wichtigen Verbindungen der schematischen Bereiche erzielt. Ein weiterer Hinweis darauf, dass schematische Bereiche in der Tat einen größeren Änderungswiderstand aufweisen als aschematische Bereiche, konnte auch durch die weitere Befragung der Vpn erzielt werden: Die Vpn gaben an, dass abweichende Beurteilungen in schematischen Bereichen bei ihnen unangenehmere Gefühle hervorrufen würden, dass Änderungen in diesen Bereichen stärkere Konsequenzen für andere Selbsteinschätzungen nach sich ziehen würden und dass Veränderungen hier insgesamt schwerer fallen würden als in aschematischen Bereichen. Damit unterstützt das vorliegende Experiment die vom ISSA angenommenen Zusammenhänge zwischen Elaborationsgrad, kognitiver Vernetzung und Änderungswiderstand. Eine direkte Überprüfung der Vermittlung der in den vorangegangenen Experimenten gefundenen affektiven und kognitiven Reaktionen durch das Ausmaß der kognitiven Vernetzung und dem Änderungswiderstand steht bislang jedoch noch aus.

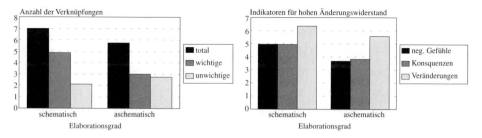

Abbildung 13.2: Anzahl der Verknüpfungen und Indikatoren für die Höhe des Änderungswiderstandes (unangenehme Gefühle und Konsequenzen für andere Selbsteinschätzungen bei selbstkonzeptinkonsistenten Rückmeldungen; Schwierigkeiten bei Veränderungen des Selbstschemas) in Abhängigkeit vom Elaborationsgrad des Selbstkonzeptbereiches

Modifikation des Integrativen Selbstschemaansatzes

Mittlerweile hat der ISSA eine Modifikation erfahren. Ausschlaggebend dafür waren empirische Befunde und theoretische Überlegungen hinsichtlich der Komponenten, über die in der informationstheoretischen Selbstkonzeptforschung üblicherweise der Elaborationsgrad von Selbstschemata definiert worden war, nämlich die Komponenten Extremität, Wichtigkeit und Sicherheit. Pelham (1991) konnte in mehreren Studien zeigen, dass die Sicherheit und die Wichtigkeit als zwei relativ unabhängige Komponenten des Selbstwissens angesehen werden können. Die Sicherheit repräsentiert einen epistemischen Faktor (rational/informationsverarbeitend), während die Wichtigkeit eher mit einem emotiven Faktor (emotionalen/motivationalen) Faktor verbunden ist. Vor diesem Hintergrund ist die innerhalb des ISSA vorgenommene Zusammenfassung der Komponenten Extremität, Sicherheit und Wichtigkeit bei der Bestimmung des Elaborationsgrades der Selbstschemata problematisch, da sie die Interpretation der Ergebnisse erschwert. Die bislang mit dem ISSA erzielten Ergebnisse können so nicht nur – wie intendiert – auf das in einem Bereich besser oder schlechter organisierte Wissen zurückgeführt werden (Indikatoren Extremität und Sicherheit) sondern alternativ auch auf die größere affektive Verbundenheit mit einem bestimmten Selbstkonzeptbereich (Indikator Wichtigkeit).

Im modifizierten ISSA wird nun neben dem Elaboriertheitsfaktor (für den die im vorausgegangenen Abschnitt beschriebenen Vorhersagen erhalten bleiben) noch ein zweiter motivationaler Faktor betrachtet. Dieser motivationale Faktor wird dabei entweder allein als affektiven Verbundenheit mit einem Selbstkonzeptbereich betrachtet (operationalisiert über die Wichtigkeit) (vgl. dazu Dauenheimer, Stahlberg & Petersen, 1999) oder aber wird als Kombination von Wichtigkeit des Bereiches und der wahrgenommenen Diskrepanz zwischen dem realen und dem erwünschten Selbstbild als eine Motivation zur Veränderung des Selbstbildes angesehen (vgl. Dauenheimer, Stahlberg & Petersen, 1996, 1997). Dabei wird angenommen, dass Personen in Bereichen, die eine hohe Diskrepanz zwischen realen und erwünschten Selbstbild aufweisen und die dazu noch als wichtig erachtet werden, eine hohe Motivation zur Veränderung des Selbstbildes aufweisen und sich in besonderer Weise entsprechend selbstwerttheoretischer Überlegungen verhalten werden. Dieser neuen Vorhersage des ISSA liegt die Annahme zugrunde, dass Personen Rückmeldungen über die eigene Person sowohl mit dem realen Selbstbild als auch mit den selbstgesetzten Zielen und Standards vergleichen und dass Personen ein Motiv haben, festgestellte Diskrepanzen zwischen Realbild und Idealbild zu reduzieren.

Die Annahmen dieses modifizierten ISSA wurden in verschiedenen Experimenten überprüft (vgl. Dauenheimer, Stahlberg & Petersen, 1996, 1997, 1999). Das Vorgehen entsprach dabei weitgehend dem schon oben beschriebenen Vorgehen mit der Ausnahme, dass vom Computerprogramm diesmal Dimensionen für die spätere Rückmeldung ausgewählt wurden, die sich unabhängig voneinander sowohl in dem Elaboriertheitsfaktor als auch in dem motivationalen Faktor unterschieden. An dieser Stelle sollen exemplarisch die Ergebnisse der Studie von Dauenheimer, Stahlberg & Petersen (1996) berichtet werden.

In Abbildung 13.3 sind die Ergebnisse in Bezug auf die affektive Reaktion angeführt. Es zeigt sich, dass der Elaborationsgrad (jetzt nur noch über die Extremität und Sicherheit operationalisiert) die Informationsverarbeitung nach wie vor in erwarteter Weise beeinflußt: Während in aschematischen Bereichen das Motiv nach Selbstwerterhöhung in bedeutsamer Weise die Informationsverarbeitung dominiert (Vpn sind signifikant zufriedener mit positiven als mit konsistenten Rückmeldungen), ist ein vergleichbarer Prozess in schematischen Bereichen nicht festzustellen. Ferner zeigt sich auch der vom ISSA postulierte Einfluss des Motives zur Veränderung des Selbstbildes: In Bereichen mit einer hohen Motivation zur Veränderung des Selbstbildes sind die Vpn entsprechend selbstwerttheoretischer Überlegungen bedeutsam zufriedener mit positiven als mit konsistenten Rückmeldungen. Dagegen ist in Bereichen mit niedriger Motivation kein Unterschied in den Reaktionen auf positive und konsistente Rückmeldungen festzustellen.

Abbildung 13.4 präsentiert die Ergebnisse für die kognitive Reaktion. Auch hier werden die Vorhersagen des ISSA bestätigt: Eine Informationsverarbeitung entsprechend konsistenztheoretischer Überlegungen erfolgt insbesondere in

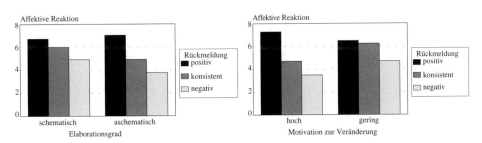

Abbildung 13.3: Affektive Reaktion in Abhängigkeit vom Elaborationsgrad des Selbstkonzeptbereiches, der Motivation zur Veränderung und der Art der Rückmeldung

Bereichen mit hohem Elaborationsgrad und Bereichen mit einer niedrigen Motivation zur Selbstbildveränderung. Personen beurteilen konsistente Rückmeldungen in schematischen Bereichen hinsichtlich ihrer Validität höher als positive Rückmeldungen, während sich in aschematischen Bereichen keine derartige Unterscheidung zeigt. Ferner schätzen die Vpn auch nur in Bereichen mit geringer Motivation zur Veränderung konsistente Rückmeldungen zutreffender ein als positive Rückmeldungen. In Bereichen mit hoher Motivation zur Veränderung wird die Güte von positiven und konsistenten Rückmeldungen dagegen vergleichbar eingeschätzt.

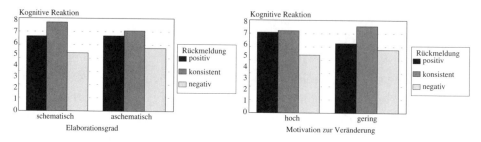

Abbildung 13.4: Kognitive Reaktion in Abhängigkeit vom Elaborationsgrad des Selbstkonzeptbereiches, der Motivation zur Veränderung und der Art der Rückmeldung

Fazit

Der ISSA erlaubt eine im Vergleich zu bisherigen selbstwerttheoretischen und konsistenztheoretischen Ansätzen verbesserte Vorhersage der affektiven und kognitiven Reaktionen auf selbstkonzeptrelevante Rückmeldungen. Affektive Reaktionen auf Rückmeldungen erfolgen insbesondere dann entsprechend selbstwerttheoretischer Annahmen, wenn die Rückmeldung sich auf aschematische Bereiche bezieht und auf Bereiche, in denen eine starke Motivation zur Veränderung des Selbstbildes in Richtung persönlicher Standards und Ziele besteht. Kognitive Reaktionen folgen insbesondere dann konsistenztheoretischen Überlegungen, wenn Informationen bewertet werden, die sich entweder auf schematische Bereiche beziehen oder auf Bereiche, in denen nur eine geringe Motivation zur Veränderung des Selbstbildes in Richtung ideales Selbstbild besteht.

Diese Aussagen des ISSA und deren empirische Bestätigung beziehen sich zunächst einmal auf die Verarbeitung von Informationen über Persönlichkeitseigenschaften (Bindungsverhalten, Durchsetzungsvermögen, Fürsorglichkeit etc.). Experimente, in denen den Vpn selbstkonzeptrelevante Informationen über Leistungsbereiche (Kreativität, schlussfolgerndes Denken, Konzentration) gegeben wurden, erbrachten zum Teil andere Resultate (vgl. Dauenheimer, 1996; Petersen, Stahlberg & Dauenheimer, 1994). Hier zeigte sich eine allgemeine Dominanz des Selbstwerterhöhungsmotives. An dem Versuch, Unterschiede zwischen den Reaktionen in Persönlichkeits- und Leistungsbereichen zu erklären, wird derzeit noch gearbeitet. Er könnte einen weiteren wichtigen Erkenntnisfortschritt im vorliegenden Forschungsbereich einleiten (vgl. für diesbezüglich bislang vorgenommene theoretische Überlegungen Dauenheimer, 1996; Stahlberg, Petersen & Dauenheimer, 1997).

Zeitgleich mit dem ISSA sind noch weitere Modelle vorgestellt worden, in denen über die Dominanz des Motives nach Selbstwerterhöhung oder Selbstkonsistenz in Abhängigkeit von verschiedenen Einflussgrößen Aussagen gemacht werden (Sedikides & Strube, 1995; Swann & Schroeder, 1995). Dies zeigt, dass der in diesem Kapitel behandelten Fragestellung in der Selbstkonzeptforschung nach wie vor große Aufmerksamkeit geschenkt wird. Da bislang keines der entworfenen Modelle alle vorliegenden Forschungsergebnisse in befriedigender Weise erklären kann, darf auch in Zukunft mit neuen theoretischen Überlegungen und empirischen Arbeiten in diesem Forschungsfeld gerechnet werden.

Literatur

Andrews, J. D. W. (1989). Psychotherapy of depression: A self-confirmation model. *Psychological Review, 96,* 576–607.

Carver, C. S., DeGregorio, G. D. & Gillis, P. (1980). Field study evidence of ego-defensive bias in attribution among two categories of observer. *Personality and Social Psychology Bulletin, 6,* 44–50.

Dauenheimer, D. (1996). *Der Einfluss des Selbstkonzeptes auf die Informationsverarbeitung.* Aachen: Shaker Verlag.

Dauenheimer, D., Stahlberg, D. & Petersen, L.-E. (1996). Reaktionen auf selbstrelevante Rückmeldungen über Persönlichkeitsmerkmale in Abhängigkeit vom Elaborationsgrad der Selbstbilder und von der Motivation zur Veränderung der Selbstbilder. *Zeitschrift für Experimentelle Psychologie, 43,* 203–223.

Dauenheimer, D., Stahlberg, D. & Petersen, L.-E. (1997). Reaktionen auf Leistungsbewertungen in Abhängigkeit vom Elaborationsgrad des Selbstbildes und der Motivation zur Veränderung des Selbstbildes. *Zeitschrift für Sozialpsychologie, 28,* 19–29.

Dauenheimer, D., Stahlberg, D. & Petersen, L.-E. (1999). Self-discrepancy and elaboration of a self-conception as factors influencing reactions to feedback. *European Journal of Social Psychology, 29,* 725–739.

Deutsch, M., & Solomon, L. (1959). Reaction to evaluation by others influenced by self-evaluation. *Sociometry, 22,* 92–113.

Dittes, J. (1959). Attractiveness of a group as a function of self-esteem and acceptance by group. *Journal of Abnormal and Social Psychology, 59,* 77–82.

Dutton, D. G., & Arrowood, A. J. (1971). Situational factors in evaluation congruency and interpersonal attraction. *Journal of Personality and Social Psychology, 18,* 222–229.

Festinger, L. (1957). *A theory of cognitive dissonance.* Stanford: Stanford University Press.

Fiske, S. T., & Taylor, S. E. (1991). *Social cognition* (2nd ed.). New York: McGraw-Hill.

Heider, F. (1958). *The psychology of interpersonal relations.* New York: Wiley.

Markus, H. (1977). Self-schemata and processing information about the self. *Journal of Personality and Social Psychology, 35,* 63–78.

Markus, H. & Sentis, K. (1982). The self in social information processing. In J. Suls. (Ed.), *Psychological perspectives on the self* (Vol. 1, pp. 41–70). Hillsdale, N. J.: Erlbaum.

Markus, H. & Wurf, E. (1987). The dynamic self-concept: A social psychological perspective. *Annual Rewiew of Psychology, 38,* 299–337.

Markus, H. & Zajonc, R. B. (1985). The cognitive perspective in social psychology. In G. Lindzey & E. Aronson (Eds.), *The handbook of social psychology* (Vol. 1, pp. 137–230). New York: Random House.

McFarlin, D. B. & Blascovich, J. (1981). Effects of self-esteem and performance feedback on future affective preferences and cognitive expectations. *Journal of Personality and Social Psychology, 40,* 521–531.

Moreland, R. L. & Sweeney, P. D. (1984). Self-expectancies and reactions to evaluations of personal performance. *Journal of Personality, 52,* 156–176.

Pelham, W. P. (1991). On confidence and consequence: The certainty and importance of self-knowledge. *Journal of Personality and Social Psychology, 60,* 518–530.

Petersen, L.-E. (1994). *Selbstkonzept und Informationsverarbeitung: Der Einfluss des Selbstkonzeptes auf die Suche und Verarbeitung selbstkonzeptrelevanter Informationen und auf die Personenwahrnehmung.* Essen: Die Blaue Eule.

Petersen, L.-E. & Stahlberg, D. (1995). Der Integrative Selbstschemaansatz: Die Suche und Verarbeitung selbstkonzeptrelevanter Informationen in Abhängigkeit vom Elaborationsgrad der involvierten Selbstschemata. *Zeitschrift für experimentelle Psychologie, 42,* 43–62.

Petersen, L.-E., Stahlberg, D. & Dauenheimer, D. (1994). *Die Suche und Verarbeitung von Informationen über Leistungseigenschaften und Merkmale der persönlichen und sozialen Identität.* Vortrag auf dem 39. Kongress der Deutschen Gesellschaft für Psychologie, Hamburg.

Petersen, L.-E., Stahlberg, D. & Dauenheimer, D. (1996). Die Suche und Verarbeitung von positiven, negativen und konsistenten selbstkonzeptrelevanten Informationen. *Psychologische Beiträge, 38,* 231–246.

Petersen, L.-E., Stahlberg, D. & Dauenheimer, D. (in press). Effects of self-schema elaboration on affective and cognitive reactions to self-relevant information. *Genetic, Social, and General Psychology Monographs.*

Schwarzer, R. & Jerusalem, M. (1982). Selbstwertdienliche Attributionen nach Leistungsrückmeldungen. *Zeitschrift für Entwicklungspsychologie und Pädagogische Psychologie, 14,* 47–57.

Sedikides, C. & Strube, M. J. (1995). The multiply motivated self. *Personality and Social Psychology Bulletin, 21,* 1330–1335.

Shrauger, J. S. (1975). Responses to evaluation as a function of initial self-perceptions. *Psychological Bulletin, 86,* 549–573.

Shrauger, J. S. & Lund, A. K. (1975). Self-evaluation and reactions to evaluations from others. *Journal of Personality, 43,* 94–108.

Skolnik, P. (1971). Reactions to personal evaluations: A failure to replicate. *Journal of Personality and Social Psychology, 18,* 62–67.

Snyder, M. L., Stephan, W.G. & Rosenfield, D. (1976). Egotism and attribution. *Journal of Personality and Social Psychology, 33,* 435–441.

Stahlberg, D. (1988). *Selektive Suche nach selbstwertrelevanten Informationen.* Berlin: Oberhofer.

Stahlberg, D., Petersen, L.-E. & Dauenheimer, D. (1996). Reaktionen auf selbstkonzeptrelevante Informationen: Der Integrative Selbstschemaansatz. *Zeitschrift für Sozialpsychologie, 27,* 126–136.

Stahlberg, D., Petersen, L.-E. & Dauenheimer, D. (1997). Der Integrative Selbstschemaansatz – Eine erste Bilanz. In H. Mandl (Hrsg.), *Bericht über der 40. Kongress der DGfP in München* (S. 445–450). Göttingen: Hogrefe.

Stahlberg, D., Petersen, L.-E. & Dauenheimer, D. (1999). Preferences for and evaluation of self-relevant information depending on the elaboration of the self-schemata involved. *European Journal of Social Psychology, 29,* 489–502.

Swann, W. B., Jr. (1985). The self as an architect of social reality. In B. R. Schlenker (Ed.), *The self and social life* (pp. 100–125). New York: McGraw-Hill.

Swann, W. B., Jr., Pelham, W. B. & Krull, D. S. (1989). Agreeable fancy or disagreeable truth? Reconciling self-enhancement and self-verification. *Journal of Personality and Social Psychology, 57,* 782–791.

Swann, W. B., Jr., Griffin, J. J., Predmore, S. C. & Gaines, B. (1987). The cognitive-affective crossfire: When self-consistency confronts self-enhancement. *Journal of Personality and Social Psychology, 52,* 881–889.

Swann, W. B., Jr. & Schroeder, D. G. (1995). The search for beauty and truth: A framework for understanding reactions to evaluations. *Personality and Social Psychology Bulletin, 21,* 1307–1318.

Sweeney, P. D., Anderson, K. & Bailey, S. (1986). Attributional style in depression: A meta-analytic review. *Journal of Personality and Social Psychology, 50,* 974–991.

Sweeney, P. D. & Moreland, R. L. (1980). *Self-schemas and the perseverance of beliefs about the self.* Paper presented at the meeting of American Psychological Association, Montreal.

Walster, E. T. (1965). The effect of self-esteem on romantic liking. *Journal of Experimental Social Psychology, 1,* 184–197.

Personale und subpersonale Aspekte des Selbst:

Wie man über sein „Selbst" Auskunft gibt ohne über sich selbst Auskunft zu geben

Dirk Wentura

Als eine der wegweisenden Arbeiten der aktuellen Selbstkonzept-Forschung wird häufig die Arbeit von Markus (1977) genannt (vgl. auch Hannover, in diesem Band; Petersen, Stahlberg & Dauenheimer, in diesem Band). Was machte diese Studie so bemerkenswert? Markus fand, dass Personen, die sich selbst eine bestimmte, ihnen wichtige Eigenschaft zuschrieben, in einer Reaktionszeit-Aufgabe dann schneller auf mit der Eigenschaft assoziierte Wörter reagierten, wenn sie diese Wörter als für sich zutreffend, aber langsamer, wenn sie sie als nicht zutreffend erkannten. Aus heutiger Sicht erscheint dieser Befund recht unspektakulär. Und doch: Mit etwas Emphase könnte man sagen, Markus versuchte mit ihrer Arbeit erfolgreich einen Brückenschlag zwischen zwei fundamental verschiedenen Weisen, Psychologie zu betreiben.

Das Selbstkonzept als Teil einer „personalen" Psychologie

Die aktuelle Selbstkonzeptforschung kann in vielen Facetten als Teil der aus der Krise der Persönlichkeitspsychologie Ende der sechziger Jahre hervorgegangenen interaktionistischen, sozial-kognitiven Psychologie betrachtet werden, nach der nicht die objektive Situation, sondern deren subjektive Repräsentation verhaltenswirksam ist (z. B. Magnusson & Endler, 1977; vgl. auch Kihlstrom & Hastie, 1997; McAdams, 1997). Nun ist sicherlich nicht jede subjektive Situationsdeutung Teil des Selbstkonzeptes, aber jede gehaltvolle psychologische

Erklärung auf Fragen der Art „Warum tut X dieses (und lässt jenes)?" oder „Warum empfindet X so (und nicht so)?" bezieht sich zumindest auch auf Überzeugungen, die X über sich selbst hat. Fragt man Studierende, warum sie morgens um neun im Seminar sitzen, so erhält man (im glücklicheren Fall) eine Antwort, die auf persönliche Interessen Bezug nimmt und damit direkt selbstbezogen ist. Im anderen (vielleicht etwas weniger glücklicheren) Fall wird zunächst auf die Möglichkeit des Scheinerwerbs verwiesen. Aber auch hier ergeben sich über einige Zwischenfragen („Warum willst du den Schein erwerben?"; „Warum willst du das Diplom machen?") sehr schnell Aussagen, die man zum identitätsstiftenden „Kern" einer Person rechnen kann. Fragt man – um ein anderes Beispiel zu nehmen –, warum der eine Student zufrieden mit einem „Ausreichend" aus der Prüfung geht, während die andere auf ein „Befriedigend" fast mit Verzweiflung reagiert, so wird man sich auf Kosten-Nutzen-Kalkulationen, auf persönliche Leistungsstandards oder auf subjektive Überzeugungen beziehen, mit denen der Prüfung z. B. diagnostischer Wert für die Zuschreibung von persönlich bedeutsamen Kompetenzen beigemessen wird.

Erklärungen dieser Art sind um den Begriff der Person zentriert: Eine Person hat Wünsche und Ziele, und sie hat Überzeugungen darüber, mit welchen Mitteln die Ziele zu realisieren sind; eine Person handelt aufgrund dieser Wert- und Überzeugungsstrukturen. Diese Redeweise ist uns nicht nur als wissenschaftlich tätige Psychologen vertraut; wir benutzen sie ständig in unserem Alltag, um zu einem (leidlich) vorhersagbaren Miteinander zu gelangen.

Nun hat diese „personale" Psychologie einige Eigenschaften, die sie uns als einziges Strukturierungs- und Erklärungsprinzip unbefriedigend erscheinen lässt. So sind ihre Begriffe (Handlung, Ziel, Intention, Überzeugung etc.) eher durch ein „Kalkül" (Dennett, 1987) bzw. eine „Psycho-Logik" (Smedslund, 1988) aufeinander bezogen, als durch kausal zu interpretierende Gesetze (vgl. dazu Brandtstädter, 1982, 1993; Greve, 1994). Etwas zugespitzt könnte man formulieren: Die „personale" Psychologie liefert nur eine *Beschreibung* dessen, was erklärt werden soll. Oder anders: Sie liefert uns noch keinen Hinweis darauf, *wie* der psychische „Apparat" aufgebaut ist, der ein solches, „personal" zu beschreibendes Verhalten hervorbringt. Zur Beantwortung dieser Frage müssen wir eine andere Perspektive einnehmen.

Das Selbstkonzept als Teil der „subpersonalen" kognitiven Psychologie

Diese andere „subpersonale" Perspektive (Brandtstädter, 1991; Dennett, 1987) wird prototypisch durch die Kognitive Psychologie eingenommen. Sie lässt sich vor allem durch zwei Merkmale charakterisieren:

Mentale Repräsentationen und Prozesse
Leitend ist die aus der Datenverarbeitung entlehnte Vorstellung, dass zum Verständnis des Systemverhaltens interne Datenstrukturen angenommen werden, die durch algorithmische Prozesse bearbeitet und verändert werden. Diese in ihrer Abstraktheit kaum zu falsifizierende Annahme wird in der Regel so weit spezifiziert, dass die Datenstrukturen semantisch interpretierbar sind, z. B. sprachähnlichen Charakter haben. Als bekanntes Beispiel mögen die Theorien des semantischen Netzwerks mit dem Prozess der Aktivationsausbreitung (vgl. z. B. Collins & Loftus, 1975) dienen. Man muss allerdings hinzufügen: Aktuelle Theorien der Kognitiven Psychologie haben häufig noch nicht den Charakter einer formalen Theorie. Sie lassen sich am besten würdigen, wenn sie als Metaphern verstanden werden. Sie verdeutlichen per Analogie bestimmte Eigenschaften des entsprechenden Realitätsbereichs. Anders als bei Modellen ist die Analogiebeziehung jedoch eingeschränkt: viele Eigenschaften des Realitätsbereiches finden keine Entsprechung im Bild, viele Eigenschaften des Bildes haben keine Implikationen für den dargestellten Realitätsbereich. Aber trotz Unschärfen oder nur metaphorischer Abbildung sind solche kognitionspsychologischen Konzeptionen durchaus wertvoll. Das leitet über zum zweiten Merkmal.

Kognitive Indikatoren
Man kann aus Annahmen über mentale Repräsentationen und Prozesse erfolgreich Voraussagen über experimentelle Effekte – also: Verhaltensunterschiede des Systems unter unterschiedlichen situativen Bedingungen – ableiten (vgl. van der Heijden & Stebbins, 1990). Und damit erhält man weitere Anhaltspunkte für Theorien über die "Mechanik" des Geistes. Hieraus leitet sich der hohe Stellenwert von Experimentalparadigmen in der Kognitiven Psychologie ab. Eine hervorragende Rolle spielen dabei Reaktionszeitstudien, mit denen die momentan oder chronisch erhöhte *Zugänglichkeit* von im Gedächtnis repräsentierten Inhalten untersucht wird (vgl. Higgins, 1996; Carlston & Smith, 1996), d. h. ob eine vorhandene Repräsentation für aktuelle Informationsverarbeitungs-

schritte zur Verfügung steht (zur Anwendung auf die Selbstkonzeptforschung siehe auch Hannover, in diesem Band). Insbesondere verknüpft sich mit diesen Studien die Untersuchung von Automatiken des kognitiven Systems, d. h. von Prozessen, die – in ihrer reinsten Form – reizgesteuert, unbewußt und nicht kontrollierbar ablaufen (vgl. zu wichtigen Differenzierungen Bargh, 1989). Über diese Prozesse etwas durch Selbstauskünfte der Personen zu erfahren, wird demgegenüber als zweifelhafter Zugangsweg angesehen (vgl. z. B. Greenwald & Banaji, 1995).

Mit dem folgenden Text soll exemplarisch veranschaulicht werden, wie in diesem Sinne verschiedene Funktionen, die das Selbstkonzept in einer personalen Psychologie erfüllt, in eine „subpersonale", kognitive Psychologie integriert werden könnten. Insbesondere geht es mir dabei um die Struktur des Selbstkonzeptes, den Aspekt der positiven Selbstbewertung und die wahrnehmungs- und handlungsleitende Funktion des Selbstkonzeptes. Neben der Darstellung ausgewählter Theorien und Befunde anderer Autoren werden jeweils zur Illustration eigene Forschungsergebnisse referiert.

Das Selbstkonzept als „mentale Repräsentation"

Von Epstein (1973, 1983) wurde die Heuristik vorgeschlagen, das Selbstkonzept als eine Theorie der Person über sich selbst anzusehen. Damit wird postuliert, dass das Selbstkonzept eine Struktur von aufeinander bezogenen Aussagen sei; vermieden wird dabei u. a. die wenig fruchtbare Annahme, das Selbstkonzept sei lediglich als die Menge aller selbstbezogenen Aussagen anzusehen (vgl. zu dieser Kritik Brandtstädter & Greve, 1994). Das oben angesprochene Beispiel der Prüfungskandidaten mag als vorläufige Illustration dieses Gedankens genügen: die nur „befriedigende" Note wird als Indikator mangelnder „Kompetenz" angesehen; die „Kompetenz" wird aber als Vorbedingung für „Berufserfolg" angesehen; der „Berufserfolg" wird als Vorbedingung eines „erfolgreichen Lebens" angesehen; „Kompetenz" wird als Indikator des eigenen „Wertes" angesehen usw. (vgl. Greve, 1990).

Allerding muss man kritisch anmerken, dass Epstein (1973, 1983) zwischen den beiden Sprachen der Psychologie unentschieden hin- und herpendelt. Zum einen haben natürlich nur Personen (und nicht kognitive Systeme) Theorien, die sie zur Interpretation von Ereignissen heranziehen. Andererseits betont Epstein die Rolle unbewusster und unintentionaler Prozesse, die die Zugänglichkeit von

Teilen der Selbst-Theorie determinieren bzw. die Selbst-Theorie modifizieren. Hier deutet sich somit die Konzeption der kognitiven Psychologie von Datenstrukturen und Prozessen an.

Bower und Gilligan (1979) sowie Kihlstrom und Cantor (1984) veranschaulichten diesen Gedanken mit der Konzeption semantischer Netzwerke (vgl. auch Greenwald & Pratkanis, 1984; Kihlstrom, 1997; Linville & Carlston, 1994). Hierbei stellt man sich Selbstzuschreibungen (z. B. „Ich bin intelligent") als Verknüpfungen eines „Selbst"-Knotens mit den entsprechenden Eigenschafts-Knoten vor. Diese wiederum können verbunden sein mit Propositions-Knoten, die diagnostische Informationen für die Eigenschaft repräsentieren („Ich habe eine gute Note im Mathematikunterricht erhalten"). Auch wenn die Einführung eines „Selbst"-Knotens die Grenzen der Netzwerk-Metapher vielleicht besonders deutlich hervortreten lässt (vgl. zur Kritik an semantischen Netzwerken Johnson-Laird, Herrmann & Chaffin, 1984), so lassen sich doch aus dieser Konzeption experimentelle Vorhersagen ableiten.

So wird die Aktivationsausbreitung in einem semantischen Netzwerk häufig mit der Experimentaltechnik des semantischen Primings in Verbindung gebracht. In diesem Paradigma (vgl. zum Überblick Neely, 1991) wird die Leistung bei der Bearbeitung eines Stimulus („Target") in Abhängigkeit davon untersucht, in welcher Beziehung dieser zu einem kurz zuvor präsentierten anderen Stimulus („Prime") steht. So wird etwa in der so genannten Wortentscheidungsaufgabe die Entscheidung, ob ein Target ein Wort oder eine sinnlose Zeichenfolge ist, dann schneller getroffen, wenn kurz vorher ein inhaltlich assoziierter Prime dargeboten wurde. Eine gängige Interpretation dieses Phänomens ist, dass der kurz präsentierte Stimulus die *Zugänglichkeit* der mit ihm verknüpften Begriffe kurzfristig erhöht. Der Primingeffekt reflektiert somit die „mentale Kopplung" zweier Begriffe (vgl. auch Wentura, 1995). Paradigmen wie dem semantischen Priming kommen in der aktuellen Forschung zur sozialen Informationsverarbeitung insbesondere auch deshalb große Bedeutung zu, weil – zumindest unter bestimmten Randbedingungen (vgl. Neely, 1991) – unterstellt werden kann, dass die beteiligten Prozesse automatischen, unreflektierten Charakter haben (vgl. hierzu Bargh, 1997; Greenwald & Banaji, 1995).

In der Selbstkonzeptforschung wurde eine Variante dieses semantischen Primingparadigmas das erste Mal von Higgins, van Hook und Dorfman (1988) genutzt. Wenn selbstzugeschriebene Eigenschaftsbegriffe eine konzeptuell kohärente Struktur bilden, so argumentierten die Autoren, dann sollten sie sich gegenseitig in ihrer Zugänglichkeit erhöhen, mithin ein Begriff ein effektiver

Prime für einen anderen sein. In dieser Allgemeinheit konnten sie die Aussage jedoch nicht bestätigen. Spricht das gegen eine strukturierte mentale Repräsentation des Selbst? Aus mehreren Gründen nicht. Zum einen würden nach der gerade erläuterten Metapher nur über den „Selbst-Knoten" vermittelte Beziehungen zwischen verschiedenen Eigenschaften erwartet, die die Person sich selbst zuschreibt. Primingeffekte sind unter diesen Bedingungen kaum noch zu entdecken (vgl. dazu z. B. Neely, 1991). Zum anderen kann man vermuten, dass das Selbstkonzept in verschiedene Bereiche aufgeteilt (modularisiert) ist (Linville, 1987). Auf der Ebene relativ abstrakter Begriffe könnte daher eine *direkte* Kopplung gar nicht zu finden sein.

In eigenen Untersuchungen wurde daher ein anderer Weg beschritten, der sich zunächst an der Theoriemetapher von Epstein (1973) orientiert. Greve (1990) sowie Brandtstädter und Greve (1994) haben darauf aufmerksam gemacht, dass der Gedanke, das Selbstkonzept als eine Theorie der Person über sich selber aufzufassen, erhebliche Bedeutung für die Konzeptualisierung von selbstwertrelevanten Prozessen und damit für bewältigungstheoretische Überlegungen hat. Es ist gerade für Psychologen ein gewohntes Denken, dass wissenschaftliche Theorien latente, also nicht direkt beobachtbare Konstrukte enthalten, die über Aussagensysteme mit empirischen Indikatoren in Verbindung gebracht werden (z. B. Cronbach & Meehl, 1955). Es gibt also einen Theorie-„Kern", der aus den latenten Konstrukten und ihren Beziehungen besteht, und eine „Peripherie", die die latenten Konstrukte mit beobachtbaren Größen verknüpft. Auch selbstbezogene Aussagen haben häufig diesen Charakter der Zuschreibung von latenten Konstrukten: „Ich habe ein gutes Gedächtnis"; „Ich bin intelligent" o. Ä. Es lässt sich vermuten, dass derartige Aussagen dadurch gestützt werden, dass die individuellen Explikationen solcher Begriffe an die eigenen Fähigkeiten angepasst sind, somit ein Prozess der „Selbstkonzept-Immunisierung" solche selbstrelevanten Aussagen schützt (vgl. eingehender hierzu Greve, in diesem Band). Hierzu stimmige Ergebnisse im Rahmen von Fragebogenstudien (Greve, 1990; Greve & Wentura, 1999) konnten mehrfach gefunden werden. Aber lässt sich diese Hypothese auch auf der Ebene der Gedächtnisrepräsentation bestätigen?

In einer aktuellen Untersuchung[1] (Wentura, Greve & Pfister, 1999) wurde folgendes Vorgehen gewählt. Fähigkeitsbezogene Aussagen wurden fiktiven

---

[1] Diese Untersuchung wurde von der Deutschen Forschungsmeinschaft gefördert (Projekt „Adaptation und Stabilisierung selbstbezogener Kognitionen", Wentura/Greve, WE 2284/2-1).

Personen zugeordnet (z. B. „Lisa D. kann gut Kopfrechnen"); diese Sätze wurden als Prime-Stimuli für korrespondierende Eigenschaftsbegriffe (*intelligent* für das Beispiel) präsentiert. Dazu wurden die Sätze Wort-für-Wort in rascher Folge in der Mitte des Bildschirms präsentiert, um dann von dem Targetstimulus abgelöst zu werden. Die Probanden waren instruiert, die Sätze aufmerksam zu lesen und das Target möglichst schnell als Wort oder Nichtwort zu klassifizieren. Variiert wurde die semantische Beziehung zwischen den Sätzen und den Eigenschaftswörtern: Entweder wurde das zu dem Satz passende Wort präsentiert oder nicht.

Drei Monate zuvor hatten die Probanden (N = 80) in einer Fragebogenerhebung ihre Fähigkeiten (für „Kopfrechnen" usw.) eingeschätzt. Zudem hatten Sie für die verwendeten Eigenschaftsbegriffe angegeben, wie „zentral" (vgl. z. B. Thomas, 1989) diese Eigenschaft für sie selbst ist. In Abbildung 14.1 sind die Primingeffekte in Abhängigkeit von der individuellen Fähigkeitseinschätzung und der Zentralität der Eigenschaft abgetragen.

Während für Eigenschaften, die für die jeweiligen Probanden *nicht* zentral sind, der Primingeffekt weitgehend unbeeinflusst von der subjektiven Kompetenzeinschätzung für die einzelnen Fähigkeiten ist, zeigt sich für die zentralen Eigenschaften ein deutliches Profil: Insbesondere die Aussagen, die sich auf

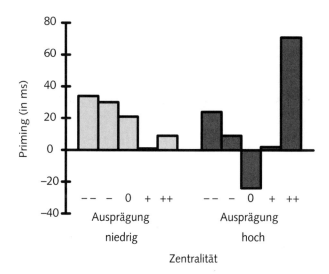

Abbildung 14.1: Primingeffekte von eigenschaftsbezogenen Fähigkeitsaussagen (z. B. „Lisa D. kann gut Kopfrechnen") auf Eigenschaftsbegriffe (z. B. intelligent) in Abhängigkeit von der subjektiven Fähigkeitsausprägung und der subjektiven Zentralität der Eigenschaft

deutlich ausgeprägte eigene Fähigkeiten beziehen, aktivieren den korrespondierenden Eigenschaftsbegriff. (Dieser Primingeffekt wie auch die Interaktion Ausprägung x Zentralität sind statistisch signifikant mit $p < .001$ bzw. $p < .01$).

In einem weiteren Experiment (Wentura & Greve, 1996) konnte der adaptive Charakter einer solchen Selbstkonzept-Immunisierung belegt werden. Im Rahmen einer Intelligenzdiagnostik wurde den Probanden vermittelt, dass Intelligenz aus verschiedenen Komponenten besteht. Sie bearbeiteten eine Reihe von zunächst sechs Tests, die stets mit einem prägnanten Alltagsbegriff benannt waren *(Logik, Sprache, Gedächtnis, Vorstellung, Beobachtung, Rechnen)*. Die Teilnehmer erhielten für zwei der Tests eine Rückmeldung, die deutlich unter der persönlichen Erwartung lag, für zwei andere war sie deutlich über der Erwartung. Die Hypothese der Selbstkonzept-Immunisierung legt nahe, dass der Intelligenzbegriff nach den Rückmeldungen eine Pointierung aufweist: Die semantischen Verbindungen des Intelligenzbegriffs zu den Tests mit positiver Rückmeldung sollten stärker ausgeprägt sein als zu denen mit negativer Rückmeldung. Als vermeintlich weiterer Untertest wurde daher eine Primingaufgabe realisiert. Unter den Stimuli, die möglichst schnell als Wörter erkannt werden sollten, waren die Testbegriffe, für die vorher die positive bzw. negative Rückmeldung gegeben wurde. In einer Phase wurden die Begriffe ohne ein Priming präsentiert, in einer zweiten Phase mit einem Priming durch das Wort „Intelligenz". In der Tat zeigten sich in der Bearbeitungsgeschwindigkeit für die Testbegriffe die erwarteten Primingeffekte.

Diese Ergebnisse mit Varianten des semantischen Priming belegen recht gut, dass die Struktur der selbstzugeschriebenen Begriffe eine selbstwertdienliche Gewichtung erfahren. Damit ist ein zentrales Merkmal der Selbstkonzeptforschung angesprochen: der Zusammenhang zwischen kognitivem Inhalt und affektiver Tönung.

Die positive Bewertung des Selbst

Eigenschaften, die man sich selbst zu- oder abschreibt, sind typischerweise positiv oder negativ bewertet. Dabei lässt sich in der Regel eine Tendenz zu einer positiven Selbstbewertung feststellen (z. B. Greenwald, 1980; Greenwald & Banaji, 1995; vgl. auch Petersen, Stahlberg & Dauenheimer, in diesem Band; Schütz, in diesem Band). Wie sind aber solche Bewertungsaspekte mental repräsentiert? Welche Prozesse wirken hier?

Mit verschiedenen Paradigmen wurde in den letzten Jahren vor allem die Frage nach der Automatik von Bewertungsprozessen untersucht. Es konnte dabei gezeigt werden, dass Bewertungen bei Präsentation von valenz-konnotierten Begriffen unwillkürlich, unkontrolliert, ohne bewusste Wahrnehmung des Reizes und in der Abwesenheit eines Bewertungszieles auftreten (zum Überblick K. C. Klauer, 1998).

In einer Reihe von Studien wurden die dabei verwendeten Techniken für die Untersuchung des Selbstkonzeptes genutzt. So konnten etwa Greenwald et al. (in press) mit dem „Impliziten Assoziations-Test" (vgl. dazu Greenwald, McGhee & Schwartz, 1998) eine globale Positiv-Bewertung des Selbst nachweisen. Perdue, Dovidio, Gurtman und Tyler (1990) zeigten, dass „Eigengruppen"-Pronomen (z. B. *we*) verglichen mit entsprechenden Kontrollbegriffen (z. B. *they*) auch ohne bewusste Wahrnehmung eine positive Bewertung evozieren. Sie nutzten dabei eine Variante der Primingtechnik, die als „affektives" oder „evaluatives" Priming bekannt geworden ist (Fazio, Sanbonmatsu, Powell & Kardes, 1986). Hierbei ist die Aufgabe der Probanden, zuvor eindeutig als valenzgebunden identifizierte Target-Begriffe möglichst schnell als positiv oder negativ zu klassifizieren. In den Standardexperimenten wird kurz zuvor ein ebenfalls deutlich positiv oder negativ konnotierter Prime-Begriff präsentiert; bei Valenzkongruenz von Prime und Target wird dann schneller reagiert. Dieser Effekt lässt sich – unter geeigneten Umständen – auch dann beobachten, wenn der Prime-Begriff „maskiert" dargeboten wird, d. h. durch eine sinnlose Zeichenkombination nach sehr kurzer Präsentationsdauer überschrieben wird, sodass eine bewusste Erkennung des Wortes ausgeschlossen ist (z. B. Draine & Greenwald, 1998). Mit dieser Technik liegt somit ein „Werkzeug" vor, mit dem für die Person unbemerkt die affektive Konnotation von Begriffen untersucht werden kann.

Während der im vorherigen Abschnitt beschriebene Prozess der Selbstkonzept-Immunisierung verständlich machen kann, wie die Selbstzuschreibung von positiven Eigenschaften stabilisiert wird, kann mit der Technik des affektiven Primings untersucht werden, inwieweit eine Übertragung positiver Selbstbewertung auf neu erworbene, zunächst neutrale Eigenschaften stattfindet. In der Studie von Otten und Wentura (in press) wurde den Probanden eine ihnen bisher unbekannte Eigenschaft zugeordnet: Nach einem vermeintlichen Konzentrationstest wurde ein „Konzentrationsverlaufs-Typus" zurückgemeldet. Per Zufall wurde der einen Hälfte der Probanden gesagt, dass der zeitliche Verlauf ihrer Konzentrationsleistung „konkav" (also: hohe Leistung – niedrige Leistung – hohe Leistung) sei, während der anderen Hälfte ein „konvexer" Verlauf zurückgemeldet wurde. Um zu testen, ob diese bislang für die Teilnehmer unbekannten Eigenschaftsbegriffe automatisch eine Bewertung annehmen, wurden dann in einer affektiven Priming-Aufgabe neben a priori valenten Begriffen auch die Wörter *konkav* und *konvex* als maskierte Primes eingesetzt. In der Tat ließ sich zeigen, dass der jeweilige selbstzugeschriebene Begriff im Kontrast zu seinem Gegenstück wie ein positiver Prime wirkte, ohne dass dies den Probanden bewusst war.

Während die Prozesse der automatischen Bewertung recht gut dokumentiert sind, ist die Art der mentalen Repräsentation von Bewertungsaspekten allerdings immer noch unklar. Lange Zeit dominierte die Vorstellung, dass globale Valenz-Knoten in ein semantisches Netzwerk eingebunden sind (Bower, 1981, 1991; Clark & Isen, 1982; vgl. auch Kitayama & Howard, 1994; Greenwald et al., in press). Hieraus ableitbare Hypothesen – wie etwa die Aktivationsausbreitung von einem negativen Konzept zu allen anderen gleich bewerteten – lassen sich jedoch nicht bestätigen (z. B. Wentura, 1999, in press). Ergebnisse mit mikroprozessualen Paradigmen wie dem affektiven Priming oder Varianten der Stroop-Interferenzaufgabe deuten vielmehr darauf hin, dass Reize offenbar nicht nur automatisch ausgewertet werden, sondern auch Reaktionstendenzen wie Annäherung und Vermeidung, Ablehnung oder Zustimmung anbahnen (Bargh, 1997; Wentura, 1999, in press; Wentura, Rothermund & Bak, in press). Dies verweist auf den funktionalen Zusammenhang von Wahrnehmungs-, Bewertungs- und Handlungsprozessen.

Die wahrnehmungs- und handlungsleitende Funktion des Selbstkonzeptes

Die automatische Aktivierung von Bewertungsaspekten reflektiert eine Eigenschaft unseres kognitiven Apparates, die neben der assoziativen Struktur besonders bemerkenswert ist: Die Eigenschaft der resonanten Aktivierung. Schwache oder unvollständige Eingaben sorgen für eine „Eigenschwingung" des Systems, die in gewisser Weise das Muster der Eingabe heraushebt, verstärkt bzw. ergänzt. In der Regel wird diese Eigenschaft mit dem Begriff des „Schemas" assoziiert (vgl. z. B. Rumelhart, 1980; Taylor & Crocker, 1981). Gemeint ist damit allgemein, dass eine Stimulussituation *eingeordnet* wird unter *Ergänzung*, *Hervorhebung* und *Vernachlässigung* von Informationen (dazu eingehender

Wentura, 1995). Zwar ist der Begriff des „Schemas" häufig wegen seiner Vagheit in Misskredit geraten (z. B. Herrmann, 1982), doch konnten inzwischen aber im Rahmen sogenannter „konnektionistischer" Simulationsmodelle einige Eigenschaften von Schemata plausibel formalisiert werden (z. B. Rumelhart, Smolensky, McClelland & Hinton, 1986; vgl. dazu auch Smith, 1996; Wentura, 1995).

Dieser Begriff wurde auch erfolgreich für die Selbstkonzept-Forschung adaptiert (Markus, 1977; vgl. zu neueren Entwicklungen auch Stahlberg, Petersen & Dauenheimer, 1996; Petersen, Stahlberg & Dauenheimer, in diesem Band). Selbstschemata sind „kognitive Generalisierungen über das Selbst ..., die die Verarbeitung selbstbezogener Informationen in den individuellen sozialen Erfahrungen ordnen und leiten" (Markus, 1977, p. 64; Übersetzung des Autors). Der eingangs erwähnte Befund zeigt zum Beispiel, dass mit dem Selbstschema konsistente Begriffe schnell akzeptiert, aber nur langsam zurückgewiesen werden können. Bargh (1982) konnte darüberhinaus zeigen, dass selbstschemabezogene Begriffe automatisch Aufmerksamkeit binden und so die weitere Informationsverarbeitung beeinflussen.

Die Funktion solcher wahrnehmungsleitenden Prozesse spiegelt sich in der Operationalisierung von Selbstschemata wider. Interessanterweise identifiziert Markus (1977) Selbstschemata über die subjektiv eingeschätzte hohe Ausprägung einer Eigenschaft (z. B. „unabhängig" zu sein) und eine subjektiv hohe Wichtigkeit dieser Eigenschaft. Dies verweist darauf, dass nicht nur Eigenschaftszuschreibungen, sondern auch persönliche Wert- und Zielvorstellungen Teil des Selbstkonzeptes sind, auf deren Erfüllung und Erreichung das Handeln der Person ausgerichtet ist. Aufmerksamkeitssteuerungprozesse unterstützen diese Handlungsprozesse (Brandtstädter, Wentura & Rothermund, in press; Klinger, 1975, 1982; Rothermund, 1998). Auch hier stellt sich dann aber wieder die Frage nach der Repräsentation der personalen Begriffe wie „Ziel" und „Wert". Eine der interessantesten Antworten scheint mir in dem Konzept der „possible selves" von Markus (Markus & Nurius, 1986; Markus & Ruvolo, 1989) zu liegen. Danach haben wir nicht nur eine Theorie darüber, wer wir sind, sondern auch, wer wir werden könnten. Etwas anzustreben beinhaltet danach auch, ein mehr oder weniger konkretes, positives „Bild" von sich als jemandem zu haben, der das fragliche Ziel erreicht hat. Die Entwicklung und Ausdifferenzierung eines positiven „possible self" spielt sicherlich eine große Rolle bei der Aufrechterhaltung langfristiger Motivationen (vgl. hierzu auch Bayer & Gollwitzer, in diesem Band). Vermutlich reichen positive Selbstentwürfe aber nicht aus, um genug motivationalen Schwung für die notwendigen mühevollen Handlungen zur Verwirklichung bereitzustellen. Genügende motivationale Verpflichtung entsteht erst dann, wenn das positive „mögliche Selbst" mit einem negativen Gegenbild gekoppelt ist: Was ist, wenn ich das Ziel nicht erreiche? Auch hier entwickeln wir bei langfristig angelegten Zielen ein „mögliches Selbst", das aber in diesem Fall ein Scheitern repräsentiert. Die Vermeidung dieses unerwünschten Selbst ist sicherlich motivational ebenso bedeutsam wie die Annäherung an das erwünschte (vgl. dazu Oyserman & Markus, 1990; s. a. Ogilvie, 1987). Auch Kontraste zu „kontrafaktischen" Selbstvorstellungen (Brandtstädter & Greve, 1994) im Sinne der Beantwortung von Fragen der Art „Wer wäre ich heute, wenn ich mich zum Zeitpunkt x anders entschieden hätte oder am Tag y ein bestimmtes Ereignis eingetreten wäre?" sind emotional und motivational höchst bedeutsam (dazu auch Kahneman & Miller, 1986).

Mit dieser Konzeption lassen sich zum Beispiel motivations- und emotionspsychologische Dynamiken veranschaulichen, wie sie etwa im Umfeld von krisenhaften Entwicklungen im Lebenslauf (Brandtstädter et al., 1999) entstehen. Diskrepanzen zwischen Ist und Soll erweisen sich unter dieser Betrachtung als Ähnlichkeit bzw. Unähnlichkeit von komplexen Teilstrukturen des Selbstkonzeptes: dem aktuellen Selbstkonzept, dem gewünschten möglichen Selbstkonzept und seinem unerwünschten Gegenstück.

Die momentane *Zugänglichkeit* von Teilstrukturen ist eine Funktion aktueller Handlungslagen und Situationskontexte (vgl. dazu die Konzeptionen des „Arbeitsselbst" bzw. „dynamischen Selbst", Hannover, 1997, in diesem Band; Markus & Wurf, 1987). Bewältigungspsychologisch interessant ist hierbei die Annahme, dass jedes aktuelle Selbstkonzept, jedes erwünschte Selbst und auch jedes unerwünschte Selbst durchaus ambivalente Züge hat. Generell Erstrebenswertes hat häufig auch negative Nebenbedeutungen, unerwünschte Nebenkonsequenzen; generell Unerwünschtes dagegen häufig auch positive Nebenbedeutungen und angenehme Nebenkonsequenzen. Vermutlich gibt es zur Aufrechthaltung der motivierenden Spannung Mechanismen, die jedwede Informationen in ihrer Zugänglichkeit mindern, die das erwünschte Selbst entwerten, die zum Aufbau eines konkurrierenden erwünschten Selbst beitragen oder aber das unerwünschte Selbst erträglicher scheinen lassen (Brandtstädter et al., 1999; Rothermund, 1998; Wentura, 1995).

Was passiert aber, wenn die Person die Ist-Soll-Diskrepanz für unüberwindbar hält? Da wir alle hin und wieder in unserem Leben Verluste erleiden oder ein Ziel nicht erreichen, aber die wenigsten davon dauerhaft depressiv bleiben, wird diese Diskrepanz offenbar auch dann durch innerpsychische akkommodative Mechanismen aufgelöst, wenn sie nicht direkt lösbar ist (Brandtstädter, Wentura & Greve, 1993; Brandtstädter et al., 1999). Mit einem Bild könnte von einer allmählichen „Erosion" der Diskrepanz gesprochen werden, ein Prozess, in dem neu aufgenomme oder neu aktualisierte Informationen zu einer neuen Repräsentation der Situation und des Selbst führen. In der Konzeption der „possible selves" lässt sich vermuten, dass gerade die Informationen, die das unerreichbare erwünschte Selbst entwerten, die zum Aufbau eines neuen erwünschten Selbst beitragen oder aber das unerwünschte Selbst aufwerten, zugänglich werden und somit zu einer emotionalen Linderung beitragen. Am Ende stehen dann veränderte Strukturen, die nicht mehr die belastende Ist-Soll-Diskrepanz beinhalten.

Dieser Prozess lässt sich zum Beispiel an der Veränderung des Alternsstereotyps über die Lebensspanne nachvollziehen. Dass Altern mit einer Reihe von negativen Veränderungen einhergeht, ist unbestreitbar und spiegelt sich natürlich auch in unseren Kategorien wieder. Die negativen Veränderungen sind dabei bemessen an den Standards, die in jüngeren Jahren gelten: Nicht mehr so schnell zu sein, gesundheitlich anfälliger zu sein, eine deutlich kürzere Lebenserwartung zu haben usw. Interessant ist nun zweierlei. Erstens ist es auch für Jüngere kein fremder Gedanke, dass Altern auch Vorteile mit sich bringt: Mehr Gelassenheit, mehr Reife, in der Regel mehr Unabhängigkeit usw. Verfügbar sind diese positiven Altersmerkmale sehr wohl, aber in der Regel sind die negativen Merkmale *zugänglicher*. Es liegt auf der Hand warum: Das negative Bild des alten Menschen gibt in der sicheren Altersdistanz einen günstigen sozialen Vergleich. Ein positives Selbstbild kann zumindest in diesem Aspekt sehr einfach aufrechterhalten werden. Mit zunehmendem Lebensalter wird allerdings diesem günstigen Vergleich die Grundlage entzogen. Die Nähe des aktuellen Selbstkonzeptes zum unerwünschten „possible self" des älteren Menschen wird mit jedem Geburtstag hervorgehoben; temporale Vergleiche rücken in den Vordergrund (vgl. Filipp, Ferring, Mayer & Schmidt, 1997). Diese Ist-Soll-Diskrepanz kann nun einerseits zu Bemühungen führen, die Eigendefinition als „jung" aufrecht zu erhalten. In der Regel werden aber akkommodative Prozesse einsetzen, die dazu führen, die Zugänglichkeit positiver Altersmerkmale zu erhöhen. Auch das lässt sich mit Priming-Methoden untersuchen (z. B. Rothermund, Wentura & Brandtstädter, 1995).

Mit der Konzeption der „possible selves" sind, wie gesagt, nicht – jedenfalls: nicht nur – abstrakte begriffliche Strukturen gemeint, sondern sehr konkrete

Vorstellungen von sich und – stellvertretend – anderen Personen in Situationskontexten. Um etwas von dieser Komplexität einzufangen, wurden in weiteren Experimenten (vgl. Wentura, Dräger & Brandtstädter, 1997; Wentura, Holle & Komogowski, 1999) Sätze auf dem Bildschirm präsentiert, in denen entweder eine ältere oder aber jüngere Protagonistin in knapp skizzierten Situationen eingeführt wurden: „Gerda H. (72) stand vor dem Geldautomaten" bzw. „Susanne P. (25) stand vor dem Geldautomaten". Die Probanden hatten wieder die Aufgabe, den folgenden Targetstimulus als Wort oder Nichtwort zu klassifizieren. Wenn der Stimulus ein Wort war, stellte es in der Hälfte der Fälle eine im Sinne des Stereotyps stimmige Ergänzung zu dem Satz dar (für das Beispiel „hilflos"); hier war die Erwartung, dass dieses Wort durch den Satz mit der alten Frau aktiviert wird, nicht aber durch den Satz mit der jungen Frau. In der anderen Hälfte war es zur Kontrolle ein nicht nahe liegendes Wort gleicher Valenz (z. B. „ekelhaft"); natürlich sollte sich hier keine Aktivierung zeigen (vgl. zu weiteren Details Wentura et al., 1997). Im Folgenden sind die Ergebnisse eines Experimentes (Wentura et al., 1999) zu sehen, in dem die Präsentationsdauer der Sätze an die jeweilige Lesegeschwindigkeit der Probanden angepaßt war, sodass diese genug Zeit hatten, den Inhalt der Sätze aufzunehmen, aber keine Zeit, Erwartungen über das Stimuluswort zu bilden. Abbildung 14.2 zeigt die Ergebnisse.

Aufgetragen ist hier der Reaktionszeitgewinn für die zum Stereotyp stimmigen Wörter, wenn sie nach einem Satz mit einer alten Protagonistin dargeboten wurden, verglichen mit dem „jungen" Satz und verglichen mit den Reaktionen auf das nicht stimmige Kontrollwort. Während das negative Stereotyp nicht durch das Alter moderiert wird, findet sich bei den positiven Materialien nur für ältere Probandinnen (Frauen im Alter von 60 bis 84 Jahren) ein Effekt,

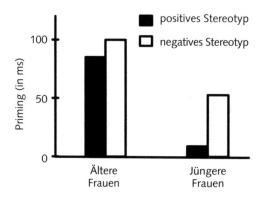

Abbildung 14.2: Alternsstereotype als Funktion des Lebensalters

nicht aber bei jüngeren Probandinnen (Studentinnen im Alter von 20 bis 33 Jahren).

Man muss allerdings konzedieren, dass die Konzeption der „possible selves" ähnlich wie Epsteins „Theorie"-Theorie auf halbem Wege zwischen personalen und subpersonalen Konzeptionen stehen bleibt. Es dürfte andererseits deutlich sein, dass einfache Netzwerkstrukturen wohl kaum in der Lage sind, derart komplexe vorstellungsnahe sowie räumlich, zeitlich und modalitätsspezifisch ausdifferenzierte Repräsentationen zu veranschaulichen. Vielleicht ist die Kognitive Psychologie tatsächlich z. Zt. noch nicht in der Lage, hierzu eine zufrieden stellende Antwort zu geben. Ein vielversprechender Ansatz dazu kommt allerdings aus einem Bereich, der zunächst sehr fern der Selbstkonzept-Forschung zu sein scheint: der Psychologie der Textverarbeitung.

Dominiert wird dieses Gebiet seit einigen Jahren durch die Rahmentheorie der Situationsmodelle. Es handelt sich dabei um eine Ausdifferenzierung des Gedankens, dass beim Leser nicht (oder nicht nur) eine Repräsentation des Textes sondern eine modellartige Struktur der im Text beschriebenen Situation entsteht (zum Überblick vgl. Zwaan & Radvansky, 1998). Damit antwortet diese Theorie auf das Problem der Textverarbeitung, deutlich zu machen, wie sich aus knappen sprachlichen Eingaben eine reichhaltige interne Repräsentation von Situationen und Geschehnissen entsteht. Diese Rahmentheorie könnte damit in zweierlei Weise für die Selbstkonzeptforschung bedeutsam sein: Zum einen besteht auch bei realen Situationen die Asymmetrie zwischen der Knappheit der „Eingabedaten" und der Reichhaltigkeit der subjektiven Deutung; die Krankheitsdiagnose, eine Prüfungsleistung oder eine Unglücksnachricht mögen hier als prototypische Beispiele dienen. Insofern könnten Adaptionen der in diesem Bereich erarbeiteten Theoriemodule nützlich für eine umfassende Theorie der Situations- und Selbstrepräsentation sein (vgl. auch Wentura, 1995). Zum anderen eröffnen sich durch diese Analogie neue experimental-technische Möglichkeiten. Das soll an einem Beispiel verdeutlicht werden.

Lassen sich *en miniature* automatische akkommodative Entlastungsprozesse beim Lesen thematisch einschlägiger Texte nachweisen? Lässt sich zeigen, dass angesichts einer negativ valenten Situation automatisch eine Fokussierung auf entlastende Informationen zu beobachten ist? In einer Reihe von Experimenten (Wentura, 1995; Wentura, Rothermund & Brandtstädter, 1995) konnte recht erfolgreich mit dieser Annahme gearbeitet werden. Bei einer aktuellen Untersuchung (Wentura & Nüsing, 1999) wurde folgendes Vorgehen gewählt: Den Probanden wurden kurze Texte auf dem Computerbildschirm präsentiert, die potentiell bewältigungsrelevante Ereignisse thematisierten (z. B. „du hast gerade deine Zwischenprüfung gemacht. Du überlegst, ein Jahr im Ausland zu verbringen. . . . Du bewirbst dich für ein Studium in den U.S.A. Gespannt wartest du auf eine Nachricht."). Variiert wurde zum einen das Ende der Geschichten („Der Aufenthalt ist nicht bewilligt." vs. „. . . ist bewilligt."). Zum Anderen wurde in der Mitte der Geschichten jeweils ein Satz dargeboten, der im Falle eines negativen Ausganges der Episode potentiell emotional entlastend ist („Die meisten deiner Freunde werden am Studienort bleiben.") oder einen zusätzlich belastenden Charakter tragen („. . . werden den Studienort wechseln."). Wenn es einen automatischen Prozess der Fokussierung entlastender Informationen geben sollte, sollte er sich hier darin bemerkbar machen, dass angesichts eines negativen Ausgangs der Geschichte die dann entlastende Information mental zugänglicher ist. Getestet wurde diese Zugänglichkeit darüber, dass während der Präsentation der Geschichten an manchen Stellen einzelne Phrasen dargeboten wurden, die entweder in der Geschichte vorgekommen waren (für die Beispielepisode „deine Freunde") oder nicht. Die Probanden hatten lediglich die Aufgabe, möglichst schnell und fehlerfrei diesen Wiedererkennenstest durchzuführen. Die Fehlerrate bzw. Reaktionszeit wird hierbei als Indikator der momentanen Zugänglichkeit der entsprechenden Information gewertet. Von Interesse war hier natürlich vor allem die Wiedererkennensleistung für die Phrase aus dem ambivalenten Satz. Tatsächlich wurde sie nach einem negativen Ende besser wiedererkannt, wenn sie aus dem entlastenden verglichen mit dem zusätzlich belastenden Satz stammte. Bei einem positiven Ende stellte sich kein Unterschied ein; ebenso nicht an einer Testposition vor dem Ende. Hier zeigt sich also, dass prinzipiell verfügbare Informationen unterschiedlich *zugänglich* sind, je nachdem, ob sie in einem emotional entlastenden Sinne einsetzbar sind oder nicht.

Fazit und Ausblick

Im vorliegenden Beitrag habe ich versucht, exemplarisch aufzuzeigen, wie das Selbstkonzept, seine Funktionen und damit zusammenhängende Begriffe einer personalen Perspektive zu der subpersonalen Sprache der Kognitiven Psychologie in Beziehung gesetzt werden könnten. Dabei war es nicht das Ziel, abschließende Antworten zu geben, sondern Möglichkeiten aufzuzeigen. So war das Nebeneinander verschiedenster Konzeptualisierungsvorschläge dabei durchaus gewollt. Allerdings soll dabei nicht einem Theorien-Pluralismus des „anything goes" das Wort geredet werden. Verschiedene Formate können unterschiedliche Facetten von selbstbezogenen Überzeugungen repräsentieren, ohne dass dies ein Widerspruch sein muss (vgl. ähnlich auch Carlston & Smith, 1996; Kihlstrom & Klein, 1997). Darüberhinaus enthält die der Informatik entlehnte Vorstellung von Datenstrukturen plus Algorithmen den Gedanken der Realisierung eines Formates innerhalb eines anderen. Zum Beispiel können sowohl der durch die Netzwerk-Metapher veranschaulichte Prozess des automatischen assoziativen Abrufs als auch das Wesentliche des Schema-Konzeptes vermutlich durch konnektionistische Systeme formalisiert werden (s. o.). Insofern ist in vielen Fällen lediglich die Molekularität oder Molarität des interessierenden Phänomens ausschlaggebend für die Wahl einer Konzeptualisierung.

Ein Begriff wurde bis hierher vermieden, obwohl er sich bei den angesprochenen Fragen geradezu aufdrängt: der Begriff des Bewusstseins (vgl. Kihlstrom, 1997). Einen „Selbst"-Knoten in ein semantisches Netzwerk einzubauen mag zwar deutlich machen, dass einige Aspekte der Verarbeitung selbstrelevanter Informationen nicht anders funktionieren als bei anderen Konzepten; die spezifischen Erlebensqualitäten, die dabei entstehen, bleiben jedoch im Dunkeln (vgl. dazu Metzinger, 1993; in diesem Band). Vielleicht ist hierzu die einerseits komplexeste, andererseits bislang noch unausgearbeitetste Konzeption der „Situationsmodelle" am viel versprechendsten. Immerhin bietet sich in diesem Rahmen mit dem Begriff der „Perspektive" eventuell eine Möglichkeit, „Selbst"-Repräsentationen gegenüber anderen Repräsentionen auszuzeichnen (vgl. Yates, 1985).

Literatur

Bargh, J. A. (1982). Attention and automaticity in the processing of self-relevant information. *Journal of Personality and Social Psychology, 43*, 425–436.

Bargh, J. A. (1989). Conditional automaticity: Varieties of automatic influence in social perception and cognition. In J. S. Uleman & J. A. Bargh (Eds.), *Unintended thought* (pp. 3–51). New York: Guilford Press.

Bargh, J. A. (1997). The automaticity of everyday life. In R. S. Wyer (Ed.), *Advances in social cognition* (Vol. 10, pp. 1–61). Mahwah, NJ: Erlbaum.

Bower, G. H. (1981). Mood and memory. *American Psychologist, 36*, 129–148.

Bower, G. H. (1991). Mood congruity of social judgments. In J. P. Forgas (Ed.), *Emotion and social judgments* (pp. 31–53). Oxford: Pergamon Press.

Bower, G. H. & Gilligan, S. G. (1979). Remembering information related to one's self. *Journal of Research in Personality, 13*, 420–432.

Brandtstädter, J. (1982). Apriorische Elemente in psychologischen Forschungsprogrammen. *Zeitschrift für Sozialpsychologie, 13*, 267–277.

Brandtstädter, J. (1991). Psychologie zwischen Leib und Seele: Einige Aspekte des Bewusstseinsproblems. *Psychologische Rundschau, 42*, 66–75.

Brandtstädter, J. (1993). Strukturelle Implikationen und empirische Hypothesen in handlungs-, emotions- und moralpsychologischen Forschungsprogrammen: Wechselbeziehungen und Verwechslungen. In L. H. Eckensberger & U. Gähde (Eds.), *Ethische Norm und empirische Hypothese* (S. 244–267). Frankfurt a. M.: Suhrkamp.

Brandtstädter, J. & Greve, W. (1994). The aging self: Stabilizing and protective processes. *Developmental Review, 14*, 52–80.

Brandtstädter, J., Wentura, D. & Greve, W. (1993). Adaptive resources of the aging self: Outlines of an emergent perspective. *International Journal of Behavioral Development, 16*, 323–349.

Brandtstädter, J., Wentura, D. & Rothermund, K. (1999). Intentional self-development through adulthood and later life: Tenacious pursuit and flexible adjustment of goals. In J. Brandtstädter & R. M. Lerner (Eds.), *Action and self-development: Theory and research through the life-span* (pp. 373–400). Thousand Oaks, CA: Sage.

Carlston, D. E. & Smith, E. R. (1996). Principles of mental representation. In E. T. Higgins & A. W. Kruglanski (Eds.), *Social psychology: Handbook of basic principles* (pp. 184–210). New York: Guilford.

Clark, M. S. & Isen, A. M. (1982). Toward understanding the relationship between feeling states and social behavior. In A. Hastorf & A. M. Isen (Eds.), *Cognitive social psychology* (pp. 73–108). New York: Elsevier.

Collins, A. M. & Loftus, E. F. (1975). A spreading-activation theory of semantic processing. *Psychological Review, 82*, 407–428.

Cronbach, L. J. & Meehl, P. E. (1955). Construct validity in psychological tests. *Psychological Bulletin, 52*, 281–302.

Dennett, D. (1987). *The intentional stance*. Cambridge, MA: MIT Press.

Draine, S. C., & Greenwald, A. G. (1998). Replicable unconscious semantic priming. *Journal of Experimental Psychology: General, 127*, 286–303.

Epstein, S. (1973). The self-concept revisited. Or a theory of a theory. *American Psychologist, 28*, 404–416.

Epstein, S. (1983). The unconscious, the preconscious, and the self-concept. In J. Suls & A. G. Greenwald (Eds.), *Psychological perspectives on the self* (Vol.2, pp. 219–247). Hillsdale, NJ: Erlbaum.

Fazio, R. H., Sanbonmatsu, D. M., Powell, M. C. & Kardes, F. R. (1986). On the automatic activation of attitudes. *Journal of Personality and Social Psychology, 50*, 229–238.

Filipp, S.-H., Ferring, D., Mayer, A.-K. & Schmidt, K. (1997). Selbstbewertungen und selektive Präferenz für temporale vs. soziale Vergleichsinformation bei alten und sehr alten Menschen. *Zeitschrift für Sozialpsychologie, 28*, 30–43.

Greenwald, A. G. (1980). The totalitarian ego. Fabrication and revision of personal history. *American Psychologist, 35*, 603–618.

Greenwald, A. G. & Banaji, M. R. (1995). Implicit social cognition: Attitudes, self-esteem, and stereotypes. *Psychological Review, 102*, 4–27.

Greenwald, A. G, Banaji, M. R., Rudman, L. A., Farnham, S. D., Nosek, B. A. & Rosier, M. (in press). Prologue to a unified theory of attitudes, stereotypes, and self-concept. In J. P. Forgas (Ed.), *Feeling and thinking: The role of affect in social cognition and behavior*. New York: Cambridge University Press.

Greenwald, A. G, McGhee, D. E. & Schwartz, J. L. K. (1998). Measuring individual differences in implicit cognition: The implicit association test. *Journal of Personality and Social Psychology, 74*, 1464–1480.

Greenwald, A. G. & Pratkanis, A. R. (1984). The self. In R. S. Wyer & T. K. Srull (Eds.), *Handbook of Social Cognition* (Vol. 3, pp. 129–178). Hillsdale, NJ: Erlbaum.

Greve, W. (1990). Stabilisierung und Modifikation des Selbstkonzeptes im Erwachsenenalter: Strategien der Immunisierung. *Sprache und Kognition, 9*, 218–230.

Greve, W. (1994). *Handlungserklärung*. Bern: Huber.

Greve, W. & Wentura, D. (1999). Self-Concept Immunization: Maintaining the Self without Ignoring Realities. (unpublished manuscript).

Hannover, B. (1997). Das dynamische Selbst. Die Kontextabhängigkeit selbstbezogenen Wissens. Bern: Huber.

Heijden, A. H. C. van der & Stebbins, S. (1990). The information-processing approach. *Psychological Research, 52*, 197–206.

Herrmann, T. (1982). Über begriffliche Schwächen kognitivistischer Kognitionstheorien: Begriffsinflation und Akteur-System-Kontamination. *Sprache und Kognition, 1*, 3–14.

Higgins, E. T. (1996). Knowledge activation: Accessibility, applicability, and salience. In E. T. Higgins & A. W. Kruglanski (Eds.), *Social psychology: Handbook of basic principles* (pp. 133–168). New York: Guilford.

Higgins, E. T., van Hook, E. & Dorfman, D. (1988). Do self-attributes form a cognitive structure? *Social Cognition, 6*, 177–207.

Johnson-Laird, P. N., Herrmann, D. J. & Chaffin, R. (1984). Only connections: A critique of semantic networks. *Psychological Bulletin, 96*, 292–315.

Kahneman, D. & Miller, D. T. (1986). Norm theory: Comparing reality to its alternatives. *Psychological Review, 93*, 136–153.

Kihlstrom, J. F. (1997). Consciousness and me-ness. In J. D. Cohen & J. W. Schooler (Eds.), *Scientific approaches to consciousness* (pp. 451–468). Mahwah, NJ: Erlbaum.

Kihlstrom, J. F. & Cantor, N. (1984). Mental representations of the self. In L. Berkowitz (Ed.), *Advances in experimental social psychology* (Vol. 17, pp. 1–47). New York: Academic Press.

Kihlstrom, J. F. & Hastie, R. (1997). Mental representation of persons and personality. In R. Hogan, J. Johnson & S. Briggs (Eds.), *Handbook of personality psychology* (pp. 712–735). San Diego, CA: Academic Press.

Kihlstrom, J. F. & Klein, S. B. (1997). Mental representations of the self. In J. G. Snodgrass & R. L. Thompson (Eds.), *The self across psychology* (pp. 5–17). New York: The New York Academy of Sciences.

Kitayama, S. & Howard, S. (1994). Affective regulation of perception and comprehension: Amplification and semantic priming. In P. M. Niedenthal & S. Kitayama (Eds.), *The heart's eye* (pp. 41–65). New York: Academic Press.

Klauer, K. C. (1998). Affective Priming. *European Review of Social Psychology, 8*, 67–103.

Klinger, E. (1975). Consequences of commitment to and disengagement from incentives. *Psychological Review, 82*, 1–25.

Klinger, E. (1982). On the self-management of mood, affect, and attention. In P. Karoly & F. H. Kanfer (Eds.), *Self management and behavior change* (pp. 129–164). New York: Pergamon.

Linville, P. W. (1987). Self-complexity as a cognitive buffer against stress-related illness and depression. *Journal of Personality and Social Psychology, 52*, 663–676.

Linville, P. W. & Carlston, D. E. (1994). Social cognition of the self. In P. G. Devine, D. L. Hamilton, & T. M. Ostrom (Eds.), *Social cognition: Impact on social psychology* (pp. 143–193). San Diego, CA: Academic Press.

Magnusson, D. & Endler, N. S. (1977). Interactional psychology: Present status and future prospects. In D. Magnusson & N. S. Endler (Eds.), *Personality at the crossroads* (pp. 3–36). Hillsdale, NJ: Erlbaum.

Markus, H. (1977). Self-schemata and processing information about the self. *Journal of Personality and Social Psychology, 35*, 63–78.

Markus, H. & Nurius, P. (1986). Possible selves. *American Psychologist, 41*, 954–969.

Markus, H. & Ruvolo, A. (1989). Possible selves: Personalized representations of goals. In L. A. Pervin (Ed.), *Goal concepts in personality and social psychology* (pp. 211–241). Hillsdale, NJ: Erlbaum.

Markus, H. & Wurf, E. (1987). The dynamic self-concept: A social psychological perspective. *Annual Review of Psychology, 38*, 299–337.

McAdams, D. P. (1997). A conceptual history of personality psychology. In R. Hogan, J. Johnson & S. Briggs (Eds.), *Handbook of personality psychology* (pp. 4–39). San Diego, CA: Academic Press.

Metzinger, T. (1993). *Subjekt und Selbstmodell*. Paderborn: Schöningh.

Neely, J. H. (1991). Semantic priming effects in visual word recognition: A selective review of current findings and theories. In D. Besner & G. W. Humphreys (Eds.), *Basic processes in reading. Visual word recognition* (pp. 264–336). Hillsdale, NJ: Erlbaum.

Ogilvie, D. M. (1987). The undesired self: A neglected variable in personality research. *Journal of Personality and Social Psychology, 52*, 379–385.

Otten, S. & Wentura, D. (in press). About the impact of automaticity in the Minimal Group Paradigm: Evidence from affective priming tasks. *European Journal of Social Psychology*.

Oyserman, D. & Markus, H. R. (1990). Possible selves and delinquency. *Journal of Personality and Social Psychology, 59*, 112–125.

Perdue, C. W., Dovidio, J. F., Gurtman, M. B. & Tyler, R. B. (1990). Us and them: Social categorization and the process of intergroup bias. *Journal of Personality and Social Psychology, 59*, 475–486.

Rothermund, K. (1998). Persistenz und Neuorientierung. Mechanismen der Aufrechterhaltung und Auflösung zielbezogener kognitiver Einstellungen. Unveröffentlichte Dissertation, Universität Trier, Trier.

Rothermund, K., Wentura, D. & Brandtstädter, J. (1995). Selbstwertschützende Verschiebungen in der Semantik des Begriffs „alt" im höheren Erwachsenenalter. *Sprache und Kognition, 14*, 52–63.

Rumelhart, D. E. (1980). Schemata: The building blocks of cognition. In R. Spiro, B. C. Bruce & W. F. Brewer (Eds.), *Theoretical issues in reading comprehension* (pp. 33–58). Hillsdale, NJ: Erlbaum.

Rumelhart, D. E., Smolensky, P., McClelland, J. L. & Hinton, G. E. (1986). Schemata and sequential thought processes in PDP models. In J. L. McClelland, D. E. Rumelhart & the PDP Research Group (Eds.), *Parallel distributed processing: Explorations in the microstructure of cognition* (Vol. 2, pp. 7–57). Cambridge, MA: MIT Press.

Smedslund, J. (1988). *Psycho-logic*. Berlin: Springer.

Smith, E. R. (1996). What do connectionism and social psychology offer each other? *Journal of Personality and Social Psychology, 70*, 893–912.

Stahlberg, D., Petersen, L. & Dauenheimer, D. (1996). Reaktionen auf selbstkonzeptrelevante Informationen: Der Integrative Selbstschemaansatz. *Zeitschrift für Sozialpsychologie, 27*, 126–136.

Taylor, S. E. & Crocker, J. (1981). Schematic bases of social information processing. In E. T. Higgins, C. P. Herman & M. P. Zanna (Eds.), *Social cognition: The Ontario Symposium* (Vol. 1, pp. 89–134). Hillsdale, NJ: Erlbaum.

Thomas, M. (1989). *Zentralität und Selbstkonzept*. Bern: Huber.

Wentura, D. (1995). *Verfügbarkeit entlastender Kognitionen. Zur Verarbeitung negativer Lebenssituationen*. Weinheim: Psychologie Verlags Union.

Wentura, D. (1999). Activation and inhibition of affective information: Evidence for negative priming in the evaluation task. *Cognition and Emotion, 13*, 65–91.

Wentura, D. (in press). Dissociative affective and associative priming effects in the lexical decision task: „Yes" vs. „no" responses to word targets reveal evaluative judgment tendencies. *Journal of Experimental Psychology: Learning, Memory, and Cognition*.

Wentura, D., Dräger, D. & Brandtstädter, J. (1997). Alternsstereotype im frühen und höheren Erwachsenenalter: Analyse akkommodativer Veränderungen anhand einer Satzpriming-Technik. *Zeitschrift für Sozialpsychologie, 28*, 109–128.

Wentura, D. & Greve, W. (1996). Selbstkonzept-Immunisierung: Evidenz für automatische selbstbildstabilisierende Begriffsanpassungen. *Zeitschrift für Sozialpsychologie, 27*, 207–223.

Wentura, D., Greve, W. & Pfister, K. (1999). [Evidenz für Selbstkonzept-Immunisierung anhand einer Satzpriming-Technik]. Unveröffentlichte Daten.

Wentura, D., Holle K. & Komogowski, D. (1999). *Age stereotypes in younger and older women: Analyses of accommodative shifts with a sentence-priming task* . (Berichte aus dem Psychologischen Institut IV) Münster: Westfälische Wilhelms-Universität, Fachbereich Psychologie.

Wentura, D. & Nüsing, J. (1999). Situationsmodelle in der Textverarbeitung: Werden emotional entlastende Informationen automatisch aktiviert? *Zeitschrift für Experimentelle Psychologie, 46*, 193–203.

Wentura, D, Rothermund, K. & Bak, P. (in press). Automatic Vigilance: The attention grabbing power of behavior-related social information. *Journal of Personality and Social Psychology*.

Wentura, D., Rothermund, K. & Brandtstädter, J. (1995). Experimentelle Analysen zur Verarbeitung belastender Informationen: differential- und alternspsychologische Aspekte. *Zeitschrift für Experimentelle Psychologie, 42*, 152–175.

Yates, J. (1985). The content of awareness is a model of the world. *Psychological Review, 92*, 249–284.

Zwaan, R. A. & Radvansky, G. A. (1998). Situation models in language comprehension and memory. *Psychological Bulletin, 123*, 162–185.

Externe Perspektiven auf das Selbst

VI „Außen"-Perspektiven: Psychologische, soziologische und philosophische Be-Deutungen

VII Zukunftsperspektiven: Aufgaben für Forschung und Praxis

VI „Außen"-Perspektiven: Psychologische, soziologische und philosophische Be-Deutungen

15

Identität als psychologisches Deutungskonzept

Jürgen Straub

> „Das Ich ist nie eine Insel." *Erik H. Erikson*
> „Ohne die Leuchte der Bewusstseinsqualität wären wir im Dunkel der Tiefenpsychologie verloren." *Sigmund Freud*

Prolegomena, Voraussetzungen

Der Begriff der „Identität" gilt seit mehreren Jahrzehnten als Modewort. Nicht zuletzt Erik Homburger Erikson, der den Begriff in den 40er-Jahren prägte, registrierte dies bereits 1970 (Erikson, 1977, S. 15). Grundlos ist die Karriere des Ausdrucks nicht. Wer nach seiner Identität fragt, ist sich ihrer nicht (mehr) gewiss. Er reagiert auf ein aktuell erlebtes oder antizipiertes Defizit, auf eine Unklarheit oder Unpässlichkeit im eigenen Selbstverhältnis und Selbstverständnis. Die Identitätsfrage lautet im Kern: *Wer bin ich und wer möchte ich sein?* Ihre ubiquitäre Präsenz in modernen, westlichen Gesellschaften kann als ein Symptom dafür betrachtet werden, dass viele Menschen nicht wissen, *was* und *wie* sie auf diese Frage antworten sollen, bisweilen sogar, *ob sie sie überhaupt (noch) ernsthaft stellen und beantworten möchten.*

Solche Zweifel sind nicht ganz neu. Sie gehören zu einer soziokulturellen Lebensform, die heute gemeinhin durch Begriffe wie (funktionale) Differenzierung, Enttraditionalisierung, Pluralisierung, Individualisierung, Temporalisierung und Dynamisierung charakterisiert wird. Selbst ihre Fundamente stehen nicht mehr einfach fest, sondern müssen in reflexiven Explorationen und Begründungen stets aufs Neue ausgewiesen werden, wobei nicht zuletzt der *Widerstreit* womöglich heterogener, inkommensurabler Positionen und Perspektiven, Praktiken und Zugehörigkeiten mehr und mehr zu einem integrativen

Bestandteil dieser Lebensform geworden ist. Die Theorie personaler Identität ist das psychologische Komplement zu dieser Beschreibung soziokultureller Verhältnisse.

Anthony Giddens (1991) hebt hervor, dass unter Bedingungen der Moderne die reflexive Selbstthematisierung zu einer beständigen Aufgabe für die Subjekte wird. Die Dynamik moderner Institutionen untergräbt nicht nur soziokulturelle Traditionen, die die Handlungs- und Lebenspraxis bislang einigermaßen verbindlich regeln, sondern zugleich auch das Selbstverhältnis und Selbstverständnis einzelner. Die dem einzelnen abverlangten Reflexionen, Entwürfe und Entschlüsse sind für immer mehr Individuen (beiderlei Geschlechts, aller sozialen Schichten, aller Altersgruppen nach der Kindheit, in allen Lebensbereichen) *unumgängliche Kompensationen* einer allgemein gesteigerten Kontingenzerfahrung, die die Wirklichkeit in einem historisch neuen Ausmaß als einen *komplexen Möglichkeitsraum* erscheinen lässt. Das moderne Identitätsproblem ist indes kein bloß kognitives, dem reflexive Subjekte allein durch gesteigerte Anstrengungen des Denkens begegnen könnten. Die ihnen abverlangten Leistungen zielen nicht auf eine logische, sondern *psycho*-logische Integration von zunehmend differenzierteren, komplexer strukturierten Orientierungen, Praktiken, Lebenszusammenhängen und Zugehörigkeiten (vgl. Simon u. Mummendey, 1997, S. 23). Nicht von ungefähr begriff Erikson die Identitätskrise als Epidemie und psychologische Signatur spätmoderner Gesellschaften.

Kontingenz, Temporalisierung, Dynamisierung, Differenzierung, Pluralität, Alterität und Fremdheit: Mit diesen Stichworten wird auf Phänomene verwiesen, auf die das identitätstheoretische Denken seit jeher bezogen ist. Identität ist, im Rahmen der modernen Psychologie (und Soziologie) jedenfalls, kein Oppositionsbegriff, der sich gegen die oben angeführten Begriffe ausspielen ließe. Er gehört vielmehr *in* diese Reihe. Ich werde diese Auffassung in mehreren Schritten erläutern. Auf eine allgemeine, abstrakte Begriffsklärung folgen knappe Diskussionen der bedeutenden Ansätze von Erikson und Marcia.[1] Schließen werde ich mit einer kritischen Anmerkung zur postmodernen Kritik am identitätstheoretischen Denken.

---

[1] Der verfügbare Raum zwingt zu einer selektiven Darstellung. Ich konzentriere mich auf genuin psychologische bzw. psychoanalytische Arbeiten, obwohl dies von der Sache her nicht gerechtfertigt ist. Dies gilt insbesondere im Hinblick auf den Pragmatismus und symbolischen Interaktionismus (James, 1890; Mead 1968; Goffman, 1967, 1972; Strauss, 1974). Auch neuere Arbeiten z. B. von Rainer Döbert, Jürgen Habermas und Gertrud Nunner-Winkler oder von Lothar Krappmann wären zu berücksichtigen (vgl. Nunner-Winkler, in diesem Band).

Identität: Begriffsklärung

Der Identitätsbegriff bezeichnet eine spezifische *Form* oder *Struktur des Selbstverhältnisses einzelner Personen, die sich auf der Grundlage ihrer Sprach- und Handlungsfähigkeit zu sich selbst verhalten können*. In diesem Sinne spreche ich von *personaler* Identität. Dieser Begriff stellt die soziale Konstitution und Vermittlung der Identität einer Person nicht in Abrede. Die Identität einer Person ist stets ein *relationales* Konstrukt, das in *sozialen Kontexten* gebildet, reproduziert, repräsentiert und modifiziert wird. Identität als relationales Konstrukt ist „keine statische, unveränderliche Größe" (Simon & Mummendey, 1997, S. 13). Sie ist entwicklungsabhängig und „dynamisch an den wechselnden sozialen Kontext gekoppelt" (ebd.) – was jedoch nicht dahingehend mißverstanden werden kann, als könne man seine Identität *insgesamt* wechseln wie einzelne soziale Rollen.[1]

Von der struktur- oder formaltheoretischen Bestimmung, auf die ich gleich genauer eingehe, lässt sich die *inhaltliche Qualifizierung* der Identität einer Person unterscheiden. Die Vielfalt möglicher qualitativer Identitätsprädikate ist unbegrenzt. Wird Identität als qualitative Identität aufgefasst (Tugendhat, 1979, 282ff.), geht es um unmittelbare oder indirekte *Selbstbeschreibungen*.[2] Eine Person kann sagen, wer sie ist und sein möchte, indem sie aufschlussreiche Geschichten aus ihrem Leben erzählt oder zu anderen Formen der Selbstthematisierung greift, und sie kann *indirekt* artikulieren, wie sie sich versteht und sehen möchte, indem sie über andere und anderes spricht und ihre diesbezügliche Sicht der „Dinge" preisgibt. Nicht zuletzt bringt man seine Identität aber auch *praktisch* zum Ausdruck, indem man dieses vollbringt und jenes unterlässt oder etwas verspricht – was in der empirischen Identitätsforschung bislang kaum

---

[1] Die von Simon und Mummendey (1997, insb. S. 16ff., S. 19ff.) in Anspruch genommenen terminologischen Differenzierungen zwischen individuellem und kollektivem Selbst sowie, damit korrespondierend, personaler und sozialer Identität liegen quer zu den hier vorgenommenen Bestimmungen. Die von ihnen behandelten Fragestellungen gehören m. E. zu einem guten Teil eher ins Feld einer Psychologie der *Individualität* als der Identität im hier verstandenen Sinne. Wer über personale Identität spricht, sagt noch nichts über die Individualität eines Menschen. Die beiden Begriffe stehen für sachlogisch unterschiedliche Problemkreise. (Was häufig ignoriert wird und zu Begriffsverwirrung führt.) Der Identitätstheorie geht es vorrangig um die formal- oder strukturtheoretische Klärung der praktischen und kommunikativen, symbolisch vermittelten Selbstbeziehung von Personen und speziell der psychischen Konstitution personaler Einheit. Just auf diese Fragen liefern das Selbst-Aspekt-Modell und ähnliche Ansätze keine Antwort.

[2] Partiell verwandte Konzepte finden sich in verschiedenen Gebieten der Psychologie, auch im Umfeld der neueren Selbst-Theorien, wo etwa von Selbst-Aspekten oder (spezifischer) von Selbst-Schemata die Rede ist (Simon u. Mummendey, 1997, S. 17).

beachtet wird. (Gerade das Versprechen als Sprechakt, durch den man sich anderen gegenüber auf ein zukünftiges Verhalten festlegt, ist identitätstheoretisch höchst relevant; vgl. Ricœur, 1996.)

Terminologisch können wir *fundamentale* (oder *zentrale*) von *akzidentellen* (oder *peripheren*) Identitätsprädikaten unterscheiden (hierzu Straub, 1996). Neben persönlich besonders wichtigen oder eher zweitrangigen Aspekten der Selbstqualifizierung einer Person lassen sich verschiedene *Definitionsräume* der Identität voneinander abgrenzen (Frey & Haußer, 1987, S. 14ff.). Damit sind einfach unterschiedliche Handlungs- und Lebensbereiche oder sonstige Bezugspunkte von Selbstthematisierungen gemeint. So mag sich jemand als engagierte Richterin, politisch ambitionierte Feministin, gesundheitsbewußte Vegetarierin, Liebhaberin der zeitgenössischen Musik und des Motorsports präsentieren. Persönlich bedeutsame Werte, ethisch-moralische und ästhetische Orientierungen können die Identität eines Menschen ebenso bestimmen wie sonstige Komponenten ihres Wissens-, Glaubens- und Meinungssystems. *Herkunft* und *Zukunft* sind dafür ebenso relevant wie die Gegenwart.

Qualitative Selbstbeschreibungen sind anthropologisch notwendig. Ganz ohne Selbstverständnis ist das Leben des sich selbst interpretierenden Tiers (Nietzsche) nicht denkbar. Insofern ohne nähere Spezifizierungen qualitative Identitätsprädikate zur Selbst- oder Fremdbeschreibung verwendet werden, bewegt man sich jedoch noch nicht unbedingt in dem hier interessierenden identitäts-*theoretischen* Rahmen. Einen ersten Schritt in diese Richtung unternimmt man, wenn Identitätsbeschreibungen unter der *spezifisch modernen* Voraussetzung gegeben oder betrachtet werden, dass die Antwort auf die qualitative Identitätsfrage – zumindest im Prinzip – *niemandem mehr vorgegeben ist*. Moderne Subjekte können fast jede Bindung in Frage stellen und – in potentiell legitimer Weise – lösen.

Die qualitative Identität jedes Einzelnen (und aller Mitglieder jedes denkbaren Kollektivs) ist in der Moderne keine hereditäre Mitgift mehr, sondern unweigerlich an Wahlen, an Akte der Selbstbestimmung und Selbstbehauptung, gekoppelt. Gewiss werden solche Akte in einem soziokulturellen Rahmen und im Medium eines gemeinsamen Symbolsystems, vornehmlich der Sprache, vollzogen. Sie sind überdies auf andere und deren Tun und Lassen bezogen, sodass die personale Identität in ihren heteronom *und* autonom konstituierten Bestandteilen stets einen zutiefst sozialen Charakter besitzt. Zu der in der Moderne durchaus üblichen Anthropologie des solitären Menschen (Todorov, 1996) geht die psychologische Identitätstheorie auf Distanz. Ohne eine Berücksichtigung der *Stellungnahmen* zu dem, was identitätsrelevante Kollektive, praktische und symbolische Ordnungen einem jeden Individuum an qualitativen Identitätsprädikaten nahe legen oder oktroyieren, lässt sich jedoch keine moderne Identität begreifen. Erst die Verwandtschaft des Identitätsbegriffs mit der Vorstellung des partiell autonomen Subjekts, das sich in Akten der Selbstreflexion, Selbstbestimmung und Selbstbehauptung nicht zuletzt von den anderen und deren Vorgaben distanzieren kann, verleiht diesem Begriff seine subjekt- und sozialwissenschaftliche Bedeutung.

Ein zweiter Schritt ist nun ebenfalls unerlässlich. Erst er führt ins Zentrum eines unverwechselbaren identitätstheoretischen Denkens. Identität als psychologisches Deutungskonzept ist primär ein *formal-* oder *struktur*theoretisches Konzept. Es bezeichnet, völlig unabhängig von allen denkbaren qualitativen Identitätsprädikaten, stets auch eine spezifische Form oder Struktur, durch die sich Subjekte psychologisch charakterisieren lassen.

Identität als Form, Struktur oder als *Gestalt* lässt sich zunächst als jene *Einheit* oder *Ganzheit* auffassen, als die sich ein nämliches Subjekt unter wechselnden raum-zeitlichen Umständen versteht, empfindet und präsentiert. James, Mead, Goffman und Strauss, Erikson und andere Psychoanalytiker, oder auch Krappmann, Habermas, Döbert und Nunner-Winkler stellen diesen Gesichtspunkt in ihren Definitionen mit ins Zentrum (vgl. Straub, 1991). Diese grundlegende Bestimmung kann durch zwei weitere formaltheoretische Begriffe erläutert und präzisiert werden: Die als Einheit oder Ganzheit der Person gefasste Identität impliziert *Kontinuität* und *Kohärenz*. Kontinuität meint im Wesentlichen die durch *narrative* Sinnbildungsleistungen verbürgte, retrospektiv und antizipativ konstruierte Einheit eines Handlungs- und Lebenszusammenhangs, mit anderen Worten: die Einheit *zeitlicher* Differenz (Straub, 2000). Identität in diesem Sinn setzt nicht voraus, dass im Leben eines Menschen *alles gleich bleibt* oder *dieser selbst sich niemals ändert*. Die als Kontinuität begriffene Identität meint vielmehr, dass Veränderungen als Bestandteil *eines* sinnhaft strukturierten Lebenszusammenhangs begriffen werden können, und zwar auch dann, wenn sie durch kontingente Ereignisse angestoßen und vom Subjekt als heteronom bewirkte Widerfahrnisse erlebt werden. Kritische Lebensereignisse im positiven wie im negativen Sinne mögen einer Person neue Handlungsmöglichkeiten eröffnen oder bisherige verschütten. Sie machen jedoch aus niemandem einen „zweiten Menschen". Die Kontinuität verbürgende narrative Synthesis verknüpft zeitlich Disparates und qualitativ Heterogenes zu *einem* einheitlichen lebensgeschichtlichen Zusammenhang, indem sie – wie es *nur*

Erzählungen zustandebringen – explanative Übergänge zwischen bislang unverbundenen, kontingenten Ereignissen schafft, also narrativ erklärt, wie es zu den jeweils thematisierten biographischen Veränderungen kommen konnte (vgl. zur allgemeinen Struktur und Funktion des Erzählens nicht zuletzt für das autobiographische/historische Bewusstsein und die personale Identitätsbildung z. B. Bruner, 1990, Kap. 3 u. 4; Ricœur, 1988, 1991, 1996; Straub, 1998a, insb. Abschn. 5–7).

Es gibt natürlich Möglichkeiten, biographische Veränderungen als *radikalen Wechsel* personaler Identität zu konzeptualisieren. Es ist mithin durchaus möglich, ein „zweiter Mensch" zu werden. Eine solche, in unserem Kulturkreis traditionelle Möglichkeit ist die (religiöse) Konversion. Der konvertierte Mensch sieht und beschreibt sich in der Tat *als einen anderen* (und vielleicht trägt er fortan auch einen neuen Namen). Er ist „buchstäblich aus seiner Biographie herausgetreten" und hat „seine bisher gültige Identität von sich abgetrennt" (Leitner, 1999, S. 1). Die Bekehrung ist jedoch „keine Möglichkeit für ein Individuum, das sich, gemäß der neuzeitlich-europäischen Konzeption der Person, selbst bestimmen kann und soll, mithin Veränderung *von sich selbst* erwartet und daher seine Einheit autobiographisch: als Geschichte seiner Veränderungen konstruiert" (ebd., S. 2). Wie dargelegt ist der theoretische Identitätsbegriff als Deutungskonzept der psychologischen Moderne auf einen ganz anderen Modus der Selbstthematisierung zugeschnitten. Die narrative und praktische Selbstkontinuierung eines Subjekts, das als Einheit seiner diachronen und synchronen Differenzen gedacht wird, gehört unabdingbar zu diesem Modus.

Identität als Kohärenz verweist auf die *Stimmigkeit eines moralischen und ästhetischen Maximensystems*, an dem sich eine Person orientiert, um eigenen Ansprüchen auf ein gelingendes, richtiges oder schönes Leben Rechnung zu tragen (vgl. Straub, 1996). Auch diesbezüglich kann man nicht genug betonen, dass zwar nicht alles, aber doch vieles und viel Verschiedenes „unter einen Hut" zu bekommen ist. In verschiedenen Kontexten kann sich eine Person ganz unterschiedlich verhalten, ohne unbedingt Kohärenzansprüche zu verletzen. Alles und jedes lässt sich freilich nicht miteinander vereinbaren. Man kann sich nicht zu den für das katholische Priesteramt verbindlichen Werten und Normen bekennen *und* sich sexuellen Ausschweifungen hingeben, *ohne* in Identitätskonflikte und -krisen zu geraten. Festzuhalten ist: Auch im Hinblick auf die Kohärenz moralischer und ästhetischer Maximensysteme besteht Identität in der Einheit ihrer Differenzen.

Identität als syntones Potential: Erikson

In theoretischer Hinsicht ist Eriksons Modell der Identitätsentwicklung, wie sein *psychosozialer* Ansatz überhaupt, eine Frucht jener produktiven Auseinandersetzungen mit Sigmund Freuds Psychoanalyse, die Heinz Hartman, Anna Freud und einige andere zur Konzeption einer analytischen Ich-Psychologie führten. Ohne Freuds Modell der psychosexuellen Entwicklung zu substituieren, stellte ihm Erikson seine psychosoziale Betrachtungsweise zur Seite, klärte deren Beziehung zum Ich-Konzept und ging sodann dazu über, „die entsprechenden Phasen des Lebenszyklus zu untersuchen" (Erikson 1988, S. 8). An den Grundzügen des bereits in den vierziger und fünfziger Jahren ausgearbeiteten Modells (Erikson 1957, 7. Kap.) hielt er zeitlebens fest (vgl. Erikson, 1988, S. 11). Erikson verkannte dabei nicht, dass das theoretische Instrumentarium, mit dem er empirische Phänomene zu erschließen gedachte, normativ „durchtränkt" war. Nach seinen Vorstellungen liegt das dem Menschen mögliche Glück aufseiten derer, denen es bei der Bearbeitung der phasentypischen, psychosexuellen und psychosozialen Krisen vergleichsweise gut gelingt, bereits in den ersten Lebensmonaten *Hoffnung* und Zuversicht zu schöpfen, sodann einen eigenen *Willen* zu formieren, *Entschlußkraft* und *Kompetenz* auszubilden, in der Adoleszenz zu *Treue*, sodann zur *Liebe* und *Fürsorge* des Erwachsenen und schließlich zur dem Alter vorbehaltenen *Weisheit* zu finden. Von Erikson (z. B. 1988, S. 36f.) werden diese Grundstärken in eine schematische Darstellung des Entwicklungsmodells eingebettet. Bekanntlich gehören zu jeder Phase typische psychosexuelle Modi, psychosoziale Krisen, unterschiedlich ausgedehnte soziale Beziehungen, die bereits angeführten Grundstärken und Kernpathologien, verwandte Prinzipien der Sozialordnung, bindende Ritualisierungen und Ritualismen.

Die angeführten Grundstärken sind offenbar traditionelle Werte, die Erikson allerdings primär *psychologisch* rechtfertigt. Er betrachtet die Grundstärken nämlich als fundamentale *Ich-Qualitäten*, die Kinder und Jugendliche erwerben und Erwachsene besitzen müssen, nicht nur, um ihr eigenes Leben selbständig und kreativ führen und mit anderen teilen zu können, sondern auch, um sich in den *Generationszyklus* einreihen zu können (Erikson, 1988, S. 70). Stets geht es bei der Bearbeitung psychosozialer Konflikte und Krisen darum, ein phasenspezifisches *syntones Potential* (vom Grundvertrauen über die Identität etc. bis hin zur Integrität) so stark zu machen, dass sein *dystoner* Gegenspieler nicht die Oberhand gewinnt (vom Grundmisstrauen über die Identitätskonfusion etc. bis hin zu seniler Verzweiflung) und damit pathologische Störungen fördert (vom psychotischen Rückzug über die trotzig-penetrante Zurückweisung etc. bis hin zum Hochmut). Syntone und dystone Kräfte sind psychologisch gleichermaßen bedeutsam, ja unverzichtbar.

Das Ziel, das Erikson vor Augen hat, ist eine Person, der er folgende Charakteristika zuschreibt: zentriert und aktiv, ganz und bewußt. Diesem Ziel dienen die bewussten, vorbewussten und unbewußten „Aktivitäten" des *Ich*. Personale Identität ist eine Konfiguration, „die im Laufe der Kindheit durch sukzessive Ich-Synthesen und Umkristallisierungen allmählich aufgebaut wird; es ist eine Konfiguration, in die nacheinander die konstitutionellen Anlagen, die Eigentümlichkeiten libidinöser Bedürfnisse, bevorzugte Fähigkeiten, bedeutsame Identifikationen, wirkungsvolle Abwehrmechanismen, erfolgreiche Sublimierungen und sich verwirklichende Rollen integriert worden sind" (Erikson, 1973, S. 144; an dieser 1956 erstmals veröffentlichten Begriffsbestimmung hält Erikson fest; vgl. 1988, S. 97). Mit der Betonung unbewusster identitätsrelevanter Ich-Leistungen hängt es zusammen, dass Erikson den Identitätsbegriff häufig an ein *Gefühl*, mit sich selbst eins zu sein, koppelt. Formal- oder strukturtheoretisch betrachtet ist auch für Erikson die Identität eine basale Kompetenz, die der entwicklungsabhängigen Orientierungs-, Handlungs- und Interaktionsfähigkeit eines Menschen zugrundeliegt. Er spricht von *psychosozialen Modalitäten*, wenn er just diese grundlegenden, sich epigenetisch ausdifferenzierenden Vermögen im Auge hat, die die Erfahrungen und Erwartungen eines Menschen strukturieren (vgl. Krappmann, 1997, S. 68 ff., S. 76 ff.).

Erikson hat sich mehrfach über Missverständnisse seines zweifellos sehr komplexen Ansatzes beklagt, nicht ganz zu Unrecht. Allerdings ist er auch nicht ganz schuldlos an solchen Mißverständnissen, finden sich in seinen Schriften doch immer wieder Formulierungen, die *insgesamt* nicht gerechtfertigte Auslegungen nahe legen. Dazu gehören die Folgenden.

Erikson wird bisweilen die Auffassung zugeschrieben, die Identitätsentwicklung sei nach Abschluss der Adoleszenz zu einem irreversiblen Abschluss gelangt. In der „Diagonale" von Eriksons Entwicklungsschema sind jedoch die *typischerweise dominierenden* Konflikt- und Krisenerfahrungen angesiedelt, *nicht die Einzigen* in einer Entwicklungsphase bedeutsamen. Identitätsbildung ist ein lebenslanger Prozess. Eriksons Behauptung, in der Adoleszenz stellten sich Identitätsprobleme erstmalig in besonderer Schärfe und Dringlichkeit und mit erheblichen biographischen Konsequenzen (vgl. Krappman, 1997, S. 68 ff.), scheint noch heute empirisch triftig. Das gilt ebenso für die Annahme, vor der

Jugendzeit könne eine Identitätskrise nicht ausbrechen, „weil die somatischen, kognitiven und sozialen Voraussetzungen erst dann gegeben sind" (Erikson, 1977, S. 17). Interessant bleibt vorläufig auch die zentrale Bedeutung, die Erikson der Adoleszenzentwicklung für die lebensgeschichtliche Entwicklung *überhaupt* beimaß, wodurch er eine gewisse Relativierung des entwicklungspsychologischen Gewichts der frühen Kindheit vornahm.

Den Einwand, Erikson habe fälschlicherweise eine stets *krisen*hafte Formierung, Konfiguration und Refiguration der Identität unterstellt, entkräftet Erikson folgendermaßen: „Bei manchen jungen Menschen, in manchen sozialen Schichten und zu manchen Zeiten der Geschichte verläuft die persönliche Identitätskrise geräuschlos und gezügelt im Rahmen von Übergangsritualen; bei anderen Menschen, in anderen Schichten und zu anderen Zeiten tritt sie dagegen deutlich als kritische Phase in Erscheinung und wird durch kollektiven Zwist und epidemische Spannungen noch verstärkt" (Erikson, 1977, S. 19). Von „Krise" oder einer „kritischen" Phase ist bei Erikson zunächst einmal im neutralen Sinne einer zeitlichen Scheidung und sachlichen Unterscheidung, einer κρισις, die Rede, sodann im Sinne einer psychischen Veränderung oder Entwicklung, die ganz verschieden ablaufen und unterschiedliche Ausdrucksformen annehmen kann. In den modernen Gesellschaften unserer Tage sind, so Erikson, Identitätskonfusionen allerdings besonders häufig und auffällig, weil sie oft mit neurotischen, ja sogar (jugend-) psychotischen Symptomen einhergehen.

Nicht haltbar ist der durchaus gängige Vorwurf, Erikson habe klare, von allen seelischen Widersprüchen gereinigte Losungen für die Bearbeitung der psychosozialen Konflikte und Krisen und die schließlich zu erzielenden Resultate ausgegeben. Er war sich dagegen sehr bewusst darüber, dass es im gesamten Lebenszyklus keine glatten Lösungen geben kann. So ist niemandes Identität von jenen Zweifeln frei, deren massiertes Auftreten zur Identitätskonfusion oder -diffusion führt. Die Gegenbegriffe zur Bezeichnung der Pole psychosozialer Konflikte sind ebenso konträr-kontrastiv wie komplementär; sie sind nicht als logisch disjunkte Begriffe, sondern als *akzentuierende* Unterscheidungen zu begreifen, die in psychologischer Perspektive empirisch nachweisbare Differenzierungen zwischen unterschiedlichen *Legierungen* von Identität und Identitätsdiffusion gestatten (vgl. auch Kraus & Mitzscherlich, 1997, S. 150). Erikson versteht die Identität keineswegs bloß als logisches Gegenteil des Nicht-Identischen. Richtig ist allerdings, dass man Eriksons Einsicht bisweilen gegen Formulierungen verteidigen muss (z. B. Erikson, 1973, S. 144), in denen er den vollständigen „Abbau" dystoner Potentiale empfiehlt.

Erikson hat Identitätsbildung keineswegs als „Großprojekt" und „Heldentat" (Kraus & Mitzscherlich, 1997, 150) aufgefasst. Zwei Argumente machen dies besonders deutlich: Erstens betonte Erikson die Rolle der sozialen Anderen für die Identitätsbildung. So heben auch Kraus und Mitzscherlich hervor (ebd., S. 150), dass es ihm um „die biographischen, familialen und institutionellen Voraussetzungen für eine gelingende Identität" ging. Für Erikson war die soziale Welt nicht mehr „außen", sondern „innen", nicht bloß Rahmen und Objekt, sondern Ressource des Denkens, Fühlens, Wollens und Handelns, diesem gleichsam inhärent. Er ging auf Distanz zu Freuds theoretischer Annahme, das Individuum habe sich als das im Grunde genommen durch und durch triebhafte, asoziale Wesen mit der „Außenwelt" auseinander zu setzen (die ihm ihrerseits durch Sozialisation und Enkulturation ihre Tribute abnötigt). Erikson (1988, S. 19) betrachtete „die immensen Varianten und Vielgestaltigkeiten des sozialen Lebens" als „Quelle der Lebenskraft des einzelnen und der Gesellschaft". Er stellte neben die Ökonomie der Triebe eine „*Ökologie* gegenseitiger Aktivierung in Gemeinschaften" (ebd., S. 21). Im Rahmen dieses Modells können Handlungen und erst recht langwierige Entwicklungen nicht mehr umstandslos einem einzelnen „Täter" zugeschrieben werden.

Zweitens: Jedes psychoanalytische Entwicklungs- und Handlungsmodell legt es nahe, die Identitätsbildung in wesentlichen Aspekten als *unbewusstes Geschehen* zu konzeptualisieren und zu analysieren, nicht aber als intentionale Tat bewusst vorgehender Vernunftsubjekte. Soweit ging die Nobilitierung des partiell autonomen Ich durch die Theoretiker der Ich-Psychologie keineswegs – zumal ja gerade auch sie unbewusste Leistungen des Ich erforschten und speziell Erikson die Bedeutung des *Abwehrmechanismus* (unter anderem) der Identitfizierung für die Konstitution und Reproduktion der Ich-Identität stets hervorhob. Die von Hartmann, A. Freud und Erikson anvisierte (theoretische) Stärkung des Ichs wurde *auf der Grundlage* der Freudschen Psychologie des Unbewußten und der damit verwobenen Dezentrierung des Subjekts unternommen, nicht gegen sie.

Zu relativieren ist der Einwand, Erikson habe die Frage, *wie* sich Identität ausbilde, gegenüber der Frage, *was* sie (in stabiler Form) „beinhalte" (Kraus & Mitzscherlich, 1997, 157), vernachlässigt. Schon die wichtigsten definitorischen Bestimmungen des theoretischen Begriffs geben klare Hinweise auf die Modi der Konstitution, Reproduktion und Transformation sowohl der qualitativen Identität als auch der Identität als einer Struktur, Form oder Gestalt. Selbstverständlich kann die wichtige Frage nach dem *Wie* der Identitätskonstruktion im sozialen und biographischen Kontext sowohl theoretisch als auch empirisch genauer bedacht und beantwortet werden, als es Erikson getan hat.

Nicht haltbar scheint mir auch der Vorwurf, Erikson habe seine Theorie „in der Hauptsache an weißen männlichen Mittelschichtangehörigen aus den USA in einer Zeit des wirtschaftlichen Aufschwungs" (Kraus u. Mitzscherlich, 1997, S. 150) entwickelt. Nachdem Erikson bereits 1936 mit dem Anthropologen Scudder-Mekeel einige Zeit im Reservat der Sioux-Indianer verbrachte, gingen die dort gemachten Beobachtungen und Erfahrungen in die Datenbasis der entstehenden Theorien ein. Die 1951 erstmals publizierte Arbeit *Kindheit und Gesellschaft* macht die Vielfalt des von Erikson verarbeiteten Erfahrungsschatzes überaus deutlich. Lediglich in einem von vier Kapiteln des vierten Teils geht es in diesem Buch um weiße amerikanische Mittelschichtsangehörige „aus angelsächsischen, gemäßigt protestantischen Familien der Angestelltenklasse" (Erikson, 1957, S. 285ff.). Von „gesicherten Verhältnissen" geht Erikson niemals aus. Er fragte vielmehr „nach dem Platz des Individuums in einer sich umstürzenden Welt, in der zunehmend zweifelhaft wurde, wie sich persönliche Lebenspläne mit massiven gesellschaftlichen Veränderungen verbinden lassen" (Krappmann 1997, S. 66f.).

Korrigieren muss man wohl auch die Annahme, Erikson habe Identität als eine totalitär strukturierte Einheit konzeptualisiert, die notwendigerweise Gewalt nach „innen" und „außen" erzeuge. Keupp (1988, S. 147) vertritt die Ansicht, Eriksons Konzeption „unterstelle einen Grad von intraindividueller Kontrolle über die eigene Lebenssituation, die nur noch von einem ‚totalitären Ich' aufrechterhalten werden könne" (vgl. auch Sampson, 1989). Dem steht entgegen, dass das unterstellte Maß an intraindividueller Kontrolle zu *keinerlei* psychoanalytischem Denken passt. Erikson hat dem formulierten Vorwurf im Übrigen vorgebaut. Er unterscheidet nämlich sehr klar zwischen *Totalität* (totality) und der für die personale *Identität* charakteristischen *ganzheitlichen* Struktur (wholeness) oder *Gestalt* – einer „relativen Ganzheit", wie er hinzufügt: „Totalität ist absolut exklusiv wie absolut inklusiv; ein Zustand des Entweder-oder, der ein Element der Gewalt enthält [...]" (Erikson, 1973, S. 168). Im Gegensatz zur *Totalität*, die durch *absolut rigide* identifikatorische Inklusionen und ausschließende Abwehrmechanismen zustandekommt und reproduziert wird, ist Identität durch Offenheit und Flexibilität charakterisiert. Der Totalität fehlt jene strukturell verankerte Tendenz zur *Selbsttranszendenz* (im Sinne von Joas, 1997), die die Identität auszeichnet. Für Erikson ist der tiefere Grund der Totalität die unbewusste Angst vor Identitätsdiffusion. Punktuelle

Auseinandersetzungen mit dem Problem des gewaltförmigen totalitären Bewusstseins und überhaupt einer totalitär strukturierten Subjektivität finden sich bei Erikson zuhauf. Behält man all das im Auge, ließe sich freilich noch einwenden, dass sich Erikson bei der Beschreibung der Gefahren misslingender Identitätsbildung vielleicht zu stark auf die Konfusion bzw. Diffusion „konzentriert" (so Krappmann, 1997, S. 76).

Eine bloße Anpassungsideologie war und ist die psychologische Identitätstheorie keinesfalls. Eriksons Modell ist nicht zuletzt deswegen noch heute interessant, weil es eine *kritische* Analyse psychosozialer Wirklichkeiten ermöglicht, die sich auf *psychologische*, nicht auf ästhetische, moralische oder politische Kriterien und Mittel stützt. (Von ungebrochenem Interesse ist dieses Modell gerade auch angesichts des schwierigen *Verhältnisses* zwischen psychologischer Kritik auf der einen Seite, ästhetischen, moralischen oder politischen Argumenten auf der anderen.) Man denke beispielsweise an Eriksons (1957, S. 302f.) frühe Kritik des „Bossismus" als „Ideal einer verantwortungslosen Autokratie". Auf Grundlage psychoanalytischer Ansichten, die alle Mal einen Abschied vom starken und autarken Vernunftsubjekt implizieren, geht es Erikson um eine Stärkung des Ichs. Ichstärke bedeutet dabei Selbständigkeit und Selbstbestimmung. Das Ich wendet sich unter Umständen auch gegen soziale Werte und Normen und deren disziplinarische Funktionen. Es ist also keinesfalls ein blinder Verbündeter und Komplize der herrschenden Moral, die dem Kind zunächst oktroyiert wird: „Identität, die am Ende der Kindheit zum bedeutendsten Gegengewicht gegen die potentiell schädliche Vorherrschaft des kindlichen Überichs wird, erlaubt dem Individuum, sich von der übermäßigen Selbstverurteilung und dem diffusen Hass auf Andersartiges zu befreien. Diese Freiheit ist eine Voraussetzung dafür, dass das Ich die reife Sexualität, die neuen Körperkräfte und die Aufgaben des Erwachsenen zu integrieren vermag" (Erikson, 1973, S. 212). Ein bloßer Hüter der äußeren und inneren Ordnung ist ein solcher Erwachsener nicht.

Eriksons Modell muss indessen nicht nur gegen unhaltbare Einwände verteidigt, sondern auch kritisiert werden. Folgende Gesichtspunkte scheinen mir besonders bedeutsam:

Selbst wer nicht nach engen oder „operationalen" Definitionen verlangt, wird sich an unklaren, teilweise miteinander unverträglichen Begriffsbestimmungen stören. Verwirrung striftet insbesondere, dass
- qualitative Identitätsbestimmungen einerseits, formal- oder strukturtheoretische und kompetenztheoretische Definitionen andererseits oft miteinander vermengt werden;

- die Rede über die Ich-Identität einzelner Personen häufig ganz umstandslos in Betrachtungen der Identität von Kollektiven übergeht (bis hin zur vagen Rede über die „Identität der Menschheit"); dabei sieht Erikson von den gravierenden theoretischen Schwierigkeiten solcher analogisierenden Begriffsverwendungen ab (hierzu Straub, 1998b, S. 96ff.);
- die immer wieder auftauchenden substantialistischen Bestimmungen des Identitätsbegriffs valorative und normative Orientierungen implizieren, die wohl nicht in jedem Fall universalisierbar sind. Fragwürdig sind auch Textstellen, an denen er den Erwachsenen solche Orientierungen zu oktroyieren scheint. Eine verbindliche Berufs- und Partnerwahl nach Abschluss der Adoleszenz sind Beispiele dafür (vgl. Erikson, 1957, S. 240). *Insofern* Erikson solche Töne anschlägt, trifft Keupps (1997, 15) Vorwurf zu, dem Psychoanalytiker gehe es um die Wahrung eines in der Jugendzeit „zu akkumulierenden inneren Besitzstandes persönlicher Sicherheiten und Klarheiten".

Eriksons Theorie und Begrifflichkeit ist allzu universalistisch angelegt. Die empirische Basis begründet, trotz der Reichhaltigkeit der berücksichtigten Erfahrungen, die universale Geltung von Eriksons Modell nicht. Der Autor hat *seinen* Erfahrungsraum und Erwartungshorizont, allen Überlegungen über die „historische Relativität der psychoanalytischen Methode" (Erikson, 1988, S. 127ff.) und der Identitätsproblematik in modernen, westlichen Gesellschaften zum Trotz, häufig doch als etwas „allgemein Menschliches" betrachtet. Er schenkte der stets möglichen Heterogenität oder (zumindest „dimensionalen") Inkommensurabilität zwischen verschiedenen Kontexten, Lebens- und Subjektivitätsformen (vgl. hierzu Rosa, 1999; Straub u. Shimada, 1999) zu wenig Beachtung. Martin Luther etwa litt keineswegs an einer Identitätskrise im Sinne des modernen theoretischen Begriffs, sondern an einer Glaubenskrise, in deren Verlauf zu keinem Zeitpunkt gewisse grundlegende Orientierungen und Überzeugungen des Augustinermönchs in Frage standen. Man muss nicht in frühere Zeiten oder andere Kulturen ausschweifen, um den formulierten Einwand begründen zu können. Geschlechterdifferenzen hat Erikson generell in fragwürdiger Weise analysiert und beschrieben. Neben Gilligans (1983) bekannter Kritik ist diesbezüglich der Vorwurf bedeutsam, Erikson habe soziokulturelle Geschlechterrollen und die damit verwobenen unterschiedlichen Identitätsentwicklungen naturalisiert und ideologisch festgeschrieben. Eine keineswegs alle Einwände entkräftende Antwort auf die heftige Kritik an seiner 1963 veröffentlichten Schrift „Der innere und der äußere Raum" findet sich bei Erikson (1977b).

Das *Ego Identity Status*-Modell von James E. Marcia

Marcia knüpft an Eriksons Identitätstheorie an. Sein bereits Anfang der sechziger Jahre entwickeltes *Ego Identity Status*-Modell hat in der zeitgenössischen Identitätsforschung große Beachtung gefunden und zahlreiche Forschungsprojekte angeregt (Marcia, 1966, 1993b; einen guten Überblick bieten Marcia, Waterman, Matteson, Archer u. Orlofsky, 1993). Marcia orientiert sich in seinen Forschungen sehr viel stärker als Erikson an den methodologischen Prinzipien und methodischen Standards der empirischen, nomologischen Psychologie. Richtungsweisend werden für ihn die methodologischen Vorschläge zur Validierung komplexer theoretischer Konstrukte von Cronbach und Meehl (1955). Er will die Erforschung der Identität eng an das beobachtbare Verhalten binden: „What is unique about the identity status research is the attempt to go beyond the intrapsychic and phenomenological into the empirical realm. To accomplish this undertaking, identity had to be brought out into the open. There must be something that can be seen with relative clarity by observers who are relatively easy to train. Thus, it became necessary to leave the intrapsychic and phenomenological levels of description and to search for those observable behaviors which could serve as indicators of the presence or absence of the presumed underlying identity structure, knowing that the structure itself would never be observable" (Marcia, 1993a, 8f.).

Allerdings geht auch Marcia keineswegs den methodischen Weg beispielsweise der teilnehmenden Beobachtung alltagsweltlicher Praktiken. Er nähert sich der Identität vielmehr auf dem Weg der Erhebung und Analyse methodisch strukturierter Selbstthematisierungen im Medium der Sprache. Thematisch klar eingegrenzte Interviews sind die Methode der Wahl (vgl. Teil II u. IV in Marcia et al., 1993; zu alternativen Verfahren Marcia, 1993a, S. 16ff.).[1] Festgehalten sei: Identität ist auch bei Marcia eine strukturtheoretisch konzeptualisierte Kompetenz, die nur auf rekonstruktivem Weg erschlossen werden kann. Auf der Basis des operationalisierten und „gemessenen" performativen Ausdrucks werden Schlüsse auf die in konkreten Fällen vorliegenden Identitätszustände gezogen.

Marcia machte bereits in seinen frühesten Arbeiten die „Identität" einer Person zunächst an Indikatoren fest, die aus zwei Bereichen stammen: *occupation*

---

[1] Eine Alternative auch zu Marcias Vorgehen wäre die methodisch reflektierte, *kommunikative* Datenerhebung und *interpretative* Datenanalyse im Rahmen einer hermeneutischen Psychologie (vgl. Straub, 1999).

and ideology. Er folgt im Prinzip bis heute Erikson, wenn er die Bedeutung von Beruf und Karriere, Partnerschaft und Familie, Wertorientierungen, Idealen und Ideologien (Religion und Politik sind hier wichtig) für die Identitätsbildung herausstellt. Wer in den genannten Bereichen keine klaren, „positiv besetzten", handlungsleitenden Vorstellungen besitzt, hat noch keine Identität entwickelt oder ist sich der einst erworbenen nicht mehr sicher. Erst das *commitment* in diesen Bereichen schafft und bewahrt Identität. Nur wer sich für etwas engagiert und sich *an etwas gebunden* fühlt, bildet Identität aus oder kann diese aufrechterhalten. Dieses *commitment*, ein Gefühl der Verbindung und Verpflichtung, ist dabei als „Prozessvariable gedacht. Sie verweist darauf, dass Identität stets an psychische Aktivität, an ein Engagement für etwas (historisch und soziokulturell Variables), gekoppelt ist.

Marcia und seine Kooperationspartner dehnten das empirische Untersuchungsfeld beträchtlich aus. Wie Marcia (1993b) in seiner klassifizierenden Analyse bisheriger Studien darlegt, lassen sich folgende Forschungsschwerpunkte ausmachen: Untersuchungen von *Persönlichkeitsmerkmalen*, die mit den unterschiedenen Identitätstypen positiv oder negativ korrelieren (z. B. Autoritarismus und steroptypes Denken; Angst; Selbstwertgefühl; Kontrollüberzeugungen, Autonomie, Konformität; Ich-Organisation, Ich-Stärke; kognitive Kompetenz, Leistungen, Stile; Interaktionsstile); *entwicklungspsychologische* Untersuchungen (zu Vorbedingungen der Identitätsentwicklung in der Kindheit; zu Bedingungen der Identitätsentwicklung im mittleren und späten Jugendalter in Familie, Schule und außerschulischen Kontexten; zu Folgen der ersten Formierung der Identität von Jugendlichen für deren Erwachsenendasein, wodurch die *Identity status*-Forschung [im Sinn von Eriksons Modell] zur *Intimity status*-Forschung ausgeweitet wurde); Studien zu Geschlechtsunterschieden; kulturvergleichende Untersuchungen.

Das *Identity status*-Modell von Marcia unterscheidet nun vier (empirisch nachweisbare) Varianten des Identitätsstatus, die nicht nur durch Modi der inneren Bindung an und der Verpflichtung gegenüber etwas bestimmt sind, sondern auch durch Anlass und Ausmaß explorativer, in persönlichen Verunsicherungen und Krisenerfahrungen begründeter Tätigkeiten. Das folgende Schema, das ich in der Übersetzung von Kraus und Mitzscherlich (1997, 151) übernehme, verknüpft die vier möglichen Typen des Identitätsstatus mit den identitätsrelevanten Variablen „innere Verpflichtung" (*commitment*) und „Exploration von Alternativen" (Tab. 15.1):

Tabelle 15.1: Das „Identity-status"-Modell (Marcia, 1993a, S. 11)

	Erarbeitete Identität (Identity achievment)	Moratorium	Identitäts- übernahme (Foreclosure)	Identitäts- diffusion (Idendity diffusion)
Exploration von Alternativen	ja	aktuell stattfindend	nein	ja/nein beides möglich
Innere Verpflichtung (Commitment)	ja	ja, aber vage	ja	nein

Die erarbeitete Identität entspricht Eriksons idealtypischer Vorstellung einer gelungenen Entwicklung. Sie ist das Produkt krisenhafter Verunsicherungen, der eingehende, selbstreflexive Explorationen folgen, die schließlich zu biographisch relevanten, allerdings nicht unumstößlichen Festlegungen führen – zu einer „self-constructed commited identity". Daneben begreift Marcia auch die Suchbewegungen im Moratorium selbst als einen Identitätszustand, dem allerdings eine Tendenz in Richtung der erarbeiteten Identität innewohnt. Offensichtlich übernimmt Marcia Eriksons Begriff des psychosozialen Moratoriums, verwendet ihn aber anders. Während im ersten Fall das Moratorium ein soziokultureller, zeitlich begrenzter Schonraum ist, der Entwicklungen einer bestimmten Altersgruppe ermöglicht bzw. fördert, begreift Marcia das Moratorium als Typus möglicher Identitätszustände. Von der erarbeiteten, an die Gewinnung eines eigenständigen Standpunktes gebundenen Identität, die die kritische Auseinandersetzung mit Autoritätspersonen voraussetzt, unterscheidet sich die bloß übernommene Identität. Erikson hatte dafür keinen Namen. Die Sache selbst hatte er jedoch im Blick und häufig als eine Anpassungsleistung, durch die Autonomiepotentiale unausgeschöpft bleiben, beschrieben. Marcias *Foreclosures* bringen eine Identität zum Ausdruck, für deren Entwicklung kein psychosoziales Moratorium in Anspruch genommen wurde. (Erikson benutzte den Begriff, um auf ein verkürztes Moratorium hinzuweisen.) Wer sich schließlich im Zustand der nicht als Übergang angelegten Identitätsdiffusion befindet, lebt ohne auch nur einigermaßen stabile, situationsübergreifende Orientierungen und Überzeugungen, wobei er dies nicht unbedingt als aufzuhebendes, Leid erzeugendes Defizit erleben *muss*. Bei Erikson war diese Kategorie viel stärker auf einen eindeutig pathologischen Typus (oder aber auf die Übergangsphase des Moratoriums) zugeschnitten. Marcias Konzept ist auch auf die Identitätszustände von Jugendlichen gemünzt, die, aus eigener Entscheidung, gezwungen oder nolens volens, frei flottierend durchs Leben gleiten oder auch stolpern. In den jüngeren empirischen Studien stieg der Anteil des Typus Identititätsdiffusion von früher konstant 20 auf nunmehr 40 Prozent, was Marcia (1989) zu einer erheblichen Differenzierung dieser Kategorie veranlasste: „The Identity Diffusion status presents the greatest variety of distinctions [. . .], ranging from the borderline personality [...] to the ‚adaptive Diffusion' whose uncommitted state is a realistic response to an environment offering a paucity of occupational and ideological alternatives, yet encouraging exploration" (Marcia, 1993c, S. 275). Ich komme darauf zurück.[1]

Die vier Typen tauchen empirisch kaum in reiner Form auf. Auch Marcias begriffliche Unterscheidungen haben akzentuierenden Charakter. Im Laufe der Ausdifferenzierung seines Ansatzes begreift Marcia die Identität (in all ihren Varianten) immer stärker „in terms of their underlying process variables of exploration and commitment" (Marcia, 1993a, S. 20), womit er sich von der auf die Adoleszenz konzentrierten, entwicklungspsychologischen Perspektive Eriksons in gewisser Weise löst. Individuen wechseln den Identitäts-Status im Laufe ihrer Erfahrungs- und Lebensgeschichte mehrfach. Ebenso ist es durchaus möglich, dass sie sich zu ein und demselben Zeitpunkt hinsichtlich verschiedener Handlungs- und Lebensbereiche in verschiedenen Identitätszuständen befinden. Kurzum: „identity statuses move from being descriptions only of late adolescent resolutions of a stage-specific psychosocial task to being also descriptions both of adult identity patterns [. . .] and, perhaps, of childhood identity antecedents" (Marcia, 1993a, S. 21).

Gegen Marcias Modell und die zugehörige Forschungspraxis sind verschiedene Einwände erhoben worden (vgl. zusammenfassend Kraus & Mitzscherlich, 1997, S. 154f.). Ich greife hier lediglich einen einzigen heraus und nehme ihn zum Anlass, noch kurz auf die aktuelle, postmoderne Kritik am identitätstheoretischen Denken der modernen Psychologie (und Soziologie) einzugehen. Dieser Vorwurf besagt, dass sich (auch) Marcia nicht wirklich von der Pathologisierung der Identitätsdiffusion löse, obwohl er diese theoretisch doch als einen *möglicherweise ganz normalen*, durchaus dauerhaften Identitätszustand neben die anderen drei stelle. Zum einen gebe es Formulierungen, durch die Marcia

---

[1] Marcia schlägt übrigens auch einige interne Differenzierungen der anderen Kategorien vor (ebd., 276ff.). Die Unterscheidungen des Status der Identitätsdiffusion sind jedoch nicht nur besonders vielfältig, sondern zeigen vielleicht auch einen tiefgreifenden Unterschied gegenüber Eriksons Modell an. Womöglich haben wir es dabei mit einem Unterschied zu tun, der den anderen bedeutenden Modifikationen „in the area of women's identity and intimacy development" (ebd., S. 275) ebenbürtig ist.

die Identitätsdiffusion generell doch als etwas für junge Menschen „Verderbliches", ja „Verwerfliches" qualifiziert (ebd., S. 157); zum anderen aber unterscheide Marcia (1989, z. B. S. 291), wie gesagt, sehr strikt zwischen nichtpathologischen und krankhaften Formen der Identitätsdiffusion, wodurch er eine sehr viel rigidere Grenze zwischen den Gesunden/Normalen und den Kranken/Abweichenden ziehe, als es Erikson je getan habe. Damit bleibe er nicht zuletzt „hinter modernen Ansätzen in der Psychopathologie zurück, die selbst schwerste Formen psychischer Störungen in ihrer Bewältigungsfunktion im Rahmen von schwer schädigendenden sozialen Kontexten beschreiben" (Kraus & Mitzscherlich, 1997, S. 162). Im Unterschied zu Marcia müsse die psychologische „Normalisierung" diffuser Identitätszustände, so fordern es die Vertreter postmoderner Ansätze, radikaler betrieben werden.

Diffuse Identität und das postmoderne Selbst: Abschließende Hinweise

Kraus und Mitzscherlich machen keinen eigenen Vorschlag, der die von ihnen beklagte (theoretische) Stigmatisierung und Ausgrenzung krankhaft leidender Menschen vermeiden könnte – und uns *zugleich* Unterscheidungsmöglichkeiten an die Hand gäbe, auf die wir auch in Zukunft wohl nicht verzichten können. Es wird nämlich auch künftig unumgänglich sein, die von Marcia getroffenen Differenzierungen in der einen oder anderen Weise aufrechtzuerhalten. Er unterscheidet zwischen der *carefree diffusion*, die unter den gegebenen soziokulturellen Bedingungen *adaptiv* und vorteilhaft ist (Marcia, 1989, S. 292), der (vom Betroffenen als leiderzeugende Beeinträchtigung und heteronome Einschränkung erlebten) *disturbed diffusion*, deren Grenzen gegenüber der pathologischen Identitätsdiffusion bzw. *Selbst-Fragmentierung* fließend sind, sowie der *developmental diffusion*, einem durch gewisse „Undeutlichkeiten, Unentschiedenheiten und Unverbindlichkeiten" (Kraus & Mitzscherlich, ebd., S. 161) charakterisierbaren Durchgangsstadium (s. auch Haußer, 1995, S. 84). Insbesondere die ontologisch radikal verunsicherten Menschen (Laing, 1972), die alle Selbstbestimmungsmöglichkeiten verloren haben und ein Leben in permanenter Angst führen, sind mit den Leuten, die immer öfter als Personifizierungen des „Zeitgeists of the nineties" (Kraus & Mitzscherlich, 1997, S. 159) betrachtet werden, ja kaum zu verwechseln – auch wenn sie in Marcias Vierfelder-Schema zunächst einmal beide die Kategorie „Identitätsdiffusion" besetzen.

Die Möglichkeit, beliebige psychische Entwicklungen, Zustände und die damit verbundenen Verhaltensweisen als funktionale, adaptive Antworten auf einen gegebenen (evtl. schädigenden) sozialen Kontext zu beschreiben, befreit uns nicht von der Notwendigkeit, qualitativ verschiedene funktionale Anpassungen und ihre Konsequenzen begrifflich zu unterscheiden. Identitätsdiffusion ist eben nicht gleich Identitätsdiffusion. Das spricht dafür, eindeutig psychopathologisch konnotierte Begriffe nicht zur Etikettierung von Phänomenen zu verwenden, auf die sie offensichtlich doch eher schlecht als recht passen (Straub, 1991). Man sieht m. E. nicht *mehr*, sondern *weniger*, wenn man beispielsweise den spielerischen Umgang mit Möglichkeiten und Optionen, die selbstexperimentelle Arbeit an sich oder auch die ästhetisch motivierte Verweigerung von Selbstthematisierungen, die personale Einheit, Kontinuität und Kohärenz gewährleisten sollen, kurzerhand als Charakteristika von Personen mit diffuser Identität oder gleich von schizo-, multi- oder polyphrenen Menschen, wie „wir" es heute angeblich *alle mehr oder weniger seien*, bezeichnet (Gergen, 1996, S. 131 ff.; Welsch, 1990, S. 171). Es ist im Übrigen keinesfalls selbstverständlich, dass die von Gergen und anderen so treffend beschriebene Differenzierung, Pluralisierung, Dynamisierung oder auch die Anonymisierung lebensweltlicher Erfahrungen automatisch zu einem Strukturwandel moderner Identität führt, der mit Konzepten wie z. B. „Polyphrenie" oder „fragmentierte Identität" angemessen begriffen werden kann.

Selbstverständlich ist die Forderung, dass die psychologische Identitätstheorie mit den sich wandelnden soziokulturellen Verhältnissen Schritt halten müsse, berechtigt. Die Notwendigkeit eines Abschieds vom Identitätsbegriff sehe ich deswegen jedoch nicht. Leute, die durch die Protestbewegungen der 60er-Jahre geprägt wurden und sich von bis dahin traditionellen Werten, Normen und Praktiken distanziert haben (dazu Kraus & Mitzscherlich, 1997, S. 158 f.), mögen (teilweise, zeitweise) andere qualitative Identitätsprädikate für sich in Anspruch nehmen als die vorangegangenen Generationen. Manche der radikalen Verweigerer mögen als „alienated achivers" etikettiert werden (Marcia). Ihr kommunikatives Selbstverhältnis lässt sich dennoch bestens im Rahmen der psychologischen Identitätstheorie beschreiben. Analoges gilt für die bloß übernommenen Identitäten heutiger Jugendlicher.

Die allfälligen theoretischen Umstellungen sind bislang besser als Differenzierungen und Akzentverlagerungen denn als radikale Innovationen zu begreifen. *Vielleicht* müssen wir fortan das kommunikative Selbstverhältnis *einiger* Personen – sehr provisorisch – *als eine Art* dauerhafte Identitätsdiffusion beschreiben, die von den Betroffenen nicht als leidvoll und behindernd, sondern als lustvoll und bereichernd erlebt wird. Ob dies empirisch gerechtfertigt ist und wie dieses Phänomen begrifflich adäquat zu erfassen wäre, ist derzeit keineswegs ausgemacht, von der Reichweite dieses Befundes ganz zu schweigen. Manche vermeintlich „postmoderne" Existenz lässt sich bei genauerem Hinsehen schwerlich als heiterer Umgang mit der Vielfalt begreifen. Sorgfältige Analysen autobiographischer Selbstthematisierungen legen es vielmehr nahe, die Frage nach dem „postmodernen Selbst" nicht zuletzt als Frage nach einem „neuen Subjekt- und Jugend-Mythos" (Helsper, 1997) aufzufassen. Nicht zuletzt machen solche Analysen klar: Ein Abschied vom Identitätsbegriff als psychologischem Deutungskonzept wäre derzeit ein allzu voreiliger, mit wissenschaftlichen Argumenten keinesfalls zu rechtfertigender Schritt.

Literatur

Bruner, Jerome S. (1990). *Acts of Meaning*. Cambridge/Mass., London: Harvard University Press.

Cronbach, Lee J. & P. Meehl (1955). Construct validity in psychological tests. *Psychological Bulletin*, 52, 281–302.

Erikson, Erik H. (1957). *Kindheit und Gesellschaft*. Zürich: Pan-Verlag (Original 1950).

Erikson, Erik H. (1973). Das Problem der Ich-Identität. In: *Identität und Lebenszyklus*, 123–224. Frankfurt a. M.: Suhrkamp (Original 1959).

Erikson, Erik H. (1977 a). Identitätskrise in autobiographischer Sicht. In: ders.: *Lebensgeschichte und historischer Augenblick*. Frankfurt/M.: Suhrkamp, 15–48 (Original 1970).

Erikson, Erik H. (1977 a). Noch einmal: der innere Raum. In: ders.: *Lebensgeschichte und historischer Augenblick*. Frankfurt/M.: Suhrkamp, 233–258 (Original 1970).

Erikson, Erik H. (1988). *Der vollständige Lebenszyklus*. Frankfurt: Suhrkamp (Original 1982).

Frey, Hans Peter u. Karl Haußer (1987). Entwicklungslinien sozialwissenschaftlicher Identitätsforschung. In: dies. (Hg.): Identität. Entwicklungen psychologischer und soziologischer Forschung, 3–26. Stuttgart: Enke.

Gergen, Kenneth J. (1996). *Das übersättigte Selbst. Identitätsprobleme im heutigen Leben*. Heidelberg: Auer (Original 1991).

Giddens, Anthony (1991). *Modernity and Self-Identity. Self and Society in the Late Modern Age*. Cambridge: Polity Press.

Gilligan, Carol (1983). Themen der weiblichen und der männlichen Entwicklung in der Adoleszenz. In: Friedrich Schwarzer u. H. Thiersch (Hg.): *Jugendzeit – Schulzeit. Von den Schwierigkeiten, die Jugendliche und Schule miteinander haben*, 94–121. Weinheim: Beltz.

Goffmann, Erving (1967). *Stigma. Über Techniken der Bewältigung beschädigter Identität.* Frankfurt a. M.: Suhrkamp (Original 1963).

Goffman, Erving (1972). *Asyle. Über die soziale Situation psychiatrischer Patienten und anderer Insassen.* Frankfurt a. M.: Suhrkamp (Original 1961).

Haußer, Karl (1995). *Identitätspsychologie.* Berlin, Heidelberg: Springer.

Helsper, Werner (1997). Das ‚postmoderne Selbst' – ein neuer Subjekt- und Jugend-Mythos? Reflexionen anhand religiöser jugendlicher Orientierungen. In: Heiner Keupp und Renate Höfer (Hg.). *Identitätsarbeit heute. Klassische und aktuelle Perspektiven der Identitätsforschung*, 11–39. Frankfurt a. M.: Suhrkamp.

James, Williams (1890). *The Principles of Psychology. (Vol. 1 u. 2).* New York: Holt.

Joas, Hans (1992). *Die Kreativität des Handelns.* Frankfurt a. M.: Suhrkamp.

Joas, Hans (1997). *Die Entstehung der Werte.* Frankfurt a. M.: Suhrkamp.

Keupp, Heiner (1997). Diskursarena Identität: Lernprozesse in der Identitätsforschung. In Heiner Keupp u. Renate Höfer (Hg.). *Identitätsarbeit heute. Klassische und aktuelle Perspektiven der Identitätsforschung*, 11–39. Frankfurt a. M.: Suhrkamp.

Krappmann, Lothar (1997). Die Identitätsproblematik nach Erikson aus einer interaktionistischen Sicht. In: Heiner Keupp und Renate Höfer (Hg.). *Identitätsarbeit heute. Klassische und aktuelle Perspektiven der Identitätsforschung*, 66–92. Frankfurt a. M.: Suhrkamp.

Krauß, Wolfgang u. Beate Mitzscherlich (1997). Abschied vom Großprojekt. Normative Grundlagen der empirischen Identitätsforschung in der Tradition von James A. Marcia und die Notwendigkeit ihrer Reformulierung. In: Heiner Keupp u. Renate Höfer (Hg.). *Identitätsarbeit heute. Klassische und aktuelle Perspektiven der Identitätsforschung*, 149–173. Frankfurt a. M.: Suhrkamp.

Laing, Ronald D. (1972). *Das geteilte Selbst. Eine existentielle Studie über Gesundheit und Wahnsinn.* Köln.

Leitner, Hartmann (1999). Wie man ein neuer Mensch wird, oder: Die Logik der Bekehrung. In: Erika Hoerning (Hg.). *Biographische Sozialisation.* Stuttgart: Enke (im Druck).

Marcia, James E. (1989). Identity diffusion differentiated. In: M. A. Luszcz u. T. Nettelbeck (Hg.). *Psychological development across the life-span*, (S. 289–295). North-Holland: Elsevier.

Marcia, James E. (1993a). The Ego Identity Status Approach to Ego Identity. In: James E. Marcia, Alan S. Waterman, David R. Matteson, Sally Archer u. Jacob L. Orlofsky. *Ego Identity. A Handbook for Psychosocial Research*, 3–21. New York: Springer.

Marcia, James E. (1993b). The Status of the Statuses: Research Review. In: James E. Marcia, Alan S. Waterman, David R. Matteson, Sally Archer u. Jacob L. Orlofsky. *Ego Identity. A Handbook for Psychosocial Research*, 22–41. New York: Springer.

Marcia, James E. (1993c). Epilogue. In: James E. Marcia, Alan S. Waterman, David R. Matteson, Sally Archer u. Jacob L. Orlofsky. *Ego Identity. A Handbook for Psychosocial Research*, 273–281. New York: Springer.

Marcia, James E., Alan S. Waterman, David R. Matteson, Sally Archer u. Jacob L. Orlofsky (1993). *Ego Identity. A Handbook for Psychosocial Research*. New York: Springer.

Mead, George H. (1968). *Geist, Identität und Gesellschaft aus der Sicht des Sozialbehaviorismus*. Hrsg. von Charles Morris. Frankfurt: Suhrkamp (Original 1934).

Ricœur, Paul (1988). *Zeit und Erzählung. Band I: Zeit und historische Erzählung*. München: Fink (Original 1983).

Ricœur, Paul (1988). *Zeit und Erzählung. Band III: Die erzählte Zeit*. München: Fink.

Ricœur, Paul (1996): *Das Selbst als ein Anderer*. München: Fink (Original 1990).

Rosa, Hartmut (1999). Lebensformen vergleichen und verstehen. Eine Theorie der dimensionalen Kommensurabilität von Kulturen und Kontexten. *Handlung Kultur Interpretation. Zeitschrift für Sozial- und Kulturwissenschaften*, 6, 1 (im Druck).

Sampson, Edward E. (1989). The Deconstruction of the Self. In: John Shotter und Kenneth Gergen (Hg.). *Texts of Identity*, 1–19. London, Newbury Park, New Delhi: Sage.

Simon, Bernd u. Amélie Mummendey (1997). Selbst, Identität und Gruppe: Eine sozialpsychologische Analyse des Verhältnisses von Individuum und Gruppe. In: Amélie Mummendey u. Bernd Simon (Hg.). *Identität und Verschiedenheit. Zur Sozialpsychologie der Identität in komplexen Gesellschaften*, 11–38. Bern: Huber.

Straub, Jürgen (1991): Identitätstheorie im Übergang? Über Identitätsforschung, den Begriff der Identität und die zunehmende Beachtung des Nicht-Identischen in subjekttheoretischen Diskursen. In: *Sozialwissenschaftliche Literatur Rundschau*, 14, 49–71.

Straub, Jürgen (1996): Identität und Sinnbildung. Ein Beitrag aus der Sicht einer handlungs- und erzähltheoretischen Sozialpsychologie. In: Jahresbericht 94/95 des Zentrums für interdisziplinäre Forschung der Universität Bielefeld. Bielefeld, 42–90.

Straub, Jürgen (1998a): Geschichten erzählen, Geschichte bilden. Grundzüge einer narrativen Psychologie historischer Sinnbildung. In: ders. (Hg.): *Erzählung, Identität und Geschichtsbewusstsein – Zur psychologischen Konstruktion von Zeit und Geschichte*, 81–169. Frankfurt a. M.: Suhrkamp.

Straub, Jürgen (1998b): Personale und kollektive Identität. Zur Analyse eines theoretischen Begriffs. In: Aleida Assmann und Heidrun Friese (Hg.): *Zur Konstruktion von Identität*, 73–104. Frankfurt a. M.: Suhrkamp.

Straub, Jürgen (1999): *Handlung, Interpretation, Kritik. Grundzüge einer textwissenschaftlichen Handlungs- und Kulturpsychologie*. Berlin, New York: de Gruyter.

Straub, Jürgen (2000): Narrative Identity and the Shortcoming of Postmodern Critique. Manuscript submitted for publication.

Straub, Jürgen u. Shingo Shimada (1999). Relationale Hermeneutik im Kontext interkulturellen Verstehens. Probleme universalistischer Begriffsbildung in den Sozial- und Kulturwissenschaften, erörtert am Beispiel „Religion". *Deutsche Zeitschrift für Philosophie*, 47, 3 (im Druck).

Strauss, Anselm (1974). *Spiegel und Masken. Die Suche nach Identität*. Frankfurt a. M.: Suhrkamp (Original 1959).

Todorov, Tzvetan (1996): *Das Abenteuer des Zusammenlebens. Versuch einer allgemeinen Anthropologie*. Berlin: Wagenbach.

Tugendhat, Ernst (1979). *Selbstbewusstsein und Selbstbestimmung. Sprachanalytische Interpretationen*. Frankfurt a. M.: Suhrkamp.

Welsch, Wolfgang (1990). Identität im Übergang. Philosophische Überlegungen zur aktuellen Affinität von Kunst, Psychiatrie und Gesellschaft. In: ders. *Ästhetisches Denken*, 168–200. Stuttgart: Reclam.

16

Identität aus soziologischer Sicht

Gertrud Nunner-Winkler

Identität – ein Problem der Moderne

Das Wort Identität hat zwei Bedeutungen: Zum einen benennt es die Gattungszugehörigkeit eines Exemplars (kategoriale Identität, z. B. X ist Politiker); zum andern zeichnet es dieses Exemplar als ein ganz bestimmtes aus (Individualität, z. B. X ist Bürgermeister von Stadt B). Bei Goffman (1967) entspricht dies der Unterscheidung von ‚sozialer‘ und ‚persönlicher Identität‘. Für beide gibt es unterschiedliche Kriterien:

- physische (z. B. Geschlecht, Hautfarbe bzw. Daumenabdruck, besondere Narben)
- soziale (allgemeine Rollen, z. B. Vater, Richter bzw. einmalige Rollen, z. B. Königin von England, Papst)
- psychologische (z. B. Persönlichkeitsmerkmale, Kompetenzen als allgemeine Variablen bzw. in einer einmaligen Ausprägung).

In traditionalen Gesellschaften kommen diese unterschiedlichen Kriterien in ihren Klassifikationsergebnissen zur Deckung, und zwar unabhängig davon, ob sie aus der Innen- oder Außenperspektive und ob sie punktuell in einem gegebenen raumzeitlichen Kontext oder über den individuellen Lebenslauf hinweg verwendet werden (vgl. Tabelle 16.1).

Um dies an einem Beispiel zu illustrieren: Im (bayerischen) Dorf verweise die Zuschreibung ‚Bauer vom Aufhauser Hof‘ auf einen Mann/Landwirt/Katholiken/CSU-Wähler, der vierschrötig/pockennarbig/Inhaber des Anwesens am südlichen Dorfrand ist und gerne am Sonntag in der Wirtschaft politisiert. Diese Beschreibung ist triftig in allen Kontexten (Konsistenz) und über den Lebenslauf hinweg (Kontinuität): Auf dem Feld wie am Stammtisch ist er ‚der Bauer vom Aufhauser Hof‘ und von der Wiege bis zur Bahre ist er mit diesem Hof als

Tabelle 16.1: Kriterien der Identitätsbestimmung

Kriterien	Innen-/Außenperspektive	
	Identität	Individualität
Physisch	Alter, Geschlecht	Daumenabdruck
Sozial	Rolle	Papst, Königin von England
Psychisch	Fähigkeiten, Überzeugungen	Weltmeister
	Kontext/Lebenslauf	

(künftiger/derzeitiger/ehemaliger) Inhaber verknüpft. Fremd- und Selbstbeschreibung stimmen überein: Alle Dorfbewohner kennen ihn so (Außenperspektive) und er selbst identifiziert sich mit dieser Zuschreibung (Innenperspektive), und zwar so weitgehend, dass auf seinem Grabstein stehen wird: ‚Hier ruht XY, Bauer vom Aufhauser Hof'.

Mit weitergehender Modernisierung haben sich tief greifende sozialstrukturelle und soziokulturelle Veränderungen vollzogen, in deren Konsequenz die unterschiedlichen Dimensionen von Identität auseinander treten:

Urbanisierung und Anonymisierung führen zur Trennung von kategorialer Identität und Individualität. Der Beobachter kann allenfalls vage auf die soziale Identität und überhaupt nicht auf die persönliche Identität etwa unbekannter Mitreisender schließen.

Soziale Differenzierungsprozesse werfen Konsistenzprobleme auf. Mit der Industrialisierung sind die Sphären von Produktion und Reproduktion auseinander getreten, i. e., Berufs- und Familienrollen haben sich ausdifferenziert und stellen konträre Erwartungen an den Handelnden. In der Berufsrolle etwa sind universalistische, spezifische, affektiv neutrale, in der Familienrolle partikularistische, diffuse, affektive Orientierungen idealtypisch gefordert (Parsons, 1964). Mit der weitergehenden Ausdifferenzierung von Teilsystemen, die nach ihrer je eigenen Funktionslogik operieren (Luhmann, 1998), wird noch wahrscheinlicher, dass Individuen, sofern sie an verschiedenen Funktionssystemen teilhaben, sich konfligierenden Erwartungen ausgesetzt sehen.

Pluralisierung. Auch auf der kulturellen Ebene haben sich Differenzierungsprozesse vollzogen, die die Wahrscheinlichkeit von Inkonsistenzerfahrungen erhöhen. Die einzelnen Wertsphären haben sich verselbständigt (Weber, 1956, spricht vom ‚Kampf der Götter'); die Bindekraft von institutionalisierten Religionen, ideologisch ausgerichteten Parteien und weltanschaulichen Vereinigungen hat abgenommen. Mit der Trennung einer universalistischen Minimalmoral von Fragen des guten Lebens, die einem sich zunehmend erweiternden persön-

lichen Entscheidungsspielraum anheimgestellt werden, entwickelt sich eine Vielzahl von Subkulturen, Lebensformen, Lebensstilen (Individualisierung).
Rapider sozialer Wandel erschwert die Erfahrung persönlicher Kontinuität. Ältere Deutsche etwa waren in ihrem Leben mit starken Veränderungen in der Produktions- und Berufsstruktur, in den kollektiven Wertvorstellungen, in politischen Systemen (vom Kaiserreich zur Weimarer Republik, zum Dritten Reich, zur Bonner und Berliner Republik) konfrontiert und zur eigenen Positionierung gezwungen.
Außenperspektive. Identität und Individualität also werden nicht länger mehr durch sozialstrukturelle Arrangements gestiftet und stabilisiert. Aus der *Außenperspektive* wirft dies kein Problem auf. Sofern die Identität einer Person zu kennen überhaupt wichtig ist – und es gibt in der Moderne viele Kontexte, in denen wir uns getrost als Fremde begegnen und ignorieren – gibt es Mechanismen der Identifizierung: Uniformen, Titel etc. erlauben die soziale Identität, Pass und Genanalysen die persönliche Identität festzustellen; das Curriculum Vitae und behördliche Bescheinigungen sichern die Kontinuität, und institutionalisierte Sanktionsstrukturen ein – allerdings nur bereichsspezifisch – anforderungsgerechtes (,konsistentes') Verhalten.
Innenperspektive. Ein Problem aber entsteht aus der *Innenperspektive*: Die Frage ‚Wer bin ich?', ist durch den Verweis auf den einmaligen Daumenabdruck oder eine bestimmte Rolle nicht mehr befriedigend beantwortet. Die Person beansprucht eine – physische Individuierungsmerkmale übersteigende – Sicherheit der eigenen ‚Einzigartigkeit' und sie beansprucht angesichts der Fülle konfligierender (kontext- und rollenspezifischer) Erwartungen und angesichts biographischer Brüche ein – die Kontinuität des Körpers und die Lückenlosigkeit des äußeren Lebenslaufs übersteigendes – Gefühl innerer Einheitlichkeit und biographischer Selbstgleichheit oder doch Schlüssigkeit der Selbstentwicklung.

Identitätstheoretische Ansätze

Es gibt unterschiedliche theoretische Vorschläge zur Lösung des modernen Identitätsproblems:

In den 50er-Jahren definierte Erikson (1973, S. 123ff.) Identität durch die *inhaltlichen Entscheidungen* (für einen Beruf, Partner, eine Weltanschauung), die der junge Mensch ein für alle Mal zu Abschluß der Adoleszenz trifft. Allerdings werden den Individuen zunehmend Wiederholungskrisen und Revisionen von Entscheidungen zugestanden, d. h. nicht länger ist die Stabilisierung der einmal gewählten Lebensform durch soziale Tabus und Zwänge gesichert.

An anderer Stelle setzt Erikson Identität mit einer motivational verankerten *formalen Kompetenz* gleich. Identität ist das „angesammelte Vertrauen darauf, dass der Einheitlichkeit und Kontinuität, die man in den Augen anderer hat, eine Fähigkeit entspricht, eine innerliche Einheitlichkeit und Kontinuität aufrecht zu erhalten" (1973, S. 107). Voraussetzung dieser Kompetenz ist die erfolgreiche Lösung vorauslaufender normativer Entwicklungskrisen, in denen Urvertrauen, Autonomie, Initiative und Werksinn (statt Misstrauen, Scham und Zweifel, Schuld- und Minderwertigkeitsgefühle) entwickelt wurden (vgl. zu Erikson auch Straub, in diesem Band).

Krappmann (1969) weist alle Versuche, Identität in inhaltlichen Festlegungen zu fundieren, als entfremdend zurück. Identität erwachse allein aus der *Anerkennung*, die das Individuum in Interaktionen gewinnt, in denen es ihm gelingt, widersprüchliche Erwartungen auszu*balancieren* und zugleich metakommunikativ mitzusignalisieren, dass es in dem je gegebenen Kontext nie vollständig aufgeht. In diesem Ansatz allerdings fehlen Kriterien, die opportunistisch ausbeuterische Aushandlungsprozesse von egalitär verständigungsorientierten zu unterscheiden erlauben, die allein wechselseitig Anerkennung zu sichern vermögen. Auch wird die Notwendigkeit inhaltlicher Bindungen für das subjektive Gefühl von Identität unterschätzt.

Bei Döbert, Habermas und Nunner-Winkler (1980) wird Identität als Entwicklungsabfolge beschrieben: Auf die natürliche Identität des Kleinkindes folgt die (für traditionale Gesellschaften charakteristische) Rollenidentität des Heranwachsenden und – mit einer erfolgreichen Lösung der Adoleszenzkrise – die (in modernen Gesellschaften erforderliche) Ich-Identität. Als deren Kern wurde die *Bindung an moralische Prinzipien* gesehen (Döbert/Nunner-Winkler, 1975). Diese Prinzipien nämlich erlauben, Identität (im Sinne von Konsistenz und Kontinuität) und Intersubjektivität (im Sinne wechselseitiger Verlässlichkeit und Verständigungsbereitschaft) zugleich aufrechtzuerhalten. Möglicherweise ist in diesem Ansatz der Inhalt der identitätssichernden Wertbindung zu eng gefasst.

Postmoderne Ansätze bestreiten, dass Konsistenz und Kontinuität überhaupt für Identität nötig seien. Das Konzept der ‚*patchwork identity*' (Keupp, 1988; vgl. u. a. Gross, 1998; Hitzler/Honer, 1994) trage dem ständigen Austausch von Vorlieben und Meinungen, von Rollen und Beziehungen angemessener Rechnung. Allerdings fehlen in dieser Konzeptualisierung Kriterien, die den einen ‚Fleckerlteppich' vom anderen zu unterscheiden und einen bestimmten trotz steter Ersetzung oder Umfärbung einzelner Flicken immer noch als denselben zu erkennen erlaubten. Körpergrenzen und physische Kontinuität reichen für das subjektive Gefühl von Sich-selbst-Gleichheit und Einheitlichkeit nicht hin. Auch scheint das Streben nach Konsistenz für psychische Gesundheit nötig. Es ist – wie dissonanztheoretische Ansätze belegen – universell verbreitet und die Abschottung innerer Widersprüchlichkeiten ist – wie Forschungen zu Dogmatismus, Schizophrenie und multiplen Persönlichkeitsstrukturen belegen – eher pathologisch.

Cohen und Taylor (1977) fokussieren auf *Individualität*. Menschen seien stets bestrebt, ausgefallene Hobbies, Interessen oder Lebensstile zu entwickeln, außergewöhnliche Erfahrungen oder Abenteuerreisen zu machen, um die in modernen Massengesellschaften unausweichliche Angst vor Austauschbarkeit zu bekämpfen. Allerdings erleben sie dann immer wieder, dass alle neu erfundenen Einzigartigkeitsmarkierungen sogleich von anderen imitiert, gesellschaftlich kooptiert und kommerzialisiert werden. Alle Versuche, Individualität durch die Einmaligkeit der Identität konstituierenden Inhalte zu gewinnen, scheitern also. In diesem Ansatz wird die von Goffman (1967) analysierte Dialektik im Streben nach sowohl Besonderung wie Normalität auf den einen – als erstrebenswert erachteten – Pol der positiven Besonderung verkürzt und die Gefahr der sozialen Stigmatisierung Abweichender übersehen. Auch wird die subjektive Gewissheit der eigenen Unverwechselbarkeit als Korrelat der Besonderheit der gewählten Inhalte missdeutet. In Wahrheit aber sind die Authentizität der Wahl und das genuine Engagement für die gewählten Inhalte entscheidend. In Simmels Worten: Individualität bedeutet „nichts weniger als Besonderssein, Ausnahmefähigkeit, qualitatives Anderssein, sondern nur selbstständig-einheitliche Totalität jeder Lebensverwirklichung" (Simmel, 1913/1968: 192). Einzigartigkeit nämlich zählt – wie Glück und Schlaf – zur Kategorie der ‚notwendigen Nebenprodukte' (Elster, 1985), die unweigerlich verfehlt, wer sie in direktem Zugriff zu erringen sucht, und die – nur nebenbei – allein der erfährt, der sich für eine Sache um ihrer selbst willen einsetzt.

Giddens (1991) konzeptualisiert Identität als *‚konsistente Erzählung'*: Auf der Basis von Urvertrauen – Giddens spricht von einem ‚protective cocoon' – konstituieren Individuen durch ständiges Umschreiben ihrer Erinnerungen eine Autobiographie, die die Abfolge der eigenen Entscheidungen und Handlungen als schlüssigen Sinnzusammenhang zu verstehen erlaubt. Dieser Ansatz integriert motivationale Aspekte (Urvertrauen), Inhalte (Lebensentscheidungen) und das Streben nach Konsistenz. Allerdings werden keine Kriterien genannt, die zwischen bloß nachträglich rationalisierenden Umdeutungen („saure Trauben") und echten Lernprozessen zu unterscheiden erlaubten.

Die bislang diskutierten Identitätskonzepte beziehen sich auf Bestimmungen, die einer Person von anderen oder von ihr selbst zugerechnet werden. Es gibt einen anderen Ansatz, der Identität nicht als Individualmerkmal thematisiert, sondern an *kategoriale Gruppenzugehörigkeiten* bindet, die nur situativ Salienz gewinnen – dann aber individuierende Bestimmungen zurückdrängen. In einer Fülle von Experimenten wurde nachgewiesen (Tajfel, 1970, 1981; Turner, 1982), dass Individuen dann, wenn Zugehörigkeiten salient gemacht werden, Mitglieder der Eigengruppe bevorzugen und die von Fremdgruppen benachteiligen, und zwar selbst, wenn dies eigene Kosten erhöht (vgl. hierzu Mielke, in diesem Band). Viele handeln so, weil sie sich – selbst, wenn die Gruppenbildung punktuell und nach irrelevanten Kriterien erfolgte – dazu verpflichtet fühlen. Ein Beispiel ist die Bereitschaft, im Krieg das eigene Leben zu riskieren, und zwar auch dann, wenn in friedlichen Zeiten die Zugehörigkeit zur Nation wenig Bedeutung für die eigene Identität besitzen mag. Dieser Typus situativ auslösbarer Identifikationen bleibt in der folgenden Diskussion außer Acht.

Konstitutive Momente von Ich-Identität

Theoretische Vorüberlegungen
Aus den diskutierten Ansätzen und den knappen Einwendungen lassen sich einige Grundannahmen über konstitutive Momente von Individualität und Identität ableiten, die zunächst theoretisch begründet und sodann empirisch belegt werden sollen.
1. Bindung ist konstitutiv für Identität.
2. Da Bindung eines Objektbezugs bedarf (i. e. an Personen, Werte, Projekte), sind Inhalte für Identität unerlässlich.
3. Was aber zählt, ist nicht die Art des Inhalts, sondern der Modus seiner Aneignung.
4. Einzigartigkeit ist kein eigenständiges Identitätsproblem. Die Gewissheit der eigenen Unaustauschbarkeit ist vielmehr Korrelat der Autonomie der Bindung.

Die zentralen Bestimmungen – Bindung und Autonomie – seien kurz erläutert.

Bindung. Frankfurt (1988, 1993) hat die identitätskonstitutive Bedeutung von Wertbindung explizit herausgearbeitet. Wer nichts hätte, das zu verraten er sich nicht bringen kann, der ist nicht Person, sondern widerstandslos den Zufälligkeiten externer Randbedingungen, innerer Triebe oder sprunghafter Bedürfnisse ausgeliefert. Frankfurt lässt offen, an welche ‚Ideale' die Person sich bindet; notwendig ist nur, dass sie im Lichte dieser Selbstbindung zu ihren spontanen Impulsen und Bedürfnissen Stellung nimmt und inkompatible unterdrückt.

Autonomie. Frankfurt diskutiert die Stiftung von Identität. Wie aber ist deren Stabilisierung zu sichern, wenn die Inhalte der Selbstbindung sich wandeln? Hier hilft Nozicks (1981) Analyse weiter. Er beginnt mit einem Gedankenexperiment: Gegeben sei Theseus' Schiff im Hafen. Mit der Zeit verrotten einzelne Balken und Bretter und werden ersetzt, bis schließlich alle ausgetauscht sind. Was ist nun Theseus' Schiff? Das runderneuerte Boot im Hafen oder der Stapel der ursprünglichen Planken im Bootshaus? Wir würden wohl eher das Boot im Hafen als Theseus' Schiff bezeichnen, weil – trotz des Austausches der Einzelteile – die Kontinuität der Gestalt gewahrt und die Lückenlosigkeit der Transformation gesichert ist. In analoger Weise würden wir sagen, ein Organismus sei der gleiche geblieben – unbeschadet der ständigen Erneuerung seiner Körperzellen. Auch halten wir eine Person für die gleiche, selbst wenn sie bestimmte ihrer Ansichten verändert – allerdings nur sofern wir annehmen, der Meinungswechsel sei autonom, d. h. willentlich mit Gründen vollzogen worden. Nozick (1981) erläutert dies an Gegenbeispielen. Wäre ein Mann – etwa durch eine schwere Gehirnschädigung – von einem Tag auf den anderen auf den Zustand eines Säuglings reduziert, so würden wir sagen, er ist nicht mehr die Person, die er war. So würden wir auch von einem überzeugten Demokraten sprechen, der – etwa durch Gehirnwäsche – in einen fanatischen Kommunisten verwandelt worden wäre. Doch haben wir kein Problem mit der Identität eines ehedem überzeugten AKW-Gegners, der sich für die Nutzung von Kernenergie einsetzt, wenn wir seinen Gesinnungswandel als durch Gründe (z. B. durch die Befürchtung einer Klimaerwärmung bei der Nutzung fossiler Brennstoffe) motiviert und nicht durch Ursachen bewirkt verstehen. Den Kriterien, die die Identität von Objekten oder Organismen zu sichern erlauben, also die Gleichheit der Gestalt bzw. die lückenlose Rekonstruktion des Transformationsprozesses, entspricht auf der Ebene von Personen die Rekonstruierbarkeit der Veränderungen als Ergebnis von Lernprozessen. Das Konzept ‚Lernprozess' impliziert, dass der neue Zustand ‚besser' ist als der Alte. Dazu bedarf es intersubjektiv geteilter Kriterien, die beispielsweise die Identität des indoktrinieren Kommunisten – auch gegen sein eigenes Selbstverständnis – zu bezweifeln erlauben. Auch Giddens greift in seiner Identitätsanalyse die Unterscheidung eines ‚authentischen' von einem ‚falschen' Selbst auf; allerdings benennt er keine Kriterien, sondern weist im Gegenteil schon die Idee intersubjektiver Validierung solcher Kriterien zurück, wenn er Selbstfindung und -verwirklichung unter eine ‚morality of authenticity' subsumiert, „that skirts any universal moral criterion" (Giddens, 1991: 78f.).

Im Folgenden soll nun zunächst die Bedeutung von Wertbindung für Identität empirisch plausibilisiert und sodann gezeigt werden, dass es in der Moderne Mechanismen gibt, die Identität fundieren und trotz rapiden Wandels über Zeit zu erhalten erlauben. Ohne die mögliche identitätsstiftende Bedeutung anderer Wertbindungen schmälern zu wollen, wird die Argumentation exemplarisch für moralische Selbstbindung geführt.

Empirische Belege
Sachorientiertes Engagement als Quelle für Einzigartigkeit.   In seiner Untersuchung „The Uncommitted" hat Keniston (1965) die Erfahrung von Sinnlosigkeit und das Gefühl lähmender Austauschbarkeit beschrieben, unter denen Probanden litten, die – als Harvard-Studenten – aus der Außenperspektive betrachtet als außerordentlich erfolgreich gelten würden. In „Young Radicals" (1968) berichtet er, wie junge Männer, die sich stark für die Bürgerrechtsbewegung einsetzten, sich selbst zunehmend als „unique" – unaustauschbar, einzigartig, unverwechselbar – erlebten. H. Weinreich-Haste berichtet, wie Helen John, die Pionierin des Greenham Common Protestes gegen die Raketenstationierung, sich plötzlich mit persönlicher Verantwortungsübernahme selbst als unersetzlich erfuhr. In ihren eigenen Worten: „Ich erinnere mich, wie (Ehemann) mir sehr deutlich sagte, es müsste doch andere Frauen geben, die nicht fünf Kinder haben, und die das tun können, was du jetzt tust. Aber das stimmt nicht; mich gibt es nur einmal. Niemand kann genau das tun, was ich auf meine Weise tue – nur ich kann dies so machen." (Weinreich-Haste, 1986, S. 397). Das subjektive Gefühl von Unverwechselbarkeit also bedarf nicht der Abgrenzung, Absonderung, des Andersseins, es bedarf vielmehr eines Engagements für eine Sache, die der Person wichtig ist.
Wertbindung als konstitutiv für das subjektive Identitätsverständnis.   Durch Sachengagement erleben Individuen sich nicht nur punktuell als unverwechselbar, sie verstehen die Bindung an Inhalte darüber hinaus ganz bewusst als konstitutiv für die eigene Identität. An zwei empirischen Ergebnissen sei dies illustriert.

Im Kontext von LOGIK[1] wurden die Probanden im Alter von 17 Jahren gebeten anzugeben, was sie am meisten ändern würde und warum: ein anderes Geschlecht/Aussehen/Geburtsland, andere Eltern/Hobbies/Noten/Vorstellungen von Recht und Unrecht, sehr viel Geld. Die meisten Jugendlichen erwarteten dann am stärksten anders zu sein, wenn sie andere Eltern, ein anderes Geschlecht und andere Vorstellungen von Recht und Unrecht hätten. Die hohe Bedeutung, die sie den Wertorientierungen für die eigene Identität beimaßen, wird in den Begründungen für die Antwort ‚andere Eltern' besonders deutlich: Die meisten erklärten, sie hätten andere Haltungen, Einstellungen, Orientierungen aufgebaut, wären sie in einem anderen Elternhaus aufgewachsen (Nunner-Winkler, 1999a).

Einen eher indirekten Beleg für die Annahme der identitätsstabilisierenden Bedeutung von Wertbindung mag man in der Tatsache sehen, dass Individuen (zumeist) an früh aufgebauten Orientierungen festhalten. So weist Sears (1981) an US-Längsschnittuntersuchungen eine hohe lebenslängliche Stabilität etwa der politischen Überzeugungen nach – trotz individueller geographischer und/ oder sozialer Mobilität, trotz eines deutlichen Wandels des ‚Zeitgeistes' und unabhängig von je spezifischen biographischen Erfahrungen. Auch in dem Projekt ‚Moralvorstellungen im Wandel' – einem Kohortenvergleich[2] – (vgl. Nunner-Winkler, im Druck a) fanden sich große generationsspezifische Unterschiede bei der Bewertung verschiedener Verhaltensweisen: Die Älteren haben den in den 60ern einsetzenden Wertewandel nicht mitvollzogen, sondern halten an ihren soziomoralischen Wertbindungen fest (vgl. auch Köcher, 1993). Dabei wissen sie sehr wohl, dass der Zeitgeist sich gewandelt hat. Man mag dies als Versuch verstehen, die eigene Identität zu stabilisieren – auch wenn äußere Lebensbedingungen und kollektive Wertvorstellungen sich wandeln.

Mechanismen der Identitässtabilisierung

Mit der Modernisierung evolvieren neue Mechanismen der Identitätssicherung: Werteverallgemeinerung und ich-nahe Motivstrukturen.

---

[1] Es handelt sich um eine am Max-Planck-Institut für Psychologische Forschung, München, durchgeführte Längsschnitt-Untersuchung von ca. 200 Kindern zwischen 4 bis 17 Jahren (für Ergebnisse bis zum Alter von 12 Jahren vgl. Weinert, 1998; Weinert & Schneider, 1999).

[2] An dieser Untersuchung nahmen je 100 Probanden im Alter von 65–80, 40–50, 20–30 Jahren unterschiedlicher Schichtherkunft teil. Die älteste Kohorte wurde im Kontext von GOLD, einer von F. E. Weinert am Max-Planck-Institut für Psychologische Forschung geleiteten Zwillingsstudie (vgl. Weinert & Geppert, 1996, 1998), die beiden jüngeren von einem kommerziellen Meinungsforschungsinstitut befragt.

Wertegeneralisierung eröffnet einen Spielraum für flexible Anpassung an unterschiedliche Kontextbedingungen (vgl. Parsons, 1971; Zapf, 1991). An zwei Beispielen aus dem Kohortenvergleich sei dies illustriert. Bei der Bewertung des Szenarios ‚berufstätige Mutter'[1], reagierten die (meisten) Älteren mit heftiger Ablehnung (‚Das ist Pflichtvergessenheit', ‚egoistische Selbstverwirklichungssucht' etc.). Im Gegensatz zu dieser Vorstellung von askriptiv unaufhebbar an die Mutterrolle geknüpften Pflichten wählen die Jüngeren die gute Versorgung der Kinder als Bezugspunkt und für dieses Problem sehen sie funktional äquivalente Lösungen (z. B. der Ehemann, die Großeltern, eine Tagesmutter kann die Versorgung übernehmen). In analoger Weise lassen sich die krassen Generationsunterschiede in der Haltung etwa zu Homosexualität interpretieren. Für die (meisten) Älteren ist schon der bloße Gedanke abstoßend (‚Das ist abartig', ‚widernatürlich', ‚krankhaft'). Im Gegensatz zu dieser askriptiv an Geschlechtszugehörigkeit gebundenen Einschränkung individueller Handlungsspielräume beziehen sich die Jüngeren auf die Qualität der Beziehung (‚Wo die Liebe hinfällt', ‚wenn sie sich gut verstehen'). Aus der Sicht der Jüngeren also zählt weniger, ob die Mutter selbst sich kümmert, die Liebenden verschiedenen Geschlechtes sind – vorrangig zählt, ob das höherstufige Ziel (i. e. die gute Versorgung der Kinder, das Gelingen der Beziehung) erreicht wird. Dafür sind unterschiedliche Wege und Mittel denkbar. Und besser sind dann jene Lösungen, die – kontextabhängig – die Bedürfnisse aller Beteiligter (nicht nur der Kinder, sondern auch die der Mutter; nicht nur der Hetero-, sondern auch die der Homosexuellen) berücksichtigen. Der höhere Abstraktionsgrad des Bezugspunkts der Bewertung erlaubt, eigenen Wertbindungen treu zu bleiben und gleichwohl bei der Lösung konkreter Probleme variierenden Kontextbedingungen Rechnung zu tragen.

Ich-nahe Motivstruktur. Handeln kann ich-nahe, i. e. durch bewusstseinsfähige, willentlich steuerbare oder zumindest bejahte Beweggründe motiviert sein; es kann spontanen Impulsen oder habitualisierten Reaktionsbereitschaften folgen oder es kann von einem strikt zensierenden Überich diktiert sein. Konformitätsbereitschaft – so die i. f. empirisch zu belegende These – wird in der Moderne zunehmend durch ich-nähere Modi gistiftet. Im Kontext von LOGIK wurde die Entwicklung moralischer Motivation untersucht (vgl. Nunner-Winkler, 1996; 1999b). Im Alter von 4, 6 und 8 Jahren wurden Bildgeschichten

---

[1] Eine junge Frau mit zwei kleinen Kindern möchte gerne arbeiten gehen. Ihr Ehemann verdient so viel, daß die Familie gut davon leben kann.

vorgelegt, in denen der Protagonist einfache moralische Regeln übertritt, um ein persönliches Bedürfnis zu befriedigen. In der Versuchungssituation wurde das moralische Wissen exploriert. Nach der Übertretung sollten die Kinder angeben und begründen, wie der hypothetische Übeltäter sich fühlen werde. Dies sollte moralische Motivation erfassen. Emotionen nämlich lassen sich als zwar globale und rasche, gleichwohl aber kognitiv gehaltvolle Urteile über die subjektive Bedeutsamkeit eines Sachverhalts verstehen. Mit ihrer Emotionszuschreibung können die Kinder also anzeigen, welchem der zugleich zutreffenden Sachverhalte (der Protagonist hat eine Norm übertreten/sein Bedürfnis befriedigt) sie mehr Gewicht beimessen. Es zeigte sich: Schon ab 4–6 Jahren kennen die Kinder einfache moralische Regeln und wissen um ihre autoritäts- und sanktionsunabhängige Gültigkeit. Gleichwohl erwarten die jüngeren Kinder – die hypothetischen Figuren noch die gleiche Emotion zuschreiben, die sie selbst empfinden würden – mit überwältigender Mehrheit, der hypothetische Übeltäter werde sich wohl fühlen und zeigen damit an, dass ihnen die Normbefolgung persönlich nicht so wichtig ist. Ältere Kinder (ab etwa 8 Jahren) und Erwachsene geben nur negative Emotionszuschreibungen; sie orientieren ihre Antworten auch an sozialer Erwünschtheit und suchen sich positiv darzustellen. In ihren Begründungen negativer Emotionen – die bei den jüngeren den eigenen, bei den älteren z. T. auch nur den als wünschenswert eingeschätzten Empfindungen entsprechen – verweisen die Kinder mehrheitlich nicht auf Sanktionen, die dem Täter drohen, sondern auf den Unrechtsgehalt seiner Handlung. Das am häufigsten verwendete Emotionswort ist ‚traurig'; die Begriffe ‚Scham', ‚Schuldgefühle' oder ‚schlechtes Gewissen' tauchen erst spät (ab etwa 8 Jahren) und auch dann nur selten auf (vgl. Hascher, 1994). Anders gesagt: Bei Übertretungen erwarten die Kinder vorrangig Reue und Bedauern und nicht Angst vor Überich-Sanktionen oder vor sozialer Verachtung zu empfinden. Reue und Bedauern aber sind angemessene Gefühle, wenn eigene Intentionen oder Aspirationen scheitern. Moralische Motivation also wird von den Kindern als ich-nahe verstanden: Normen werden befolgt, nicht weil Strafen – von Gott, den Eltern, den Freunden oder vom eigenen Gewissen – drohen, sondern weil dies als richtig erkannt ist.

In dem Kohortenvergleich und bei den LOGIK-Probanden im Alter von 17 Jahren wurde das Verständnis moralischer Motivation wie folgt erhoben: Die Probanden wurden zunächst offen befragt, wie sie sich fühlen würden, hätten sie ein vorgelegtes gravierendes Vergehen selbst begangen. Danach hatten sie 36 vorgegebene Reaktionsweisen auf die sechs Stufen einer Skala (die von ‚ich könnte ganz genauso' bis ‚so könnte ich überhaupt nicht empfinden' reichte) gleich zu verteilen (Q-sort Verfahren). Die Vorgaben thematisierten Angst vor göttlichen (Strafe Gottes), institutionalisierten (Gefängnis), informellen (Verachtung der Freunde) Strafen oder vor Überich-Sanktionen (Gewissensbisse); sie drückten eine tief verwurzelte Ablehnung aus (‚kann nur mit Abscheu daran denken') oder formulierten ich-nahe (‚täte mir leid') oder amoralische Erwägungen (‚ginge mir ganz gut damit'). Dieses Instrument gibt die Einschätzungen der Wünschbarkeit oder Angemessenheit der verschiedenen Reaktionsmodi wieder. Ein Mittelwertvergleich der Einstufungen über die Generationen hinweg zeigte signifikante Veränderungen im moralischen ‚Sprachspiel' (das – Wittgenstein, 1984, folgend – als Spiegel der in einer Gruppe vorherrschenden Praktiken zu verstehen ist): Die beiden älteren Kohorten empfinden tief in der Persönlichkeitsstruktur verankerte Abwehrreaktionen („Ich finde schon den bloßen Gedanken daran abstoßend") und strikte Überich-Sanktionen („Das würde ich mir nie verzeihen") als besonders gut nachvollziehbar. In der jüngsten Befragtengruppe hingegen treten diese ich-ferneren Mechanismen – habitualisierte Reaktionsbereitschaften und rigide Überich-Zensur – zurück; bei ihnen stehen ich-nahe Modi (Bedauern, Versuch der Wiedergutmachung) im Vordergrund. An zwei offenen Antworten sei die Differenz illustriert: „... Würde mich sehr elend fühlen ... als ob es jeder einem ansieht ... schuldbewusst ... und Scham und einfach auch Angst weiterzuleben – also ich ... weiß nicht, ob ich nochmals richtig lachen könnte oder froh sein." versus: „Ich würde dazu eigentlich keine Fähigkeit aufbringen, keine Entscheidungskraft besitzen sowas zu tun, weil das für mich ein doppelter Vertrauensmissbrauch ist ... Wenn ich's denn gewesen wäre, also ..., ich hätte mich überhaupt nicht wohlgefühlt und irgendwann hätte ich doch ..." Die emotionale Reaktion des ersten Befragten richtet sich auf Konsequenzen für das Selbst, das als aufgespalten erlebt wird: eine rächende Überich-Instanz verhängt lebenslängliche Schuld- und Angstgefühle über das sündige Ich. Der zweite Befragte fokussiert auf den Unrechtsgehalt der Tat, den er als so gravierend beurteilt, dass er sich nicht dazu bringen könnte, sie zu begehen. In dieser bejahten willentlichen Unfähigkeit zur Übertretung („volitional necessity", vgl. Frankfurt, 1988) kommt die identitätskonstitutive Bindung an moralische Prinzipien zu Ausdruck. Würde die Person dennoch das Vergehen begangen haben, würde sie sich nicht wohlfühlen (ein anderer Befragter spricht von einem ‚schlechten Selbstgefühl') und an Wiedergutmachung denken (vgl. Nunner-Winkler, im Druck b).

Ich-nähere Modi der Verankerung von Konformitätsbereitschaft entsprechen einem modernen Moralverständnis, das nicht strikten Gehorsam gegen von Gott gesetzte Gebote, sondern ein – in unser aller Wollen (Tugendhat, 1993) fundiertes – unparteiliches Streben nach Schadensminimierung fordert. Dies aber verlangt eine kontextsensitiv abwägende Urteilsbildung. Veränderungen in den Familienstrukturen (der Abbau eines patriachalen Autoritarismus und die zunehmende Gleichachtung von Frau und Kindern) schaffen die sozialisationstheoretischen Vorbedingungen für die Ausbildung solch ich-näherer Modi einer Bindung an Moral.

Auch in der Moderne – so das Resumee – gibt es Mechanismen, die trotz widersprüchlicher Rollenerwartungen und sozialen Wandels Identität zu stiften und zu stabilisieren erlauben. Die Bindung an verallgemeinerte Prinzipien statt an konkrete Regeln erlaubt vielfältige und sich verändernde Kontextbedingungen flexibel und doch zugleich kohärent zu berücksichtigen. Der Modus einer ich-nahen Bindung an Werte erlaubt der Person, sich als Subjekt der eigenen Lebensführung zu begreifen. So lässt sich auch in der Moderne Individualität erfahren und Identität gründen und stabilisieren.

Literatur

Cohen, S. & Taylor, L. (1977). *Ausbruchsversuche. Identität und Widerstand in der modernen Lebenswelt*. Frankfurt.

Döbert, R., Habermas, J., & Nunner-Winkler, G. (1980). Einleitung. In R. Döbert, J. Habermas & G. Nunner-Winkler (Eds.), *Entwicklung des Ichs* (pp. 9–30). Königstein/Ts: Verlagsgruppe Athenäum.

Döbert, R., & Nunner-Winkler, G. (1975). *Adoleszenzkrise und Identitätsbildung*. Frankfurt a. M.: edition suhrkamp.

Elster, J. (1985). Sadder but wise? Rationality and the emotions. *Social Science Information*, 24, 375–406.

Erikson, E. H. (1973). *Identität und Lebenszyklus*. Frankfurt: Suhrkamp.

Frankfurt, H. (1993). Die Notwendigkeit von Idealen. In W. Edelstein, G. Nunner-Winkler & G. Noam (Eds.), *Moral und Person* (pp. 107–118). Frankfurt: Suhrkamp.

Frankfurt, H. G. (1988). *The importance of what we care about. Philosophical essays*. Cambridge/New York: Cambridge University Press.

Giddens, A. (1991). *Modernity and self-identity. Self and society in the Late Modern Age*. Stanford, CA.: Stanford University Press.

Goffman, E. (1967). *Stigma. Über Techniken der Bewältigung beschädigter Identität*. Frankfurt: Suhrkamp.

Gross, P. (1998). *Ich-Jagd. Im Unabhängigkeitsjahrhundert*. Frankfurt a. M.: Suhrkamp.

Hascher, T. (1994). *Emotionsbeschreibung und Emotionsverstehen. Zur Entwicklung des Emotionsvokabulars und des Ambivalenzverstehens im Kindesalter*. Münster: Waxmann.

Hitzler, R. & Honer, A. (1994). Bastelexistenz. Über subjektive Konsequenzen der Individualisierung. In U. Beck & E. Beck-Gernsheim (Eds.), *Riskante Freiheiten* (pp. 307–315). Frankfurt a. M.: Suhrkamp.

Keniston, K. (1965). *The uncommitted: Eliminated youth in American society*. New York: Harcourt & Brace.

Keniston, K. (1968). *Young Radicals – Notes on committed youth*. New York: Harcourt & Brace.

Keupp, H. (1988). Auf dem Weg zur Patchwork-Identität? *Verhaltenstherapie und psychosoziale Praxis*, 4, 425–438.

Köcher, R. (1993). 40 Jahre Bundesrepublik: Der lange Weg. In E. Noelle-Neumann & R. Köcher (Eds.), *Allensbacher Jahrbuch der Demoskopie 1984–1992*, Bd. 9 (pp. 400–410). Allensbach: Saur.

Krappmann, L. (1969). *Soziologische Dimensionen der Identität*. Stuttgart: Klett.

Luhmann, N. (1998). *Die Gesellschaft der Gesellschaft*. Frankfurt a. M.: Suhrkamp.

Nozick, R. (1981). *The identity of the self. Philosophical explanations*. Oxford.

Nunner-Winkler, G. (1998). Zum Verständnis von Moral – Entwicklungen in der Kindheit. In F. E. Weinert (Ed.), *Entwicklung im Kindesalter* (pp. 133–152). Weinheim: Beltz, Psychologische Verlags Union.

Nunner-Winkler, G. (1999a). Development of moral understanding and moral motivation. In F. E. Weinert & W. Schneider (Eds.), *Individual development from 3 to 12: Findings from the Munich Longitudinal Study* (pp. 253–290). New York: Cambridge University Press.

Nunner-Winkler, G. (1999b). The development of moral understanding and moral motivation. In F. E. Weinert & W. Schneider (Eds.), *Individual development from 3 to 12. Findings from a longitudinal study* (pp. 253–290). New York: Cambridge University Press.

Nunner-Winkler, G. (in press a). Wandel in den Moralvorstellungen. In W. Edelstein & G. Nunner-Winkler (Eds.), *Moral im Kontext*. Frankfurt a. M.: Suhrkamp.

Nunner-Winkler, G. (in press b). Von Selbstzwängen zur Selbstbindung (und Nutzenkalkülen). In Neil Roughley & M. Endress (Eds.), *Anthropologie und Moral. Philosophische und soziologische Perspektiven*. Konstanz: Königshausen & Neumann.

Parsons, T. (1964). *The social system*. London: The Free Press of Glencoe.

Parsons, T. (1971). *The systems of modern societies*. Inglewood Cliffs.

Sears, D. O. (1981). Life-stage effects on attitude change, especially among the elderly. In S. B. Kiesler, J. N. Morgan & V. Kincade Oppenheimer (Eds.), *Aging. Social change* (pp. 183–204). New York: Academic Press.

Simmel, G. (1968). *Das individuelle Gesetz. Philosophische Exkurse*. Frankfurt a. M.: Suhrkamp.

Tajfel, H. (1970). Experiments in intergroup discrimination. *Scientific American, 223*, 96–102.

Tajfel, H. (1981). *Human groups and social categories. Studies in social psychology*. Cambridge: Cambridge University Press.

Tugendhat, E. (1993). *Vorlesungen über Ethik*. Frankfurt a. M.: Suhrkamp.

Turner, J. C. (1982). Towards a cognitive redifinition of the social group. In H. Tajfel (Ed.), *Social identity and intergroup relations* (pp. 15–40). Cambridge: Cambridge University Press.

Weber, M. (1956). *Der Beruf zur Politik. Soziologie, Weltgeschichtliche Analysen, Politik*. Stuttgart: Alfred Kröner Verlag, 167–185.

Weinert, F. E. (1998). *Entwicklung im Kindesalter*. Weinheim: Beltz, Psychologie Verlags Union.

Weinert, F. E. & Geppert, U. (Hrsg.). (1996, 1998). Genetisch orientierte Lebensspannenstudie zur differentiellen Entwicklung (GOLD) Report Nr. 1: Planung der Studie, Report Nr. 2: Erste Ergebnisse der Studie. München: Max-Planck-Institut für Psychologische Forschung.

Weinert, F. E. & W. Schneider (Eds.). (1999). *Individual development from 3 to 12. Findings from the Munich Longitudinal Study*. New York: Cambridge University Press.

Weinreich-Haste, H. (1986). Moralisches Engagement. In W. Edelstein, & G. Nunner-Winkler (Eds.), *Zur Bestimmung der Moral* (pp. 377–408). Frankfurt: Suhrkamp.

Wittgenstein, L. (1984). *Philosophische Untersuchungen* (Bd.1, Werkausgabe). Frankfurt a. M.: Suhrkamp.

Zapf, W. (1991). Modernisierung und Modernisierungstheorien. In W. Zapf (Ed.), *Die Modernisierung moderner Gesellschaften*. Verhandlungen des 25. Deutschen Soziologientages in Frankfurt am Main 1990. Frankfurt/New York: Campus.

17

Die Selbstmodell-Theorie der Subjektivität: Eine Kurzdarstellung für Nicht-Philosophen in fünf Schritten

Thomas Metzinger

Einleitung: Philosophische Perspektiven auf das Selbstbewusstsein

Das Ziel dieses Beitrags besteht darin, eine sehr kurze Darstellung der „Selbstmodell-Theorie der Subjektivität" anzubieten, die auch für solche Leute verständlich ist, die keine Berufsphilosophen sind. Die Selbstmodell-Theorie der Subjektivität ist eine philosophische Theorie darüber, was ein Selbst ist, eine Theorie darüber, was es eigentlich bedeutet, dass geistige Zustände „subjektive" Zustände sind und auch darüber, was es heißt, dass ein bestimmtes System eine „phänomenale Erste-Person-Perspektive" besitzt (vgl. Metzinger, 1993). Eine der Kernaussagen dieser Theorie ist, dass es so etwas wie Selbste in der Welt nicht gibt: Selbste und Subjekte gehören nicht zu den irreduziblen Grundbestandteilen der Wirklichkeit. Was es gibt, ist das erlebte Ichgefühl und die verschiedenen, ständig wechselnden Inhalte unseres Selbstbewusstseins – das, was Philosophen das „phänomenale Selbst" nennen. Dieses bewusste *Erleben* eines Selbst wird als Resultat von Informationsverarbeitungs- und Darstellungsvorgängen im zentralen Nervensystem analysiert. Natürlich gibt es auch höherstufige, begrifflich vermittelte Formen des phänomenalen Selbstbewusstseins, die nicht nur neuronale, sondern auch *soziale* Korrelate besitzen. Der Fokus der Theorie liegt jedoch zunächst auf der Frage nach den minimalen repräsentationalen und funktionalen Eigenschaften, die ein informationsverarbeitendes System wie der Mensch besitzen muss, um die Möglichkeitsbedingungen für diese höherstufigen Varianten des Selbstbewusstseins zu realisieren. Die erste Frage lautet: Was sind die minimal hinreichenden Bedingungen dafür, dass *überhaupt* ein bewusstes Selbst entsteht?

Die Selbstmodell-Theorie geht davon aus, dass die gesuchten Eigenschaften repräsentationale und funktionale Eigenschaften des Gehirns sind. Diejenige psychologische Eigenschaft, die uns überhaupt erst zu Personen macht, wird also mit den begrifflichen Mitteln *subpersonaler* Beschreibungsebenen analysiert. In der Philosophie des Geistes nennt man ein solches Verfahren manchmal auch eine „Naturalisierungsstrategie": Ein schwer verständliches Phänomen – etwa das Entstehen von phänomenalem Bewusstsein mit einer subjektiven Innenperspektive – wird auf eine Weise analysiert, die es empirisch behandelbar machen soll. Naturalistische Philosophen versuchen, über eine interdisziplinäre Öffnung klassische Probleme ihrer eigenen Disziplin für die Naturwissenschaften traktabel zu machen, zum Beispiel für die Neuro- und Kognitionswissenschaften. Naturalismus und Reduktionismus sind für solche Philosophen aber keine szientistische Ideologie, sondern einfach eine rationale Forschungsheuristik: Wenn es sich zum Beispiel zeigen sollte, dass es – wie viele glauben (ein gutes Beispiel ist hier der Philosoph Thomas Nagel; vgl. Nagel, 1992, besonders Kapitel 4; dazu auch Metzinger, 1995a) – etwas am menschlichen Selbstbewusstsein gibt, dass sich dem naturwissenschaftlichen Zugriff aus *prinzipiellen* Gründen entzieht, dann werden sie auch damit zufrieden sein. Sie haben das erreicht, was von Anfang an ihr Ziel war: Philosophen nennen es gerne einen „epistemischen Fortschritt". Ein Erkenntnisfortschritt könnte nämlich auch darin bestehen, dass man hinterher auf wesentlich präzisere und gehaltvollere Weise beschreiben kann, *warum* es auf bestimmte Fragen prinzipiell keine befriedigende wissenschaftliche Antwort geben kann.

Der erste Schritt: Was genau ist das Problem?

Was wir in alltagspsychologischen Zusammenhängen als „das Ich" bezeichnen, ist das phänomenale Selbst: der im subjektiven Erleben unmittelbar gegebene Inhalt des Selbstbewusstseins. Das phänomenale Selbst ist vielleicht die interessanteste Form phänomenalen Gehalts überhaupt – unter anderem dadurch, dass es unserem Bewusstseinsraum zwei äußerst interessante *strukturelle* Merkmale verleiht: Zentriertheit und Perspektivität. Solange es ein phänomenales Selbst gibt, ist unser Bewusstsein ein *zentriertes* Bewusstsein und an das gebunden, was in der Philosophie als die „Perspektive der ersten Person" bezeichnet wird. Zustände, die sich innerhalb dieses Bewusstseinszentrums befinden, sind dem Erleben nach meine *eigenen* Zustände, denn der Mittelpunkt meines Bewusstseinsraums bin immer ich *selbst*. Dadurch, dass ich dann im Erleben und im Handeln ständig wechselnde Beziehungen zu meiner Umwelt und meinen eigenen geistigen Zuständen aufnehme, entsteht die subjektive Innenperspektive. Die Tatsache, dass ich eine solche Innenperspektive besitze, ist mir selbst wiederum kognitiv verfügbar.[1]

Das Problem besteht nun darin, dass wir eigentlich gar nicht genau wissen, was wir da sagen, wenn wir so reden. Weder sind wir in der Lage, Begriffe wie „Ich", „Selbst" oder „Subjekt" zu definieren, noch gibt es irgendwelche beobachtbaren Gegenstände in der Welt, auf die diese Begriffe sich beziehen könnten. Was wir deshalb zuallererst verstehen müssen, sind die strukturellen Merkmale unseres inneren Erlebens, die dazu führen, dass wir so reden. Um die Logik der Selbstzuschreibung psychologischer Eigenschaften zu analysieren und um zu verstehen, *worauf* sie sich in Wirklichkeit beziehen, muss man zuerst die repräsentationale Tiefenstruktur des bewussten Erlebens selbst untersuchen. Es gibt drei phänomenale Eigenschaften höherer Ordnung, die in diesem Zusammenhang das Zentrum des Interesses bilden:

- *„Meinigkeit"*: Dies ist eine höherstufige Eigenschaft *einzelner* Formen von phänomenalem Gehalt. Hier sind Beispiele dafür, wie wir sprachlich auf diese phänomenale Eigenschaft bezugnehmen: „Ich erlebe *mein* Bein subjektiv als immer schon zu mir gehörend"; „Ich erlebe *meine* Gedanken und *meine* Gefühle immer als Teil *meines* Bewusstseins"; „Meine Willensakte werden von *mir selbst* initiiert."
- *Selbstheit, „präreflexive Selbstvertrautheit"*: Dies ist die phänomenale *Kerneigenschaft*, das erlebnismässig unhintergehbare „Ichgefühl". Wieder einige Beispiele, dafür, wie wir von außen auf dieses Merkmal unseres inneren Erlebens hinweisen: „Ich bin *jemand*."; „Ich erlebe mich selbst als *identisch* durch die Zeit hinweg."; „Die Inhalte meines Selbstbewusstseins bilden eine zusammenhängende *Ganzheit*."; „Mit dem Inhalt meines Selbstbewusstseins bin ich vor allen gedanklichen Operationen ‚immer schon' vertraut."
- *„Perspektivität"*: In unserem Zusammenhang ist Perspektivität das dominante *Strukturmerkmal* des Bewusstseinsraums als Ganzem: Er wird durch ein handelndes und erlebendes Subjekt zentriert, durch ein Selbst, das Be-

---

[1] Zumindest ist sie das ab einem gewissen *Stadium* in meiner psychologischen Entwicklung (vgl einführend in das Problem der kognitiven Selbstbezugnahme als einer möglichen Schwierigkeit für den philosophischen Naturalismus Baker, 1998; siehe dazu auch Metzinger, im Druck).

ziehungen zu sich selbst und zur Welt aufbaut. Beispiele: „Meine Welt besitzt einen unverrückbaren Mittelpunkt und dieser Mittelpunkt bin ich *selbst.*"; „Bewusstsein zu haben bedeutet, eine *individuelle Innenperspektive* zu besitzen"; „Im Erleben nehme ich diese Ich-Perspektive sowohl auf Personen und Dinge in der Welt, als auch auf meine eigenen geistigen Zustände ein".

Was jetzt geleistet werden muss, ist eine repräsentationale und eine funktionale Analyse dieser Eigenschaften. Man muss fragen: Was sind die funktionalen und repräsentationalen Eigenschaften, die ein informationsverarbeitendes System mindestens besitzen muss, um die fragliche *phänomenale* Eigenschaft zu instantiieren? Welche dieser Eigenschaften sind hinreichend, welche notwendig? Was *genau* bedeutet es für ein solches System, eine Erste-Person-Perspektive auf die Welt und auf seine eigenen mentalen Zustände einzunehmen? Benötigt wird ein konsistenter begrifflicher Hintergrund, der flexibel genug für eine kontinuierliche Integration neuer empirische Erkenntnisse ist und gleichzeitig dem Reichtum und der Vielfalt des phänomenologischen Materials Rechnung trägt. Ich werde jetzt versuchen, in fünf kurzen Schritten die Grundlinien eines solchen Begriffsrahmens skizzieren.

Der zweite Schritt: Das Selbstmodell

Der zweite Schritt besteht darin, eine neue theoretische Entität einzuführen: Das phänomenale *Selbstmodell.* Es bildet den wichtigsten Teil der repräsentationalen Instantiierungsbasis (vgl. Cummins, 1983) der zu erklärenden phänomenalen Eigenschaften. Eine unserer Kernfragen war: Was ist die minimal hinreichende Menge an *repräsentationalen* Eigenschaften, die ein System entwickeln muss, um die Zieleigenschaften zu besitzen? Eine erste, vorläufige Antwort auf diese Frage lautet jetzt: Das System muss in jedem Fall eine kohärente Selbstrepräsentation besitzen, ein inneres Modell von sich selbst. Ein Selbstmodell ist in unserem eigenen Fall eine nur episodisch aktive repräsentationale Entität, deren Gehalt durch Eigenschaften des Systems selbst gebildet wird. Immer dann, wenn eine solche Selbstrepräsentation gebraucht wird um die Interaktion mit der Umwelt zu regulieren, wird sie vorübergehend vom System aktiviert – zum Beispiel dann, wenn wir am Morgen aufwachen.

Was wir im Grunde brauchen, ist eine umfassende Theorie des Selbstmodells von *Homo sapiens*.[1] Ich selbst gehe davon aus, dass eine solche Theorie in wesentlichen Teilen eine neurokomputationale Theorie sein wird (vgl. Churchland, 1989). Das bedeutet, dass das Selbstmodell des Menschen nicht nur eine wahre repräsentationale und eine wahre funktionale Beschreibung besitzt, sondern auch ein wahre neurobiologische Beschreibung – zum Beispiel als ein komplexes Aktivierungsmuster im menschlichen Gehirn (vgl. Damasio, 1999). Das *phänomenale* Selbstmodell ist aber immer nur derjenige Teil des *mentalen* Selbstmodells, der gegenwärtig in die höchststufige, integrierte Struktur eingebettet ist, in das globale Modell der Welt (vgl. Yates, 1975; Baars, 1988). Es kann also durchaus unbewusste, aber funktional aktive Teile des Selbstmodells geben. Das phänomenale Selbstmodell ist eine kohärente multimodale Struktur, die auf einem teilweise angeborenen und „fest verdrahteten" Modell der räumlichen Eigenschaften des Systems beruht (vgl. hierzu den fünften Abschnitt und z. B. den Begriff eines „*Long-term body image*" bei O'Shaughnessy, 1995; siehe dazu insbesondere auch Damasio, 1994, 1999; Metzinger, 1993, 1996, 1997). Bei diesem Typ von Analyse wird der selbstbewusste Mensch also als eine ganz bestimmte Art von Informationsverarbeitungssystem betrachtet: Der subjektiv erlebte Gehalt des phänomenalen Selbst ist der Gehalt einer jetzt gerade aktiven Datenstruktur in seinem zentralen Nervensystem.

Man kann parallel zur repräsentationalen Beschreibungsebene auch eine *funktionale* Analyse des Selbstmodells entwickeln. Ein aktives Selbstmodell ist dann ein subpersonaler funktionaler Zustand: Eine – unter Umständen sehr komplexe – Menge von Kausalbeziehungen, die realisiert sein können oder auch nicht. Dadurch, dass dieser funktionale Zustand eine konkrete neurobiologische Realisierung besitzt, spielt er eine bestimmte kausale Rolle im System. Man kann sich diesen Gedanken verdeutlichen, indem man die Perspektive der klassischen Kognitionswissenschaft einnimmt und sagt: Das Selbstmodell ist ein *transientes komputationales Modul*, das vom System vorübergehend aktiviert wird, um seine Interaktion mit der Umwelt zu regulieren. Der Besitz von immer besseren Selbstmodellen als einer neuen Art von „virtuellen Organen" ermöglichte – diesen Punkt darf man nicht übersehen – überhaupt erst die Bil-

---

[1] Psychologie kann man – wenn diese metatheoretische Bemerkung eines philosophischen Außenseiters erlaubt ist – in ihrem methodologischen Kern und auf heuristisch sehr fruchtbare Weise als *Selbstmodellforschung* analysieren: Sie ist eine wissenschaftliche Disziplin, die sich mit dem repräsentationalen Gehalt, dem funktionalen Profil und der neurobiologischen Realisierung des menschlichen Selbstmodells beschäftigt.

dung von Gesellschaften. Plastische und immer komplexere Selbstmodelle erlaubten nicht nur eine fortlaufende Optimierung somatomotorischer, perzeptiver und kognitiver Funktionen, sondern später auch *soziale* Kognition und damit die Entwicklung von kooperativem Verhalten. Mit ihnen entstanden die fundamentalen repräsentationalen Ressourcen für Perspektivenübernahmen, Empathie und Schuldbewusstsein, später auch für metakognitive Leistungen wie die Entwicklung eines Selbst*konzepts* und einer *theory of mind* (vgl. hierzu etwa Bischof-Köhler, 1996, 1989; Newen & Vogeley, 2000; bezüglich möglicher neurobiologischer Korrelate solcher basalen sozialen Leistungen vgl. Gallese & Goldman, 1999).

Man kann nun der Tatsache, dass die Entwicklung unseres Selbstmodells eine lange evolutionsbiologische und eine (etwas kürzere) soziale Geschichte besitzt, Rechnung tragen, indem man im nächsten Schritt das einführt, was in der Philosophie des Geistes als eine *teleofunktionalistische Zusatzannahme* bezeichnet wird (vgl. etwa Bieri, 1987; Dennett, 1987; Dretske, 1988, 1998; Lycan, 1996; Millikan, 1984, 1993). Die Entwicklung und Aktivierung dieses komputationalen Moduls spielt eine Rolle *für* das System: Das funktionale Selbstmodell besitzt eine wahre evolutionsbiologische Beschreibung, d. h. es war eine *Waffe*, die im Verlauf eines „kognitiven Wettrüstens" erfunden und immer weiter optimiert wurde. Die funktionale Instantiierungsbasis der phänomenalen Erste-Person-Perspektive ist somit eine spezifische kognitive Leistung: Die Fähigkeit, zentrierte Darstellungsräume zu öffnen. Phänomenale Subjektivität (im Sinne des Entstehens einer subsymbolischen, nicht-begrifflichen Erste-Person-Perspektive) ist also eine Eigenschaft, die nur dann instantiiert wird, wenn das betreffende System ein kohärentes Selbstmodell aktiviert und dieses in sein globales Weltmodell integriert.

Mit dem Vorhandensein eines stabilen Selbstmodells kann das entstehen, was in der Philosophie des Geistes als die „Perspektivität des Bewusstseins" bezeichnet wird: Die Existenz eines einzigen, kohärenten und zeitlich stabilen Modells der Wirklichkeit, welches repräsentational um oder „auf" ein einziges, kohärentes und zeitlich stabiles phänomenales Subjekt zentriert ist, d. h. um ein Modell des Systems *als erlebend.* Dieses strukturelle Merkmal des globalen Darstellungsraums führt episodisch zur Instantiierung einer zeitlich ausgedehnten und nicht-begrifflichen Erste-Person-Perspektive. Wenn diese globale repräsentationale Eigenschaft verloren geht, verändert sich auch die Phänomenologie, und verschiedene neuropsychologische Störungsbilder oder veränderte Bewusstseinszustände treten hervor. Vielleicht klingen diese Überlegungen in den Ohren einiger Leser sehr abstrakt. Ein Selbstmodell ist jedoch nichts Abstraktes, sondern etwas ganz und gar Konkretes. Ein Beispiel soll deshalb an dieser Stelle verdeutlichen, was ich – unter vielem anderen – mit dem Begriff „Selbstmodell" meine.

Was ein phänomenales Selbstmodell ist, hat der indische Neuropsychologe Vilayanur Ramachandran in einer Serie von faszinierenden Experimenten gezeigt, bei denen er mit Hilfe von einfachen Spiegeln Synästhesien und Bewegungsillusionen in Phantomgliedern auslöste (vgl. Ramachandran & Rogers-Ramachandran, 1996; Ramachandran & Blakeslee, 1998, S. 46ff.).[1] Phantomglieder sind subjektiv erlebte Gliedmaßen, die typischerweise nach dem Verlust eines Arms oder einer Hand oder nach chirurgisch durchgeführten Amputationen auftreten. In manchen Fällen, zum Beispiel nach einer nicht-traumatischen Amputation durch einen Chirurgen, sind die Patienten subjektiv in der Lage, ihr Phantomglied willentlich zu kontrollieren und zu bewegen. Das neurofunktionale Korrelat dieser phänomenalen Konfiguration könnte darin bestehen, dass – da es keine widersprechende Rückmeldung aus dem amputierten Arm gibt – Motorbefehle, die im motorischen Kortex entstehen, immer noch kontinuierlich durch Teile des Parietallappens überwacht und dabei in denjenigen Teil des Selbstmodells integriert werden, der als ein *Motoremulator* dient (Verwandte Überlegungen finden sich bei Grush, 1997, 1998, S. 174; siehe auch Ramachandran & Rogers-Ramachandran 1996, S. 378). In anderen Situationen dagegen kann die subjektiv erlebte Beweglichkeit und Kontrolle über das Phantomglied verloren gehen. Solche alternativen Konfigurationen könnten etwa durch eine präamputationale Lähmung als Folge peripherer Nervenschädigungen oder durch ein längeres Fehlen einer die Beweglichkeit bestätigenden „Rückmeldung" durch propriozeptives und kinästhetisches Feedback entstehen. Das Resultat auf der phänomenalen Darstellungsebene ist dann ein paralysiertes Phantomglied.

Ramachandran und seine Kollegen konstruierten nun eine „virtuelle Realitätskiste", indem sie einen Spiegel vertikal in einen Pappkarton ohne Abdeckung einsetzten. Zwei Löcher in der Vorderseite des Kartons ermöglichten es dem Patienten, sowohl seinen echten als auch seinen Phantomarm hineinzuschieben. Ein Patient, der seit vielen Jahren unter einem paralysierten Phantomglied litt, wurde dann gebeten, das Spiegelbild seiner normalen Hand im Spiegel zu betrachten, umso – auf der Ebene des visuellen Inputs – die Illusion zu erzeugen,

---

[1] Ich bin Ramachandran für die Überlassung der Abbildung im Text zu Dank verpflichtet.

dass er zwei Hände sieht, obwohl er in Wirklichkeit nur das im Spiegel reflektierte Bild seiner intakten Hand sehen konnte. Die Fragestellung: Was geschieht mit dem Inhalt des phänomenalen Selbstmodells, wenn man jetzt die Versuchsperson bittet, auf beiden Seiten symmetrische Handbewegungen auszuführen? Ramachandran beschreibt ein typisches Resultat dieses Experiments (vgl. Ramachandran 1998, S. 47 f.; deutsche Übersetzung Thomas Metzinger; die klinischen und experimentellen Details finden sich in Ramachandran & Rogers-Ramachandran, 1996):

> Ich bat Philip, seine rechte Hand innerhalb der Kiste rechts vom Spiegel zu platzieren und sich vorzustellen, dass seine linke Hand (das Phantom) sich auf der linken Seite befindet. Dann gab ich die Instruktion: „Ich möchte, dass Sie gleichzeitig ihren rechten und ihren linken Arm bewegen".
> „Oh, das kann ich nicht", sagte Philip. „Ich kann meinen rechten Arm bewegen, aber mein linker Arm ist eingefroren. Jeden Morgen beim Aufstehen versuche ich, mein Phantom zu bewegen, weil es sich immer in dieser seltsamen Stellung befindet, und weil ich das Gefühl habe, dass Bewegungen den Schmerz lindern könnten. Aber" sagte er, während sein Blick abwärts an seinem unsichtbaren Arm entlangglitt, „ich war niemals in der Lage, auch nur den Funken einer Bewegung in ihm zu erzeugen."
> „Okay Philip – versuchen Sie es trotzdem."
> Philip drehte seinen Körper und bewegte seine Schulter in die richtige Stellung um sein lebloses Phantomglied in die Kiste „hineinzuschieben". Dann hielt er seine rechte Hand neben die andere Seite des Spiegels und versuchte, synchrone Bewegungen zu machen. Als er in den Spiegel schaute, rang er plötzlich um Atem und rief dann aus: „Oh mein Gott! Oh mein Gott, Doktor! Das ist unglaublich. Ich glaube, ich werde verrückt!" Er sprang auf und ab wie ein Kind. „Mein linker Arm ist wieder angeschlossen. Es ist, als ob ich in der Vergangenheit bin. Ganz viele Erinnerungen aus der Vergangenheit überfluten mein Bewusstsein. Ich kann meinen Arm wieder bewegen! Ich kann die Bewegung meines Ellenbogens spüren, auch die meines Handgelenks. Alles ist wieder beweglich."
> Nachdem er sich etwas beruhigt hatte, saget ich: „Okay Philip – schließen Sie jetzt Ihre Augen. „Oh je," sagte er, und die Enttäuschung in seiner Stimme war deutlich zu hören, „es ist wieder eingefroren. Ich fühle wie meine rechte Hand sich bewegt, aber es gibt keinerlei Bewegungsempfindung im Phantom."
> „Öffnen Sie Ihre Augen."
> „Oh ja – jetzt bewegt es sich wieder."

Ich hoffe, das bereits deutlich geworden ist, wie solche neuen Daten den von mir eingeführten Begriff eines „Selbstmodells" illustrieren: Was sich in diesem Experiment bewegt, *ist* das phänomenale Selbstmodell. Das plötzliche Auftre-

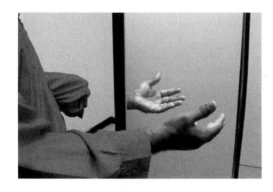

Abbildung 17.1: Experimentelle Anordnung des Experimentes von Ramachandran (Erläuterungen im Text)

ten von kinästhetischen Empfindungsqualitäten in der verlorenen Subregion des Selbstmodells wurde durch die Installation einer zweiten Quelle von „virtueller Information" möglich gemacht. Sie machte den visuellen Modus der Selbstrepräsentation sozusagen wieder zugänglich und damit auch die betreffende Information wieder volitional verfügbar. Was das Experiment ebenfalls zeigt, ist wie phänomenale Eigenschaften durch komputationale und repräsentationale Eigenschaften determiniert werden.

Der dritte Schritt: Eine repräsentationalistische Analyse der drei Zieleigenschaften

Die Grundidee ist nun, dass Selbstbewusstsein in wesentlichen Aspekten eine *Integrationsleistung* ist: Alle repräsentationalen Zustände, die in das gegenwärtig aktive Selbstmodell eingebettet werden, gewinnen die höherstufige Eigenschaft der phänomenalen Meinigkeit hinzu. Wenn dieser Einbettungsprozess gestört wird oder hypertrophiert, resultieren verschiedene neuropsychologische Syndrome oder veränderte Bewusstseinszustände. Werfen wir wieder einen Blick auf einige Beispiele:

- Bewusst erlebte Gedanken sind nicht mehr *meine* Gedanken: Floride Schizophrenie.
- Mein Bein ist nicht mehr *mein* Bein: Unilateraler Hemi-Neglekt.
- Ich bin ein Roboter, verwandele mich in eine Marionette, volitionale Akte sind nicht mehr *meine* volitionalen Akte: Depersonalisierung. Verlust des phänomenalen „Vollzugsbewusstseins" (Jaspers).
- Ich bin die ganze Welt, alle Ereignisse in der Welt werden durch meine *eigenen* Willensakte kontrolliert: Manien.

Subjektiv erlebte „Meinigkeit" ist also eine Eigenschaft einzelner Formen phänomenalen Gehalts, zum Beispiel der mentalen Repräsentation eines Beins, eines Gedankens oder eines Willensaktes. Diese Eigenschaft ist nicht notwendig mit ihnen verbunden, denn sie ist keine intrinsische, sondern einer *relationale* Eigenschaft. Ihre Verteilung über die Elemente eines bewussten Weltmodells kann variieren. Sie kann verloren gehen, und zwar genau dann, wenn dem System die Integration bestimmter einzelner Repräsentationen ins Selbstmodell nicht mehr gelingt. Wenn das richtig ist, dann könnte man diese Eigenschaft zumindest prinzipiell operationalisieren, und zwar indem man nach einer empirisch überprüfbaren Metrik für die Kohärenz des Selbstmodells in den fraglichen Bereichen sucht.

Der höherstufigen phänomenalen Zieleigenschaft der „Ichhaftigkeit" oder „präreflexiven Selbstvertrautheit" dagegen entspricht die Existenz eines einzigen, kohärenten und zeitlich stabilen Selbstrepräsentats, das den Mittelpunkt des repräsentationalen Gesamtzustands bildet. Wenn dieses repräsentationale Modul beschädigt ist, desintegriert oder wenn multiple Strukturen dieses Typs im System alternieren bzw. gleichzeitig aktiv sind, resultieren wiederum verschiedene neuropsychologische Störungsbilder oder veränderte Bewusstseinszustände:

- Anosognosien und Anosodiaphorien: Verlust höherstufiger Einsicht in bestehende Defizite, z. B. bei Verleugnung der eigenen Blindheit (*Antons Syndrom*).
- *Dissociative Identity Disorder* (DID; zu den aktuellen diagnostischen Kriterien vgl. DSM-IV: 300.14): Das System verwendet verschiedene und alternierende Selbstmodelle, um mit extrem traumatisierenden und sozial inkonsistenten Situationen umzugehen.
- „Ich-Störungen": Eine große Klasse psychiatrischer Störungsbilder, die mit veränderten Formen des Erlebens der eigenen *Identität* einhergehen. Klassisches Beispiel: Schizophrenien.

Durch das Vorhandensein eines stabilen Selbstmodells entsteht fast immer auch die „Perspektivität des Bewusstseins" in Form von vorübergehenden Subjekt-Objekt-Beziehungen (vgl. Abschnitt 6; vgl. Nagel, 1992, Metzinger, 1993, 1995a). Dieses strukturelle Merkmal des globalen Darstellungsraums führt episodisch zur Instantiierung einer zeitlich ausgedehnten und nicht-begrifflichen Erste-Person-Perspektive, und es kann ebenfalls verloren gehen.

- Vollständige Depersonalisierung: Verlust der phänomenalen Erste-Person-Perspektive, begleitet von dysphorischen Zuständen und funktionalen Defiziten („Angstvolle Ich-Auflösung"; vgl. Dittrich, 1985).
- Mystische Erfahrungen: Selbstlose und nicht-zentrierte Globalzustände, die als nicht-pathologisch und nicht-bedrohlich erlebt bzw. beschrieben werden. („Ozeanische Selbstentgrenzung"; *„Der große Blick von nirgendwo"*)

Wenn man dem Reichtum und der Vielfalt menschlicher Erlebnisformen theoretisch gerecht werden will, dann muss man anerkennen, dass es auch *aperspektivische* Formen des bewussten Erlebens gibt. Die Selbstmodelltheorie stellt die begrifflichen Mittel zur Verfügung, um dies zu tun.

Der vierte Schritt: Die funktionale Zentrierung des phänomenalen Raums durch leibliche Verankerung

Ich habe eben zwischen einer repräsentationalen und einer funktionalen Analyse der Erste-Person-Perspektive unterschieden. Das zentrale theoretische Problem auf der funktionalen Beschreibungsebene entsteht nun durch folgende Frage: Auf welche Weise unterscheidet sich das phänomenale Selbstmodell überhaupt von den anderen phänomenalen Modellen, die gegenwärtig aktiv sind? Durch welche funktionale Eigenschaft wird es ausgezeichnet, wodurch genau wird es zum stabilen *Zentrum* des phänomenalen Darstellungsraums?

Hier ist meine vorläufige Antwort: Das Selbstmodell ist die einzige repräsentationale Struktur, die im Gehirn durch eine *kontinuierliche Quelle intern generierten Inputs* verankert ist. Immer dann, wenn es überhaupt zu bewusstem Erleben kommt (also zur Aktivierung eines stabilen, integrierten Modells der Wirklichkeit), existiert auch diese kontinuierliche Quelle internen, propriozeptiven Inputs. Es gibt im Wesentlichen vier Typen von intern erzeugter Information, die ein persistierendes funktionales Bindeglied zwischen dem phänomenalen Selbstmodell und seiner körperlichen Basis im Gehirn erzeugen:
- Input aus dem Vestibulärorgan: Der Gleichgewichtssinn.
- Input aus dem invarianten Teil des Köperschemas: Das „Hintergrundgefühl" im räumlichen Modell des Körpers.

- Input aus den Eingeweidesensoren, aber auch aus den Blutgefäßen, z. B. aus den kardiovaskulären Mechanosensoren: „Bauchgefühle" und somatoviszerale Formen der Selbstpräsentation.
- Input aus Teilen des Hirnstamms und des Hypothalamus: Hintergrundemotionen und „Gestimmtheiten", verankert in der kontinuierlichen homöostatischen Selbstregulation des „internen Milieus".

Entscheidend sind hier nicht die neurobiologischen Details, sondern die sehr plausible Annahme, dass es einen Teil des menschlichen Selbstmodells gibt der hochgradig stimuluskorreliert ist und ausschließlich auf *intern* erzeugter Information beruht. Die konstante Aktivität derjenigen Regionen des Körperselbstes, der unabhängig von externem Input ist, wird – das ist meine These – zum funktionalen *Mittelpunkt* des phänomenalen Darstellungsraums. Marcel Kinsbourne hat in diesem Zusammenhang von einem *„background ‚buzz' of somatosensory input"* gesprochen (Kinsbourne 1995, S. 217), Antonio Damasio von einem *core self* (Damasio, 1999), ich selbst habe an anderer Stelle den Begriff eines „phänomenalen Selbstpräsentats" eingeführt (Metzinger 1993, S. 156 ff.).

Als ein erstes Beispiel dafür, was man unter einem Selbstmodell verstehen kann, hatte ich Ramachandrans Experiment zur Mobilisierung eines gelähmten Phantomglieds vorgestellt. Ein Selbstpräsentat ist derjenige Teil des Phantomglieds, der auch ohne jede Bewegung ständig im Bewusstsein bleibt. Wenn man *diesen* Teil verliert, verliert man im subjektiven Erleben auch die leibliche Präsenz – man wird zu einem „körperlosen Wesen".[1] Neuere Forschungsergebnisse aus der Erforschung des Schmerzerlebens in Phantomgliedern deuten auf die Existenz einer genetisch determinierten Neuromatrix hin, deren Aktivitätsmuster Grundlage dieser starren Teile des Körperbilds und des invarianten Hintergrunds der Körperempfindung sein könnte („Phylomatrix des Körperschemas"; vgl. Melzack, 1989; zum Begriff einer „Neurosignatur" 1992, S. 93; zu Phantomgliedern nach Aplasien und Frühamputationen siehe Melzack *et al.*, 1997; vgl. auch Damasio 1994, 1999).

---

[1] Natürlich existieren auch hier wieder die entsprechenden phänomenologischen Zustandsklassen. In diesem Zusammenhang habe ich auch auf Oliver Sacks' Beispiel der „körperlosen Frau" hingewiesen (Metzinger, 1993, 1997).

Der fünfte Schritt: Autoepistemische Geschlossenheit – Die Transparenzannahme und das naiv-realistische Selbstmissverständnis

Das zentrale theoretische Problem auf der *repräsentationalen* Beschreibungsebene dagegen ergibt sich daraus, dass man mir leicht vorwerfen könnte, ich würde mit der Einführung des Begriffs „Selbstmodell" einen Etikettenschwindel betreiben. Es scheint keine notwendige Verbindung von den funktionalen und repräsentationalen Basiseigenschaften zu den *phänomenalen* Zieleigenschaften der „Meinigkeit", „präreflexiven Selbstvertrautheit" und „Perspektivität" zu geben. All das könnte sich durchaus ereignen, ohne dass es zur Entstehung eines echten phänomenalen Selbst oder einer subjektiven Innenperspektive kommt: Man kann sich vorstellen, dass biologische Informationsverarbeitungssysteme durch ein Selbstmodell zentrierte Darstellungsräume entwickeln und benutzen, *ohne* dass Selbstbewusstsein entsteht. Ein „Selbstmodell" ist noch lange kein Selbst, sondern nur eine Repräsentation des Systems – eben bloß ein *Systemmodell*. Damit aus der funktionalen Eigenschaft der Zentriertheit aber die phänomenale Eigenschaft der Perspektivität werden kann, muss aus dem Modell des Systems ein phänomenales Selbst werden. Die philosophische Kernfrage lautet deshalb: Wie entsteht in einem bereits funktional zentrierten Repräsentationsraum ein echtes Ich und das, was wir als die phänomenale Erste-Person-Perspektive zu bezeichnen gewohnt sind? Oder: Wie wird aus dem Selbstmodell ein *Selbst*modell?

Ein genuines bewusstes Selbst – so lautet meine Antwort – entsteht immer genau dann, wenn das System das von ihm selbst aktivierte Selbstmodell nicht mehr *als* Modell erkennt. Wie also kommt man von der funktionalen Eigenschaft der „Zentriertheit" und der repräsentationalen Eigenschaft der „Selbstmodellierung" zu der phänomenalen Eigenschaft der „präreflexiven Selbstvertrautheit"? Die Lösung liegt in dem, was Philosophen manchmal „semantische Transparenz" nennen. Die vom System eingesetzten repräsentationalen Vehikel sind *semantisch transparent,* d. h. sie stellen die Tatsache, *dass* sie Modelle sind, nicht mehr auf der Ebene ihres Gehalts dar. Deshalb schaut das System durch seine eigenen repräsentationalen Strukturen „hindurch", als ob es sich in direktem und unmittelbarem Kontakt mit ihrem Gehalt befände. Die fraglichen Datenstrukturen werden so schnell und zuverlässig aktiviert, dass das System sie nicht mehr als solche erkennen kann, z. B. wegen des mangelnden zeitlichen Auflösungsvermögens *metarepäsentationaler* Funktionen. Es hat keinen evolutionären Selektionsdruck auf die entsprechenden Teile der funktionale Architektur gegeben: Der naive Realismus ist für biologische Systeme wie uns selbst eine funktional adäquate Hintergrundannahme gewesen.

Transparenz ist eine besondere Form der Dunkelheit. In der Phänomenologie des visuellen Erlebens bedeutet Transparenz, dass wir etwas nicht sehen können, weil es durchsichtig ist. Phänomenale Transparenz *im Allgemeinen* dagegen bedeutet, dass etwas Bestimmtes dem subjektiven Erleben nicht zugänglich ist, nämlich der Repräsentationscharakter der Inhalte des bewussten Erlebens. Diese Analyse bezieht sich auf alle Sinnesmodalitäten und insbesondere auf das integrierte phänomenale Modell der Welt als ganzer. Das *Mittel* der Darstellung kann selbst nicht noch einmal als solches dargestellt werden und darum wird das erlebende System notwendigerweise in einen naiven Realismus verstrickt, weil es sich selbst als in direktem Kontakt mit dem Inhalt seines Bewusstseins erleben muss. Was es nicht erleben kann, ist die Tatsache, dass sein Erleben immer in einem *Medium* stattfindet. Eine vollständig transparente Repräsentation zeichnet sich dadurch aus, dass die Mechanismen, die zu ihrer Aktivierung geführt haben und die Tatsache, dass es einen konkreten inneren Zustand gibt, der ihren Gehalt trägt, introspektiv nicht mehr erkannt werden können. Die Phänomenologie der Transparenz ist die Phänomenologie des naiven Realismus.

Phänomenale Repräsentationen sind transparent, weil ihr Inhalt und vor allem dessen Existenz in allen möglichen Kontexten festzustehen scheint: Das Buch, das Sie jetzt in Händen halten, wird dem subjektiven Erleben nach immer nur dieses Buch bleiben, egal wie sich die äußere Wahrnehmungssituation ändert. Was Sie erleben ist nicht ein „aktiver Objektemulator", der gerade in ihr globales Realitätsmodell integriert worden ist, sondern einfach nur den *Gehalt* des zugrundeliegenden Repräsentationsvorgangs, eben: dieses *Buch*, als Ihnen selbst hier und jetzt anstrengungslos gegebenes. Die beste Art und Weise, sich den Begriff der Transparenz klarzumachen, besteht nämlich darin, zwischen dem Vehikel und dem Gehalt einer Repräsentation zu unterscheiden, zwischen repräsentationalem Träger und repräsentationalem Inhalt (vgl. dazu auch Dretske, 1998, S. 45 ff.).

Der repräsentationale Träger ihres Erlebnisses ist ein bestimmter Vorgang im Gehirn. Diesen Vorgang – der in keiner konkreten Weise etwas „Buchhaftes" an sich hat – erleben Sie nicht bewusst, er ist transparent in dem Sinne, dass Sie durch ihn hindurch schauen. *Worauf* Sie schauen ist sein repräsentationaler Inhalt, eben die sensorisch gegebene Existenz eines Buchs, hier und jetzt. Der Inhalt ist also eine abstrakte Eigenschaft des konkreten repräsentationalen Zustands in ihrem Kopf. Wenn der repräsentationale Träger ein gut und zuverlässig funktionierendes Instrument zur Wissensgewinnung ist, dann erlaubt er Ihnen dank seiner Transparenz „durch ihn hindurch" direkt auf die Welt, auf das Buch zu schauen. Er macht die von ihm getragene Information global verfügbar, ohne dass Sie sich darum kümmern müssen, *wie* das geschieht. Das Besondere an der phänomenalen Variante der Repräsentation ist nun, dass Sie diesen Inhalt auch dann, wenn Sie halluzinieren und es das Buch gar nicht gibt, immer noch als maximal *konkret*, als absolut eindeutig, als direkt und unmittelbar gegeben erleben. Phänomenale Repräsentationen sind solche, für die wir die Unterscheidung zwischen repräsentationalem Gehalt und repräsentationalem Träger im subjektiven Erleben nicht machen können.

Es gibt natürlich Gegenbeispiele, und sie sind hilfreich, um den Begriff der „Transparenz" noch besser zu verstehen. *Opake* phänomenale Repräsentationen entstehen zum Beispiel dann, wenn die Information, *dass* es sich bei ihrem Inhalt um das Resultat eines inneren Darstellungsvorgangs handelt, plötzlich global verfügbar wird. Wenn Sie entdecken, dass es das Buch in Wirklichkeit gar nicht gibt, dann wird die Halluzination zur Pseudohalluzination: Auch auf der Ebene des Erlebens selbst ist jetzt die Information verfügbar, dass Sie nicht auf die Welt schauen, sondern auf einen aktiven repräsentationalen Zustand, der im Moment allem Anschein nach kein gutes Instrument zur Wissensgewinnung ist. Der phänomenale Buchzustand wird undurchsichtig. Was Sie verlieren, ist die *sensorische* Transparenz. Ihnen wird die Tatsache bewusst, dass Wahrnehmungen durch Sinnesorgane erzeugt werden und dass diese Organe nicht in allen Situationen absolut zuverlässig funktionieren.

Nehmen wir weiter an, dass Sie jetzt sogar plötzlich entdecken, dass sich nicht nur die Buchwahrnehmung, sondern auch ihr gesamtes philosophisches Nachdenken über das Problem des Bewusstseins in einem Traum ereignet, dann wird dieser Traum zum Klartraum. Die Tatsache, dass Sie momentan nicht in einer Welt leben, sondern nur in einem Welt*modell* wird nun global verfügbar: Sie können diese Information zur Handlungskontrolle, im weiteren Nachdenken oder für die Aufmerksamkeitslenkung einsetzen. Was Sie verlieren, ist *globale* Transparenz. Interessanterweise ist kognitive Verfügbarkeit allein nicht hinreichend, um den naiven Realismus des phänomenalen Erlebens zu durchbrechen. Man kann sich nicht einfach aus dem phänomenalen Modell der Wirklichkeit „hinausdenken", indem man seine Meinungen über dieses Modell ändert: Die Transparenz phänomenaler Repräsentationen ist kognitiv nicht penetrabel, phänomenales Wissen ist nicht dasselbe wie begrifflich-propositionales Wissen.

Diesen Gedanken muss man nun im letzten Schritt wieder auf das Selbstmodell anwenden. Wir selbst sind Systeme, die nicht in der Lage sind, ihr eigenes subsymbolisches Selbstmodell *als* Selbstmodell zu erkennen. Deshalb operieren wir unter den Bedingungen eines „naiv-realistischen Selbstmissverständnisses": Wir erleben uns selbst als wären wir in direktem und unmittelbarem epistemischen Kontakt mit uns selbst. Und auf diese Weise entsteht – das ist der Kern der Selbstmodelltheorie – erstmals ein basales „Ichgefühl", ein für das betreffende System unhintergehbares phänomenales Selbst. Sehr poetisch ausgedrückt hat diesen Zusammenhang Antonio Damasio: „Das Selbst ist die Antwort auf eine Frage, die nie gestellt wurde (vgl. Damasio 1999, S. 316)."

Der sechste Schritt: Das phänomenale Modell der Intentionalitätsrelation

Aus einem transparenten Modell der Welt entsteht eine Wirklichkeit. Aus einem transparenten Modell des Systems entsteht ein in diese Wirklichkeit eingebettetes Selbst. Wenn nun noch eine transparente Darstellung der wechselnden *Beziehungen* entsteht, die dieses Selbst im Wahrnehmen und im Handeln vorübergehend zu Gegenständen und anderen Personen in dieser Wirklichkeit aufbaut, dann tritt das hervor, was ich zu Beginn die „phänomenale Erste-Person-Perspektive" genannt habe. Eine genuine Innenperspektive entsteht genau dann, wenn das System sich *für sich selbst* noch einmal als mit der Welt interagierend darstellt, diese Darstellung aber wieder nicht *als* Darstellung erkennt. Es besitzt dann ein bewusstes Modell der Intentionalitätsrelation. Sein Bewusstseinsraum ist ein perspektivischer Raum und seine Erlebnisse sind jetzt *subjektive* Erlebnisse.

Die Intentionalitätsrelation ist in der Hauptsache die Wissensbeziehung zwischen Subjekt und Objekt: Ein mentaler Zustand wird dadurch zu einem Träger von Wissen, dass er über sich selbst hinaus verweist – gewissermaßen wie ein Pfeil, der aus dem Geist eines Menschen auf einen Gegenstand in der wirklichen oder sogar in einer möglichen Welt zeigt. Philosophen sagen dann, dass dieser Zustand einen *intentionalen Gehalt* besitzt. Der Gehalt ist das, worauf der Pfeil zeigt. Dieser Gehalt kann ein Bild, eine Aussage oder auch ein Handlungsziel sein. Wenn viele solcher Pfeile im Bewusstsein verfügbar sind, dann entsteht eine zeitlich ausgedehnte Erste-Person-Perspektive. Es gibt dann nicht mehr nur ein neurobiologisch verankertes Kernselbst, ein Selbstpräsentat, sondern auch eine dynamische, phänomenale Simulation des Selbst als eines über ständig wechselnde Wissens- und Handlungsbeziehungen in die Welt eingebundenen Subjekts. Der Inhalt höherstufiger Formen des Selbstbewusstseins ist immer eine Relation: Das Selbst *im Moment des Erkennens* (vgl. Damasio, 1999, S. 168ff.), das Selbst *im Akt des Handelns*.

Natürlich ist die Art und Weise, in der wir diese Relation subjektiv erleben, eine stark vereinfachte Version der realen Prozesse – gewissermaßen eine funktional adäquate Konfabulation. Die Evolution hat auch in diesem Fall wieder eine einfache, eine elegante Lösung favorisiert. Das virtuelle Selbst, das sich in der phänomenalen Welt bewegt, besitzt kein Gehirn, kein Motorsystem und keine Sinnesorgane: Teile der Umgebung erscheinen direkt in seinem Geist, der Wahrnehmungsprozess ist anstrengungslos und unmittelbar. Auch Körperbewegungen werden scheinbar „direkt" ausgelöst. Solche Effekte sind typisch für unsere Form des subjektiven Erlebens und sie sind – als neurokomputationale Strategie betrachtet – die Vorteile einer benutzerfreundlichen Oberfläche. Das was wir eben als „Transparenz" kennen gelernt haben, ist eine Art, die *Geschlossenheit* dieser multimodalen, hochdimensionalen Oberfläche zu beschreiben. Das phänomenale Selbst ist der Teil dieser Oberfläche, den das System benutzt, um sich selbst zu fühlen, um sich für sich selbst als erkennendes Ich darzustellen und um sich selbst als Agenten zu begreifen. Dieser virtuelle Agent „sieht mit den Augen" und „handelt mit den Händen". Die intentionalen Pfeile, die diesen Agenten mit Gegenständen und anderen Selbste innerhalb des gerade aktiven Wirklichkeitsmodells verbinden, sind phänomenale Repräsentationen von vorübergehend auftretenden Subjekt-Objekt-Beziehungen – und auch sie können nicht *als* Repräsentationsprozesse erkannt werden.

All dies spielt sich innerhalb eines phänomenalen Gegenwartsfensters ab. Die Inhalte des phänomenalen Erlebens erzeugen nämlich nicht nur eine Welt, sondern auch eine *Gegenwart*. Wenn man so will, dann ist phänomenales Bewusstsein sogar in seinem Kern genau dies: Die Erzeugung einer Gegenwartsinsel im physikalischen Fluss der Zeit (vgl. Ruhnau, 1995). Erleben heißt „Gegenwärtigsein". Es bedeutet, Information in einer sehr speziellen Weise zu verarbeiten. Sie besteht darin, bereits repräsentierte Einzelereignisse immer wieder und kontinuierlich zu zeitlichen Gestalten zusammenzufassen. Viele empirische Daten zeigen heute, dass die bewusst erlebte Gegenwart in einem bestimmten Sinne eine *erinnerte* Gegenwart ist (vgl. z. B Edelmann, 1989). Auch das phänomenale Jetzt ist in diesem Sinne selbst ein repräsentationales Konstrukt, es ist eine *virtuelle* Gegenwart und an diesem Punkt kann man sich erstmals klarmachen, was es überhaupt bedeutet, zu sagen, dass der phänomenale Raum ein virtueller Raum ist: Sein Inhalt ist eine *mögliche* Realität.[1] Der Realismus des phänomenalen Erlebens entsteht dadurch, dass in ihm eine Möglichkeit – die beste Hypothese, die es im Moment gibt - unhintergehbar als eine Wirklichkeit – eine *Aktualität* - dargestellt wird. Auch diesen Punkt muss man am Ende wieder auf den Sonderfall der phänomenalen Selbstmodellierung anwenden: Weil die Virtualität des Selbstmodells nicht auf der Ebene des subjektiven Erlebens verfügbar ist, wird das in ihm dargestellte System zu einem *anwesenden Subjekt*.

Zum Schluss biete ich meinen Lesern noch eine Metapher an, die den eben skizzierten Gedankengang noch einmal illustrieren und verdeutlichen soll. Die Metapher ist interessant, denn sie enthält einen logischen Fehler. Es ist die „Verwechslungsmetapher": De facto sind wir selbst Systeme, die sich selbst ständig mit dem von ihnen selbst erzeugten subsymbolischen Selbstmodell „verwechseln". Indem wir dies tun, generieren wir eine stabile und kohärente Ich-Illusion, die wir auf der Ebene des bewussten Erlebens nicht transzendieren können. Und genau das ist es, was es bedeutet, eine nicht-begriffliche Erste-Person-Perspektive zu besitzen, einen präreflexiven, phänomenalen Standpunkt, der allen späteren Formen begrifflich vermittelten und reflexiven Selbstbewusstseins zugrunde liegt, allen späteren Formen von sozialer Kognition und Ich-Du-Beziehungen: Die Tatsache, dass wir unser subsymbolisches Selbstmodell nicht *als* Modell erleben können. Der Kern der Subjektivität des Mentalen liegt also in diesem Akt der „Selbstverwechslung". Aber Vorsicht – Verfangen Sie sich nicht in meiner didaktischen Metapher, in der Idee der Selbstverwechslung. Bei näherem Hinsehen enthalten nämlich der Begriff der „Ich-Illusion" und die von mir eben angebotene Metapher des „Sich-mit-seinem-eigenen-inneren-Bild-von-sich-selbst-Verwechselns" einen logischen Fehler: Etwas, das noch kein epistemisches Subjekt in einem starken Sinne begrifflich-propositionalen Wissens ist, *kann* sich überhaupt noch nicht mit irgendetwas verwechseln. Wahrheit und Falschheit, Realität und Illusion gibt es für ein bloßes Informationsverarbeitungssystem noch gar nicht. Es gibt zudem niemand *im* System, der sich täuschen könnte, denn der Homunkulus existiert nicht. Hüten Sie sich deshalb auch auf *theoretischer* Ebene immer davor, sich mit ihrem eigenen Bild von sich selbst zu verwechseln. Hüten Sie sich vor dem kleinen Männchen im Kopf.

---

[1] Meine Vorstellungen konvergieren in diesem Punkt sehr stark mit denen von Antti Revonsuo: *Virtual reality* ist die beste technische Metapher für phänomenales Bewusstsein, die wir gegenwärtig besitzen (vgl. Revonsuo, 1995, 2000).

Literatur

Baars, B. J. (1988). *A Cognitive Theory of Consciousness*. Cambridge: Cambridge University Press.

Bermúdez, J. L., Marcel, A. & Eilan, N. (1995) [eds]. *The Body and the Self*. Cambridge, MA: MIT Press.

Baker, L. R. (1998). The first-person perspective: A test for naturalism. *American Philosophical Quarterly, 35*, 327–46.

Bieri, P. (1987). *Evolution, Erkenntnis und Kognition*. In Lütterfelds, W. (Hrsg), *Transzendentale oder Evolutionäre Erkenntnistheorie?* Darmstadt: Wissenschaftliche Buchgesellschaft

Bischof-Köhler, D. (1989). *Spiegelbild und Empathie*. Bern: Huber. Nachdruck 1993.

Bischof-Köhler, D. (1996). Ichbewusstsein und Zeitvergegenwärtigung. Zur Phylogenese spezifisch menschlicher Erkenntnisformen. In Barkhaus, A., Mayer, M., Roughley, N. & Thürnau, D. (Hrsg.), *Identität, Leiblichkeit, Normativität. Neue Horizonte anthropologischen Denkens*. Frankfurt am Main: Suhrkamp.

Cummins, R. (1983). *The Nature of Psychological Explanation*. Cambridge, MA: MIT Press.

Churchland, P. M. (1989). *A Neurocomputational Perspective*. Cambridge, MA/London: MIT Press.

Damasio, A. (1994). *Descartes' Error*. New York: Putnam/Grosset.

Damasio, A. (1999). *The Feeling of What Happens: Body and Emotion in the Making of Consciousness*. Harcourt Brace & Company.

Dennett, D. C. (1987b). *The Intentional Stance*. Cambridge, MA und London: MIT Press.

Dittrich, A. (1985). *Ätiologie-unabhängige Strukturen veränderter Wachbewusstseinszustände*. Stuttgart: Enke.

Dretske, F. (1988). *Explaining Behavior – Reasons in a World of Causes*. Cambridge, MA: MIT Press.

Dretske, F. (1998). *Die Naturalisierung des Geistes*. Paderborn: mentis.

Edelman, G. M. (1989). *The Remembered Present: A Biological Theory of Consciousness*. New York: Basic Books.

Gallese, V. & Goldman, A. (1998). Mirror neurons and the simulation theory of mind-reading. *Trends in Cognitive Sciences, 2*, 493–501.

Grush, R. (1997). The architecture of representation. *Philosophical Psychology, 10*, 5–25.

Grush, R. (1998). Wahrnehmung, Vorstellung, und die sensomotorische Schleife. In Heckmann, H.-D. & Esken, F. (Hrsg.), *Bewusstsein und Repräsentation*. Paderborn: mentis.

Kinsbourne, M. (1995). Awareness of one's own body: An attentional theory of its nature, development, and brain basis. In Bermúdez et al. 1995.

Lycan, W. G. (1996). *Consciousness and Experience*. Cambridge, MA: MIT Press.

Melzack, R. (1989). Phantom limbs, the self and the brain: The D. O. Hebb memorial lecture. *Canadian Psychology, 30*, 1–16.

Melzack, R. (1992). Phantom limbs. *Scientific American*, *266*, 90–6.

Melzack, R., Israel, R., Lacroix, R. & Schultz, G. (1997). Phantom limbs in people with congenital limb deficiency or amputation in early childhood. *Brain*, *120* (Pt 9), 1603–20.

Metzinger, T. (1993; ²1999). *Subjekt und Selbstmodell. Die Perspektivität phänomenalen Bewusstseins vor dem Hintergrund einer naturalistischen Theorie mentaler Repräsentation.* Paderborn: mentis.

Metzinger, T. (1995a). Perspektivische Fakten? Die Naturalisierung des „Blick von nirgendwo". In Meggle, G. & Nida-Rümelin, J. (1997) [Hrsg.], *ANALYOMEN 2 – Perspektiven der Analytischen Philosophie.* Berlin und New York: de Gruyter. S. 103–10.

Metzinger, T. (1995b; 3., erweiterte Auflage 1996) [Hrsg.]. *Bewusstsein – Beiträge aus der Gegenwartsphilosophie.* Paderborn: mentis.

Metzinger, T. (1996a). „*Niemand sein*". In S. Krämer (Hrsg.), *Bewusstsein – Philosophische Positionen.* Frankfurt am Main: Suhrkamp.

Metzinger, T. (1997). Ich-Störungen als pathologische Formen mentaler Selbstmodellierung. In Northoff, G. [Hrsg.], *Neuropsychiatrie und Neurophilosophie.* Paderborn: mentis.

Metzinger, T. (im Druck). *The Self-Model Theory of Subjectivity.* Cambridge, MA: MIT Press.

Millikan, R. G. (1984). *Language, Thought, and other Biological Categories.* Cambridge/MA: MIT-Press.

Millikan, R. G. (1993). *White Queen Psychology and Other Essays for Alice.* Cambridge/MA: MIT-Press.

Nagel, T. (1986). *Der Blick von nirgendwo.* Frankfurt am Main: Suhrkamp.

Newen, A. & Vogeley, K. (2000) [Hrsg.]. *Das Selbst und seine neurobiologischen Grundlagen.* Paderborn: mentis.

O'Shaughnessy, B. (1995). Proprioception and the body image. In Bermúdez *et al.* 1995.

Ramachandran, V. S. & Blakeslee, S. (1998). *Phantoms in the Brain.* New York: William Morrow and Company, Inc.

Ramachandran, V. S. & Rogers-Ramachandran, D. (1996). Synaesthesia in phantom limbs induced with mirrors. *Proceedings of the Royal Society London, B*, 377–86.

Revonsuo, A. (1995). Consciousness, dreams, and virtual realities. *Philosophical Psychology*, *8*, 35–58.

Revonsuo, A. (2000). Prospects for a scientific research program on consciousness. In Thomas Metzinger (ed), *Neural Correlates of Consciousness: Empirical and Conceptual Questions.* Cambridge, MA: MIT Press.

Ruhnau, E. (1995). Zeit-Gestalt und der Beobachter. In Metzinger 1995.

Yates, J. (1985). The content of awareness is a model of the world. *Psychological Review*, *92*, 249-84.

VI Zukunftsperspektiven: Aufgaben für Forschung und Praxis

18

Das Wissen über sich selbst und andere im eigenen Handeln nutzen

Zur Anwendungsrelevanz der Selbstkonzeptforschung

Dieter Frey, Eva Jonas, Elisabeth Frank & Werner Greve

Inwieweit tragen die Erkenntnisse der Selbstkonzeptforschung dazu bei, Herausforderungen der Realität zu erkennen und erfolgreich zu bestehen? Welche Anwendungsrelevanz haben die Ergebnisse zur Selbstforschung in unserer heutigen Zeit gesellschaftlicher wie wirtschaftlicher Umbrüche und Krisen, national und weltweit?

In einer wechselseitigen Abstimmung zwischen Individuum und Gesellschaft verändern sich beide in einem ständigen Prozess: Das Individuum oder „Selbst" paßt sich in der Regel gesellschaftlichen Vorgaben an, während die Gesellschaftsordnung wiederum von vielen einzelnen Individuen oder Gruppierungen geschaffen wird. In dieser lebenslangen Dialektik von persönlicher Entwicklung, sozialem und historischem Wandel sowie Wertewandel (Entwicklung weg von den Pflicht- und Akzeptanzwerten hin zu einer stärkeren Betonung von Selbstentfaltungs- und Autonomiewerten, vgl. Frey, 1998) kommt es zwangsläufig immer wieder zu Krisen (oder, je nach Sichtweise, auch zu Herausforderungen). Teilweise scheint der Einzelne mit diesen Vorgaben der Gesellschaft nicht Schritt halten zu können oder aber die Gesellschaft vermag den Ansprüchen des einzelnen bzw. denen ganzer Gruppierungen nicht mehr gerecht zu werden. Eine solche Krise bzw. Herausforderung erleben wir auch gegenwärtig; besonders anschaulich erscheint sie im Bereich der Wirtschaft, in dem eine sinkende Zahl von Arbeitsplätzen einer wachsenden Zahl Arbeitsuchender gegenübersteht. Arbeit erhält dabei derjenige, der sich dem Strukturwandel anpaßt, der über Flexibilität verfügt und so den im Wirtschaftsmarkt gewachsenen Anforderungen entspricht. Diese Anforderungen treffen nun oftmals auf ein „Selbst", das häufig noch geprägt ist von mittlerweile überholten, „veralteten"

Werten, die für eine frühere Wirtschaftsmarktordnung Gültigkeit hatten. Auch in anderen gesellschaftlichen Bereichen treffen „Alt" und „Neu" aufeinander, so in den Bereichen Elternhaus, Schule, Beruf, Gesellschaft, Wissenschaft.

Wir wollen uns der eingangs gestellten Frage nach der Anwendungsrelevanz der aktuellen Selbstkonzeptforschung in Etappen nähern; einerseits mit der Selbst-Entwicklung, die in der Interaktion mit familiären und gesellschaftlichen Rahmenbedingungen erfolgt. Andererseits soll anhand konkreter Beispiele die Wechselbeziehung zwischen Individuum oder Selbst und seiner Umwelt, hier: den Lebensbereichen Wirtschaft und Gesellschaft, verdeutlicht, und es sollen Wege zu einer „versöhnlichen", konstruktiven Abstimmung aufgezeigt werden.

Der Ausgangspunkt ist dabei Folgender: Wir leben in einer Welt, in der sich die Anforderungen an uns und unsere Rollen drastisch ändern. Änderungen und Umbrüche sind mit veränderten Rollenanforderungen verbunden. Eine Rollenänderung ist aber nichts anderes als eine (teilweise) Änderung des Selbstkonzepts. Die Selbstkonzeptforschung ist dabei überall dort relevant, wo solche Rollen – und damit Selbstkonzeptänderungen – stattfinden. Also in der Wirtschaft (damit sind unter anderem Führungsveränderungsprozesse sowie Veränderungsprozesse insgesamt angesprochen), in der Schule, in der Gesellschaft insgesamt. Schon aufgrund dieser Aspekte muss Selbstkonzeptforschung anwendungsrelevanter werden. Diese Änderungen und Umbrüche bedeuten, dass sich die Selbstkonzeptforschung neuen Fragen stellen muss, die es zu erforschen gilt.

Das Selbstkonzept prägt das Handeln und Verhalten in den unterschiedlichen Lebensbereichen. Im Folgenden sei insbesondere auf die Auswirkungen des Selbstkonzepts auf das Handeln und Verhalten des Erwachsenen in Wirtschaft, Gesellschaft, Gesundheit und Forschung Bezug genommen. Wir werden auf der einen Seite aufzeigen, wo anwendungsrelevante Selbstkonzeptforschung bisher schon vorliegt, andererseits aber herausstellen, wo wir Forschungsbedarf sehen und wo die bisherige Selbstkonzeptforschung ausweitbar wäre.

Selbst und Handeln: Zur Veränderbarkeit eines zentralen Verhaltensparameters

Ein grundlegender, primärer Konflikt, dessen (Nicht-)Lösung jede menschliche Entwicklung prägt, ist der Konflikt zwischen Abhängigkeit und Autonomie. Für diesen Grundkonflikt sucht jede Gesellschaft, jedes Individuum seine spezifische Lösung – und er fordert das Kleinkind wie den Jugendlichen, den Angestellten wie den Selbständigen zur Lösung auf. Er spiegelt sich auch in der aktuellen Entwicklung im Arbeitsleben, wenn sich die Anforderungsprofile für Führungskräfte wie für Mitarbeiter wandeln und vom Einzelnen mehr Autonomie, Verantwortungsbereitschaft und Risikofreude einfordern, zugleich aber weniger „positive Abhängigkeitsaspekte" wie Geborgenheit und Sicherheit bieten.

Hoher vs niedriger Selbstwert – Anwendungsrelevanz
Ergebnisse aus der Selbstkonzeptforschung tragen zum Wissen über menschliches Verhalten bei. Wie verhalten sich z. B. Personen mit hohem und niedrigem Selbstwert? Inwieweit ist Selbstdarstellung abhängig vom Selbstwert?

Astrid Schütz (in diesem Band) weist in ihrem Beitrag nach, dass nur ein geringer Zusammenhang besteht zwischen hoher (eigener) Selbstwertschätzung und hoher Wertschätzung anderer Personen. Allerdings zeigen sich enge Zusammenhänge zwischen der Art der Selbstdarstellung und dem Selbstwertgefühl: Die Selbstdarstellung von Personen mit hohem Selbstwertgefühl ist daran ausgerichtet, durch Kritik zu beeindrucken. Die von Personen mit niedrigem Selbstwertgefühl ist dagegen an der Devise ausgerichtet, durch positive Urteile Sympathien zu gewinnen (vgl. Amabile, 1983; Amabile & Glatzebrook, 1982). Es finden sich auch weitere hochinteressante Ergebnisse, wie sich Personen mit hohem und niedrigem Selbstwert öffentlich darstellen: Es zeigt sich, dass zum Beispiel Personen mit niedrigem Selbstwert eine Selbstdarstellung zeigen, indem sie ihren Partner loben, während Personen mit hohem Selbstwert eher nach der Devise verfahren „Mein Partner ist gut, aber ich bin besser". Und es zeigen sich enge Zusammenhänge von habituell positiven Selbsteinschätzungen, wie sie im Narzissmus-Konstrukt in extremer Weise repräsentiert sind, mit der Selbstüberschätzung eigener Beiträge in gemeinschaftlichen Projekten (John & Robbins, 1994). Diese und andere Forschungen haben wiederum hohe Relevanz, zum Beispiel für den Bereich der Organisationspsychologie. So zeigen unsere Untersuchungen, dass nahezu 90 % der Führungskräfte sich selbst als überdurchschnittlich darstellen (Ludorf & Frey, i. Vorb.).

Eine Vielzahl von Forschungen zeigt, dass selbstwertdienliche Verzerrungen wie die Übernahme von Verantwortung für Erfolge und das Ablehnen von Verantwortung für Misserfolge in besonderem Maße bei Personen mit hohem Selbstwertgefühl vorhanden sind (Blaine & Crocker, 1993). Das scheint auch dann zu gelten, wenn mehrere Personen in Teamarbeit an einem Projekt beteiligt sind. Auch Schütz (in diesem Band) belegt, dass Personen mit hohem Selbstwertgefühl dazu tendieren, eigene Verantwortung für Konflikte abzulehnen. Diese Forschungen haben extreme Konsequenz für den Bereich der Arbeits- und Organisationspsychologie, weil solche Attributionsmuster kontraproduktiv für Teamarbeit sein können. Oft haben Führungspersonen dieses hohe spezifische Selbstwertgefühl (oder stellen sich zumindest so dar), und dieses ist häufig verbunden mit Abwertung anderer Führungspersonen, Abwertung der Mitarbeiter, negativer Kritik und vor allem der Unfähigkeit, Erfolge mit anderen zu teilen. Dadurch besteht auch die große Gefahr von innerer Kündigung bei den Mitarbeitern, da die Mitarbeiter sich nicht genügend geschätzt fühlen.

Allein das Wissen über solche Ergebnisse und die vermittelnden Mechanismen könnte helfen, die potentiellen negativen Auswirkungen zu minimieren. Das heißt konkret: Man müsste Führungskräfte und Mitarbeiter in sozialen und kommerziellen Organisationen mit solchen Ergebnissen konfrontieren und sie ermuntern, kritische Selbstreflexionen zu betreiben. Außerdem müsste man sie darauf hinweisen, dass Selbsteinschätzungen sehr wohl von der Fremdeinschätzung abweichen können, sodass sie differenziertere Vorstellungen über ihre Stärken und Schwächen bekommen und aufgrund dessen weniger in Gefahr sind, sich selbst zu überschätzen und den Beitrag anderer zu unterschätzen. Wichtig ist also, Führungskräfte dafür zu sensibilisieren, welche negativen Auswirkungen die Selbstüberschätzungen und Selbstdarstellungen auf Mitarbeiter haben können. Ein hoher Selbstwert und eine positive Selbstdarstellung sind dann positiv zu sehen, wenn damit auch eine gewisse Gelassenheit und Offenheit für Kritik einhergeht. In dem Augenblick, wo hoher Selbstwert und positive Selbstdarstellung aber verbunden sind mit Eitelkeit oder Narzissmus, ist es kontraproduktiv, da sich die Person dann vor potentiell negativem Feedback und Kritik abschottet.

Es wird in der Literatur und auch in der Praxis oft vorgeschlagen, den Selbstwert von Führungskräften zu steigern – in der Hoffnung, dass damit auch mehr Souveränität im Umgang mit anderen entsteht (und man als Führungskraft auch andere groß werden lässt, ihnen mehr Wertschätzung entgegenbringt und damit auch teamfähiger wird). Die vorliegenden Erkenntnisse der Selbstkonzeptforschung zeigen, dass der Sachverhalt leider so einfach nicht ist, da erhöhter Selbstwert nicht automatisch mit erhöhter Wertschätzung anderer verbunden ist. Man muss deshalb mehrgleisig fahren; die Stärkung des Selbstwertgefühls von Führungskräften in Wirtschaft, Krankenhäusern, Schulen, Verwaltung muss einhergehen mit der Schaffung eines neuen Anforderungsprofils, Wertschätzung

anderer und konstruktive Kritik sowie Teamorientierung (im Sinne von „Erfolg mit anderen teilen"). Es geht also nicht nur um eine Erhöhung des Selbstwertgefühls, sondern auch um die Vermittlung menschlich-charakterlicher Aspekte wie Wertschätzung anderer. Es ist eine große Herausforderung an die Selbstkonzeptforschung, die folgenden Fragen zu untersuchen:
- Unter welchen Bedingungen führt eine Erhöhung des Selbstwertes dazu, die Wertschätzung für andere zu erhöhen und Erfolg mit anderen zu teilen?
- Wann kommt es zu Wertschätzung anderer und zu Teamorientierung?
- Wann kommt es zu einer guten Kombination von hohem Selbstwert sowie der Fähigkeit zu kritischer Selbstreflexion und Ehrlichkeit sich selbst und den eigenen Beiträgen gegenüber – einschließlich der Defizite?
- Unter welchen Bedingungen ist das Selbst bereit, sich selbst in Frage zu stellen – also entweder aktiv nach Kritik zu suchen bzw. sich kritisieren zu lassen oder aber Kritik grundsätzlich als konstruktiv aufzufassen?

Ebenso ist nach wie vor unklar, ob die Höhe des Selbstwertes beeinflusst, wie sehr man bereit ist, anderen Feedback zu geben.

Selbst- und Selbstkonzept-Änderung
Wie sich schon aus dem eben Besprochenen ergibt, ist weitere Forschung zur Frage notwendig, unter welchen Bedingungen eine substantielle Änderung des Selbstkonzepts erfolgt – und zwar über die Bedingungen traumatischer Erlebnisse und Veränderungen des sozialen Netzwerkes hinaus. Erfolgen Selbst-Veränderungen kontinuierlich oder abrupt? Inwieweit ist die Änderung abhängig vom Selbstwert und umgekehrt?

Es gibt Ansätze in den vorgestellten Beiträgen (z. B. dem von Astrid Schütz), nach denen Personen mit hohem Selbstwert weniger bereit sind, Kritik zuzulassen und Fehler einzugestehen – was jedoch vermutlich eine notwendige Bedingung zur Selbständerung ist. Andererseits weiß man gerade auch von Führungskräften aus Wirtschaft, Wissenschaft und Verwaltung, dass nur die besonders Souveränen und Selbstsicheren unter ihnen bereit sind, sich Feedback geben zu lassen und damit eine konstruktive Kritik- und Konfliktkultur fördern und fordern (vgl. Frey 1994, Frey 1996b). Hier bedarf es weiterer Forschung zur Aufklärung der Zusammenhänge.

Unter Umständen ist die Bereitschaft, Kritik zu akzeptieren, allerdings auch das Resultat von Selbstkonzeptänderungen. Es wäre also wichtig, Daten zur Frage zu haben, wie man bestimmte Selbstkonzeptänderungen herbeiführen oder wenigstens begünstigen kann – ohne dazu von der Person verlangen zu müssen, dass sie akut ein (persönlich so empfundenes) Übermaß an Kritik akzeptiert. Dies ist insbesondere dann wichtig, wenn eine Selbstkonzeptänderung Voraussetzung für die Akzeptanz von Kritik ist, etwa im Falle der Überzeugung „Ich mache keine Fehler!".

In Analogie zum Kritischen Rationalismus Poppers wäre es wünschenswert, dass das Selbst nicht notwendig versucht, sein eigenes Werte- und Hypothesensystem zu konfirmieren, sondern auch Anstrengungen unternimmt, es zu falsifizieren. Dies bedeutet konkret, dass die Person – vor allem bei heterogenem oder fremdem Publikum – Kritik nachfragt und hinterfragt, um sich weiterzuentwickeln. Selbsttheoretiker könnten – von ihrer Forschungskonzeption her – dazu beitragen, hier wissenschaftlich fundierte Lösungen zu erarbeiten, zumal sie hinsichtlich der Bereitschaft und der Optionen, das eigene Selbst zu verändern, über ein breites Potential an Wissen verfügen (vgl. insbesondere Teil I dieses Bandes). Eine Falsifikation im Sinne Poppers bzw. die Beachtung des „Realitätsprinzips" (vgl. auch die Einleitung zu diesem Band) sollte freilich nicht „das Kind mit dem Bade ausschütten", indem es zentrale identitätskonstitutive Überzeugungen unnötig und voreilig erodiert. Vielmehr können auch bei realistischer Selbstprüfung durchaus selbst-stabilisierende Dynamiken greifen (vgl. Greve, in diesem Band), die realistische Erfordernisse mit dem Streben nach Konsistenz und Selbstwertschätzung in Einklang bringen.

Die Relevanz der Selbstkonzeptforschung für menschliches Handeln und Verhalten im Wirtschaftsleben

Nahezu jede soziale und kommerzielle Organisation ist derzeit von Änderungsprozessen (Change Management) betroffen (vgl. Frey & Schnabel, 1999). Auch in Deutschland, einem hoch entwickelten Land fast ohne Rohstoffe, das nur durch intelligente Produkte langfristig auf dem Weltmarkt bestehen kann, müssen wir Änderungsbereitschaft und Lernbereitschaft entwickeln, wenn wir unseren Lebensstandard halten wollen (vgl. Frey, 1996b).

In vielerlei Hinsicht bedeuten diese „Change-Management" Prozesse extreme Veränderungen in der Selbstdefinition von Führungskräften: mehr loslassen können (mehr Delegation); Wandlung vom individual player zum teamwork player; verbesserter Umgang mit komplexen Aufgaben; permanentes Umlernen und Weiterlernen.

Die Selbst-Psychologie wäre in diesem Zusammenhang zu ermuntern, Strategien und Know-how als Antwort auf die Frage zu entwickeln, unter welchen Bedingungen Menschen sich mit diesen Veränderungsprozessen identifizieren und damit bereit sind, Mentalitäten, Einstellungen und Verhaltensweisen zu verändern – und unter welchen Bedingungen eine solche Veränderung für den Einzelnen wie für die Gesamtgesellschaft auch langfristig gesehen sinnvoll sein kann. Eine zentrale Schwierigkeit, die dabei zu lösen sein wird, ist die Frage, wie diese Integrationsdynamik mit Individuationsansprüchen des einzelnen vereinbart werden kann. Hier ist aus individueller (vgl. Greve, in diesem Band; Staudinger, in diesem Band) wie aus sozialer Sicht (Nunner-Winkler, in diesem Band) ein konflikthafter Balance- und Aushandlungsprozess zu durchlaufen, der die Aufgabe, eine individuell und sozial verträgliche Identität zu entwickeln, als dauerhaft unabgeschlossen erscheinen lässt (Brandtstädter & Greve, 1992).

Selbstkonzept und die Änderung des Anforderungsprofils in der Wirtschaft
Im Zuge wirtschaftlicher Entwicklung verändern sich sowohl Mitarbeiter- wie auch Führungsrollen; dabei geht es letztlich wieder um den schon angesprochenen Grundkonflikt jeder menschlichen Entwicklung, hier also darum, dass Mitarbeiter sich mehr zur Autonomie hin entwickeln, sich als Unternehmer im Unternehmen verstehen, anstatt nach dem „Prinzip Abhängigkeit" Führung durch andere zu fordern („Sage mir, was ich tun soll!"). Entsprechend geht es um Führungskräfte, die sich als Partner, Mentor und Coach verstehen – und nicht als Anordner von Befehlen. *Die eigene Rolle zu verändern, ist oftmals ein schwieriger Prozess und erfordert vielfach substantielle Selbstkonzeptveränderungen* (Frey, 1994; Frey & Schuster, 1996). Damit wird deutlich, dass eine reine Proklamation dieses neuen Anforderungsprofils allein Veränderung nicht bewirken kann – „Kennen" ist noch nicht „Können", „Können" ist noch nicht „Wollen", „Wollen" ist noch nicht „Sollen" und „Sollen" ist noch nicht „Dürfen".

Anwendungsrelevante Selbstkonzeptforschung hätte unseres Erachtens hier die Aufgabe, ihr erhebliches Potential an Theorien und Methoden einzusetzen, um etwa in einer Längsschnittuntersuchung zu klären, wie sich der Prozess der Selbstkonzeptveränderung im Rollenverhalten vollzieht und unter welchen Bedingungen Einzelne wie Gruppen bereit und fähig sind, sich zu verändern und Verantwortung zu übernehmen sowohl für Kollegen und Mitarbeiter, als auch für die Wettbewerbsfähigkeit der eigenen Firma oder Branche – aber auch für die Gesellschaft insgesamt (etwa im Bereich des Umweltschutzes). Dabei kann man nicht eindeutig sagen, was Ursache und was Wirkung ist – ob also die Rollenveränderung eine Selbstkonzeptänderung bewirkt oder umgekehrt. Vermutlich ist es eine wechselseitige Verstärkung. Dabei wäre anwendungsrelevante Forschung auch daran gebunden, Effekte und Effizienz solcher Prozesse zu evaluieren.

Die Relevanz der Selbstkonzeptforschung für Demotivation und Burnout
Etwa 50 % aller Mitarbeiter in der Wirtschaft, ebenso aber auch in der Verwaltung (einschließlich Universitäten) haben innerlich gekündigt (vgl. Frey, i. Vorb.). Gründe hierfür sind vermutlich:
- mangelnde Vermittlung von Sinn
- mangelnde persönliche Wertschätzung
- mangelndes Lob und mangelnde konstruktive Korrektur
- mangelnde Passung von Mitarbeitern und Tätigkeit
- mangelnde Partizipationsmöglichkeit
- mangelnde Transparenz und Informiertheit (vgl. Frey, 1998)

All diese Faktoren verursachen letztlich bzw. bestätigen in der Tendenz geringen, irritierbaren oder instabilen Selbstwert. Zu viele Führungskräfte sind nicht souverän; sie machen ihre Mitarbeiter „klein", fordern sie aber zugleich auf, gegenüber dem Kunden „groß" zu sein. Hier müsste es also um die Stärkung des Selbstwertes von Mitarbeitern gehen. Die wissenschaftliche Psychologie hat relativ gut herausgearbeitet, welche Faktoren zur Erhöhung des Selbstwertes beitragen: beispielsweise Vermittlung von Sinn, von Transparenz, von Lob, von konstruktiver Korrektur, von klaren Zielen (vgl. Frey, 1996b; 1998). Führungskräfte sollten lernen, die Ebenene „Kennen", „Können", „Wollen", „Sollen" und „Dürfen" zunächst zu unterscheiden und im Anschluss gezielt anzusprechen, ihre Mitarbeiter also auf Veränderungsprozesse vorzubereiten, sie beim Lernprozess und bei der Umsetzung zu fordern und zu fördern. Denn nur ein souveräner und selbstsicherer Mitarbeiter wird auch gegenüber Kundenanforderungen professionell argumentieren können.

Es hat sich herausgestellt, dass der androgyne Führungsstil – gerade vor dem Hintergrund des Wertewandels – der effektivste ist, wenn innere Kündigung abgebaut werden und ein positives Selbstkonzept gefördert werden soll (vgl. Frey, 1998). Zu diesem androgynen Führungsstil gehören sowohl typisch männliche als auch typisch weibliche Eigenschaften. Typisch männliche Führungseigenschaften sind zum Beispiel Durchsetzungsvermögen, Härte, Abgrenzungskompetenzen; zu den typisch weiblichen Führungseigenschaften zählen die Fähigkeit zu aktivem Zuhören, Fragen stellen und Fehler zugeben können, andere groß werden lassen können, Informationen selbst einholen usw. Es geht also um „tough on the issue" (sie sollen sehr klar sein bezüglich Standards, Zielen, Erwartungen), zugleich aber „soft on the person" (im Sinne von Wertschätzung und Verzicht auf Schläge „unterhalb der Gürtellinie").

Die Differenzierung zwischen „issue" und „person" verweist wieder auf den mehrfach angesprochenen Aspekt der Selbstdifferenzierung. Hier kann auch Grundlagenforschung zu strukturellen Implikationen einer differenzierten Selbst-Struktur relevante Folgerungen haben (Wentura, in diesem Band; Hannover, in diesem Band).

Selbstkonzept und Existenzgründung
Als eine Möglichkeit zur Reduktion von Arbeitslosigkeit wird häufig die eigene Existenzgründung genannt. Im Vergleich zu den USA kann sich nur ein geringer Prozentsatz von Studierenden in Deutschland vorstellen, sich selbstständig zu machen. Sicherlich fehlen auch in unseren Gymnasien, Fachhochschulen und Universitäten Existenzgründercurricula, wo das Know-how für Existenzgründungen (Mitarbeiterführung, Unternehmensführung, Marketing, Werbung, Steuerfragen usw.) transportiert wird. Allein der Entschluss zur Existenzgründung könnte ein wichtiges Thema von Selbstkonzeptforschung sein. Voraussetzung könnte hier – neben dem Vorliegen von Kompetenz- und Kontrollüberzeugungen, Identitätszielen und Selbstpräsentationstendenzen – wieder die bereits angesprochene Frage sein, diese Voraussetzungen aktiv und selbstkritisch zu prüfen, ohne dem Handeln die motivierende Grundlage zu entziehen (vgl. auch Bayer & Gollwitzer, in diesem Band).

Selbstwertrelevanz und Globalisierung: Die Relevanz
der Selbstkonzeptforschung für Fusionsprozesse in Wirtschaft und Politik
Hohe Relevanz für eine angewandte Selbstkonzeptforschung haben auch Fusionsprozesse – und zwar unabhängig davon, ob man es mit einem „merger of equals" (zwei gleichrangige Firmen fusionieren und verschmelzen sich zu etwas Neuem) oder damit zu tun hat, dass ein „Großer" einen „Kleinen" integriert (wobei sich die Kleinen häufig als Verlierer, die Großen als Gewinner fühlen). Nach Erkenntnissen der Assimilations-Kontrast-Theorie (vgl. Rosch & Frey, 1987) werden diejenigen Elemente als Fremdkörper abgestoßen, die nicht in den Akzeptanzbereich fallen. Dies kann sich sowohl auf das Neue wie auf das Alte beziehen.

Wie aber verläuft der Integrationsprozess der fusionierenden Firmen im Einzelnen? Wie bildet sich eine gemeinsame Identität, auch über große Unterschiede hinweg? Muss die alte Identität in jedem Fall ganz aufgegeben werden? Unter welchen spezifischen Bedingungen entwickelt sich eine neue Identität „gleichberechtigt" aus zwei alten? Ist man zum Beispiel zum Ex-Hypo-Banker oder Ex-Vereinsbank-Banker quasi „verdammt" oder gibt es gangbare Wege zum „echten" Hypo-Vereinsbank-Banker? Die Lösung bzw. Antwort kann vermutlich nur darin liegen, sich einerseits noch einmal bewusst zu werden, was die eigene Identität (das eigene Selbstkonzept) ist und was die Identität/das Selbstkonzept des Gegenübers ist. Wo gibt es Gemeinsamkeiten, wo gibt es Unterschiede und in welche Richtung will man sich hin entwickeln? Derartige Reflexionen werden zu selten gemacht. Dabei sind sowohl auf individueller wie auf sozialer Ebene assimilative Prozesse zu beachten; ihre Erklärung sowie die Untersuchung spezifischer Folgen wird vermutlich vielfach ähnlichen Mustern folgen wie die Integration von eigenem und Fremdem in anderen Kontexten (vgl. auch Mielke, in diesem Band).

Hier gibt es natürlich Parallelen zur Politik: Es gibt Arbeiten im Rahmen der Selbstkonzeptforschung zu Prozess und Folgen der Fusionierung von DDR und BRD (als die Großen die Kleinen schluckten, vgl. Frey & Jonas, 1999). Inwieweit kann man die Ergebnisse dieser Forschungen aus der Politik auf die Wirtschaft übertragen? Dies wäre ein hochinteressantes Gebiet angewandter Selbstkonzeptforschung. Ebenso interessant: Wie kann die Selbstkonzeptforschung die Erfahrungen etwa der osteuropäischen oder auch afrikanischen Länder nutzen, die beispielsweise von der Diktatur zur Demokratie wechseln? Und welche Hilfestellung leisten diese Erkenntnisse für den großen und wichtigen Prozess der europäischen Einigung bzw. der Stärkung einer einheitlichen europäischen Politik? Es wäre ein höchst interessantes Unterfangen, solche Makroprozesse mit dem Mikroprozess von Rollenveränderungen und Selbstkonzeptänderungen zu verbinden.

Viele bisher nur national agierende Unternehmen werden durch die zunehmende globale Tendenz zur Fusionierung zum „global player". Damit entstehen neben neuen Chancen auch Aufgaben und Probleme, die unmittelbares Thema für eine anwendungsorientierte Selbstkonzeptforschung sein können: Kann ein global player, der unterschiedliche Wertesysteme der unterschiedlichsten Kulturen (z. B. Asien, West- bzw. Ost-Europa, USA, Lateinamerika) verbindet, langfristig erfolgreich sein? Wenn ja, unter welchen Bedingungen?

Ein hoher Grad an Mitarbeiterrotation erfolgt bei global players auch über die verschiedenen Kontinente hinweg. In welchem Maße sollen und können sich

Menschen bei dieser Mitarbeiterrotation an die jeweils anderen Kulturen anpassen?

Immer unterstellt, dass das regionale wie auch das weltweite Wertesystem sinnvoll sei: Wie kann auf der einen Seite die regionale Identität eines Wertesystems erhalten bleiben, auf der anderen Seite aber dem Wunsch des global player nach einem einheitlichen Wertesystem (einschließlich eines gemeinsamen „Wir-Gefühls") aller Niederlassungen weltweit entsprochen werden? Wie homogen kann oder muss ein globales Wertesystem sein, um zu große Energieverluste und Verwirrungen auszuschließen?

Die Frage ist: Wie schnell können sich Werte innerhalb einer Gesellschaft – und korrespondierend innerhalb einer Person – ändern? Wie schnell kann sich zum Beispiel eine von einem europäischen oder amerikanischen Unternehmen proklamierte Streit- und Konfliktkultur in einer asiatischen Kultur etablieren, wo doch eher eine Konsens- und Harmoniekultur vorherrscht? Wie schnell sind Menschen bereit, sich auf solche kulturellen Veränderungen einzulassen? Diese Frage ist insofern zunehmend relevant, als es das Bestreben eines so genannten „global players" ist, in allen Unternehmen der Welt dieselbe Unternehmens- und Führungsphilosophie zu transportieren. Auch hier wäre es eine interessante Frage, inwieweit Erfordernisse aus der Makroökonomie sich niederschlagen im Mikrobereich von Selbstkonzeptänderungen.

Globalisierung verbindet – zumindest äußerlich: Schon heute sind interkulturell besetzte Führungsteams und Arbeitsgruppen, insbesondere im Top-Management, selbstverständlich. Von Vorteil ist dabei, wenn das Selbst so stabil und gefestigt ist, dass egozentrisches Denken, Vorurteile usw. aufgegeben werden können, man jeweils vom anderen lernt und die Unterschiedlichkeit als Vorteil und nicht als Nachteil begreift.

Angewandte Selbstkonzeptforschung hätte hier die Aufgabe, einerseits unterschiedliche Auffassungen über Arbeitsstile, Zusammenarbeit und Konfliktlösungen zu klären sowie andererseits entsprechende Lösungen anzubieten. Welche Konsequenzen hat die Konfrontation mit anderen Kulturen für das eigene Selbstkonzept? Wie kann man mit welcher spezifischen heterogenen Ausgangssituation Synergieeffekte in interkulturellen Teams fördern?

Ist die Selbstkonzeptforschung eine rein westliche Forschung?
Die Befundlage des vorliegenden Bandes sowie die dem Autor vorliegende internationale Literatur erzeugt den Eindruck, dass die gesamte internationale Forschung zum Selbstkonzept nahezu ausschließlich west-europäisch bzw.

US-amerikanisch geprägt ist. Die Frage ist, inwieweit wir Forschung aus dem asiatischen oder auch ost-europäischen Raum zu dieser Thematik rezipieren: Gibt es sie? Wenn ja, inwieweit unterscheidet sich diese Forschung über Selbstkonzept von unserer westeuropäischen bzw. US-amerikanischen Forschung (vgl. Kitayama, Markus, Matsumoto, & Norasakkunkit, 1997; Markus, & Kitayama, 1991).

Gerade in Zeiten der Globalisierung sollte die Erforschung anderer Kulturen auch uns „selbst"-verständliche Pflicht sein: Wie ist es dort um das Selbst und seine Dynamik bestellt? Im Vergleich zur westeuropäischen oder US-amerikanischen Kultur ist gerade in der asiatischen Kultur das Selbst vermutlich unterschiedlich strukturiert: Ist der self-serving-bias dort genauso wichtig? Spielt die Selbstkonsistenz dieselbe Rolle? Dissonanzprozesse im Sinne von „forced compliance" sind in Asien anscheinend weniger relevant; Phänomene, Erlebnisse oder Verhaltensweisen, die in westlichen Kulturen „dissonant" sind, erzeugen in Asien offenbar weniger Dissonanz – unter anderem, weil es nicht in erster Linie um individuelle Profilierung und Eigenständigkeit geht. Dafür ist es beispielsweise wichtiger, sich in der Gruppe zu arrangieren. Vermutlich sind andere Kognitionen miteinander dissonant. Welche Relevanz haben Öffentlichkeit und Anonymität der Selbsteinschätzung? Wie lernt welche Kultur jeweils von der anderen?

Hier könnte eine interkulturelle Selbstwert- und Selbstkonzeptforschung zentrale Impulse liefern, die bestimmtes Verhalten nicht nur interpretieren, sondern auch Aussagen darüber machen, wie dieses Verhalten global zur Verständigung und besseren Zusammenarbeit führt. Ein weiterer Aspekt hierfür könnte es auch sein, „kulturelle" (d. h. disziplinäre) Grenzen der Selbst-Forschung selbst zu überwinden – und etwa aus soziologischen oder philosophischen oder auch nur aus psychologischen Paradigmen zu lernen, die man bislang ignoriert oder abgelehnt hat (vgl. hierzu Teil V des vorliegenden Bandes).

Die Relevanz der Selbstkonzeptforschung für menschliches Handeln in der westlichen Gesellschaft

Es ist wohl unbestritten, dass die Wirtschaft in der westlichen Gesellschaft eine nahezu konkurrenzlose prägende Rolle spielt – jedenfalls gegenüber manchen Regelungsversuchen vonseiten der Politik. Letztlich handelt es sich jedoch auch hier nicht um die Frage, was zuerst da war, Wirtschaft oder Gesellschaft, „die

Henne oder das Ei", sondern um Interaktion. So manche Schattenseite der Wirtschaft trifft jedoch mit ganzer Härte die Gesellschaft selbst: so die hohen Zahlen Arbeitsloser, die nicht nur diese selbst, sondern ebenso ihre Familien und ihr gesamtes Umfeld mit (be-)treffen.

Die Wirkungen von Arbeitslosigkeit und ihre Relevanz
für die Selbstkonzeptforschung
Im Folgenden geht es nicht darum, welche Relevanz das Selbstkonzept für die Arbeitslosigkeit hat, sondern darum, inwieweit Arbeitslosigkeit Auswirkungen auf das Selbstkonzept hat. Schon die klassischen Studien (vgl. als Überblick Aschenbach & Frey, 1987) haben die Folgen von Arbeitslosigkeit für den Selbstwert aller Beteiligten beschrieben: Der arbeitslose Vater, der bisher seinen Selbstwert auf seine Rolle in der Arbeitswelt und seine Leistung zur materiellen Existenzsicherung gegründet hat, verliert in seiner Familie relativ schnell an Prestige, wenn er arbeitslos geworden ist. Ein solcher Rollenverlust bedeutet für die Beziehung der Eltern wie für das Gesamtsystem Familie eine enorme Umstellung und Belastung; nicht selten lassen die Kinder in der schulischen Leistung nach oder entwickeln gar psychische Störungen. Selbstkonzept und Selbstwert aller Beteiligten sind bedroht. Wie nun der einzelne Betroffene, das einzelne System mit dieser Bedrohung umgeht, ist abhängig von ihren jeweiligen Ressourcen sowie von einer Vielzahl personaler und situationaler Faktoren. Den klassischen Untersuchungen zufolge versucht der arbeitslose Vater den entstehenden Kontroll- und Prestigeverlust durch direktivere Einflussnahme und Erziehungsmaßnahmen zu kompensieren. Darunter leidet wiederum seine Glaubwürdigkeit – ein Teufelskreis entsteht. Wie kann man bei 16 Millionen Arbeitslosen in Europa Hilfe zur Selbsthilfe geben und humanitäre Prinzipien weitmöglichst stärken? Muss das Wirtschaftskonzept überdacht werden, das wichtige Arbeit nicht bezahlt, zahlreiche eher sinnlose oder auch umweltschädigende Arbeitstätigkeiten jedoch entlohnt (vgl. Frey, 1995; Frey 1996c)?

Aufgabe angewandter Selbstkonzeptforschung, etwa zur Selbstwertschutztheorie, könnte sein, den Prozesscharakter der Selbstwertverringerung aller Beteiligten systematischer zu untersuchen als dies in den klassischen Untersuchungen geschah, sowie konkrete Interventionsstrategien zu erforschen, mit denen dem oben geschilderten Negativprozess begegnet werden kann. Dabei ist auch an weitere Risiken in diesem Kontext zu denken, etwa an die Entwicklung von Jugenddelinquenz und -kriminalität. Es gibt mittlerweile zahlreiche Hinweise darauf, dass Aspekte der sozialen und individuellen Identität zwar einen hohen Prädiktorwert für deviantes und delinquentes Verhalten haben, dass dies aber auch durch Konttexteffekte moderiert wird. So dürfte die derzeitige Entwicklung des Arbeitsmarktes, die beispielsweise für die individuelle ökonomische Lage zentrale Bedeutung einnimmt, auch die Entwicklung des individuellen Selbst beeinflussen – gerade in der Adoleszenz (vgl. Pinquart und Silbereisen, in diesem Band).

Die Relevanz der Selbstkonzeptforschung für elterliches Erziehungsverhalten
Strategien gegen Selbstwertbedrohung nach Arbeitsverlust können natürlich immer nur „nachbessern" – die Basis, das entscheidende Fundament für Selbst, Selbstkonzept und Selbst„management", wird schon in jungen Jahren gelegt.

So besteht ein direkter positiver Effekt der negativen Selbsteinstellung auf den Gebrauch illegaler Drogen, Gewalt gegenüber Personen und Eigentumsdelikten Jugendlicher (Pinquart und Silbereisen, in diesem Band). Dabei zeigte sich, dass bei Jugendlichen, die zum Verdrängen negativer Informationen neigten, ein geringerer Selbstwert eher „nur" den Drogengebrauch förderte, bei Adoleszenten, die in Belastungssituationen aggressiv reagierten, dagegen eher die beiden Delinquenzformen. Ähnlich zeigten delinquente Jugendliche seltener eine balancierte Sicht auf das zukünftige Selbst, weil etwa positiv erhoffte positive Selbstideale fehlen. Delinquenz wird wiederum als ein Ausdruck fehlender Alternativen der Selbstentwicklung gesehen. Ähnlich kann Ausländerfeindlichkeit als Ausdruck und Folge von Identitätsverlust bzw. negativer Selbsteinstellung gesehen werden.

Was braucht das Selbst? Es ist vor allem die Vermittlung der Grundwerte der humanistischen Psychologie – Wertschätzung und Akzeptanz – die selbstwertstärkend wirkt. Forschungen zeigen, dass ein hohes Maß an zweiseitiger Kommunikation und elterlicher Akzeptanz in der frühen Jugend mit einer höheren Selbstachtung in der späteren Jugend einhergeht (Allen, Hauser, Bell & O'Connor, 1994). Wichtige Elternvariablen waren hierbei die Ermutigung, Meinungsunterschiede zu äußern, die Erklärung der eigenen Position, die Aufmerksamkeit für die Position der Jugendlichen und ihre Validierung. Wenn die Eltern, und hier vor allem die Väter, wenig von diesen Verhaltensweisen zeigten, so ging dies mit einer Verringerung der schon erreichten Selbstachtung einher. Owens, Mortimer und Finch (1996) analysierten Einflüsse der erlebten Autonomie in der Familienbeziehung (zum Beispiel des Einflusses auf Familienentscheidungen) auf den Selbstwert von Jugendlichen. Jene Jugendlichen hatten im Follow-up einen geringeren Selbstwert, die zum ersten Messzeitpunkt angeben, wenig Einfluss auf familiäre Entscheidungen nehmen zu können.

In verschiedenen Studien wurde zudem gezeigt, dass eine emotional positiv getönte Beziehung zu den Eltern und ein unterstützendes Elternverhalten mit einer höheren Selbstachtung von Jugendlichen einhergeht (Dekovic & Meeus, 1997; McCreary, Slavin & Berry, 1996).

Die Identitätsentwicklung im Jugendalter impliziert Veränderungen des Selbst. Allein das Wissen über die grundlegenden Prozesse und Bedingungen dieser Identitätsbildung könnte das Verhalten von Erziehungs- und Führungspersonen in Richtung von mehr Verständnis und Unterstützung verändern und auf diesem Wege Jugendliche auch in ihrem Selbstwert verstärkt fördern. Eine günstigere Entwicklung des Selbst bildet wiederum eine gute Basis für weniger Gewalt, weniger Drogen, mehr Zivilcourage - auch im Erwachsenenalter.

Die Relevanz der Selbstkonzeptforschung für moralisch-ethische Standards
Von gesellschaftlicher Relevanz ist die Frage, unter welchen Bedingungen moralisch-ethische Standards des Selbst entwickelt bzw. aufrecht erhalten werden. Fühlt sich das Selbst nur der Binnengruppe gegenüber moralisch-ethisch verpflichtet oder auch gegenüber der Außengruppe? Eine interessante Frage ist, unter welchen Bedingungen man Menschen dazu bringt, sich auch der Außengruppe gegenüber verantwortlich zu fühlen und sich ihrer eigenen Verzerrungen (zugunsten der Binnengruppe) bewusst zu werden. Ebenso interessant ist, unter welchen Bedingungen es gelingt, dass der Außengruppe dieselben moralisch-ethischen Standards zugebilligt wird wie der Binnengruppe; was sind die personalen und situationalen Bedingungen, damit beispielsweise gemeinsame Ziele, gemeinsame Problemlösungen erreichbar werden?

Die Geschehnisse des zweiten Weltkriegs, oder auch gegenwärtig im ehemaligen Jugoslawien, bestätigen die sozialpsychologische Forschung, derzufolge Menschen nahezu jegliches Verhalten vor sich und anderen rechtfertigen können, dass sie moralisch-ethische Standards, die im Rahmen ihres Selbstkonzeptes etabliert sind, schon bei geringem sozialem Druck bzw. Androhung von Strafe ignorieren. Wie (in)stabil also ist das Selbst in verschiedenen Situationen (Bandura, 1990)?

Auf diese Fragen sollte gerade die Forschung wesentliche Antworten anbieten. Jedoch stellt sich hier das Problem, dass in weiten Teilen der Selbstkonzeptforschung – insbesondere der Sozialpsychologie – der Bezug zum Verhalten fehlt. Oft wird eben „nur" mit „paper and pencil" gearbeitet. Wichtige

Fragen zum Zusammenhang zwischen Kognitionen und Verhalten („Wann setzen Kognitionen sich in Verhalten um?", „Sind diese Kognitionen überhaupt verhaltensrelevant?") werden nicht beantwortet. Die Kritik anderer psychologischer Disziplinen (z. B. der Physiologischen Psychologie oder der Allgemeinen Psychologie), die diese Art von Forschung – manchmal auch vorschnell – als irrelevante „paper-and-pencil"-Forschung bezeichnen, ist nicht völlig von der Hand zu weisen. Das hat freilich nicht nur methodische, sondern auch theoretische Implikationen. Die Psychologie des Selbst muss für die hier berührten Fragen der Handlungs- und Verhaltenswirksamkeit auch die „Psychologie der Handlung" einbeziehen (vgl. Gollwitzer & Bargh, 1996).

Die Relevanz der Selbstkonzeptforschung für Selbstvertrauen und Zivilcourage
Sind möglicherweise die oben genannten ethisch-moralischen Standards von Menschen auch in „unbedrohlichen" Friedenszeiten, in denen Druck von außen gering ist, gar nicht wirklich im Rahmen ihres Selbstkonzeptes etabliert? Es ist leicht, sich solchen Standards verpflichtet zu sehen oder diese Selbstverpflichtung nach außen vorzugeben, wenn man persönlich nie in der Lage war, unter großem äußeren Druck ihnen gemäß handeln zu sollen. Also könnte es doch sein, dass man lediglich Lippenbekenntnisse abgegeben hat, bis man in einer schwierigen Situation feststellen muss, eben diesen Standards doch nicht gewachsen zu sein?

Zu oft wird weggeschaut, in Betrieben, Universitäten, der Gesellschaft, im privaten Bereich wie in der Öffentlichkeit. Hinzusehen, sich einzumischen und zugunsten anderer tätig zu werden erfordert Zivilcourage – und diese ist sehr stark abhängig vom eigenen Selbstkonzept und Selbstvertrauen. Nur wenn Menschen selbstbewusst eigene Positionen und Meinungen entwickeln, anstatt diejenigen der anderen zu übernehmen, können sie zivilcouragiert Stoppsignale setzen und Negativentwicklungen aufhalten. Kompetenzgefühl – eine Facette des Selbstkonzepts, das u. a. durch die Vermittlung von Know-how gefördert werden kann (Bierhoff, Klein & Kramp, 1991; Neumann & Frey, 1999) – unterstützt zivilcouragiertes, helfendes Verhalten. Die Frage an die Selbstkonzeptforschung wäre: Was sind personale und situationale Bedingungen, dass Menschen ein Kompetenzgefühl erreichen, sich zivilcouragiert und verantwortlich zu verhalten. Inwieweit können Ergebnisse der Selbstkonzeptforschung und der Forschung über Selbstvertrauen auf die Erhöhung der Zivilcourage angewandt werden?

Die Relevanz der Selbstkonzeptforschung für Schulen, Hochschulen sowie soziale und kommerzielle Organisationen

Es sollte einleuchten, dass das Selbstkonzept bei einer entsprechend schwachen Basis schon in jungen Jahren im Nachhinein allenfalls in einem langem Prozess und nur über die authentische Vermittlung und Vorbildwirkung echter Bezugspersonen grundlegend verändert werden kann.

Aus der Selbstkonzeptforschung ist jedoch – weitgehend altersunabhängig – eine Vielzahl von Techniken abzuleiten, die die Förderung adäquaten Selbstvertrauens unterstützen. Sie bietet einerseits:

- Strategien, die man selbst anwenden kann, zum Beispiel bestimmte Attributionstechniken (z. B. internale Zuschreibung bei Erfolg und externale Zuschreibung bei Misserfolg), selektives Erinnern an positive Ereignisse, angemessener Vergleich mit Bezugspersonen bzw. Bezugsgruppen, realistisches Anspruchsniveau (vgl. Stahlberg, Osnabrügge und Frey, 1985), andererseits ...
- Strategien, andere zu verstärken, um deren Selbstvertrauen zu erhöhen, z. B. durch Lob, konstruktive statt destruktiver Kritik, Sinnvermittlung, realistische Zielvereinbarung usw. (vgl. Frey, 1998). Naturgemäß können solche Strategien jedoch nur dann Erfolg haben, wenn diese auf authentischer Einstellung beruhen und der zu Lobende Kritik und Lob des anderen auch für sich stimmig annehmen kann.

Dabei ist zu bedenken, dass eine schlichte Erhöhung des Selbstwertgefühls nicht per se positiv wirkt; beispielsweise deuten mehrere neuere Studien darauf hin, dass ein hohes Selbstwertempfinden bei Jugendlichen positiv mit Gewaltbereitschaft kovariiert (Pinquart & Silbereisen, in diesem Band). Entscheidend wird auch hier wieder sein, ein differenziertes und änderungsoffenes, dabei aber stabiles und identitätskonstitutives Selbstbild zu fördern, das ein positives und flexibles Selbstwertempfinden des erwachsenen Selbst fördert (vgl. auch Greve, in diesem Band).

Diese Erkenntnisse über Strategien der Selbstwertförderung bei sich und anderen sind in den gesellschaftlichen Settings wie Schule, Universität, Wirtschaft und Verwaltung kaum bekannt und werden folglich auch kaum genutzt. Möglicherweise sind die Repräsentanten dieser Institutionen nicht sehr an selbstsicheren Mitgliedern interessiert, weil sie sich in der eigenen Position bedroht fühlen mögen – eine „Milchmädchenrechnung", denn hohes Selbstvertrauen hängt eng zusammen mit produktivem Ideenmanagement, Vorschlags- und Verbesserungswesen (vgl. Frey, Fischer & Winzer, 1996), nur selbstbewusste Menschen sind letztlich auch motiviert und engagiert, innovative Ideen zu generieren und diese auch umzusetzen.

Selbstkonzeptforschung in der Anwendung: Programm zur Förderung von Selbstvertrauen für Multiplikatoren der Gesellschaft und für Führungskräfte in Schule, Wirtschaft und Verwaltung

Im Rahmen eines professionellen Programms könnten all diejenigen, die in der Gesellschaft mit Menschen arbeiten und umgehen – ob Eltern, Lehrer, Hochschullehrer, Angestellte, aber auch jegliche Art von Führungskräften mit Personalverantwortung in Wirtschaft und Verwaltung – für psychologische Erkenntnisse zum weiten Themenbereich von Ur- bzw. Selbst-Vertrauen, Autonomie und Bezogenheit sensibilisiert werden. Uns ist durchaus bewusst, mit einem solchen Programm nicht überall auf Interesse zu stoßen. Vermutlich suchen diejenigen, die sich offen und selbstkritisch mit dieser Thematik befassen, dieses Wissen ohnehin aktiv nach, während die große Mehrheit sich davor scheut oder sogar heftig gegen die Anmutung wehrt, sich überhaupt mit diesen Fragen auseinander zu setzen. Dies schließt aber nicht aus, dieses Wissen über Multiplikatoren und deren Netzwerke zu verbreiten, bis es schließlich auch so manchen erreicht, der zuvor den Kontakt gemieden hätte.

Eine solche Wissensvermittlung erfolgt bisher nahezu ausschließlich implizit – wenn überhaupt. So gibt es immer wieder Eltern, Lehrer oder auch Führungskräfte, die als Vorbild überzeugen; aber mindestens ebenso häufig Erziehungsverhalten, Lehrinhalte oder Personalentwicklungsprogramme, die ihren Namen nicht verdienen. Als Hilfe zur Selbsthilfe könnte nun über die Medien gezielt relevantes Wissen transportiert werden, etwa zur besseren Einschätzung von Personen und Situationen oder zur Vermittlung von Wertschätzung, Selbstvertrauen und Respekt. Dabei kann es nicht um die Vermittlung von Rezepten gehen im Sinne von „Tue A, und du erreichst B", sondern vor allem darum, für Verhalten und Einstellungen zu sensibilisieren, die wechselseitige Wertschätzung, wechselseitiges Vertrauen und damit das jeweils eigene Selbstvertrauen fördern bzw. erhalten.

Eine Gesellschaft mit gesundem Selbstvertrauen ist – so ist zu hoffen – auch eine reifere Nation, die nichts auf Kosten anderer kompensieren muss. Mehr

Selbstvertrauen schließt auch die Bereitschaft ein, Toleranz für eigene Schwächen und „Fehler" sowie für die Schwächen anderer zu entwickeln – die Selbstkonzeptforschung könnte hier einen Beitrag zu gelebter „Menschenwürde" leisten.

Fazit

Wie wohl potentielle Nutzanwender, die in ihrer Arbeit mit Menschen zu tun haben, die bisherige Selbstkonzeptforschung bewerten? Mit einem „Interessant, aber wenig brauchbar ..."? Um dies zu verhindern, sollten wir uns herauswagen aus dem Elfenbeinturm. Gerade die Selbstwertforschung ist ein geeigneter Bereich, unsere Theorien, Modelle und Ergebnisse mit der Realität zu konfrontieren: Welche Anwendungsrelevanz besteht? Welche Fragen und Probleme können wir damit lösen? Welche Antworten haben wir auf die Fragen der Praktiker?

Man könnte dann, sei es über Problembörsen oder Wissenschaftsbörsen, Theorie und Praxis besser verzahnen. Solange der Wissenschaft, gerade auch der des Selbst, aber niemand den Spiegel vorhält und nach der praktischen Relevanz dessen fragt, was sie erforscht, und solange diese Wissenschaft bereits das bloße Anliegen als empörend zurückweist, vergibt sie wichtige Chancen.

Damit keine Missverständnisse aufkommen: Forschung darf nicht ausschließlich nach ihrer Anwendungsrelevanz beurteilt werden. Aber die Anwendungsrelevanz muss ein Kriterium neben anderen für gute Forschung sein: Es geht darum, Forschung empirisch und theoretisch im Wortsinne noch interessanter zu machen – als etwas, das uns alle „betrifft". Gerade die Selbstkonzeptforschung ist deshalb aufgefordert, sich noch mehr als bisher anwendungsrelevanten Fragen zu widmen.

Literatur

Allen, J. P., Hauser, S. T., Bell, K. L. & O'Connor, T. G. (1994). Longitudinal assessment of autonomy and relatedness in adolescent-family interactions as predictors of adolescent ego development and self-esteem. *Child Development, 65*, 179–194.

Amabile, T. M. (1983). Brilliant but cruel: Perceptions of negative evaluators. Journal of Experimental Social Psychology, *19*, 146–156.

Amabile, T. M., & Glatzebrook, A. H. (1982). A negativity bias in interpersonal evaluation. *Journal of Experimental Social Psychology, 18*, 1–22.

Aschenbach, G. & Frey, D. (1987). Arbeitslosigkeit. In D. Frey & S. Greif (Hrsg.). *Sozialpsychologie. Ein Handbuch in Schlüsselbegriffen.* München: Psychologie Verlags Union. 529–542.

Bandura, A. (1990). Selective Activation and Disengagement of Moral Control. *Journal of Social Issues, 46,* 27–46.

Baumeister, R. F. (1989). The optimal margin of illusion. *Journal of Social and Clinical Psychology, 8,* 176–189.

Bierhoff, H. W., Klein, R. & Kramp, B. (1991). Evidence for the Altruistic Personality from Data on Accident Research. *Journal of Personality, 59,* 263–280.

Blaine, B. & Crocker, J. (1993). Self-esteem and self-serving biases in reactions to positive and negative events: An integrative review. In R. F. Baumeister (Ed.). *Self-esteem. The puzzle of low self-regard* (pp. 55-86). New York NY: Plenum.

Dekovic, M. & Meeus, W. (1997). Peer relations in adolescence: effects of parenting and adolescents' self concept. *Journal of Adolescence, 20,* 163–176.

Frey, D. (1994). Bedingungen für ein Center of Excellence. *IBM Nachrichten – Das Magazin für Technologie und Lösungen, 44, 319,* 50–57.

Frey, D. (1995). Vorwort zum Buch von Marie Jahoda. In Jahoda, M., *Wie viel Arbeit braucht der Mensch? – Arbeit und Arbeitslosigkeit im 20. Jahrhundert,* Weinheim: Psychologie Verlags Union. VI–XV.

Frey, D., Dauenheimer, D., Parge, O. & Haisch, J. (1993). Die Theorie sozialer Vergleichsprozesse. In D. Frey & M. Irle (Hrsg.). *Kognitive Theorien der Sozialpsychologie. 2. vollständige überarbeitete Auflage.* Bern: Huber. 81–121.

Frey, D., Fischer, R. & Winzer, O. (1996). *Mitdenken lohnt sich – für alle! Ideenmanagement durch Vorschlagswesen in Wirtschaft und Verwaltung.* München: Bayerisches Staatsministerium für Arbeit und Sozialordnung, Familie, Frauen und Gesundheit.

Frey, D. (1996a). Gute Vorsätze im Visier: Wie man den Willen in die Tat umsetzen kann. *Süddeutsche Zeitung, 5. 10. 1996.*

Frey, D. (1996b). Notwendige Bedingungen für dauerhafte Spitzenleistungen in der Wirtschaft und im Sport: Parallelen zwischen Mannschaftssport und kommerziellen Unternehmen. In A. Conzelmann, H. Gabler & W. Schlicht. *Soziale Interaktionen und Gruppen im Sport.* bps-Verlag: Köln. 3–28.

Frey, D. (1996c). Warum braucht der Mensch Arbeit – und unter welchen Bedingungen erreichen wir gleichzeitig Effizienz und Menschlichkeit in den Betrieben?. In *Zukunft der Arbeit, Sonderheft der Zweimonatsschrift Politische Studien,* 47, 2, 8–23.

Frey, D. (1997). Einige kritische Anmerkungen zur psychologischen Forschung zum „Selbst". *Zeitschrift für Sozialpsychologie, 28,* 129–135.

Frey, D. (1998). Center of Excellence – ein Weg zu Spitzenleistungen. In P. Weber (Hrsg.). *Leistungsorientiertes Management: Leistungen steigern statt Kosten senken.* Frankfurt: Campus. 199–233.

Frey, D. (i. Vorb.). Faktoren innerer Kündigung. Unveröffentl. Manuskript.

Frey, D. & Jonas, E. (1999). Anmerkungen zur Gerechtigkeit anlässlich der deutschen Wiedervereinigung – Theorie und Empirie. In M. Schmitt & L. Montada (Hrsg). *Gerechtigkeitserleben im wieder vereinigten Deutschland.* Opladen: Leske & Budrich. 331–349.

Frey, D. & Schnabel, A. (1999). Change Management – der Mensch im Mittelpunkt *Die Bank – Zeitschrift für Bankpolitik und Bankpraxis, 1,* 44–49.

Frey, D. & Schuster, B. (1996). Innovative Unternehmenskulturen: Wege zum Center of Excellence. In *Absatzwirtschaft – Zeitschrift für Marketing,* 2, 42–46.

Gollwitzer, P. M. & Bargh, A. (Eds.). (1996). *The psychology of action – linking cognition and motivation to behavior.* New York: Guilford Press.

John, O. P. & Robins, R. W. (1994). Accuracy and bias in self-perception: Individual differences in self-enhancement and the role of narcissism. *Journal of Personality and Social Psychology, 66,* 206–219.

Kitayama, S., Markus, H. R., Matsumoto, H. & Norasakkunkit, V. (1997). Individual and Collective Processes in the Construction of the Self: Self-Enhancement in the United States and Self-Criticism in Japan. *Journal of Personality and Social Psychology, 72,* 1245–1267.

Kuhl, U. (1986). *Selbstsicherheit und prosoziales Handeln: Zivilcourage im Alltag.* München: Profil Verlag.

Ludorf, S. & Frey, D. (i. Vorb.). Selbsteinschätzung und Fremdeinschätzung von Führungskräften. Unveröff. Manuskript.

Markus, H. R. & Kitayama, S. (1991). Culture and the Self: Implications for Cognition, Emotion, and Motivation. *Psychological Review, 98,* 224–253.

McCreary, M. L., Slavin, L. A. & Berry, E. J. (1996). Predicting problem behavior and self-esteem among African American adolescents. *Journal for Adolescent Research, 11,* 216–234.

Mummendey, A. (1993). Verhalten zwischen sozialen Gruppen: *Die Theorie der sozialen Identität.* In D. Frey & Martin Irle (Eds.). Theorien der Sozialpsychologie. Band 2: Gruppen- und Lerntheorien. Bern: Huber. 185–216.

Neumann, R. & Frey, D. (1999). Empirische Untersuchung zur Zivilcourage. Unveröff. Manuskript.

Stahlberg, D., Osnabrügge, G. & Frey D. (1985). Die Theorie des Selbstwertschutzes und der Selbstwerterhöhung. In D. Frey & M. Irle (Hrsg.). *Theorien der Sozialpsychologie: Band III. Motivations- und Informationsverarbeitungstheorien.* Bern: Huber. 79–124.

Owens, T. J., Mortimer, J. T. & Finch, M. D. (1996). Self-determination as a source of self-esteem in adolescence. *Social Forces, 74,* 1377–1404.

Rosch, M. & Frey, D. (1987), Soziale Einstellungen. In D. Frey & S. Greif (Hrsg.). *Sozialpsychologie. Ein Handbuch in Schlüsselbegriffen.* München: Psychologie Verlags Union. 296–305.

Autorenverzeichnis

Dr. Ute Bayer, Universität Konstanz, Fachgruppe Psychologie, Postfach 55 60, 78434 Konstanz

Dr. Dirk Dauenheimer, Universität Mannheim, Lehrstuhl Sozialpsychologie, Seminargebäude A5, 68131 Mannheim

Prof. Dr. Werner Deutsch, Technische Universität Braunschweig, Institut für Psychologie, Spielmannstr. 19, 38106 Braunschweig

Prof. Dr. Sigrun-Heide Filipp, Universität Trier, Fachbereich I – Psychologie, 54286 Trier

Dr. Alexandra Freund, Max-Planck-Institut für Bildungsforschung, Lentzeallee 94, 14195 Berlin

Dipl.-Psych. Elisabeth Frank, Ludwig-Maximilian Universität München, Institut für Sozialpsychologie, Leopoldstr. 13, 80802 München

Prof. Dr. Dieter Frey, Ludwig-Maximilian Universität München, Institut für Sozialpsychologie, Leopoldstr. 13, 80802 München

Prof. Dr. Urs Fuhrer, Otto-von-Guericke Universität Magdeburg, Institut für Psychologie, Postfach 4120, 39016 Magdeburg

Prof. Dr. Peter M. Gollwitzer, Universität Konstanz, Fachgruppe Psychologie, Postfach 55 60, 78434 Konstanz

PD Dr. Werner Greve, Kriminologisches Forschungsinstitut Niedersachsen, Lützerodestr. 9, 3016 Hannover

Prof. Dr. Bettina Hannover, Universität Dortmund, Fb 14, Institut für Psychologie, Emil-Figge-Str. 50, 44221 Dortmund

Dipl.-Psych. Antje Holländer, Otto-von-Guericke Universität Magdeburg, Institut für Psychologie, Postfach 4120, 39016 Magdeburg

Dr. Eva Jonas, Ludwig-Maximilian Universität München, Institut für Sozialpsychologie, Leopoldstr. 13, 80802 München

Dr. Thomas Klauer, Universität Rostock, Klinik und Poliklinik für Psychosomatik und Psychotherapeutische Medizin, Gehlsheimer Str. 20, 18147 Rostock

Dr. Alexandra Marx, Otto-von-Guericke Universität Magdeburg, Institut für Psychologie, Postfach 4120, 39016 Magdeburg

Prof. Dr. Thomas Metzinger, International Programme in Cognitive Science, Universität Osnabrück, Institut für Philosophie, Katharinenstr. 24, 49069 Osnabrück

Prof. Dr. Rosemarie Mielke, Universität Hamburg, Fachbereich Erziehungswissenschaft, Von-Melle-Park 8, 20146 Hamburg

Dipl.-Psych. Janine Möbes, Otto-von-Guericke Universität Magdeburg, Institut für Psychologie, Postfach 4120, 39016 Magdeburg

PD Dr. Gertrud Nunner-Winkler, Max-Planck-Institut für psychologische Forschung, Leopoldstr. 24, 80802 München

PD Dr. Lars-Eric Petersen, Martin-Luther Universität Halle-Wittenberg, Institut für Psychologie, 06099 Halle/S.

PD Dr. Martin Pinquart, Friedrich-Schiller Universität Jena, Institut für Psychologie, Am Steiger 3, 07743 Jena

Dipl.-Psych. Petra Sandhagen, Technische Universität Braunschweig, Institut für Psychologie, Spielmannstr. 19, 38106 Braunschweig

Prof. Dr. Astrid Schütz, Technische Universität Chemnitz, Fachgebiet Psychologie, Straße der Nationen 62, 09111 Chemnitz

Prof. Dr. Dagmar Stahlberg, Universität Mannheim, Lehrstuhl Sozialpsychologie, Seminargebäude A5, 68131 Mannheim

Prof. Dr. Rainer K. Silbereisen, Friedrich-Schiller Universität Jena, Institut für Psychologie, Am Steiger 3, 07743 Jena

Prof. Dr. Ursula M. Staudinger, Technische Universität Dresden, Institut für Psychologie, Weberplatz 5, 01062 Dresden

PD Dr. Jürgen Straub, Kulturwissenschaftliches Institut Essen, Goethestr. 31, 45128 Essen

Dr. Angela Wagner, Technische Universität Braunschweig, Institut für Psychologie, Spielmannstr. 19, 38106 Braunschweig

Dr. Dirk Wentura, Westf.-Wilhelms-Universität Münster, Psychologisches Institut IV, Fliednerstr. 21, 48149 Münster

Autorenregister

Abramson, L.   189, 193, 197, *203*
Adams, G.   84, 87, *91*, *93*
Adamson, L.   90, *91*
Alasker, F. D.   79, *91*
Albrecht, H. T.   81f., 85, *91*, *94*
Allen, E.   142, 352, *91*
Allen, J. P.   84, 142, *147*, *357*
Alloy, L. B.   189, 193, 197, *203*
Allport, G. W   11, 119, *14*, *128*
Amabile, T. M.   194, 195, 341, *203*, *357*
Andersen, S. M.   154, *164*
Anderson, K.   11, 241, *14*, *254*
Andrews, J. D. W.   240, *251*
Archer, S. L.   121, 123, 292, *131*, *300*
Arkin, R. M.   196, 197, *203*
Arrowood, A. J.   240, 241, *252*
Aschenbach, G.   351, *358*
Asendorpf, J. B.   48, 199, *55*, *203*
Ashmore, R. D.   15, *32*
Aspinwall, L. G.   22, 156, *32*, *164*
Atchley, R. C.   121, 123, *128*
Aymanns, P.   156, 157, 160, *164*
Baars, B. J.   119, 321, *128*, *335*
Bachman, J.   88, *91*
Bäckman, L.   220, *222*
Bailey, S.   *254*
Bak, P.   264, *276*
Baker, L. R.   *335*
Baldwin, J. M.   40, 153, 161, *55*
Baldwin, M. W.   40, 153, 161, *164*, *165*
Baltes, M. M.   97, 105, 116, 119, 123–125, 127, 135, 139, 140, 143, 221, *110*, *128*, *130*, *144*, *222*
Baltes, P. B.   97, 104, 105, 109, 116, 119, 121, 123–127, 135, 139, 140, 143, 221, *110*, *112*, *114*, *128*, *130*, *144–146*, *222*
Banaji, M. R.   21, 97, 258, 259, *32*, *110*, *273*
Bandura, A.   43, 49, 100, 353, *110*, *358*
Banks, M.   87, *91*
Barbee, A. P.   158, 163, *164*
Barclay, L. C.   *206*
Bargh, J. A.   22, 98, 231, 233, 258, 264, 265, 354, *33*, *112*, *237*, *271*, *359*

Barton, R.   197, *206*
Bates, E.   4, 47, 136, *55*
Bates, I.   136, *91*
Baumeister, R. F.   15, 21, 22, 89, 97–100, 122, 191, 194, 199, 200, 208, 210, 217, 220, 229, *32*, *91*, *110f.*, *128*, *203*, *204*, *222*, *237*, *358*
Bayer, U.   22f., 58, 105, 122, 211, 213, 265, 347, *223*
Bell, K. L.   84, 352, *91*, *357*
Bem, D. J.   9, 139, 208, *14*, *145*, *222*
Bengston, V. L.   18, 97, 105, 118, *32*, *111*, *128*
Berger, E. M.   193, *204*
Bermúdez, J. L.   *335*
Berndt, T. J.   85, *93*
Berry, A.   353, *206*
Berry, E. J.   353, *359*
Bertenthal, B. I.   44, *55*
Berzonsky, M.   101, *111*
Beutel, M.   199, *204*
Bierhoff, H.-W.   191, 354, *74*, *204*, *358*
Bieri, P.   322, *335*
Birkner, N.   233, *237*
Bischof-Köhler, D.   60, 322, *73*, *335*
Blaine, B.   189, 197, 198, 341, *204*, *358*
Blakeslee, S.   *336*
Blanz, M.   177, 180, 181, *183*, *184*
Blascovich, J.   241, *252*
Block, J.   80, 90, 199, *91*, *204*
Blyth, D. A.   82f., *94*
Boden, J. M.   89, *91*
Boehm, G. v.   61, *73*
Bond   105
Borchelt, M.   104, 117, *114*, *131*
Bouchey, H. A.   77, *92*
Bower, G. H.   259, 264, *271*, *272*
Bracken, B. A.   15, *32*
Brandtstädter, J.   9, 17, 20f., 25, 27, 29, 97, 101, 105f., 108–110, 116, 118f., 121f., 124, 161, 221, 256–258, 260, 265–269, 345, *32*, *111*, *113*, *128f.*, *222*, *272*, *275*, *276*

Braun, O. L.   215, *222*
Breakwell, G. M.   21, *32, 91*
Brecht, B.   58, *74*
Breckler, S. J.   229, *237*
Bresnick, S.   77, *92*
Bretherton, I.   41 f., *55*
Breznitz, S.   22, 24, 99, *32, 111*
Brim, O. G.   101, *111*
Brinthaupt, T. M.   15, *32, 35*
Brockner, J.   198, *204*
Bromley, D.   78, *92*
Brooks-Gunn, J.   43–45, *56*
Brown, B.   15, 21, 87, 97, 171, 178, 193, 196, 197, 199, *93*
Brown, J. D.   15, 21, 87, 97, 100, 171, 178, 193, 196, 197, 199, *32, 33, 111, 185, 207*
Brown, R.   15, 21, 87, 97, 171, 178, 193, 197, 199, *183*
Brownell, A.   *166*
Bruce, D.   *14*
Bruner, J. S.   176, 284, *183, 298*
Brunstein, J. C.   216, 218, 220, *222*
Buddin   48
Bugental, J. F.   229, *237*
Bühler, C.   96, *111*
Burchardt, R.   40, 60, 65, *74*
Burlingham, D.   61, *74*
Burrows, L.   233, *237*
Busch   13
Busch-Rossnagel, N. A.   121 f., *130*
Bush, D.   82, *94*
Buswell, B. N.   *92*
Butterworth, G.   41, *55*
Bynner, J.   88, *91*
Byrne, B. M.   27, 190, *33, 206*
Cairns, K. J.   99, *111*
Campbell, E.   84, *91*
Cantor, N.   21, 97 f., 115 f., 122, 138, 175, 230, 259, *33, 111, 119, 130, 145, 183, 237, 273*
Carlston, D. E.   21, 97, 137, 210, 229, 230, 257, 259, 271, *34, 113, 145, 237, 272, 274*
Carlton-Ford, S. L.   83, *94*
Carstensen, L. L.   125, 140, *128, 144, 145, 222*
Carver, C. S.   122 f., 241, *129, 251*

Case, R.   40, 41, 43, 48 f., 51, *55*
Caspi, A.   138, *145*
Cassady, P. B.   *165*
Cattell, R. B.   136, *145*
Chaffin, R.   259, *273*
Chaiken, S.   22, 33, *23*
Chalmers, D.   31
Chaplin, W.   197, *206*
Chen, S.   22, 233, *33, 237*
Churchland, P. M.   321, *335*
Cialdini, R. B.   196, *204*
Cicchetti, D.   47, *57*
Clark, M. S.   264, *272*
Coates, D.   159, *164*
Coe, C. L.   *207*
Cohen   306, *314*
Cole, S. W.   154, *164*
Collins, A. M.   196, 257, *272*
Collins, N. L.   196, 257, *164*
Collins, W. A.   75, 81, *91, 204*
Colvin, C. R.   199, *204*
Cooley, C. H.   168, 208, 228, *55, 183, 222*
Cooper, C. R.   84, *92*
Copeland, L. A.   80, *95*
Connel, S.   44, *57*
Cornell, D. P.   22, 44, 99, 219, *36, 57, 114, 206, 225*
Costa, P. T., Jr.   117 f., 133, 138, *130, 145, 146*
Costos, D.   83, *94*
Courtney, B. E.   190, 199, 220, *205*
Cousins, S.   235, *237*
Crawford, J. D.   197, *207*
Crocker, J.   178, 189, 193, 197, 198, 264, 341, *183, 204, 275, 358*
Cronbach, L. J.   260, *272, 298*
Cumming, E.   117, *129*
Cummins, R.   *335*
Cunningham, M. R.   158, *164*
Cutler   105
Dakof, G. A.   159, *164*
Damasio, A.   321, 328, 332, 333, *335*
Damon, W.   39, 48, 50, 52, *55*
Dauenheimer, D.   21–23, 97, 189, 239, 245, 246, 248, 249, 251, 255, 262, 265, *207, 251–253, 275, 358*
Davies   142

Day, R. H.   57
DeCharms, R.   220, *222*
Deci, E. L.   220, *146, 222*
DeGregorio, G. D.   241, *251*
Dekovic, M.   82, 84f., 353, *92, 358*
Dennett, D. C.   256, 322, *272, 335*
DePaulo, B. M.   150, 195, *166, 207*
Deusinger, I.   193, 199, 200, 201, *204*
Deutsch, M.   240, 241, *252*
Deutsch, W.   60, 66, 240, 241, *74*
Dickinson, L. G.   154, *165*
Dielman, T. E.   80, *95*
Diewald, M.   *205*
Dittes, J.   240, 241, *252*
Dittmann-Kohli, F.   117f., 135, *129, 144*
Dittrich, A.   327, *335*
Dixon, J. C.   44, 47, 97, 140, 220, *56*
Dixon, R. A.   97, 140, 220, *112, 144, 145, 222*
Döbert, R.   305, *314*
Dobson, W.   84, *91*
Doll, J.   181, *183*
Dorfman, D.   259, *273*
Dörner, D.   191, *204*
Dovidio, J. F.   263, *275*
Downs, D. L.   192
Draine, S. C.   263, *272*
Dräger, D.   268, *275*
Dretske, F.   322, 330, *335*
Drew, J. B.   152, 153, 161, *165*
Dunkel-Schetter, C.   *166*
Dutton, D. G.   240, 241, *252*
Dweck   49
Dyes, A.   217, *223*
Eccles, J. S.   80, 86, 213, *93f., 223*
Eckenrode, J.   160, *164*
Edelman, G. M.   333, *335*
Eilan, N.   *335*
Eisen, M.   77, *93*
Elliot, A. J.   220, *225*
Elster, J.   306, *314*
Embree, M. C.   159, *164*
Emler, N.   *91*
Emmons, R. A.   220, *223*
Endler, N. S.   255, *274*
Epstein, S.   21, 23, 101, 116, 118f., 258, 260, *33, 35, 112, 129, 272*
Erdelyi, M. H.   99, *112*

Erikson, E. H.   50, 96, 117, 143, 213, 279, 285–287, 289–291, 304, 305, *56, 112, 129, 223, 298, 314*
Essex, M. J.   106, 115, 120, *113, 130*
Ewert, O.   11, *14*
Farnham, S. D.   *273*
Fazio, R. H.   *272*
Feldman, S.   122, *130*
Fend, H.   39, 50f., 53, 82, *56, 92*
Ferring, D.   200, 267, *204, 273*
Festinger, I.   85, 252, *92*
Fey, W. F.   193, *205*
Filipp, S.-H.   7, 9f., 15–17, 22f., 54, 97f., 116–118, 156, 157, 159, 189, 191, 200, 267, *14, 33, 56, 112, 129, 164, 165, 204, 205, 273*
Finch, M. D.   76, 84, 352, *93, 359*
Fischer, K. A.   44, 49, 78, 356, *92*
Fischer, K. W.   44, 49, 356, *55*
Fischer, R.   44, 49, *358*
Fiske, S. T.   139, 243, *145, 252*
Flanagan, C.   *223*
Fleeson, W.   108f., *113*
Fleming, J. S.   190, 199, 200, *205*
Folger, R.   182, *183*
Folkes, V. S.   195, *205*
Folkman, S.   150, 156, *165*
Frankfurt, H. G.   308, 313, *314*
Freud, A.   21, *33, 112*
Freund, A. M.   105, 116–118, 120f., 123–126, 141–143, 221, *129, 146*
Frey, H. P.   190, 191, 282, 339, 341, 343–348, 351, 354, 355, *298*
Frey, D.   190, 191, 282, 339, 341, 343–348, 351, 354, 355, *205, 358, 359*
Friedrich, W.   67, *74*
Fuhrer, U.   51, 52–54, 213, *56*
Funder, D. C.   199, *204*
Gabrieli, J. D. E.   136, *145*
Gaines, B.   241, *253*
Gallese, V.   322, *335*
Gara, M. A.   120, *130*
Garmezy, N.   109, *112*
Gecas, V.   20, 97, *33, 112*
George, L. K.   118, *129*
Geppert, U.   *316*
Gergen, K. J.   25, 98, 297, *33, 112, 298*
Giddens   280, 306, 309, *298, 314*

Gilligan, S. G.   259, 291, *272*, *298*
Gillis, P.   241, *251*
Giner-Sorolla, R.   22, *33*
Glassman, N.   11
Glatzebrook, A. H.   195, 241, *203*, *357*
Gleason, T.   75, 91
Godfrey, D. K.   195, *205*
Goffman, E.   229, 302, 306, *237*, *299*, *314*
Gold, D.   11
Goldberg, L. R.   133, *145*
Goldman, A.   322, *335*
Gollwitzer, P. M.   22f., 58, 98, 105, 116, 122, 209, 211, 213–215, 218, 229, 265, 347, 354, *33*, *36*, *112*, *124*, *222–225*, *238*, *359*
Gordon, C.   18, 105, 118, *32*, *111*, *128*
Goshen-Gottstein, E. R.   *74*
Goto, S. G.   235
Grams   105
Grannemann, B. D.   190, *206*
Greenier, K. D.   190, *205*
Greenwald, A. G.   17, 99, 134, 258, 259, 262–264, *33*, *112*, *145*, *272*, *273*
Greve, W.   15, 17–25, 29f., 59, 97–99, 101–106, 108, 116, 118–120, 124, 142, 143, 161, 163, 190, 221, 258, 260, 262, 266, 267, 345, 355, 356, *32–35*, *111f.*, *114*, *129*, *145*, *164*, *222*, *272*, *273*, *276*
Griffin, J. J.   48f., 241, *253*
Gross, J. J.   305, *145*
Gross, P.   305, *315*
Grotevant, H. D.   84, *92*
Grush, R.   323, *335*
Gulley, M. R.   158, *164*
Gurtman, M. B.   263, *275*
Habermas, J.   *314*
Haeger, G.   177, 181, *183*
Hagestad, G. O.   123
Haisch, J.   *358*
Hamill, R.   232, 238
Hangartner, U.   51, *56*
Hannover, B.   18, 20f., 83, 98, 152, 175, 176, 189, 208, 230, 232, 233, 255, 258, 266, *112*, *183*, *205*, *237*, *273*
Harlow, T.   *206*
Hart, D.   39, 48, 50, 52, *55*
Harter, S.   21, 39, 44, 50f., 77–80, 96, 101, *34*, *56*, *92*, *112*

Hascher, T.   312, *315*
Hastie, R.   255, *274*
Hattie, J.   15, *34*
Hauser, S. T.   84, 352, *91*, *357*
Haußer, K.   282, 296, *298*, *299*
Havighurst, R. J.   117, *130*
Heatherton, T. F.   122, 190, *128*, *205*
Heckhausen, J.   97, 117, 121, 123f., 140, 141, 199, 209, *112*, *130*, *145*, *205*, *224*
Heider, F.   *252*
Heijden, A. H. C. van der   257, *273*
Hellhammer, D. H.   159, *165*
Helmke, A.   191, *205*
Helsper, W.   298, *299*
Henry, W. E.   117, *129*
Herrmann, D. J.   265, *14*, *273*
Herrmann, T.   265, *273*
Herzog, R.   117f., 122, *130*
Higgins, E. T.   19, 21, 49f., 100, 150, 211, 231, 233, 257, 259, *34*, *113*, *145*, *165*, *224*, *237*, *273*
Hill, C. A.   98, 100, *114*
Hilton, J. L.   215, *224*
Hinton, G. E.   215, *275*
Hirschman, A. O.   180, *183*
Hitzler, R.   305, *315*
Hobfoll   157
Hogg, M. A.   168, 169, *185*
Holle, K.   267, *276*
Holleran, S.   100, *113*
Honer, A.   305, *315*
Hooker, K.   117, 259, *130*
Hormuth, S.   27, *56*, *205*
Hormuth, S. E.   51, *34*
Horstkemper, M.   191, *205*
Howard, S.   264, *274*
Hsu, A. Y. C.   *145*
Huinink, J.   199, *205*
Hutton, D. G.   *204*
Hyde, J. S.   *92*
Irving, L. M.   100, *113*
Isen, A. M.   264, *272*
Israel, R.   *336*
Jaffe, Y.   155, *165*
James, W.   15, 17, 19f., 51, 115, 119, 168, 169, *14*, *34*, *56*, *130*, *183*, *205*, *237*, *299*
Jamieson, L.   *91*

Jeko 194, *204*
Jerusalem, M. 157, 241, *165, 253*
Joas, H. 289, *299*
John, O. P. 197, 341, *205, 359*
Johnson-Laird, P. N. 259, *273*
Jonas, E. 348, *359*
Jones, E. E. 195, *205*
Josephs, I. E. 52, *56*
Josephs, R. A. 52, 54, 192, *206*
Jung, C. G. 141, *145*
Jussim, L. 15, *32*
Kahneman, D. 266, *225, 273*
Kaiser, F. G. 51, *56*
Kalakoski, V. 87, *92*
Kanning, U. 177, 181, *183*
Kant, I. 17, *34*
Kaplan, H. B. 88 f., *92*
Kardes, F. R. 272
Kasser, T. 136, *146, 225*
Kastersztein, J. *184*
Kästner, E. 67, *74*
Kastner, P. 87, *94*
Kegan 54
Keniston, K. 309, *315*
Kernis, M. H. 15, 190, *34, 205, 206*
Kessler 182, *184*
Keupp, H. 81, 92, 289, 291, 305, *299, 315*
Kihlstrom, J. F. 115 f., 122, 229, 255, 259, 271, *129 f., 237, 273, 274*
Kinsbourne, M. 328, *335*
Kirchhoff, O. *223*
Kirschbaum, C. 159, *165*
Kitayama, S. 264, 350, *206, 238, 274, 359*
Klauer, K. C. 23, *33, 274*
Klauer, T. 17, 97, 117 f., 159, *112, 129, 164, 165*
Klein, R. 12, 19, *358*
Klein, R. L. 12, 19, 229, 271, 354, *34*
Klein, S. B. 12, 19, 229, 271, 354, *237, 274*
Kling, K. C. 80, 106, 115, 120, 180, 181, *92, 113, 130*
Klinger, E. 265, *274*
Klink, A. 182, *183, 184*
Klüsche, W. *206*
Knee, C. R. 153, *165*
Köcher, R. 310, *315*
Komogowski, D. 268, *276*

Kracke, B. 82, *94*
Krahé, B. *34*
Kramp, B. 354, *358*
Krampen, G. 81, *92*
Krappmann, L. 208, 286, 289, 290, *224, 299, 315*
Krauß, W. 287, 288, 293, 295–297, *299*
Kruglanski, A. W. 199, *206*
Krull, D. S. 240, *253*
Kuhl, J. 135, *145*
Kuhl, U. 135, *359*
Kuhn, M. H. 229, *237*
Kühnen, U. 233, *237*
Kulas, H. 81, *92*
Kumka, D. 76, *93*
Labouvie-Vief, G. 135, *145*
Lackovic, G. 82 f., *92*
Lacroix, R. *336*
Laing, Ronald D. 296, *299*
Lakatos, I. 101, *113*
Lakey, B. 152–154, 161, *165*
Lalli, M. 200, *205*
Lamborn, R. 78, *92*
Lang, F. R. 124, *130*
Laser, S. 51–53, *56*
Lawrence, J. A. 136, *147*
Lazarus, R. S. 100, 150, 156, *113, 165*
Leary, M. R. 194, 220, *206, 222*
Leitner, H. *299*
Lemaine, G. *184*
Lemieux, A. M. 199, *207*
Leppin, A. 159, *166*
Lerman 157
Lerner, R. M. 121 f., *130*
Leventhal 136
Lewin, K. 214, *224*
Lewinsohn, P. M. 197, *206*
Lewis, M. 43–45, 47, *56*
Li, Z. H. 116, 121, 124–126, *129*
Linden, M. 121, 142, *146*
Lindenberger, U. 97, 104, 123 f., 135, 140, *128, 144*
Linville, P. W. 21, 97, 120, 174, 210, 229, 230, 259, *34, 113, 130, 184, 224, 237, 274*
Lipka, L. 15, *32, 35*
Lissner, K. 214, *224*

366

Livesley, W.   78, *92*
Lloyd, K.   198, *204*
Loftus, E. F.   12, 257, *272*
Lopez   141
Lord, C. G.   195, *205*
Lowe, J. C.   123, *130*
Love, G. D.   *113*
Ludorf, S.   341, *359*
Luhmann, N.   303, *315*
Luhtanen, R.   178, *183*
Lund, A. K.   241, *253*
Lycan, W. G.   322, *335*
Lydon, J. E.   158, 161, 212, *165, 226*
Lynch, M. D.
Lyxell, B.   90, *91, 93*
Maas, I.   121, 142, *146*
Maciel   141
Maddox, G. L.   123, *130*
Magnusson, D.   82, 139, 255, *94, 145, 274*
Mahler, W.   214, *224*
Mandl   137
Marcel, A.   *335*
Marcia, J. E.   76, 81, 86, 213, 293, 295, 296, *93, 226, 299, 300*
Markova, I.   25, *35*
Markus, H.   15, 17f., 21, 27, 89, 97, 99f., 102, 115, 117f., 122, 134, 138, 153, 175, 176, 192, 193, 210, 230, 232, 235, 236, 242, 243, 255, 265, 266, 350, *33, 35, 93, 111, 113, 130, 146, 165, 183, 184, 206, 224, 237, 238, 252, 274, 275, 359*
Marquard, O.   26, 30, *35*
Marsh, H. W.   190
Marsiske, M.   109, 124f., *114, 130*
Martin, L. L.   21, 99, 219, *36, 114, 225*
Marwell, G.   *207*
Matsumoto, H.   350, *359*
Matza, D.   22, 100, *36, 114*
Mattesen   292, *300*
Mayer, A.-K.   134, 135, 267, *273*
Mayer, J. D.   134, 135, *146*
McAdams, D. P.   255, *274*
McCann, C. D.   229, *237*
McClelland, J. L.   265, *275*
McCrae, R. R.   117f., 138, *130, 145, 146*
McCreary, M. L.   353, *359*
McFarlin, D. B.   241

McGhee, D. E.   263, *273*
McGuire, W. J.   232, *238*
McIver, D.   *94*
McKenzie, B. E.   44, *94*
McKinney, K. L.   82, *57, 94*
McPartand, T. S.   *237*
Mead, G. H.   17, 25, 40, 51, 169, 228, *35, 56, 184, 238, 300*
Meehl, P. E.   260, 292, *272, 298*
Meeus, W.   81, 84f., 353, *92, 93, 358*
Meltzloff, A. N.   41–43, *56*
Melzack, R.   328, *335, 336*
Mentz, M.   181, *183*
Metzinger, T.   271, 317, 318, 321, 324, 326, 328, *274, 336*
Midgley, C.   *94*
Mielke, R.   83, 177, 180–182, 191, 208, 232, 235, 307, *183, 184*
Miller, C.   266, *223*
Miller, D. T.   266, *273*
Millikan, R. G.   322, *336*
Mischel, W.   122f., 135, 139, 197, *130, 146, 206*
Mittelstraß   105
Mitzscherlich, B.   287–289, 293, 295, 296, *299*
Moffitt, T. E.   88, *93*
Moineau, S.   161, *165*
Monsour   50, 51, 77, 78, 80, *56, 92*
Montemayor, R.   77, 87, *93*
Moore, J. W.   42, 92, 123, *56, 130*
Moore, M. K.   42, *56*
Moreland, R. L.   241, 243, *252, 254*
Morf, C.   *206*
Morling, B.   23, *35*
Mortimer, J. T.   76, 84, 352, *93, 359*
Mounsour, A.   50f., 77f., 80, *56, 92*
Mummendey, A.   26, 169, 170, 173, 175–177, 179–182, 280, 281, *35, 165, 166, 183, 184, 300, 359*
Nadler, A.   155–157, 160, *165*
Nagel, T.   318, 326, *336*
Nakath, J.   60, *74*
Neely, J. H.   259, 260, *274*
Neisser, U.   41, *57*
Nelson, K.   48, *57*
Nesselroade, J. R.   133, *146*

Neugarten, B. L.   123, *130*
Neumann, R.   354, *359*
Neumann-Held, E. M.   59, *74*
Newen, A.   322, *336*
Niedenthal, P.   21, 97, 175, 230, *33*, *111*, *183*, *237*
Nisbett, R.   100, *113*
Noack, P.   54, 90, *57*, *94*
Norasakkunkit, V.   350, *359*
Nosek, B. A.   273
Nozick, R.   308, *315*
Nunner-Winkler, G.   21, 208, 305, 310, 311, 313, *314*, *315*
Nurius, P.   18, 21, 97, 175, 210, 230, 265, *33*, *35*, *111*, *183*, *226*, *237*, *274*
Nurmi, J.-E.   87, *92*
Nüsing, J.   *276*
O'Connor, T. G.   84, 352, *91*, *357*
O'Malley, P.   88, *91*
O'Shaughnessy, B.   321, *336*
Oakes, P. J.   169, 176, *184*, *185*
Oettinger, G.   212, *224*
Ogilvie, D. M.   266, *224*, *274*
Okun, M. A.   118, *129*
Olson, J. M.   *206*
Olweus, D.   79, *91*
Onorato, R. S.   172, 178, *185*
Opacic, G.   82, *92*
Orlofsky, J. L.   *300*
Osnabrügge, G.   355, *359*
Ostendorf, F.   *203*
Otten, S.   *275*
Otto, S.   27, *34*, *205*
Owens, T. J.   84, *93*, *359*
Oysermann, D.   89, 266, *93*, *275*
Padawer-Singer, A.   232, *238*
Pantaleo   176, *184*
Parge, O.   *358*
Parsons, T.   303, 311, *315*
Pascual-Leone, J.   135, *146*
Pasupathi, M.   135, 141, 143, *145*, *146*
Payne, D. G.   *14*
Peck, B. M.   89, *92*
Peevers, B. H.   78, *93*
Pelham, W. B.   240, 248, *252*, *253*
Perdue, C. W.   *275*
Personnaz, B.   181, *184*

Petersen, A.   21–23, 79, 82, 97, 189, 239, 243, 245, 246, 248, 249, 251, 255, 262, 265, *93f.*, *206*
Petersen, L.-E.   189, 239, 243, 245, 246, 248, 249, 251, 255, 262, 265, *251–253*, *275*
Pfister, K.   260, *276*
Piaget, J.   49, *57*
Pierce, T.   *165*
Pietromonaco, P. R.   193, *206*
Pinquart, M.   39, 96f., 352, *113*
Pipp, S.   45, *57*
Polanyi, M.   137, *146*
Polivy, J.   *205*
Popper, K. R.   101, *113*
Powell, M. C.   *272*
Pratkanis, A. R.   17, 134, 229, 259, *33*, *145*, *237*, *273*
Predmore, S. C.   241, *253*
Prentice, D. A.   21, 97, *32*, *110*
Radvansky, G. A.   269, *276*
Ramachandran, V. S.   323, 324, *336*
Read, J. D.   *14*, *164*
Reedy, M. N.   18, 105, 118, *32*, *111*, *128*
Reicher, S. D.   168, 169, *185*
Renner, G.   105f., 108, *111*
Renzaglia, G. J.   *164*
Reuman, D. A.   94, *222*
Revonsuo, A.   *336*
Rhenius, D.   *206*
Rhodewalt, F.   202, *206*
Richardson, K. D.   196, *204*
Ricœur, P.   284, *300*
Riley, M. W.   121, 123, *130*
Roberts, K.   *91*
Robins, R. W.   80, 90, 197, 341, *91*, *205*, *359*
Robinson, J. A.   44, *57*
Roese, N. J.   *206*
Roeser, R. W.   80, 86, *93*
Rogers, C. R.   19, 201, *35*, *206*
Rogers-Ramachandran, D.   323, 324, *336*
Rosa, H.   291, *300*
Rosch, M.   *359*
Rosenberg, F.   20, *94*
Rosenberg, M.   20, 86, 88, 199, *35*, *93f.*, *207*
Rosenberg, S.   20, 75–77, 79f., 120, 199, *130*
Rosenfield, D.   241, *252*

Rosier, M. *273*
Ross, L.   100, *113*
Rothermund, K.   108, 264–267, 269, *113, 272, 275, 276*
Ruble, D. N.   49, 213, *224*
Rudman, L. A.   *273*
Ruhnau, E.   333, *336*
Rumelhart, D. E.   264, 265, *275*
Rustemeyer, R.   *35*
Rutter, M.   138, *146*
Ruvolo, A.   265, *274*
Ryan, R. M.   23, 98, 220, *35, 113, 146*
Ryff, C. D.   106, 109f., 115, 120f., *113, 130*
Sabat, S.   59, *74*
Sader, M.   116, 122
Salovey, P.   134, 135, *146*
Salthouse   144
Sampson, E. E.   289, *300*
Sanbonmatsu, D. M.   *272*
Sarason, B. R.   152, 154, *165*
Sarason, I. G.   152, 154, *165*
Savin-Williams, R. C.   85, *93*
Schäfer, H.   66, *74*
Schallberger   142
Scheier, M. F.   122f., 129
Scherer, K. R.   136, 219, *146*
Scherer, M.   136, 219, *223, 224*
Schetter   156
Schlenker, B. R.   21–23, 100f., 229, *35, 113, 238*
Schmidt, G. W.   196, 267, *204*
Schmidt, K.   196, 267, *273*
Schnabel, A.   344, *359*
Schneider, W.   *316*
Schneider-Rosen, K.   47, *57*
Schoenemann, T. J.   191, *206*
Schonbach, C.   86, *93*
Schooler, C.   83, 86, *93*
Schreiber, H.-J.   179, 181, *184*
Schröder, K. E. E.   157, *166*
Schroeder, D. G.   *253*
Schultz, G.   *336*
Schulz, N.   60, *74*
Schulz, R.   124, *130*
Schuster, B.   345, *359*
Schütz, A.   20, 155, 190–198, 200, 202, 262, 342, *204, 207*

Schwalbe, M. L.   191, 192, *207*
Schwartz, I.   193, 263, *204*
Schwartz, J. L. K.   193, 263, *273*
Schwarzer, R.   156, 157, 159, 241, *165, 166, 253*
Sears, D. O.   195, *205, 315*
Secord, P. F.   78, *93*
Sedikides, C.   23, *35, 252*
Seidman, E.   213, *224*
Seifert, A.   *223, 225*
Seiffge-Krenke, I.   90, *93f.*
Selman, R.   50, *57*
Sentis, K. P.   232, 242, 243, *238, 252*
Sesma, A.   75, *91*
Settersten, R. A., Jr.   123
Shaigan, S.   100, *114*
Shavelson, R. J.   190, *206*
Shearin, E. N.   152, 154, *165*
Sheinberg, L.   155
Sheldon, K. M.   136, 220, *146, 225*
Shimada, S.   291, *300*
Shoda, Y.   135, *146*
Shope, J. T.   80, *95*
Showers, C. J.   121, *92*
Shrauger, J. S.   23, 240, 241, 244, *35, 252*
Shumaker, S. A.   159, *166*
Sigmon, S. T.   100, *113*
Silbereisen, R. K.   39, 54, 80, 82, 85, 87, 90, 96, 352, *57, 91, 93f.*
Silva, P. A.   138, *145*
Simmel, G.   306, *315*
Simmons, R. G.   79, 82f., 87, *94*
Simon, B.   26, 171, 173, 175, 176, 280, 281, *35, 184, 300*
Simonton, D. K.   142, *146*
Singer, B.   *113*
Skaff, M. M.   119
Skolnik, P.   241, *252*
Skorpen, C. G.   *145*
Slavin, L. A.   353, *359*
Smart, L.   89, *91*
Smedslund, J.   256, *275*
Smith, C. A.   *166*
Smith, E. R.   137, 141–143, 156, 257, 265, 271, *145, 272, 275*
Smith, J.   117f., 120f., 137, 141–143, 156, 257, 265, 271, *129, 146*

Smolensky, P.   275
Smollar, J.   83, *95*
Snyder, C. R.   100, *113*
Snyder, M. L.   241, *252*
Solomon, L.   240, 241, *252*
Sorembe, V.   200, *206*
Spada   137
Speisman, J. C.   83, *94*
Sroufe, L. A.   43, *57*
Srull, T. K.   233, *238*
Stahlberg, D.   21–23, 97, 239, 245, 246, 248, 249, 255, 262, 265, 355, *206, 251–253, 275, 359*
Stanger, M. W.   47, *56*
Stankov, L.   197, *207*
Staples, C. L.   191, 192, *207*
Statham, A.   208, *225*
Stattin, H.   82, 139, *94, 145*
Staudinger, U. M.   15, 18, 97, 104f., 108f., 121, 123f., 134, 135, 140–143, 221, *35, 113f., 128, 144, 146*
Stebbins, S.   257, *273*
Steele, C. M.   219, *225*
Steffensmeier, D.   142, *147*
Steinberg, L.   79, 81, 85, 90, *94, 165*
Steinbuch, K.   8, *14*
Steinhagen-Thiessen, E.   104, 117, *114*
Stephan, W. G.   241, *252*
Stern, D.   40f., 43, 45, 48, 54, *57*
Stern, W.   54, 60, *57, 74*
Strack, F.   229, *238*
Straub, J.   21, 29, 39, 76, 96, 213, 282–284, 291, 297, 305, *35, 300*
Straumann, T. J.   19, 142, 199, *34, 207*
Strauss, A.   *300*
Strautmann, T. J.   *34*
Stricker, E. M.   136, *147*
Strube, M. J.   *252*
Stryker, S.   208, *225*
Sullivan, H. S.   40, 47, *56f.*
Suls   142
Sun, C.-R.   *206*
Swann, W. B.   98, 100, 115, 118f, 240, 241, *35f., 114, 253*
Sweeney, P. D.   241, 243, *252, 254*
Sykes, G.   22, 100, *36, 114*
Tafarodi, R. W.   192, *206*

Tajfel, H.   168, 169, 171, 173, 179, 307, *184, 185, 315, 316*
Tambor, E. S.   192, *206*
Taylor, S. E.   22f., 98, 139, 160, 178, 193, 199, 264, *32, 36, 114, 145, 164, 185, 207, 252, 275, 314*
Tedeschi, J. T.   229, *238*
Teitelbaum, P.   136, *147*
Terdal, S. K.   192
Tesch-Römer, C.   104, *114*
Tesser, A.   21, 99f., 219, *36, 114, 225*
Thoits, P. A.   120
Thomae, H.   118, 124
Thomas, M.   20, 261, *36, 275*
Thompson, C. P.   10, *14*
Tice, D. M.   196, *204, 207*
Todorov, T.   *301*
Toglia, M. P.   *14*
Trafimow, D.   235, *238*
Triandis, H. C.   235, *238*
Troll, L. E.   119
Trope, Y.   23, *36*
Tsai, J.   *145*
Tugendhat, E.   281, 314, *301, 316*
Turner, J. C.   168–170, 172, 173, 177–179, 307, *185, 316*
Tversky, A.   *225*
Tyler, R. B.   *275*
Vaillant, G. E.   21, *36*
Valsiner, J.   136, *147*
van Aken, M. A. G.   48, *55*
van Cleve, E.   82, *94*
van Hook, E.   *273*
van Manen, K.-J.   90, *94*
Vogeley, K.   322, *336*
Wachs, T. D.   136, *144*
Wagner, A.   60, 64, 66, *74*
Wagner, U.   100, 191, *114, 207*
Wahl, H.-W.   104, *114*
Walster, E. T.   241, *254*
Waschull, S. B.   *205*
Waterman, A. S.   96, 121, 123, *114, 300*
Weber, H.   116, 122
Weber, M.   303, *316*
Weiner, B.   156, *166*
Weinert, F. E.   *316*
Weinreich-Haste, H.   309, *316*

Weiß, M.   47, *56*
Wells, L. E.   189, *207*
Welsch, W.   297, *301*
Wentura, D.   12, 17, 21–25, 97f., 101–106, 108, 152, 189, 229, 259, 260, 262, 264–269, *32, 34, 111f., 114, 272, 273, 275, 276*
Wenzel, M.   *184*
Westhoff, K.   200, *206*
Wetherell, M. S.   168, 169, *185*
Wethington, E.   *164*
White, K. M.   83, *94*
White, R. W.   *225*
Whitesell, N. R.   77, *92*
Wichstrøm, L.   83, *94*
Wicklund, R. A.   100, 116, 211, 214, 215, 229, *114, 222, 224, 225, 238*
Wiesner, M.   *94*
Wigfield, A.   87, *94*, 223
Wills, T. A.   104, 150, *114, 166*
Winkler   208
Winnicott, D. W.   *57*
Winzer, O.   356, *358*

Whitbourne, S. K.   90, *94*
Wittgenstein, L.   *316*
Woo, G.   156, *166*
Worchel, S.   167, *185*
Wrosch, C.   123f.
Wurf, E.   15, 17f., 21, 27, 97, 99f., 134, 176, 242, 266, *35, 113, 146, 184, 252, 274*
Wyer, R. S.   231, 233, *238*
Wylie, R.   13, *14*
Yates, J.   271, 321, *276, 336*
Yee, D.   *222*
Youniss, J.   83, *95*
Zajonc, R. B.   243, *252*
Zank, S.   80, *93*
Zapf, W.   311, *316*
Zazzo, R.   44, 61, 67, *57, 74*
Zelen, S. L.   229, *237*
Zimmerman, M. A.   80, 86, *95*
Zisterer, M.   104, *112*
Zwaan, R. A.   269, *276*

Sachregister

Adaptivität 10
Adoleszenz 75, 286
Affektive Reaktion 47, 239, 242, 244
Akkommodation 106, 108, 110, 119, 267, 269
Assimilation 105, 108, 119
Aufmerksamkeit 8
Autobiographisches Gedächtnis 10
Biographie 18
Delinquenz 87f., 142
Emotion, emotional 138, 233
 Prozesse 8
Entwicklungsaufgabe 96, 117
Erwachsenenalter 25, 96f., 104, 109f., 355
First person statement 8
Handeln 8, 233, 339
Hohes Alter 10, 25, 117, 121, 123
„Ich"/„I"/Prozesse des 16f., 39, 42f., 48, 50, 60, 119
Identität 10, 23, 30, 76, 119, 133, 302, 305
 als Deutungskonzept 28
 Begriff der 19, 29, 279, 281, 298, 304ff.
 Diffusion 81, 287, 294, 297
 Entwicklung der 10, 26, 60, 62, 81, 84f., 285f., 293, 353
 erreichte, erarbeitete (commitment) 81, 293f.
 genetische 60
 Identitätsziel 105, 209–214, 219f.
 konstitutive 19, 313
 Moratorium 81, 294
 persönliche 18, 21, 25, 59, 71, 73, 96, 167, 172, 174, 280f., 284, 289, 302f.
 phänotypische 67, 71f.
 soziale 21, 167, 169, 171–174, 177f., 302
 Stabilisierung 18, 26, 308, 310
 Status 81, 292f., 295
 Struktur 10
 übernommene 81
 Verteidigung 18
 zentrale vs. periphere Prädikate 282, 344
Impression Management 22f., 163, 217, 229
Informationsverarbeitung 8, 16f., 153

Integrativer Selbstschemaansatz 243ff.
Jugendalter 10, 24, 39, 50, 53, 80, 287, 293, 352f.
Kindesalter 24, 39, 48, 293
Kognition 8, 138, 233
Kognitive Reaktion 239, 242, 245
Kontinuität 10, 305
Lebensmechanik 25, 135, 138
Lebenspragmatik 25, 135f., 138
Lebensspannen-Perspektiven 10, 25, 96f., 104, 121, 133–135, 139, 220
Leugnung/Dinial 23f., 99
Mentale Repräsentation 11, 257f.
„Mich"/„Me"/Inhalt des 16f., 39, 44, 47, 49f., 60, 115, 119
Motivation 8, 138
Neutralisierung 22, 100
Priming 103, 153, 158, 161, 259, 262f., 267
Resilienz 109f.
Rubikonmodell der Handlungsphasen 209ff.
Selbst 11, 15f.
 als Produkt 17
 als Prozess 17, 21, 127
 Anpassung des 10
 Begriff des 11, 18, 20
 -bewertungen 49, 76, 82, 84, 134, 258, 262
 -darstellung 194, 196, 341f.
 -definition 53, 75, 83, 115–118, 120, 127, 133, 172, 178
 dynamisches 17, 27, 266
 Entwicklung des 27, 30, 50, 53, 75, 82f., 118, 340
 existenzielles 10
 gesolltes (ought) 19, 211
 ideales (ideal) 8, 10, 19, 77, 89, 106, 211
 Immunisierung des 8, 22–24, 99, 101–104, 110, 119, 260, 262f.
 kategoriales 10, 48
 kollektives 174–177
 Kontinuität 98
 Kontrafaktisches 19, 266
 mögliches (erhofftes, befürchtetes) 8, 18f., 89, 117, 122, 210, 265–267

Naturalisierung des   31, 318
Ökologie des   51
phänomenales   318, 321
Prospektive   18
Psychologie des   7, 15, 29, 345
reales   10, 18 f., 77, 106
Reflexion   52
Regulation   24, 115 f., 123, 127, 133 f., 138, 142
Schema   45, 153, 161, 210, 242 ff., 265
Selbst-Aspekte   174
Selbstoffenbarung (self-disclosure)   156
Soziales   169
Spiegelbild   168
Stabilisierung des   22, 27, 30, 97 f., 118
System   10
Undesired   211, 267
Verteidigung   8, 21
Selbstaufmerksamkeit
  private   77
Selbstauskunft   17
Selbstbeobachtung   12
Selbstbeschreibung   77–79, 227, 281
Selbstbewusstsein   317, 325, 333
Selbstbezogene Information   189, 229, 233, 242, 249
Selbstbild   16, 39, 168, 248
  Entwicklung des   39
  Konsistenz   22 f., 150
  multiple   39
  Stabilität   100, 150
Selbstempfinden   40–43, 48
Selbsterfahrung   8
Selbsterkennen   45, 47
Selbstkategorisierung   168–172, 176
Selbstkonzept   9, 18, 20, 98, 133, 189, 210, 230, 257
  als Theorie   21, 101, 189, 260
  Arbeits- (working)   175, 230–232, 266
  Bedeutung von Dingen   52 ff.
  Entwicklung des   75, 99
  Forschung   7, 168, 239, 269
  interdependentes   192

negatives   9
positives   9, 346
Struktur   21
unabhängiges   192
Veränderung des   75, 343, 345
Selbstkritik   13
Selbstmodell   9, 317, 320, 323 f., 326, 329
Selbstobjektivierung   11
Selbstregulation   12
Selbst-Täuschung   17
Selbstverständnis   16
Selbstwahrnehmung   208
Selbstwert(gefühl), Selbstachtung   9, 13, 16, 19, 27, 29, 80, 85, 88, 90, 97, 105, 150, 155, 159 f., 170, 189-191, 193, 195, 197–200, 203, 210, 221, 240, 341–343, 345, 355
  Erhöhung   22 f., 27, 251
  Konsistenz   27, 251
  Quellen   191
  Stabilisierung   80
Selbstwirksamkeit   76, 81, 84 f., 134, 157, 160
Selektive Optimierung mit Kompensation   105, 124 f., 127, 143
Self-Assessment   23
Self-Guide   49
Self-Serving Bias   23 f.
Soziale Ressourcen   26, 149, 156 f.
Soziale Unterstützung (Social Support)   26, 150 f., 154, 158, 162
Subjektivität   29
Subpersonale Psychologie   12, 26, 29, 255, 257 f., 318
Symbolische Selbstergänzung   23, 27, 213, 215 f., 219 f., 229
Symbolischer Interaktionismus   25 f.
Theory of Mind   43, 322
Verfügbarkeit/Zugänglichkeit   259
  chronisch   154, 231, 257
  temporär   154, 231, 257, 266
Wahrnehmungsabwehr   99
Wissenssysteme   7, 9, 10
Zentralität   20
Zwillinge   58 ff.